プリント形式のリアル過去問で本番の臨場感！

長崎県

青雲中学校

2025年春受験用

解答集

本書は，実物をなるべくそのままに，プリント形式で年度ごとに収録しています。
問題用紙を教科別に分けて使うことができるので，本番さながらの演習ができます。

■　収録内容

・解答集(この冊子です)

書籍ＩＤ番号，この問題集の使い方，最新年度実物データ，リアル過去問の活用，
解答例と解説，ご使用にあたってのお願い・ご注意，お問い合わせ

・2024(令和６)年度 ～ 2020(令和２)年度　学力検査問題

JN131757

○は収録あり	年度	'24	'23	'22	'21	'20	
■ 問題収録		○	○	○	○	○	
■ 解答用紙		○	○	○	○	○	
■ 配点(大問ごと)		○	○	○	○	○	

全教科に解説があります

☆問題文等の非掲載はありません

教英出版

■ 書籍ＩＤ番号

入試に役立つダウンロード付録や学校情報などを随時更新して掲載しています。
教英出版ウェブサイトの「ご購入者様のページ」画面で，書籍ＩＤ番号を入力してご利用ください。

書籍ＩＤ番号　102142

（有効期限：2025年9月30日まで）

【入試に役立つダウンロード付録】
「要点のまとめ（国語／算数）」
「課題作文演習」ほか

■ この問題集の使い方

年度ごとにプリント形式で収録しています。針を外して教科ごとに分けて使用します。①片側，②中央のどちらかでとじてありますので，下図を参考に，問題用紙と解答用紙に分けて準備をしましょう（解答用紙がない場合もあります）。

針を外すときは，けがをしないように十分注意してください。また，針を外すと紛失しやすくなりますので気をつけましょう。

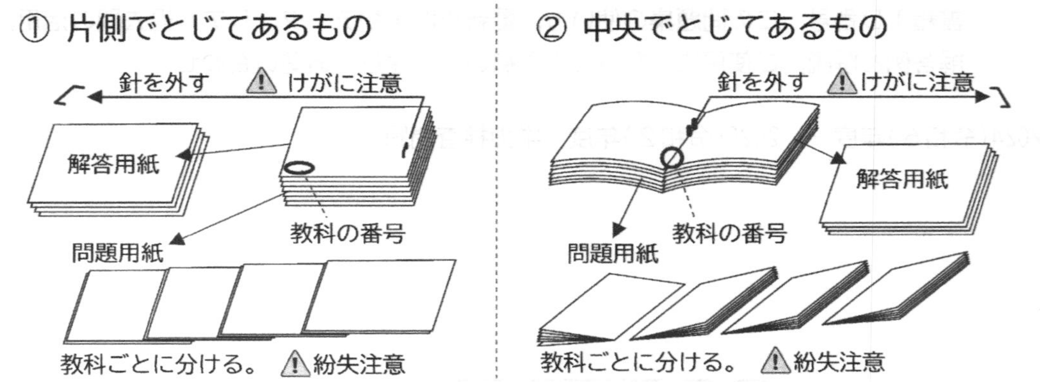

※教科数が上図と異なる場合があります。
解答用紙がない場合や，問題と一体になっている場合があります。
教科の番号は，教科ごとに分けるときの参考にしてください。

■ 最新年度 実物データ

実物をなるべくそのままに編集していますが，収録の都合上，実際の試験問題とは異なる場合があります。実物のサイズ，様式は右表で確認してください。

問題用紙	Ｂ４片面プリント
解答用紙	Ｂ４片面プリント

リアル過去問の活用

～リアル過去問なら入試本番で力を発揮することができる～

本番を体験しよう！

問題用紙の形式（縦向き / 横向き），問題の配置や余白など，実物に近い紙面構成なので本番の臨場感が味わえます。まずはパラパラとめくって眺めてみてください。「これが志望校の入試問題なんだ！」と思えば入試に向けて気持ちが高まることでしょう。

入試を知ろう！

同じ教科の過去数年分の問題紙面を並べて，見比べてみましょう。

①　問題の量

毎年同じ大問数か，年によって違うのか，また全体の問題量はどのくらいか知っておきましょう。どのくらいのスピードで解けば時間内に終わるのか，大問ひとつにかけられる時間を計算してみましょう。

②　出題分野

よく出題されている分野とそうでない分野を見つけましょう。同じような問題が過去にも出題されていることに気がつくはずです。

③　出題順序

得意な分野が毎年同じ大問番号で出題されていると分かれば，本番で取りこぼさないように先回りして解答することができるでしょう。

④　解答方法

記述式か選択式か（マークシートか），見ておきましょう。記述式なら，単位まで書く必要があるかどうか，文字数はどのくらいかなど，細かいところまでチェックしておきましょう。計算過程を書く必要があるかどうかも重要です。

⑤　問題の難易度

必ず正解したい基本問題，条件や指示の読み間違いといったケアレスミスに気をつけたい問題，後回しにしたほうがいい問題などをチェックしておきましょう。

問題を解こう！

志望校の入試傾向をつかんだら，問題を何度も解いていきましょう。ほかにも問題文の独特な言いまわしや，その学校独自の答え方を発見できることもあるでしょう。オリンピックや環境問題など，話題になった出来事を毎年出題する学校だと分かれば，日頃のニュースの見かたも変わってきます。

こうして志望校の入試傾向を知り対策を立てることこそが，過去問を解く最大の理由なのです。

実力を知ろう！

過去問を解くにあたって，得点はそれほど重要ではありません。大切なのは，志望校の過去問演習を通して，苦手な教科，苦手な分野を知ることです。苦手な教科，分野が分かったら，教科書や参考書に戻って重点的に学習する時間をつくりましょう。今の自分の実力を知れば，入試本番までの勉強の道すじが見えてきます。

試験に慣れよう！

入試では時間配分も重要です。本番で時間が足りなくなってあわてないように，リアル過去問で実戦演習をして，時間配分や出題パターンに慣れておきましょう。教科ごとに気持ちを切り替える練習もしておきましょう。

心を整えよう！

入試は誰でも緊張するものです。入試前日になったら，演習をやり尽くしたリアル過去問の表紙を眺めてみましょう。問題の内容を見る必要はもうありません。どんな形式だったかな？受験番号や氏名はどこに書くのかな？…ほんの少し見ておくだけでも，志望校の入試に向けて心の準備が整うことでしょう。

そして入試本番では，見慣れた問題紙面が緊張した心を落ち着かせてくれるはずです。

※まれに入試形式を変更する学校もありますが，条件はほかの受験生も同じです。心を整えてあせらずに問題に取りかかりましょう。

2024 解答例 令和6年度　青雲中学校

《国　語》

一　(1)郷里　(2)孝行　(3)翌朝　(4)善悪　(5)仮装　(6)費用　(7)密　(8)衛生　(9)部署　(10)納入

二　(1)後　(2)塩　(3)二　(4)火　(5)荷

三　問１．ウ　問２．エ　問３．ア　問４．イ　問５．エ　問６．祖先たちの本当の姿や彼ら彼女らの挑戦の歴史の積み重ねの上にいまがあることを理解することで、人間の価値を実感するということ。

四　問１．イ　問２．エ　問３．ア　問４．ウ　問５．イ
問６．Ⅰ．泣き虫で空っぽで真っ白　Ⅱ．みんなの前でも夢中になって演奏し、輝くことができる

五　問１．イ　問２．ウ　問３．ア　問４．ウ
問５．Ⅰ．何もしてない　Ⅱ．自分の弱さや身勝手さを認め、さらには仲間たちの「本当」まで尊重しようとする

《算　数》

1　(1) $4\frac{1}{12}$　(2)136　(3) $\frac{2}{3}$　(4)午後９時57分　(5) 2　(6)0.304　(7)200　(8)1.4　(9)5.375　(10)2431

2　(1)1360　(2)57　(3)15

3　(1)65　(2)20　(3)25

4　(1)ア．６　イ．５　(2)580　(3)2950

5　(1)144　(2)2880　(3) $15\frac{1}{3}$　(4) 5

《理　科》

1　(1)イ　(2)ウ　(3)ア　(4)ウ　(5)イ　(6)キ　(7)オ　(8)ア　(9)エ　(10)エ

2　問１．ウ　問２．オカダンゴムシ　問３．ⅰ．イ　ⅱ．エ　ⅲ．ウ　ⅳ．カ
問４．A．エ　D．カ　E．イ　H．キ

3　問１．水よう液　問２．(1)エ　(2)1.3　問３．ア　問４．(1)ウ　(2)イ　(3)16.6

4　問１．(1)晴れ　(2)①西　②東　問２．積乱雲　問３．(1)ア　(2)重　(3)Y　(4)ウ　問４．(1)17　(2)37

5　問１．３　問２．(1)2.25　(2)20　問３．(1) 8　(2)17.5　問４．(1) 5　(2)6.67

《社　会》

1　問１．⑴い　⑵イ　　問２．ア　　問３．ウ　　問４．⑴ウクライナ　⑵２月24日午前５時ごろ　　問５．エ　問６．温暖化　　問７．広島　　問８．ウ　　問９．韓国〔別解〕大韓民国　　問10．イ　　問11．ア　問12．持続可能　　問13．エ　　問14．イ　　問15．エ

2　問１．三内丸山遺跡　　問２．イ　　問３．邪馬台国　　問４．おおきみ　　問５．ウ　　問６．木簡　問７．エ　　問８．⑴大化の改新　⑵藤原氏の代表者が娘を天皇のきさきとして天皇の親せきとなった。⑶紫式部　　問９．ア　　問10．ａ．×　ｂ．×

3　問１．①本居宣長　②大日本帝国憲法　③ポツダム宣言　　問２．(A)イ　(B)ア　(C)⑴伊能忠敬　⑵歌川広重（下線部は安藤でもよい）　(D)ウ　(E)イ　(F)エ　　問３．(X)解体新書　(Y)ａ．○　ｂ．×　(Z)ウ

4　問１．イ　　問２．津波　　問３．エ　　問４．⑴ウ　⑵京葉工業地域　　問５．エ　　問６．夏の冷涼な気候を活かし，Ｂ県と異なる時期に出荷できるから。

《2024　国語　解説》

二　(1)　「後《あと》の祭《まつ》り」は、祭りの後の山車《だし》のように、時機おくれで、むだになること。手おくれ。

(2)　「青菜《あおな》に塩《しお》」は、青菜(緑色の葉野菜)に塩をかけるとしおれることから、元気をなくしてしょげる様子。

(3)　「二《に》の足《あし》を踏《ふ》む」は、一歩目は踏み出したものの二歩目はためらって足踏みすることから、思いきれずに迷うこと。ためらうこと。

(4)　「顔《かお》から火《ひ》が出《で》る」は、はずかしくて、顔が真っ赤になる様子。

(5)　「肩《かた》の荷《に》が下《お》りる」は、責任や負担から解放されること。

三　問１　傍線部《ぼうせんぶ》Ａの直前で「世界中の現代人～皮膚《ひふ》の色から顔つきから髪質《かみしつ》から体型まで、その多様性に驚《おどろ》かされる～人間の言語、文化、宗教、生活習慣、社会制度などの多様性も著《いちじる》しいものがある」と述べた違《ちが》いを指している。よって、この内容をまとめているウが適する。

問２　傍線部Ｂの直前で「たとえば日本人とアフリカ人とヨーロッパの人びと～ＤＮＡ配列の違いは、チンパンジーの個体間に見られる遺伝的多様性より、はるかに小さい～チンパンジーの個体同士は人間のように著しい見かけ上の多様性を示さない」と述べていることから、エのようなことが言える。

問３　傍線部Ｃの直前に「だからこそ」とあるので、その前に理由が述べられている。「現代人の見かけの多様性は、一部の遺伝子が変異して生じたもので、他の大部分の遺伝子はさして多様化していない～土地の環境《かんきょう》への適応進化が、とくに外見に関わる遺伝子の違いを生み出した。その裏で、他の遺伝子はさして変わっていない」より、アが適する。

問４　傍線部Ｄの前で、「我々人間は価値を共有できる～人間に共通の認知基盤《にんちきばん》があるからで、それが損《そこ》なわれるほどに我々は多様化していない」と述べ、その理由を「比較的《ひかくてき》最近の過去にアフリカで進化した。その集団の一部が世界へ拡散～一部の身体形質を変化させた。それらの違いは外見上目立つし～人間同士の相違《そうい》を非常に大きいと思い込《こ》んでしまう。しかし実際のところはそうではなく」と説明していることから、イの内容が読みとれる。

問５　傍線部Ｅの次の行の「技術的に劣《おと》り物質的豊かさもなかった旧石器時代の祖先たちを、現代の我々は往々にして低くみる」というのが「誤解」である。筆者は「せいぜい丸木舟《まるきぶね》～沖縄諸島にまで到達《とうたつ》～目標の島が見えない～黒潮という世界最大の海流～まだ帆《ほ》を使いこなす知識もなく小さな漕《こ》ぎ舟しかなかった当時に、祖先たちは越《こ》えた。それは人間として凄《すご》いこと」だと言いたいので、エが適する。

問６　傍線部Ｆの直後で述べていることから読みとる。「人間の価値は～物質的豊かさや経済力だけで測れるものではない」と思うようになることが「見方が変わる」こと。それは「祖先たちの本当の姿～彼《かれ》ら彼女《かのじょ》らの挑戦《ちょうせん》の歴史の積み重ねのうえにいまの自分たちがいると理解すること」で得られることである。

四　問１　傍線部Ａの前に「竜征《りゅうせい》が～カウントを取るみたいにかけ声を発した。『あワン、ワン～』『ちょっと待って。それじゃ～』」というやりとりがあり、眠人《みんと》が直後で「悪ふざけを試みる竜征は好きだ。小学生のころの自由奔放《じゆうほんぽう》な竜征が帰ってきたみたいでいい」と思っていることから、イのような心情が読みとれる。

問２　竜征のアドリブは「お別れ会ということで沈《しず》んだムードで進行していたのに、その空気をいっきにぶち壊《こわ》し」た。それを楽しそうに見ているクリス先生のＴシャツには「一期一会《いちごいちえ》」(一生に一度しかない出会いを大切にする)と書かれている。まさに「一期一会」の気持ちで生徒たちを見ているように感じられたから、この描写《びょうしゃ》があるのだと考えられる。よって、エが適する。

問３　「どんな余興が始まるのかと好奇心《こうきしん》に満ちた瞳《ひとみ》をしている生徒」が多い中で、「竜征が〜ロックスターのように叫《さけ》ぶ」と、「『イエーイ』とまばらな声が返ってきた」「さきほどよりは返事の声は増えている」「犬語に切り換《か》えた〜たくさんのレスポンスがあった」というように生徒たちがだんだん盛り上がってきたので、アが適する。このような状態になったことを受け、竜征が「会場が温まってきたな」と言っているのも参照。

問４　傍線部Ｄの前で、竜征は「おれさ、人を信じるのって苦手〜特に女子は駄目《だめ》」「けど、さくら子なら、信じてもいいかなって思ったんだ」と言い、「他人の肌《はだ》に触《ふ》れたがらない」眠人は「さくら子と手をつないだ。手をつないでも平気だった」とある。また、傍線部Ｄの３〜４行後には「肌に触れてもぞぞぞっとこない子。竜征に心境の変化をもたらした子〜奇跡《きせき》を起こしてみせた」と書かれている。これらの部分から、ウのようなことが言える。

問５　「その生き物」は、箏《こと》を弾《ひ》くさくら子の右手をたとえた表現。「水を打ったように静まり返った」会場で大勢の人が聞き入るなか、「さくら子は落ち着いた様子で弾いている〜箏を間違《まちが》えずに弾けるさくら子には感心しかない」「次第《しだい》に曲が速くなっていく〜可憐《かれん》な音が次から次へと生み出され、体育館を満たしていく」とある。この様子に、イが適する。

問６　「朱《しゅ》に交われば赤くなる」（交わる友達や仲間によって、人はいいようにも悪いようにも影響《えいきょう》を受ける）の「朱」は、ここでは眠人と竜征を指す。失敗の経験から「人前で弾くのが怖《こわ》くなって」いて、みんなから「急に言葉を求められたら泣き出すに決まっている」などと思われていたさくら子が、眠人と竜征と一緒《いっしょ》にバンドを組んだことによって、人前で落ち着いて演奏することができ、「マイク〜堂々とした様子で〜礼も述べる〜感謝も伝えた。口調はなめらかで」というように変われた。つまり、「悪いほう」ではなく、良いほうに変われたのである。そのことを「泣き虫で空っぽで真っ白だったわたしは〜きれいな色に染めてもらったんです」と言っている。

五　**問１**　傍線部Ａの直前に「だから」とあるので、その前に理由が述べられている。「学校が居場所でないからといって、家が居場所というわけでもなかったのだ〜どうしよう、という焦《あせ》り〜今後どうすればいいのかは確かにわかっていなかったが、何かはある、必ずある、その確信だけはなぜだかあった」より、イが適する。

問２　傍線部Ｂの後に「普段《ふだん》の生活ではまず言わない。聞くこともない〜偽物《にせもの》じみたフレーズだ」「私はピッピの風変わりで楽しい台詞を次々と読み上げた。ピッピを演じることで偽物の言葉を本物の世界にぶちまけ、やがてすべてが現実になっていくのを見るのは、実に痛快だった」と書かれていることから、ウの内容が読みとれる。

問３　「その無理解」とは、「親から禁止されがち」「ゲームをする習慣のない友人からはなぜか見くびられがち」というように、ゲームに対して理解がないこと。「私」は「ゲームとプレイヤーの関係に真理と憧《あこが》れを感じて」いたが、周囲の無理解に逆らう「勇気と言葉の持ち合わせがなく」とある。この内容に、アが適する。

問４　傍線部Ｄの前後に、今思えば「ピッピを演じる〜『ＦＦ７』をプレイすることも〜自分の居場所〜必ずあるはずなのに〜迎《むか》え入れてもらえないことへの――抗議《こうぎ》」だったのだろうが、「本やゲームを自分の都合のいいように利用しようとしたって、そうはいかない〜小さなものではないからだ〜そこにはすべてがある〜人間たちが〜エゴが」と書かれていることから、ウのようなことが言える。

問５　まず、クラウドのどのようなところに心を動かされたのかを読みとる。それは「クラウドの言葉〜正直さが衝撃《しょうげき》だった〜そんなふうに自分の弱さや身勝手さを認め、さらには仲間たちの『本当』まで尊重しようとする」と書かれている。それに対して「私」は「自分が恥《は》ずかしくもあった」とある。どのような「私」だったのかを読みとる。学校を休んで「『やりたいこと』に着手することにした」「私」は、本文の最初で、自分のことを「何もしてない人間」「私だけがこんなに何もしていない」と思っていた。

《2024　算数　解説》

1 (1)　与式$=\frac{4}{3}\times\frac{7}{8}+\frac{14}{3}\times\frac{5}{8}=\frac{14}{12}+\frac{35}{12}=\frac{49}{12}=$ **$4\frac{1}{12}$**

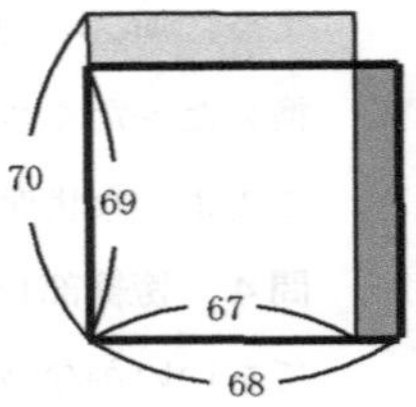

(2)　与式$=68\times(\frac{67\times69\times68}{67}-\frac{67\times69\times70}{69})=68\times(\underline{69\times68-67\times70})$

下線部の計算結果は，右の面積図でこいいろの長方形の面積からうすい色の長方形の面積を引くと求められるから，$69\times1-1\times67=2$　　よって，与式$=68\times2=$**136**

(3)　与式より，$3\times(21-8\div□)=38-11$　　$21-8\div□=27\div3$　　$8\div□=21-9$

$□=8\div12=$**$\frac{2}{3}$**

(4)　190分＝３時間10分だから，午前１時７分－３時間10分＝午前０時57分－３時間＝**午後９時57分**

(5)　$\frac{1}{37}=0.027027\cdots$だから，小数点以下では027という３つの数がくり返される。

小数第2024位の数は，$2024\div3=674$余り２より，674回くり返した後のさらに２つ後の数だから，**2**である。

(6)　$1\text{L}=10\text{cm}\times10\text{cm}\times10\text{cm}=0.1\text{m}\times0.1\text{m}\times0.1\text{m}=0.001\text{m}^3$で，$1\text{mL}=0.001\text{L}$，$1\text{dL}=0.1\text{L}$，$1\text{kL}=1000\text{L}$だから，与式$=(24000\times0.001\times0.001)\text{m}^3+(800\times0.1\times0.001)\text{m}^3+(0.2\times1000\times0.001)\text{m}^3=$

$0.024\text{m}^3+0.08\text{m}^3+0.2\text{m}^3=$**$0.304\text{m}^3$**

(7)　**【解き方】1000m走るのに，高橋さんは佐藤さんよりも，40秒＋１分＝$1\frac{40}{60}$分＝$\frac{5}{3}$分多くかかった。**

1000m走るのに高橋さんがかかった時間は，$\frac{1000}{300}+\frac{5}{3}=5$(分)だから，高橋さんの速さは，$1000\div5=200$より，**分速200m**である。

(8)　**【解き方】３組の平均点をa点とすると，２組の平均点はa＋１(点)，１組の平均点はa＋３(点)となる。**

３つの組の合計点は，全体の平均点がa点の場合よりも，$3\times41+1\times38=161$(点)高くなる。３つの組の人数の合計は$41+38+36=115$(人)だから，３つの組の全体の平均点は，a点より，$161\div115=$**1.4**(点)高い。これが求める点数である。

(9)　**【解き方】おうぎ形の曲線部分とＡＢの接点をＦとすると，角ＣＦＢ＝90°となり，ＦはＡＢの真ん中の点となる。**

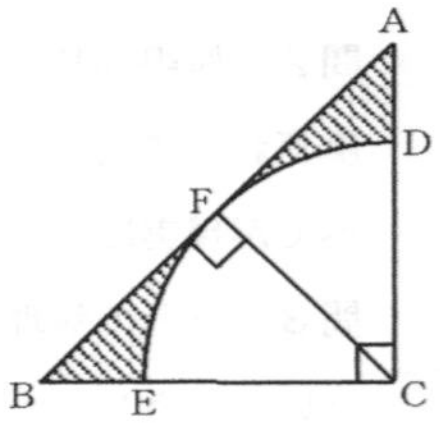

三角形ＡＢＣの面積は，対角線の長さが10cmの正方形の面積の半分だから，

$10\times10\div2\div2=25(\text{cm}^2)$

三角形ＣＦＢは直角二等辺三角形なので，ＣＦ＝ＢＦ＝$10\div2=5$(cm)だから，

おうぎ形の面積は，$5\times5\times3.14\times\frac{1}{4}=25\times\frac{3.14}{4}(\text{cm}^2)$

よって，斜線《しゃせん》部分の面積は，$25-25\times\frac{3.14}{4}=25\times(1-\frac{3.14}{4})=25\times\frac{0.86}{4}=$**5.375**$(\text{cm}^2)$

(10)　求める体積は，底面積が$10\times10=100(\text{cm}^2)$で高さが24.31cmの角柱の体積と等しく，$100\times24.31=$**2431**$(\text{cm}^3)$

2 (1)　$850\times(1+\frac{6}{10})=$**1360**(円)

(2)　仕入れ値は$850\times90=76500$(円)である。$76500\div1360=56$余り340より，**57**本以上売ると売り上げが仕入れ値を上回るので，利益を得ることができる。

(3)　**【解き方】定価で売ったときと，定価の２割引きで売ったときの１本あたりの利益を求め，つるかめ算を利用する。**

定価で売ったときの１本あたりの利益は，$1360-850=510$(円)である。定価の２割引きで売ったときの１本あたりの利益は，$1360\times(1-\frac{2}{10})-850=238$(円)である。90本全部定価の２割引きで売ったとすると，利益が$25500-238\times90=4080$(円)足りなくなる。よって，定価で売った本数は，$4080\div(510-238)=$**15**(本)

3 **【解き方】数は右図のような順に並んでいて，第１列の数は平方数《へいほうすう》(同じ整数を２つかけあわせてできる数)である。第１列の第ｎ行の数は，ｎ×ｎであり，その次の数は，第１行の第(ｎ＋１)列に並ぶ。**

	第1列	第2列	第3列	第4列	第5列	・
第1行	1	2	5	10	17	・
第2行	4	3	6	11	18	・
第3行	9	8	7	12	19	・
第4行	16	15	14	13	20	・
第5行	25	24	23	22	21	・
・	・	・	・	・	・	・

(1) 第１列の第８行の数が８×８＝64 だから，第１行の第９列の数は，
64＋１＝**65**

(2) 362－１＝361＝19×19 だから，361 は第１列の第 19 行の数である。
したがって，362 は，第１行の第 **20** 列の数である。

(3) **【解き方】３つの連続する平方数の和が 1880－３＝1877 になるところを探す。**
1877÷３＝625 余り２だから，３つの連続する平方数の真ん中の数は 625 に近い数と推測できる。25×25＝625 だから，625 は平方数であり，その前後の平方数は，24×24＝576，26×26＝676 である。576＋625＋676＝1877 だから，条件に合う。これら３つの数より１ずつ大きい数は，第１行の第 **25** 列から第 **27** 列に並ぶ。

4 (1) **【解き方】小数点以下をそろえるために，５円玉は２枚１組で 3.75×２＝7.5(ｇ)と考える。**
75 と 45 の最小公倍数は，右の筆算より，３×５×５×３＝225 だから，7.5ｇと 4.5ｇで考えると，合計が 22.5ｇになればよい。５円玉は，22.5÷7.5×２＝**６**(枚)，10 円玉は，22.5÷4.5＝**５**(枚)あればよい。

```
3) 75  45
5) 25  15
    5   3
```

(2) **【解き方】重さの合計が整数になるように，10 円玉は２枚１組で 4.5×２＝９(ｇ)，100 円玉は５枚１組で 4.8×５＝24(ｇ)と考える。**
100 円玉が１組入っているとき，10 円玉は，(60－24)÷９＝４(組)入っている。
100 円玉が２組入っているとき，10 円玉は，(60－24×２)÷９＝$\frac{4}{3}$(組)となり，整数にならない。
100 円玉が３組以上入っていることはない。よって，10 円玉は４組で２×４＝８(枚)，100 円玉は１組で５枚入っているから，全部で，**580** 円入っている。

(3) **【解き方】重さの小数点以下に影響《えいきょう》するのは 100 円玉だけである。100 円玉の重さの小数第一位が８，重さの合計の小数第一位が６だから，８にかけて一の位が６になる数を探すと２と７が見つかる。**
100 円玉の枚数の一の位は２か７だから，100 円玉は２枚，７枚，12 枚，17 枚のいずれかである。
100 円玉が２枚のとき，100 円玉の重さの合計は 4.8×２＝9.6(ｇ)である。したがって，残りの重さは，198.6－100－9.6＝89(ｇ)，残りの枚数は 20－２＝18(枚)である。18 枚全部が 500 円玉だとすると，実際より，7.0×18－89＝37(ｇ)重くなる。１枚を 500 円玉から 50 円玉にかえると 7.0－4.0＝３(ｇ)軽くなるが，実際の重さとの差が３の倍数ではないので，この場合は条件に合わない。
このように，100 円玉の枚数を決めた後はつるかめ算を使うが，仮の重さと実際の重さとの差が３の倍数にならなければ条件に合わない。100 円玉以外の重さと枚数は右表のようになる。

100 円玉(枚)	100 円玉の重さの合計(ｇ)	残りの重さ(ｇ)	残りの枚数(枚)
2	9.6	89	18
7	33.6	65	13
12	57.6	41	8
17	81.6	17	3

100 円玉が７枚のとき，仮の重さと実際の重さとの差は，
7.0×13－65＝26(ｇ)より，３の倍数にならない。
100 円玉が 12 枚のとき，仮の重さと実際の重さとの差は，
7.0×８－41＝15(ｇ)より，３の倍数になる。
このとき，50 円玉は 15÷３＝５(枚)，500 円玉は８－５＝３(枚)である。
100 円玉が 17 枚のとき，仮の重さと実際の重さとの差は，7.0×３－17＝４(ｇ)より，３の倍数にならない。

以上より，50円玉，100円玉，500円玉がそれぞれ5枚，12枚，３枚だから，入れた金額は

$50\times5+100\times12+500\times3=$ **2950**(円)である。

5 (1) **【解き方】同じ量の水が入っているとき，底面積の比と水面の高さの比はたがいに逆比となる。**

図３と図４を比べると，入っている水の量は同じで，水面の高さの比は $1:\frac{3}{4}=4:3$ である。したがって，水が入っている部分の底面積の比はこの逆比の３：４になる。２つの底面積の差は，直方体の棒の底面積の $6\times6=36$(㎠)だから，容器の底面積は，$36\times\frac{4}{4-3}=$ **144**(㎠)

(2) **【解き方】図２で右図の㋐の部分にあった水が，直方体の棒を下までおし下げたことで，一部がこぼれ一部が㋑の部分に移動したと考える。㋑の高さを求めてから容器の高さを求める。**

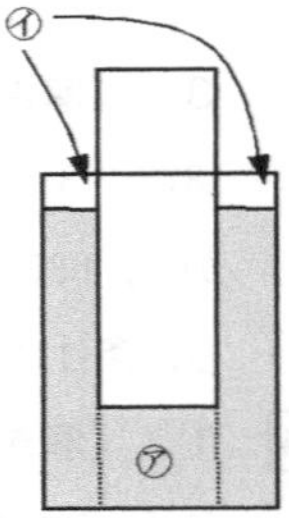

㋐の水の体積は，$6\times6\times8=288$(㎤)だから，㋑に $288-48=240$(㎤)の水が入った。

(1)より㋑の底面積は，$144\times\frac{3}{4}=108$(㎠)だから，㋑の高さは，$\frac{240}{108}=\frac{20}{9}$(cm)

これが容器の高さの $1-\frac{8}{9}=\frac{1}{9}$ にあたるから，容器の高さは，$\frac{20}{9}\div\frac{1}{9}=20$(cm)

よって，容器の容積は，$144\times20=$ **2880**(㎤)

(3) **【解き方】容器の高さが20cmよりも高く，図２から棒をおし下げても水がこぼれなかったとすると，水面の高さが何cmになったかを考える。**

(2)より，水がこぼれなかったとすると，水面の高さは，$20+\frac{48}{108}=20\frac{4}{9}=\frac{184}{9}$(cm)になった。このとき水が入っている部分の底面積と容器の底面積の比は３：４だから，水面の高さの比はこの逆比の４：３になる。したがって，図１の水面の高さは，$\frac{184}{9}\times\frac{3}{4}=\frac{46}{3}=$ **$15\frac{1}{3}$**(cm)

(4) **【解き方】容器をかたむけるのを止めたとき容器を横から見た図に，右図のように記号をおく。144＝12×12より，容器の底面は１辺が12cmの正方形だから，水が入っていない部分は，底面が三角形ＥＦＧで高さが12cmの三角柱の形をしている。**

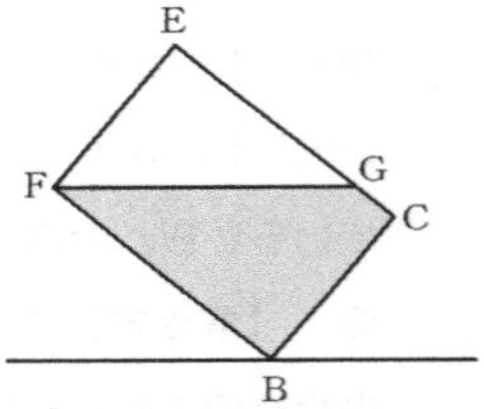

三角形ＥＦＧの面積は，$1080\div12=90$(㎠)で，ＥＦ＝12cmだから，

$EG=90\times2\div12=15$(cm)　　よって，求める長さは，$20-15=$ **5**(cm)

《2024　理科　解説》

1 (1) サクラやイチョウは秋になると葉を落とす落葉樹，スギとツバキは一年中葉をつけている常緑樹である。

(2) ③50mAの－端子《たんし》につないでいるとき，１目もりは１mAだから，図の電流の大きさは12mAである。1000mAが１Ａだから，12mAは $12\div1000=0.012$(Ａ)である。

(3) 湯気は目に見えるから，気体の水蒸気ではなく，液体の水である。やかんの中の水がふっとうして水蒸気になって出てくると，空気中で冷やされて水に変化する。なお，その後，湯気が見えなくなるのは，空気中で蒸発して水蒸気に変化するためである。

(4) 消化管は，口→食道→胃→小腸→大腸→こう門という食物が通る一続きの管である。肝臓《かんぞう》は脂肪《しぼう》の消化を助ける消化液(胆汁《たんじゅう》)をつくるので消化にかかわる器官ではあるが，食物の通り道ではないので消化管ではない。

(5) 地球は北極と南極を通る軸《じく》(地軸)を中心に１日で約１回転している。北極星は地軸の延長線付近にあるためほとんど動かず，そのまわりの星が北極星を中心に24時間で反時計回りに360度回転するように見える。よって，２時間後のＡは，反時計回りに $360\times\frac{2}{24}=30$(度)動いたイの位置に見える。

(6) 流れる水の速さが速いほど，土砂をけずるはたらき(しん食作用)が大きくなる。このため，川の曲がっている

ところでは，外側が大きくけずられていき，川の曲がり方がしだいに大きくなる。なお，流れる水の速さがおそい内側では，土砂を積もらせるはたらき(たい積作用)が大きくなり，川原ができる。

(7)　二酸化炭素をとかした水(炭酸水)は酸性であるが，二酸化ちっ素などがとけた雨よりは酸性が弱いため，ふつう二酸化炭素がとけた雨は酸性雨とはいわない。

(8)　ヘチマやカボチャなどのウリ科の植物はふつう，めしべがない雄花《おばな》とおしべがない雌花《めばな》の２種類の花をさかせる。

(9)　おもりが太鼓《たいこ》にあたるまでの時間が長くなるのは，ふりこの周期が長いときである。糸の長さが長いほどふりこの周期が長くなる。また，太鼓の音が大きくなるのは，太鼓にあたるときのおもりの速さが速いときである。糸を傾《かたむ》ける角度が大きいほどおもりの移動距離《きょり》は長くなり，周期が同じであれば，糸を傾ける角度が大きいほど最下点での速さは速くなる。

(10)　ＢはＡより標高が170－150＝20(m)高いから，地層が水平にたい積している場合，同じ層の地表からの深さはＢの方が20m深い。よって，Ａでは地表からの深さが２mのところに火山灰の層があるから，Ｂでは地表からの深さが２＋20＝22(m)のところに火山灰の層がある。

2　**問３，４**　こん虫であるＡ～Ｄは，モンシロチョウ，カブトムシ，アキアカネ，ショウリョウバッタのいずれかである。完全変態する(卵→幼虫→さなぎ→成虫の順に育つ)ＡとＢはモンシロチョウかカブトムシのどちらかであり，ⅱに問３のエを入れれば，Ａがカブトムシ，Ｂがモンシロチョウと分けることができる。完全変態しない(卵→幼虫→成虫の順に育つ)ＣとＤはアキアカネかショウリョウバッタのどちらかであり，ⅲに問３のウを入れれば，Ｃがアキアカネ，Ｄがショウリョウバッタと分けることができる。また，こん虫ではないＥ～Ｈ(Ｇはジョロウグモ)について，ⅰに問３のイを入れれば，ＥとＦはミジンコかミドリムシのどちらかであり，緑色のＥがミドリムシ，緑色ではないＦがミジンコと分けることができる。さらに，ⅳに問３のカを入れれば，あしが８本のＧがジョロウグモ，あしが８本ではないＨがオカダンゴムシと分けることができる。

3　**問２(1)**　とけたミョウバンは水よう液中に一様に広がっているので，こさはどこでも同じである。　**(2)**　表１より，ミョウバンは60℃の水50mＬに28.7ｇまでとけるので，5.0ｇを６回，つまり5.0×６＝30.0(ｇ)加えたときに，30.0－28.7＝1.3(ｇ)のとけ残りができる。

問３　問２(2)解説より，ろ液には28.7ｇのミョウバンがとけている。このろ液を０℃に冷やすと，表１より，ミョウバンは2.9ｇまでしかとけなくなるので，28.7－2.9＝25.8(ｇ)の固体が出てくる。

問４(1)　どちらもとけ残りができたときの上ずみ液は，どちらもとけるだけとけている状態である。よって，表１と表２より，20℃でのとける最大の量が多い食塩の方が，上ずみ液の水を蒸発させてでてくる固体の量が多い。

(2)(3)　とける最大の量は水の量に比例する。アでは20℃の水100mL，イでは20℃の水100－25＝75(mL)，ウでは20℃の水100－50＝50(mL)にとける最大の量を考えればよい。100mLは50mLの２倍，75mLは50mLの1.5倍だから，それぞれがとける最大の量をまとめると表ｉのようになる。よって，はじめにとかした25.0ｇのうち，ミョウバンは，アで25.0－11.2＝13.8(ｇ)，イで25.0－8.4＝16.6(ｇ)，ウで25.0－5.6＝19.4(ｇ)出てくるので，ウで最大になるが，ウでは食塩が25.0－18.0＝7.0(ｇ)出てくるので，ミョウバンだけを最も多く取り出せるのは，イのときの16.6ｇである。

表ｉ

	ア	イ	ウ
ミョウバン	11.2ｇ	8.4ｇ	5.6ｇ
食塩	36.0ｇ	27.0ｇ	18.0ｇ

4　**問１(1)**　空全体を10として，雲の量が０～８のときは晴れ(０～１のときをとくに快晴という)，９～10のときがくもりである。　**(2)**　日本付近の上空では強い西風(偏西風《へんせいふう》)が吹《ふ》いているため，低気圧や雲が西から東へ移動す

ることで，天気も西から東へ変化していく。

問２　積乱雲は激しい上昇《じょうしょう》気流が生じるところでできる。

問３(2)　(1)より，砂の表面付近の空気の方が温度が高くなっていると考えられる。空気はあたためられると軽くなるから，砂の表面付近の空気の方が軽い(水面付近の空気の方が重い)。　**(3)**　砂の表面付近の空気が軽くなって上昇気流が生じ，容器の上の方では砂側から水側に空気が移動する。　**(4)**　図２で，砂が陸，水が海と考えればよいので，実験２と同じように電灯の光でよく熱せられるとき，つまり太陽の光がよくあたる時間帯に，海から陸に向かって風が強く吹くと考えればよい。

問４(1)　標高1000ｍまでは雲ができていないから，Ａ地点で32℃であった空気の温度は100ｍで１℃の割合，つまり1000ｍで10℃下がって22℃になる。さらに，標高1000ｍから山頂までの2000－1000＝1000(ｍ)は雲ができているから，100ｍで0.5℃の割合，つまり1000ｍで５℃下がって17℃になる。　**(2)**　Ｂ地点までは雲ができていないから，山頂で17℃になった空気の温度は100ｍで１℃の割合，つまり2000ｍで20℃上がって37℃になる。

5　**問１**　図１ａとｂより，重心(Ｆ)にかかる重さが，重心からの水平距離の比の逆比に分かれるようにＡとＢにかかっていると考えればよい。ばねの伸びはばねにかかる重さに比例するので，ばね２にかかる重さを①とすると，ばね３にかかる重さは②であり，ばね１にかかる重さは①＋②＝③だから，ばね１の伸びはばね２の伸びの③÷①＝３(倍)である。

図ｉ

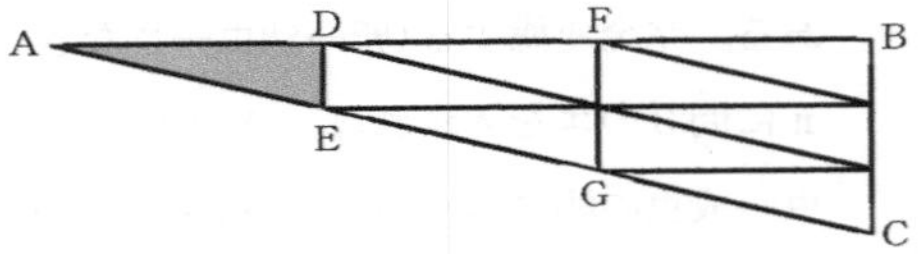

問２(1)　板ＡＢＣの厚さは一様だから，重さは面積に比例すると考えてよい。図ｉのように，三角形ＡＤＥと同じ三角形の数に着目すると，板ＡＢＣの重さは板ＡＦＧの重さの９÷４＝2.25(倍)だから，ばね１の伸びはばね４の伸びの2.25倍である。　**(2)**　板ＡＢＣと板ＡＦＧは同じ形だから，重心から両はしまでの水平距離の比が同じになる。板ＡＢＣではばね１から両はしまでの水平距離の比がＡ：Ｂ＝30：15＝２：１だから，板ＡＦＧではばね４をＡから$30\times\frac{2}{2+1}$＝20(cm)のところにつければよい。

図ii

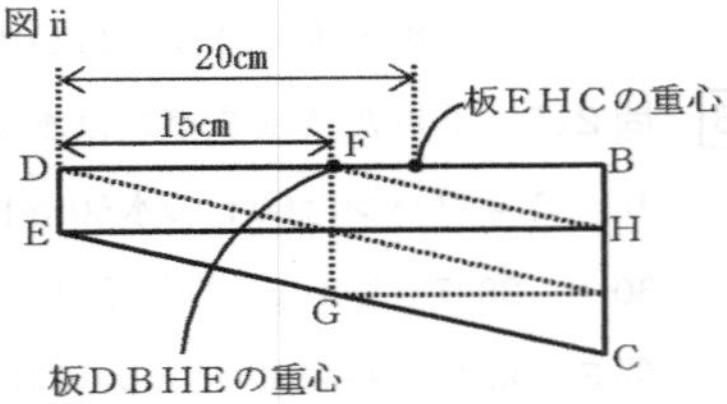

問３(1)　問２(1)解説と同様に考えて，８÷１＝８(倍)となる。

(2)　図iiにおいて，板ＤＢＣＥを，板ＤＢＨＥと板ＥＨＣに分けて考える。それぞれの重心のＤからの水平距離は，板ＤＢＨＥでは15cmであり，板ＥＨＣでは問２(2)と同様に20cmである。板ＤＢＨＥと板ＥＨＣの重さの比は４：４＝１：１だから，板ＤＢＣＥの重心は２つの板の重心の間を１：１に分けるところにある。これは，板ＤＢＨＥの重心から右に(20－15)÷２＝2.5(cm)であり，Ｄから右に15＋2.5＝17.5(cm)である。

問４(1)　問２(1)解説と同様に考えて，５÷１＝５(倍)となる。

図iii

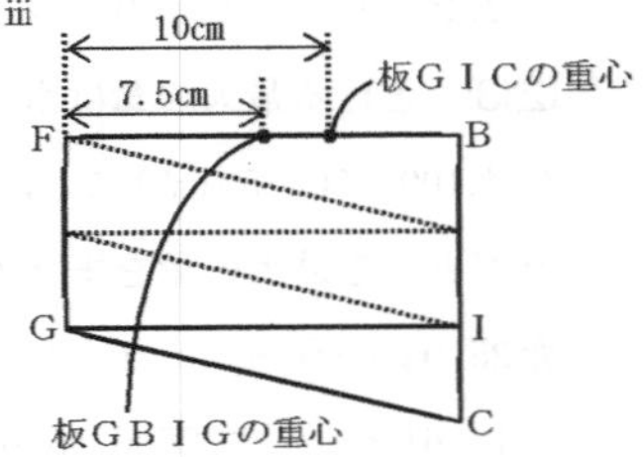

(2)　図iiiにおいて，板ＦＢＣＧを，板ＦＢＩＧと板ＧＩＣに分けて考える。板ＦＢＩＧの重心のＦからの水平距離は15÷２＝7.5(cm)である。また，板ＧＩＣは図２の板ＡＦＧと同じ形だから，問２(2)解説と同様に考えて，重心のＦからの水平距離は$15\times\frac{2}{2+1}$＝10(cm)である。板ＦＢＩＧと板ＧＩＣの重さの比は４：１だから，板ＦＢＣＧの重心は２つの板の重心の間を１：４に分けるところにある。これは，板ＦＢＩＧの重心から右に$(10-7.5)\times\frac{1}{1+4}$＝0.5(cm)であり，Ｆから右に7.5＋0.5＝８(cm)のところである。さらに，ここではＦの下に板ＡＤＥがつるされている。Ｆにかかる重さとＦから右に８cmのところにかかる重さの比は１：５であり，これらの重心は，それぞれの重さがかかる点の間を５：１に分けるところにあるから，Ｆから右に$8\times\frac{5}{5+1}$＝6.666…→6.67cmのところである。

《2024　社会　解説》

1　問１⑴　「首都パリ近郊のランブイエ」より，フランスである。　⑵　フランスの国旗は，「３色」を意味する「トリコロール」とよばれる。

問２　「石炭」「鉄鉱石」「牛肉」が輸出品目の上位を占めることから判断する。イはブラジル，ウはインド，エはベトナム。

問３　日本における自給率が最も低いＺを豆類と判断する。日本の大豆の自給率がかなり低いことは覚えておきたい。Ｘ・Ｙを比べたとき，欧米諸国において全体的に自給率が高く，100％を超えている国も多いＸを肉類，残ったＹを魚介類と判断する。

問４⑴　ロシアのプーチン大統領は，ウクライナがＮＡＴＯ(北大西洋条約機構)に加盟し，西側諸国へ組み込まれることに反対して，2022年２月にウクライナへの軍事侵攻を開始した。　⑵　日本は東経135度の経線を標準時子午線としているから，日本とウクライナの経度差は，135－30＝105(度)，時差は105÷15＝７(時間)になる。東経の地域では経度が小さいほど時刻は遅れているから，ウクライナの時刻は日本より７時間遅れた２月24日午前５時ごろになる。

問５　ア．誤り。アフリカには日本に植民地支配を受けた国はない。イ．誤り。アフリカ大陸北部には砂漠があり，その南の縁のサヘル地域で砂漠化が進んでいる。ウ．誤り。ピラミッドやスフィンクスなどの古代文明の遺跡はエジプトにある。

問６　海面の上昇の主な原因は，地球温暖化によって，海水温度が上昇して海水が膨張すること，南極などの氷河や氷床がとけることとされている。

問７　サミットは日本では過去に，東京，九州・沖縄，北海道洞爺湖，三重県伊勢志摩で開かれている。

問８　アはジョー・バイデンの前のアメリカ大統領，イはフランスの大統領，エはアメリカの第44代大統領，オは国連事務総長(2024年３月現在)。

問９　「チョゴリなどの伝統衣装」「音楽(＝Ｋ－ＰＯＰ)」「テレビドラマ」などから韓国と判断する。

問10　日本の太平洋戦争敗戦は1945年，日本が日ソ共同宣言に調印し，国際連合に加盟したのは1956年。

問11　ジェンダー＝社会的・文化的な性別。

問12　Sustainable Development Goals がSDGsの略称である。

問13　衆議院の優越によって，予算審議は必ず衆議院から先に行われる。ア．誤り。天皇が日本国の国家元首と定められていたのは大日本帝国憲法である。日本国憲法では，天皇は日本国ならびに日本国民統合の象徴とされている。イ．誤り。自衛隊創設は1954年であり，1946年に制定された日本国憲法に自衛隊の記載はない。ウ．誤り。基本的人権は，公共の福祉による制限を受ける場合はあるが，基本的に生まれながらにしてもつ権利である。大日本帝国憲法では，言論・集会の自由などは法律の範囲内で保障された。

問14　ア．誤り。中華人民共和国では，国家主席は全国人民代表大会によって選ばれる。ウ．誤り。明治時代以降，日本からの移住が多かったのは，ハワイ・ブラジル・満州などであり，インドに日系人はあまりいない。インドの在留邦人数は8000人程度である。エ．誤り。イスラム教の聖地メッカはサウジアラビアにある。

問15　高齢化がすすむ中で，国民年金の支給開始年齢は60歳から原則65歳に引き上げられている。

2　問１　三内丸山遺跡は，「北海道・北東北の縄文遺跡群」として世界文化遺産に登録されている。

問２　米づくりが始まったあとも，狩りや漁・採集はおこなっていた。

問３　邪馬台国と卑弥呼については，『魏志』倭人伝に記録がある。

問4　大王と書いて「おおきみ」と読む。

問5　651年～710年は飛鳥時代後期にあたる。アは飛鳥時代前期，エは古墳時代。イについては，平安京ではなく藤原京であれば正しい。平安京に遷都されたのは794年のことである。

問6　木簡は，墨を使って書いても，表面を削り取ることで何度も利用することができた。

問7　正倉院は三角材を井桁《いげた》につみあげた校倉造でつくられた。寝殿造は平安時代の貴族の屋敷の建築様式である。

問8(1)　中大兄皇子や中臣鎌足が蘇我蝦夷・入鹿親子を滅ぼし(乙巳の変)，人民や土地を国家が直接支配する公地公民の方針を示して政治改革に着手した。この一連の政治改革を大化の改新という。　(2)　藤原氏は，自分の娘を天皇に嫁がせ，生まれた男子を天皇に立てて，自らが外戚となって摂政や関白の地位を独占し，政治の実権をにぎる摂関政治をすすめた。　(3)　紫式部は，一条天皇の中宮彰子(藤原道長の長女)に仕え，長編小説『源氏物語』を著した。

問9　御成敗式目を制定したのは，鎌倉幕府の第３代執権の北条泰時である。イ．誤り。室町時代に，明との国交を開いて日明貿易(勘合貿易)を始めたのは足利義満である。ウ．誤り。源氏の将軍が３代で途絶えたあとは，藤原氏や皇族が将軍に就いていたが，北条氏は執権として大きな権力をにぎっていた。エ．誤り。朝廷が幕府を倒すために起こした乱は承久の乱であり，後鳥羽上皇が当時の第２代執権北条義時に対して挙兵した。北条時宗は，元寇に対応した鎌倉幕府の第８代執権。

問10　ａ．誤り。日本で初めて鉄砲が伝えられたのは種子島(鹿児島県)，キリスト教が伝えられたのは坊津(鹿児島県)である。ｂ．誤り。雪舟は周防国(山口県)の大内氏の保護を受けた。

3　問２(Ａ)　1837年，大阪町奉行所の元与力大塩平八郎は，天保の大ききんに苦しむ人々に対する奉行所の対応を批判し，彼らを救うために挙兵して乱を起こした。　(Ｂ)　イ．誤り。「天下の台所」とよばれたのは江戸ではなく大阪である。ウ．誤り。観阿弥・世阿弥は室町時代に能を大成した。エ．誤り。ききんがたびたび発生したのは，18 世紀後半から 19 世紀である。また，打ちこわしは農村ではなく都市で起こった。　(Ｄ)　薩長同盟は土佐藩出身の坂本龍馬らの仲介により実現した。勝海舟は江戸城の無血開城などで知られる幕臣である。

(Ｅ)　ａ(1871 年)→ｃ(1877 年)→ｂ(1881 年)　(Ｆ)　アは明治時代，イは昭和時代のできごとである。ウについては，1925 年の普通選挙法では，25 歳以上のすべての男子に選挙権が与えられた。

問３(Ｙ)　ａ．正しい。ロシア・ドイツ・フランスによるリャオトン半島の返還要求を，三国干渉という。

ｂ．誤り。日露戦争の講和条約であるポーツマス条約では，賠償金を獲得できず，それを知った国民が日比谷焼き打ち事件を起こした。　(Ｚ)　ノルマントン号事件は 1886 年，日本海海戦は日露戦争中の 1905 年，(第一次)石油危機は，1973 年の第四次中東戦争をきっかけに起こった。

4　問１　高知県西部を流れる四万十川は，「日本最後の清流」とよばれている。

問２　沿岸部であり，高台に避難するために崖や急傾斜地に階段を設置していると読み取れるので，津波と判断する。

問３　Ａ県は島根県である。島根県では，「築地松」とよばれる，強い冬の北西季節風を防ぐことなどを目的に植えられた屋敷林が見られる。アは東京都，イは北海道，ウは沖縄県で見られる住宅の特徴。

問４(1)(2)　Ｂ県は千葉県である。千葉県が属する京葉工業地域は，石油・石炭製品，鉄鋼がさかんな工業地域である。アは群馬県，イは長野県，エは大阪府。

問５　Ｃ県は岩手県である。三陸海岸南部は土地が沈降することで山地の谷であった部分に海水が入りこんでできたリアス海岸である。

問６　Ｄ県は青森県である。青森県では，夏の冷涼な気候を利用した夏場の大根(夏だいこん)の生産がさかんである。

青雲中学校

《国　語》

一 ⑴臓器　⑵回覧　⑶縮図　⑷穀物　⑸奮発　⑹風潮　⑺誤解　⑻民衆　⑼策略　⑽朗読

二 問1．エ　問2．ウ　問3．ア　問4．イ　問5．ウ　問6．自然の生態系が、人間の理解を超えるほど複雑で、あらゆるものがリンクしながら、どこにもグループらしきものを形成せずに、多様化、多層化しているということ。

三 問1．a．イ　b．ア　問2．ウ　問3．エ　問4．ア　問5．エ　問6．イ　問7．男が自分に気づいていながらだいじな人と幸せな時間を過ごしていることがわかり、男のじゃまをしてはいけないと思ったから。

四 問1．イ　問2．エ　問3．ウ　問4．イ　問5．人々が暮らすところに水が出るようになってたくさんの生きものが喜ぶ姿を見たことで、感動し、水のすばらしさについて実感したということ。

《算　数》

1 ⑴26.5　⑵0　⑶$3\frac{4}{15}$　⑷$\frac{1}{6}$　⑸16　⑹12　⑺4.4　⑻$10\frac{2}{11}$　⑼12　⑽157

2 ⑴8：5　⑵5：4

3 ⑴下図　⑵63

4 ⑴3　⑵290

5 ⑴(ア)2　(イ)6　⑵下図　⑶下図　⑷1cmと4cm，2cmと3cm　⑸下図

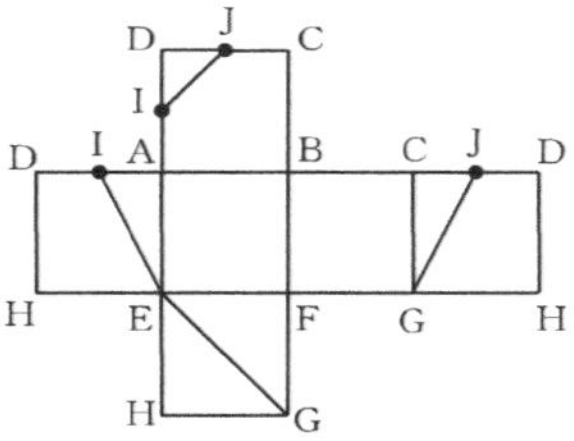

3⑴の図

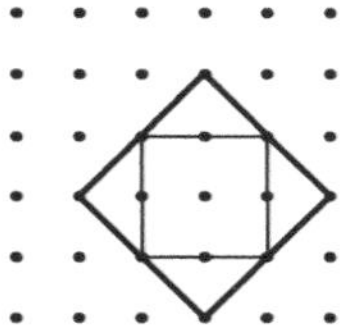
5⑵の図

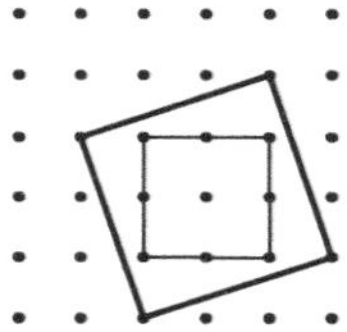
5⑶の図

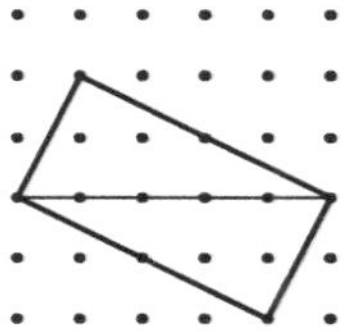
5⑸の図

《理　科》

1 ⑴オ　⑵ウ　⑶エ　⑷ア　⑸カ　⑹イ　⑺イ　⑻エ　⑼ウ　⑽ア

2 問1．ウ　問2．⑴ウ　⑵ア　問3．ウ　問4．a．蒸散　b．二酸化炭素　①ア　②イ　③イ　④イ

3 問1．⑴ア　⑵イ　問2．イ　問3．⑴ア　⑵エ　⑶ウ　問4．カ　問5．クレーター　問6．ア　問7．ア，エ，オ

4 問1．⑴D，N／C，O／E，M のうち1組　⑵I　⑶J　問2．E，J　問3．E，J，T　問4．R　問5．⑴L　⑵5

5 問1．⑴クエン酸…酸　重曹…アルカリ　⑵クエン酸…黄　重曹…青　問2．⑴二酸化炭素　⑵エ，オ　問3．⑴0.5　⑵1.3　⑶2.4　⑷4.8

《社　会》

1 問1．イ　問2．ア，オ　問3．イ　問4．⑴イ　⑵イ　問5．エ　問6．イ　問7．ウ
問8．エ

2 問1．⑴Ⅰ．A　Ⅱ．E　Ⅳ．C　⑵あ．イ　い．オ　う．ア　え．カ　問2．ア　問3．イ　問4．オ

3 問1．ウ　問2．イ　問3．エ　問4．イ　問5．北条時宗　問6．ア　問7．長篠　問8．エ
問9．ポルトガル船などが日本に来ることを禁止し，長崎に限り，オランダ・中国のみと貿易をおこなうという政策。　問10．エ　問11．打ちこわし　問12．ア

4 問1．廃藩置県　問2．イ，エ　問3．⑴ウ　⑵イ　⑶オ　問4．関税自主権　問5．ア　問6．ア
問7．エ　問8．高度経済成長　問9．イ

5 問1．ウクライナ　問2．北京　問3．津波　問4．イ　問5．平和主義　問6．ア　問7．ア
問8．ウ　問9．ア　問10．妊娠しているということ。〔別解〕おなかに子どもがいるということ。
問11．エ

《2023　国語　解説》

二 **問１**　傍線部《ぼうせんぶ》Ａの直後に「あらゆるハラスメントを排除《はいじょ》しようとしているし、職場環境《かんきょう》も改善する規制が広がりつつある」とあることから、エのようなことが言える。

問２　傍線部Ｂの前行に「ネット社会があっという間に広がった～大勢の人間が一気につながることが可能になった」とあることに着目する。ネットが普及《ふきゅう》する前は「ある枠組《わくぐ》みに属すれば、他の枠組みには属せない」という時代だったから、「自分の周囲よりもはるかに大勢」の「世界中にいる人間」と一気につながることなどできなかった。そのような状態から「大勢の人間が一気につながることが可能になった」ことを、「劇的に視野が広がった」と表現しているのである。よって、ウが適する。

問３　傍線部Ｃの２～６行後で「それまでは、ある枠組みに属すれば、他の枠組みには属せない～個人は一人～だが、どうして一人でなければならないのか、別の一人を立ち上げ、別の仕事に就き、別の生活をすることはできないのか、という疑問を、今の若者なら持つのではないだろうか？　ネットでは、このような二重登録が簡単に実現する。個人が～複数の人格を装《よそお》える」と述べていることに、アが適する。

問４　傍線部Ｄのある一文の「こういった話」が指す内容を読みとる。それはたとえば、図書館の蔵書が「本を探すときには、そのジャンルの書棚《しょだな》へ行けば見つかる」ように「分類コード」で整理されているという話。ここからイのようなことが言える。

問５　傍線部Ｅの１～４行前で「昔の農村～生きることは大部分が労働であり～人間関係は仕事上の関係だった～単純なルールを守っていれば良かった～家庭内でも～だいたい決まっていた。それらに従うことが、生きる方法だった」と述べていることに、ウが適する。

問６　傍線部Ｆは、直前で述べた「自然の生態系は、人間の理解を超《こ》えるほど複雑で、あらゆるものがリンクし、しかもどこにもグループらしきものを形成しない」ということを、「～ようにさえ見える」と強調する形で述べている。そして、その内容を、傍線部Ｆの直後で「まるで、ランダムに広がるようデザインされたみたいだ」とたとえている。それは「一つのものが一箇所《かしょ》で増える」と対照的なことであり、「多様化、多層化」といえる。

三 **問２**　草児《そうじ》は「他の大人の前では言わない続き」(「もっと前の時代のいろんな生きものにも～興味がある」ということ)を「するりと」口にし、男に、エディアカラ紀の生物のことを話した。すると男が「行ってみたい？　エディアカラ紀」と聞いてきた。「唐突《とうとつ》な(突然の、不意の)質問に、うまく答えられない」とあるとおり、戸惑《とまど》いながら、傍線部Ａのように答えたのである。この様子の説明なので、ウが適する。

問３　草児は「もし行けたとしても、戻《もど》ってこられるのかな？」と言った。戻ってこられるかどうかを心配している様子である。それを受けて男が「戻ってきたいの？」と聞くと、草児は傍線部Ｂのようになった。「そりゃあ(もちろん戻ってきたい)」と言おうとして、「自分でもよくわからなくなく」なったとある。改めて聞かれたことによって、どうしても戻ってきたいわけでもないかもしれないと、自分の気持ちに気づいたが、「だって～戻ってこなかったら、(母が)心配するだろうから」と言っている。この内容に、エが適する。

問４　傍線部Ｃの直前の「空は藍色《あいいろ》の絵の具を足したように暗く、公園の木々は、ただの影《かげ》になっている」という描写《びょうしゃ》は、日が暮れて暗くなったことを意味する。おそくなるといけないから帰るようにうながしたのだ。その前で、男は草児と「だいじな人」の話をしている。草児がエディアカラ紀から「戻ってこなかったら、心配するだろうから」と言っていたとおり、草児の帰りがおそくなると「だいじな人」が心配するだろうから、「もう帰りな」

と言ったのである。この内容に、アが適する。

問５　「ずっと喋《しゃべ》らないようにしていた」とあるから、草児がティラノサウルスとアロサウルスの違《ちが》いをくわしく説明するのを聞いて、クラスのみんなは驚《おどろ》いたはず。傍線部Ｄの直後に「何人かは驚いたような顔で、何人かは注意深く様子をうかがうように、草児を見ている」とあるとおりである。よって、エが適する。

問６　「ずっと喋らないようにしていた」という草児は、杉田《すぎた》くんと話すようになる前までは、クラスで「透明《とうめい》の板に隔《へだ》てられているという感じ」がしていた。つまり、クラスメートたちに距離《きょり》を感じていたということ。それが「完全に取っ払《ぱら》われたわけではない」が、「その気になればいつだって自力でぶち破れそうな厚さに」感じられるようになったと書かれている。ここから、イのような気持ちになっていることが読みとれる。

問７　草児が挨拶《あいさつ》しようとしたら「男の首がゆっくりと左右に動く」とある。挨拶しなくていいということ。そして「男がとっくに自分(草児)に気づいていた」のに声をかけてこなかったことを知る。さらに「もう一度男が首を横に振《ふ》った」ので、草児は母と祖母がいる席に戻った。男のしぐさには、おたがいに「だいじな人」との時間を大切にしようという意味がこめられていると考えられる。それを理解した草児が、傍線部Ｆの後で「『やっかいだけどだいじな人』とあの男が、ずっとずっと元気でありますように～幸せでありますように」と思っている。ここから、自分も男のじゃまをしないようにしようと思ったのだと考えられる。

四　問１　傍線部Ａのある段落には、「太平洋戦争」中は洋服がとても貴重であったこと、「母が普段着《ふだんぎ》の銘仙《めいせん》の着物をほどいて私と妹につくってくれた紫色《むらさきいろ》のワンピースが気に入り、今度は盗《ぬす》まれないようにと大事にしました～手織りのゴツゴツした布がやっと手に入って冬服ができ」ということが書かれている。これらの内容から、大事にしていた理由が読みとれる。よって、イが適する。

問２　傍線部Ｂのある段落で「私が子どもを育てた時は、幸い日本もかなり豊かになり～でも～母が自分の着物でつくってくれた洋服の思い出が残っていた～自分のスカートをほどいて子どもたちの洋服をつくりました」「こんな形で親から子へ何かが伝わっていくのが、暮らしというものなのではないでしょうか」と述べていることから、エのようなことが読みとれる。

問３　傍線部Ｃの前では、「『どうしても欲《ほ》しい』とまで行かず、『あらいいわね』程度で手を出し、クローゼットがいっぱいになってさあどうしようとなる」というような暮らし方を改めたい、何かを欲しいと思ったら「工夫《くふう》してつくろうよ、それが面倒《めんどう》くさかったら、それはたいして欲しくないんだよ」という考え方を思い出し、一度立ち止まって本当に欲しいかどうかを考えてみるのもよい、ということを言っている。ここから、ウのような暮らし方を「ちょうどよい加減の生活」だと言っていることが読みとれる。

問４　「大干ばつに出会い、医療《いりょう》も大事だけれど」、まずはとにかく「水」がなければいけないと感じたということ。傍線部Ｄと同じことを、直後の一文で、より具体的に「生きるために不可欠なのは水であり、それが得られる状態をつくることが基本だと考えたのです」と言いかえている。この内容に、イが適する。

問５　中村哲《てつ》医師が「一つの奇跡《きせき》」のように思った光景が、どのようなものかを読みとる。「いままで～洗ったこともないという人々が暮らすところに水が出るようになった時」の反応を見た中村医師の「男も、女も、子どもも、動物も、昆虫《こんちゅう》も、鳥も、みんな喜んだと思いますね。やっぱり命というのはですね、水が元手なんだなあと～つくづく思いましたですね」という言葉と、その言葉に対して筆者が「長い長い御苦労《ごくろう》の末にみんなが喜ぶ姿を見た時の喜びはどれほどのものだったでしょう」と述べていることからまとめる。

1 (1)　6÷1.2＝5(倍)より，x＝5.3×5＝**26.5**

(2)　与式＝48×1.3＋48×2.7－48×4＝48×(1.3＋2.7－4)＝48×0＝**0**

(3)　与式＝$\frac{4}{7}\times\frac{7}{6}\times\frac{21}{5}+\frac{7}{15}=\frac{14}{5}+\frac{7}{15}=\frac{42}{15}+\frac{7}{15}=\frac{49}{15}=$ **$3\frac{4}{15}$**

(4)　与式より，$(\frac{1}{2}-□)\times\frac{3}{4}+\frac{1}{12}\times4=\frac{7}{12}$　　$(\frac{1}{2}-□)\times\frac{3}{4}=\frac{7}{12}-\frac{4}{12}$　　$\frac{1}{2}-□=\frac{1}{4}\div\frac{3}{4}$

$□=\frac{1}{2}-\frac{1}{3}=\frac{3}{6}-\frac{2}{6}=$ **$\frac{1}{6}$**

(5)　**【解き方】$\frac{4}{5}$の分母を19にするためには分母と分子に$\frac{19}{5}$をかける。$\frac{6}{7}$の分母を19にするためには分母と分子に$\frac{19}{7}$をかける。**

求める分子は，$4\times\frac{19}{5}=15.2$よりも大きく，$6\times\frac{19}{7}=16.2\cdots$よりも小さい整数だから，**16**である。

(6)　**【解き方】100円玉と50円玉で250円に足りないぶんはすべて10円玉でうめればよい。したがって，合計が250円以下となる100円玉と50円玉の組み合わせを，100円玉の枚数ごとに場合分けして考える。**

100円玉が2枚のとき，残りは250－200＝50(円)だから，50円玉の枚数は0，1枚の2通り。

100円玉が1枚のとき，残りは250－100＝150(円)だから，50円玉の枚数は0，1，2，3枚の4通り。

100円玉が0枚のとき，残りは250円だから，50円玉の枚数は0，1，2，3，4，5枚の6通り。

よって，全部で，2＋4＋6＝**12**(通り)

(7)　**【解き方】食塩水は100gだから，20g＝$\frac{20}{100}=\frac{1}{5}$を捨てると，食塩ももとの量の$\frac{1}{5}$を捨てることになる。**

もとの食塩の量は，50×0.03＋50×0.08＝5.5(g)である。食塩水20gを捨てると，食塩の量は$1-\frac{1}{5}=\frac{4}{5}$になるから，$5.5\times\frac{4}{5}=4.4$(g)となる。よって，求める濃度《のうど》は，$\frac{4.4}{100-20+20}\times100=$ **4.4**(%)

(8)　**【解き方】右図のように作図すると，三角形ＡＢＣと三角形ＥＦＣはともに直角二等辺三角形だから，ＡＢとＥＦが平行で，三角形ＡＢＤと三角形ＦＥＤが同じ形の三角形となる。**

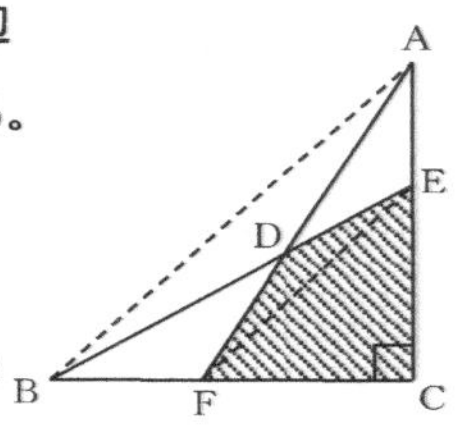

(三角形ＥＦＣの面積)＝4×4÷2＝8(㎠)

ＡＢ：ＥＦ＝ＡＣ：ＥＣ＝7：4だから，ＡＤ：ＦＤ＝ＡＢ：ＦＥ＝7：4

(三角形ＦＥＤの面積)＝(三角形ＡＦＥの面積)×$\frac{DF}{AF}=3\times4\div2\times\frac{4}{7+4}=\frac{24}{11}=2\frac{2}{11}$(㎠)

よって，しゃ線部分の面積は，$8+2\frac{2}{11}=$ **$10\frac{2}{11}$**(㎠)

(9)　**【解き方】正六角形は右図のように合同な12個の直角三角形に分けられる。**

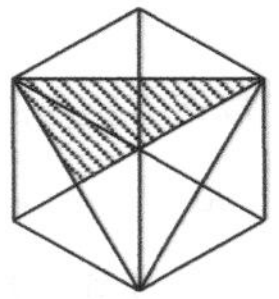

しゃ線部分の面積は，合同な直角三角形3個ぶんの面積だから，$48\times\frac{3}{12}=$ **12**(㎠)

(10)　**【解き方】横向きの長方形を回転させると，㋐底面の半径5cm，高さ1cmの円柱になる。縦向きの長方形を回転させると，㋑底面の半径3cm，高さ5cmの円柱の中から，底面の半径2cm，高さ5cmの円柱をくりぬいた立体ができる。**

㋐の体積は，5×5×3.14×1＝25×3.14(㎤)

㋑の体積は，(3×3×3.14－2×2×3.14)×5＝(9－4)×3.14×5＝25×3.14(㎤)

よって，求める体積は，25×3.14＋25×3.14＝50×3.14＝**157**(㎤)

2 (1)　**【解き方】速さの比は，同じ時間に進んだ道のりの比に等しい。**

一郎さんがゴールしたとき，ゴールまで次郎さんは240m，三郎さんは600mの地点にいる。次郎さんがゴールしたとき，三郎さんはゴールまで450mの地点にいるので，次郎さんが240m進む間に三郎さんは600－450＝150(m)進んだ。よって，次郎さんと三郎さんの速さの比は，240：150＝**8：5**

(2)　**【解き方】次郎さんと三郎さんの進んだ道のりの差から，Ａ地点からＢ地点までの道のりを求める。**

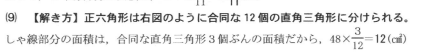

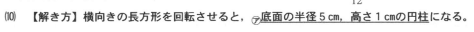

一郎さんがゴールしたとき，次郎さんが⑧，三郎さんが⑤進んでいたとすると，⑧－⑤＝③が 600－240＝360(m)にあたる。よって，⑧は 360×⑧/③＝960(m)にあたるから，Ａ地点からＢ地点までの道のりは 960＋240＝1200(m)である。したがって，一郎さんが1200m進んだとき次郎さんは960m進んでいるので，速さの比は，
1200：960＝**5：4**

3 (1) 平行な面にできる切り口の線は平行になるので，面ＥＦＧＨ上にできる切り口はＥを通り，ＩＪに平行である。したがって，切り口は図１のようになる。

図１
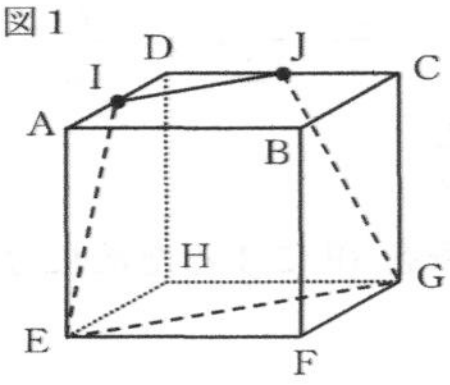

図２
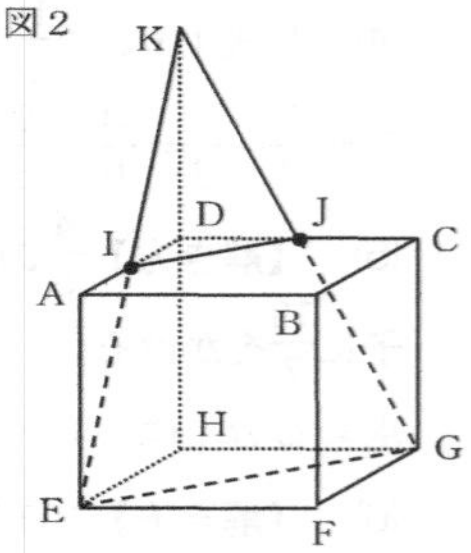

(2) **【解き方】図２のようにＥＩ，ＨＤ，ＧＪを延長した直線の交わる点をＫとすると，三角形ＨＥＧ，三角形ＤＩＪをそれぞれ底面に持つ２つの三角すいができる。この２つの三角すいは同じ形で大きさが等しい。**
求める図形の体積は，(三角すいＫ－ＨＥＧの体積)－(三角すいＫ－ＤＩＪの体積)である。また，２つの三角すいの辺の長さの比は，ＨＥ：ＤＩ＝２：１だから，ＫＨ＝ＤＨ×２＝12(㎝)となる。よって，三角すいＫ－ＨＥＧの体積は６×６÷２×12÷３＝72(㎤)，三角すいＫ－ＤＩＪの体積は３×３÷２×６÷３＝９(㎤)だから，求める体積は 72－９＝**63**(㎤)である。

4 (1) **【解き方】７で割った余りの列は，１，２，３，４，５，６，０，１，２，…のようになる。**
この整数の列は７個ずつ同じ数の並びをくり返すから，52 番目の数は，52÷７＝７余り３より，７回目の同じ数の並びの後の３つ目の数である。よって，求める数は**３**である。

(2) **【解き方】３と７の最小公倍数は 21 だから，３で割った余りの列と７で割った余りの列をまとめると，21 個ごとに同じ並びをくり返す。**
１番目から 21 番目の数の並びを表すと右表のようになる。このうち，２つの数字の列で同じ数になっているのは，１，２，21 番目の３回である。よって，2023÷21＝96 余り７より，96 回目の同じ数の並びの後の７つ目の数まで数えるから，求める個数は，３×96＋２＝**290**(個)である。

	1	2	3	4	5	6	7	8	9	10
３で割った余り	1	2	0	1	2	0	1	2	0	1
７で割った余り	1	2	3	4	5	6	0	1	2	3

	11	12	13	14	15	16	17	18	19	20	21
３で割った余り	2	0	1	2	0	1	2	0	1	2	0
７で割った余り	4	5	6	0	1	2	3	4	5	6	0

5 (1) **【解き方】ＡＢを底辺とすると，もう１つの頂点がＡＢの垂直二等分線上にあればよい。ＡＢを同じ長さの２辺の１つと考えると，ＡまたはＢから引いたＡＢと同じ長さの直線が同じ長さのもう１つの辺となる。**

図１
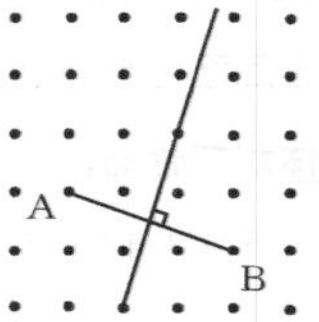

図２
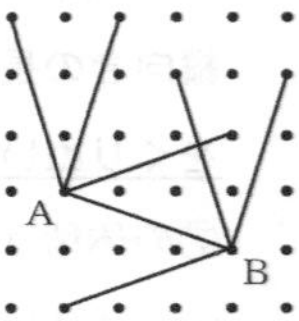

ＡＢを底辺としたとき，ＡＢの垂直二等分線を引くと図１のようになる。よって，垂直二等分線と交わる点は２つあるので，もう１つの点は**２**個選べる。ＡＢを同じ長さの２辺の１つと考え，ＡまたはＢからＡＢと同じ長さの直線を引くと図２のようになる。よって，もう１つの辺は６本選べるので，もう１つの点も**６**個選べる。

(2) もとの正方形の面積は２×２＝４(㎠)なので，面積が４×２＝８(㎠)の正方形をつくる。もとの正方形に２本の対角線を引いてできる４つの合同な三角形を正方形の外側にくっつければよい。

(3) **【解き方】面積が 10 ㎠の正方形をつくるには面積が４㎠の正方形の周りに，面積が(10－４)÷４＝1.5(㎠)の**

三角形を４つつくればよい。

底辺と高さが３㎝，１㎝の三角形の面積は３×１÷２＝1.5(㎠)となり，条件にあうので，これを正方形の外側に４つくっつければよい。

(4)　この台形の面積について，{(上底＋下底)×４÷２}＝10となるから，(上底＋下底)＝５(㎝)となる。よって，２点を結んでできる直線の長さの和が５㎝となるから，求める長さの組み合わせは，**１㎝と４㎝，２㎝と３㎝。**

(5)　【解き方】長方形ができるということは，すでに引いてある直線は長方形の対角線になるということだから，この直線の上下に合同な直角三角形をくっつければよい。長方形の面積が10㎠だから，三角形１つあたりの面積は10÷２＝５(㎠)となる。

三角形１つの面積について，５×(高さ)÷２＝５より，(高さ)＝２(㎝)となる。底辺をくっつけて長方形にするので，底辺の向かい側にある角の大きさが90°で，高さが２㎝の三角形を２つつくり，くっつければよい。なお，解答例の２つの三角形が直角三角形である理由は，右図の三角形ＡＢＣと三角形ＤＡＣが同じ形の三角形で，○＋△＝90°となるためである。

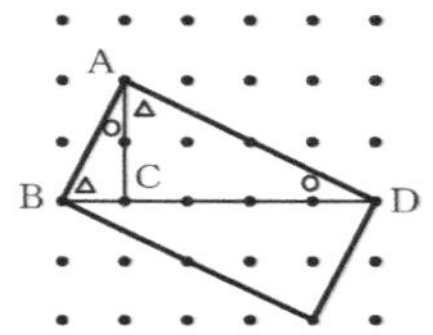

《2023　理科　解説》

1　(1)　消化された栄養分は小腸で吸収される。なお，残った水分は大腸で吸収される。

(2)　ろ過では，液体が飛び散らないようにするために，ガラス棒を伝わらせるようにして液体をろうとに注ぎ，ろうとのあしのとがった方をビーカーのかべにつける。

(3)　台風は日本の南の海上で発生し，西や北の方向へ進む。日本列島に近づくと，へん西風の影響《えいきょう》で進む向きを北や東の方に変える。台風の進行方向の右側では，台風を進ませる風と台風にふきこむ風の向きが同じになるので，最も強い風がふく。

(4)　けんび鏡では上下左右が反対に見えるので，左上に見えるものを視野の中央に移動させるときは，プレパラートを左上に動かす。

(5)　二酸化炭素は空気よりも重いので，ろうそくはほのおの位置が低いものから順に消える。

(6)　Ａを指で強くはさむと，音がＡの部分を伝わらなくなるので，音が糸を伝わる距離《きょり》はイが最も遠くなり，イの話し声が最も小さく聞こえる。

(7)　ふりこが１往復する時間は糸の長さによって決まり，おもりの重さやふれの角度によって変わらない。よって，①，④，⑤が正しい。

(8)　バッタ(ｃ)，セミ(ｄ)は，卵，幼虫，成虫の順に育つ。このような育ち方を不完全変態という。なお，カブトムシ(ａ)，モンシロチョウ(ｂ)，ミツバチ(ｅ)は，卵，幼虫，さなぎ，成虫の順に育つ。このような育ち方を完全変態という。

(9)　川の曲がっているところでは，外側の方が内側よりも流れが速い。このため，外側の方が内側よりもしん食のはたらきがさかんで，川底が深くなる。

(10)　豆電球の場合は，電気エネルギーの多くが熱のエネルギーに変わってしまうため，光のエネルギーに変わる電気エネルギーが少なくなるが，発光ダイオードの場合は電気エネルギーのほとんどが光のエネルギーに変わる。

2　**問１**　ツユクサは主に夏に花をさかせる。

問２(1)　Ａでは，４月中旬《ちゅうじゅん》に昼の長さが13時間になるので，ウが正答となる。　(2)　昼の長さが11時間よりも短くなるのは，Ａでは10月中旬，Ｂでは10月下旬だから，ＢでＹが咲《さ》く時期は，Ａよりも遅《おそ》くなる。

問３　葉に日光がじゅうぶんに当たっていない状態で育てると，植物が成長しにくくなる。葉の緑色がこくなるのは，葉に日光がじゅうぶんに当てて育てた植物に見られる特徴である。

問４　根から吸い上げた水が気孔《きこう》から水蒸気の形で出ていく現象を蒸散という。気温が高く乾燥《かんそう》していると蒸散が起こりやすいので，気孔を閉じて蒸散を防ごうとすると，光合成の材料である二酸化炭素の吸収量も減少し，光合成をさかんに行わなくなる。

3　問１(1)　Ａを地球，Ｂを月に見立てた実験を行っているので，太陽が沈《しず》むときは，Ａさんは図の上の方向を向いた状態である。よって，アが正答となる。　**(2)**　１日の間に地球(Ａ)は自ら１回転するが，月(Ｂ)はほとんど動かないので，イが正答となる。

問２　夕方，西の空に見える細い月は三日月である。月は太陽の光を反射して光って見えるので，Ａから見た三日月(図で右側が少しだけ光る月)はイである。

問３　新月→三日月(約３日後)→上弦《じょうげん》の月(約７日後)→満月(約15日後)→下弦《かげん》の月(約22日後)→新月(約29.5日後)の順に満ち欠けするので，三日月の５日後には，夕方南の空の高いところで右側半分が光る上弦の月(ア)が見える。

問４　地球の自ら１回転する動き(自転という)によって，月は南の空の高い位置から西に移動し，より低い位置に見える。

問６　星座や月の１日の動きは，地球の自転によって起こるので，星座と月でほとんど変わらない。

問７　日本では，ふたご座は３月，オリオン座は２月，おうし座は１月の午後８時に南中するので，８月の午後８時には見ることができない。

4　問１(1)　てこをかたむけるはたらき〔おもりの重さ(ｇ)×支点からの距離〕が支点Ｈに対して，ＣＭ方向とＦＪ方向のそれぞれで等しくなるときにつり合う。同じ重さのおもりを別の位置に１個ずつつるすとき，２個のおもりを真ん中の位置にまとめることができるので，ＬとＢに 50ｇのおもりをつるすということは，Ｇに 100ｇのおもりをつるすのと同じである。それぞれの点の間の棒の長さを１とすると，てこをＦ方向にかたむけるはたらきは 100×１＝100 となるので，てこをＪ方向にかたむけるはたらきも 100 になるような位置(てこをＣＭ方向にかたむけるはたらきは０になるような位置)に２個の 50ｇのおもりをつるす。よって，ＤとＮ，ＣとＯ，ＥとＭである。　**(2)(3)**　(1)より，てこをＪ方向にかたむけるはたらきが 100 になるようにすればよいので，(2)では 100ｇのおもりをＩにつるし，(3)では 50ｇのおもりをＪにつるす。

問２　Ｋにつるした 50ｇのおもりとつり合わせるためにＥに，Ｇにつるした 100ｇのおもりとつり合わせるためにＩに，それぞれ 50ｇのおもりをつるす。

問３　図３で，２個の 100ｇのおもりがてこをＫ方向にかたむけるはたらきは 100×２＋100×１＝300 だから，てこをＯ方向にかたむけるはたらきも 300 になるように，50ｇのおもり３個(合計 150ｇ)はすべて支点からのＯ方向への棒の長さが２のＥ，Ｊ，Ｏ，Ｔ，Ｙにつるす。また，２個の 100ｇのおもりがてこをＷ方向にかたむけるはたらきは 100×１＝100 だから，てこをＣ方向にかたむけるはたらきも 100 になるようにする。このような 50ｇのおもりをつるす位置の組み合わせはＥ，Ｊ，Ｔである。

問４　支点の位置をＭとすると，てこをＫ方向にかたむけるはたらきは50×２＋100×１＝200，Ｏ方向にかたむけるはたらきは 50×２＋50×２＝200，Ｃ方向にかたむけるはたらきは 50×１＝50，Ｗ方向にかたむけるはたらきは 100×２＋50×２＝300 となるので，ＫＯ方向はつり合っているが，ＣＷ方向はＷ方向にかたむけるはたらきの方が大きい。よって，支点をＲにすればＣ方向にかたむけるはたらきは50×１＋50×２＝150，Ｗ方向にかたむけるはたらきも100×１＋50×１＝150となり，水平につり合う。

問５(1)　てこをＯ方向にかたむけるはたらきは50×２＝100，Ｃ方向にかたむけるはたらきは50×２＝100，Ｗ方向にかたむけるはたらきは100×１＝100だから，ＫＯ方向はＯにかたむけるはたらきの方が大きく，ＣＷ方向はつり合っている。よって，100ｇのおもりをＬにつるせばよい。　(2)　２個の 50ｇのおもりの位置の真ん中がＬになるようにすればよいので，ＧとＱ，ＨとＰ，ＢとＶ，ＡとＷ，ＣとＵの５通りである。

5　**問１(1)**　酸性の水溶液《すいようえき》は青色リトマス紙を赤色に変え，アルカリ性の水溶液は赤色リトマス紙を青色に変えるので，クエン酸の水溶液は酸性，重曹《じゅうそう》の水溶液はアルカリ性である。　**(2)**　ＢＴＢ溶液は酸性で黄色，中性で緑色，アルカリ性で青色を示すので，クエン酸の水溶液は黄色，重曹の水溶液は青色になる。

問２(1)　石灰水に二酸化炭素を通すと白くにごるので，発生した気体は二酸化炭素である。　**(2)**　アは酸素，イはアンモニアなどの気体，ウはちっ素，カは水素の説明である。

問３(1)　発生した気体のおもさは，クエン酸の水溶液と重曹の合計から気体が発生した後の水溶液のおもさを引いた値である。よって，1.0ｇの重曹をビーカーに加えたときに発生した気体のおもさは 104.5－104.0＝0.5(ｇ)である。

(2)　表より，発生した気体のおもさは，加えた重曹のおもさが 2.0ｇのときに 1.0ｇ，3.0ｇのときに 1.5ｇ，4.0ｇのときに 2.0ｇとなっているので，加えた重曹のおもさが 4.0ｇになるまでは，重曹のおもさが 1.0ｇ増えるごとに発生した気体が0.5ｇずつ増えることがわかる。よって，2.6ｇの重曹を加えたときに発生した気体のおもさは0.5×2.6＝1.3(ｇ)となる。　**(3)**　加えた重曹のおもさが 5.0ｇのときと 6.0ｇのときに発生した気体のおもさは 108.5－106.1＝109.5－107.1＝2.4(ｇ)で等しいので，3.5ｇのクエン酸がすべて反応したときに発生する気体は 2.4ｇである。　**(4)**　発生した気体が2.4ｇのときに3.5ｇのクエン酸がすべて反応するので，ちょうど反応する重曹は1.0×$\frac{2.4}{0.5}$＝4.8(ｇ)である。

《2023　社会　解説》

1　**問１**　イ　　Ａ県は愛知県である。アは千葉県，ウは石川県，エは大阪府。

問２　ア，オ　　Ａ県の県庁所在地は名古屋市である。横浜市(377 万人)＞大阪市(275 万人)＞名古屋市(233 万人)＞札幌市(197 万人)＞福岡市(163 万人)の順に多い(2022 年 10 月現在)。

問３　イ　　メディアリテラシーとして，受け取った情報をうのみにせず，様々な観点から判断することが必要である。

問４(1)　イ　　Ｂ県は岩手県である。東北地方の三陸海岸のようなリアス海岸は，湾と岬が交互に続く複雑な海岸地形である。　**(2)**　イ　　1973 年に起きた第一次石油危機(オイルショック)によって燃料代が大きく上がったこと，各国が排他的経済水域を設定したことで，漁場の確保が難しくなったことを理由として，遠洋漁業は大きく生産量を減らした。**あ**は沖合漁業，**い**は遠洋漁業，**う**は沿岸漁業，**え**は海面養殖業。

問５　エ　　Ｃ県は香川県である。香川県の坂出と岡山県の児島が瀬戸大橋でつながっている。残りの本州四国連絡橋のうち，明石海峡大橋は神戸 - 鳴門ルート，瀬戸内しまなみ海道は尾道 - 今治ルートである。青函トンネルは，青森県と北海道を結ぶ海底トンネルである。

問６　イ　　Ｄ県は鹿児島県であり，鹿児島県の桜島の記述としてイが正しい。アは浅間山，ウは雲仙普賢岳，エは御嶽山。

問７　ウ　　アは乳牛，イは肉牛，エはブロイラー。

問８　エ　　北海道新幹線－東北新幹線－東海道新幹線－山陽新幹線－九州新幹線の順に乗り継ぐ。信濃川を通る新幹線は東京－新潟間を結ぶ，上越新幹線である。

2　**問１(1)**　Ⅰ＝Ａ　Ⅱ＝Ｅ　Ⅳ＝Ｃ　　ⅠとＡがアメリカ合衆国，ⅡとＥがオーストラリア，ⅢとＢが中華人民共和国，ⅣとＣがサウジアラビア，ⅤとＤがブラジルである。　**(2)**　あ＝イ　い＝オ　う＝ア　え＝カ　　南アメリカ大陸のほとんどの国の公用語がスペイン語である中，ブラジルだけはポルトガル語を公用語としている。

問２　ア　　おはフランスが５位に入っていることから小麦と判断する。かはとうもろこし，きは大豆。

問３　イ　　牛を神聖視するのはヒンドゥー教だから誤っている。

問４　オ　　くは，オーストラリアとアメリカ合衆国の２国で90%近くを占《し》めていることから牛肉である。けとこについては２位の国に着目すれば，インドネシアが２位のけが石炭，ブラジルが２位のこが鉄鉱石とわかる。

3　**問１**　ウ　　三内丸山遺跡は青森県，吉野ケ里遺跡は佐賀県，大森貝塚は東京都にある。

問２　イ　　天智天皇の即位前は，中大兄皇子と呼ばれた。中大兄皇子と中臣鎌足は，蘇我蝦夷・入鹿親子を滅ぼし，天皇中心の国づくりを進めた。アは聖徳太子，ウは元明天皇，エは足利義満である。

問３　エ　　古墳の表面に並んでいたのは土偶ではなく埴輪である。土偶は縄文時代につくられたものである。

問４　イ　　アとエは江戸時代，ウは室町時代の記述である。

問５　北条時宗　　鎌倉幕府の第八代執権である北条時宗が，フビライの服属要求を退けたことから，元寇が行われた。元寇に備えて御家人たちは異国警固番役の務めを果たした。

問６　ア　　イとウは平安時代，エは江戸時代の文化である。

問７　長篠　　織田信長と徳川家康の連合軍は，武田勝頼率いる騎馬隊を，鉄砲と馬防柵をつかって撃破した。

問８　エ　　アは北条泰時，イは徳川家光以降の将軍，ウは足利義満が行った。

問９　江戸幕府は，布教活動と貿易を合わせた南蛮貿易を行うポルトガルやスペインとの貿易を禁止し，布教活動を行わないオランダと長崎の出島で，中国と長崎の唐人屋敷で貿易を行った。

問10　エ　　江戸時代になると，町人や百姓の子が学ぶ寺子屋がつくられた。

問12　ア　　X（飛鳥時代前半）→Y（奈良時代）→Z（江戸時代初頭）

4　**問１**　廃藩置県　　「政府の役人が各地に派遣される」とあることから廃藩置県と判断する。版籍奉還では，大名の支配していた領地と領民を天皇に返させたが，政府からの役人の派遣はなかった。

問２　イ，エ　　征韓論による対立から政府を離れた西郷隆盛は，特権を奪われたことで不満をもつ士族にかつぎあげられる形で西南戦争を引き起こし，徴兵制により集められた新政府軍に敗れて自害した。

問３　⑴ウ　⑵イ　⑶オ　　小村寿太郎は，ポーツマス条約を締結したときの全権であり，関税自主権の回復に成功した外務大臣である。東郷平八郎は，日本海海戦で，当時最強と言われたロシアのバルチック艦隊を打ち破った。

問５　ア　　ロシアの南下をけん制するため，日本とイギリスは 1902 年に日英同盟を結んだ。イ．韓国併合は 1910 年に行われたので，日露戦争以後の出来事である。ウ．治安維持法は 1925 年に成立したので，日露戦争以後の出来事である。エ．日露戦争で賠償金の獲得はなかった。

問６　ア　　iPS 細胞の研究は，山中伸弥氏によって行われた。

問７　エ　　日米安全保障条約の締結は 1951 年のことである。

問８　高度経済成長　　1950 年代後半から 1973 年までの期間を高度経済成長期とする。

問９　イ　　サンフランシスコ平和条約（1951 年），沖縄の日本復帰（1972 年），国鉄民営化（1987 年），平成時代の始まり（1989 年）　　吉田茂→…→池田勇人→佐藤栄作→…→中曽根康弘→竹下登の順である。

5　**問１**　ウクライナ　　2022 年２月 24 日から始まったロシア軍によるウクライナ侵攻は，１年を過ぎても終わっていない。

問２　北京　　冬季オリンピック・パラリンピックは，ソチ（ロシア）→平昌（韓国）→北京（中国）の順に開催され，次回は 2026 年のミラノ・コルティナダンペッツォ（イタリア）で開かれる。

問３　津波　　海溝型の地震であったマグニチュード9.0の東北地方太平洋沖地震では，場所によっては高さが30ｍをこす巨大な津波が発生し，多くの犠牲者が出た。

問４　イ　　ア．チェルノブイリやスリーマイル島などですでに事故は起きていた。イ．現在でも浪江町や双葉町などに帰宅困難区域が存在する。ウ．厳しい審査基準に合格した原子力発電所は稼働している。エ．福島第一原子力発電所では，修理ができず，汚染水の処理に追われている。

問６　ア　　薬事法が改正され，それまで対面販売だけであった第１類・第２類の医薬品についても，インターネット販売が可能になった。

問７　ア　　国会機能の空白期間をつくらないために，参議院議員は３年ごとに議員定数の半数を改選している。イ．予算案は必ず先に衆議院に提出される。ウ．内閣総理大臣の任命は，天皇の国事行為の一つである。エ．国民審査を受けるのは，最高裁判所の裁判官だけである。

問８　ウ　　ＳＤＧｓには，17の目標と169のターゲットが設定されている。

問９　ア　　ＷＨＯは世界保健機関の略称である。世界貿易機関はＷＴＯである。

問10　マタニティマークは，妊婦が公共交通機関などを利用する際につけることで，周囲に注意を呼びかけるものである。

問11　エ　　右の①や②が高齢者用，③が初心者用のマークである。

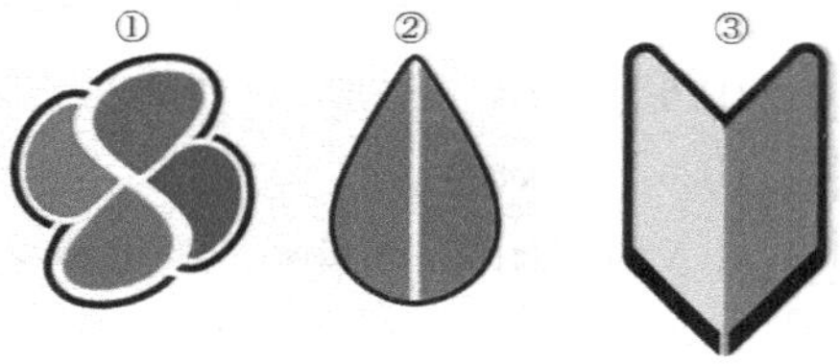

2022 解答例 令和4年度　青雲中学校

《国　語》

一　(1)警告　(2)遺品　(3)負傷　(4)操縦　(5)棒　(6)君臨　(7)清潔　(8)功績　(9)拡散　(10)反射

二　一．ウ　二．イ　三．エ　四．ア　五．知的生活というのは本を買わなければ駄目なものであるから、豊かでもない財布からなけなしの金を出すことになるということ。

三　一．X．ア　Y．ウ　二．エ　三．ウ　四．ア　五．ウ　六．お母さんといっしょに走れなくてつらい思いをしていたが、そんな自分のことを周りのみんなが心配してくれたことがうれしかった。　問七．イ

四　一．イ　二．ア　三．エ　四．イ　五．自分の関心のあることや好きなこと、ふまじめな欲求に従って疑問を持ち、その中で知る楽しさや調べる面白さを感じること。

《算　数》

1　(1)16　(2)3　(3)53　(4)126　(5)6　(6)204　(7)ア．4　イ．5　(8)90　(9)①$1\frac{1}{3}$　②$7\frac{7}{9}$

2　(1)26　(2)3800

3　(1)Aがぬられている場所…⑥　Cがぬられている場所…④　(2)12　(3)2

4　(1)79.92　(2)頂点…Q　動いた道のり…37.68

5　(1)①3　②16　(2)28

《理　科》

1　(1)ア　(2)イ　(3)ウ　(4)オ　(5)エ　(6)オ　(7)ア　(8)ウ　(9)エ　(10)イ

2　問1．黄色…酸　緑色…中

問2．A．石灰水　B．食塩水　C．うすい塩酸　D．うすい水酸化ナトリウム水よう液　E．うすいアンモニア水

問3．(1)ウ　(2)カ　(3)地球温暖化〔別解〕気温の上昇

3　問1．D　問2．B，H　問3．C，G　問4．C　問5．イ　問6．イ，ウ，オ　問7．①光　②熱

4　問1．ウ　問2．(1)エ　(2)ア，オ　問3．①イ　②イ　③イ　④ア　⑤イ　問4．エ

5　問1．ウ　問2．マグマ　問3．震度　問4．津波　問5．(1)288　(2)9，52，47　(3)9，52，32　(4)40

《社　会》

1　問１．A．愛知県　D．北海道　E．兵庫県　　問２．１．石狩　２．越後〔別解〕新潟　３．庄内
問３．あ．輪中　い．二毛作　う．季節風　　問４．ウ　　問５．⑴ウ　⑵長野　　問６．⑴ア　⑵ウ
問７．イ　　問８．ラムサール条約

2　問１．C　　問２．⑴H　⑵J　⑶F　　問３．エ　　問４．ウ　　問５．⑴イ　⑵オ　　問６．G

3　問１．たて穴住居　　問２．稲を保管する。　　問３．ウ　　問４．ア　　問５．⑴長安　⑵遣唐使によって伝えられた。　　問６．寝殿造　　問７．十二単〔別解〕女房装束　　問８．日頃から武芸の訓練をおこなった。
問９．関ヶ原の戦い　　問10．織田信長　　問11．徳川家光　　問12．参勤交代　　問13．日光

4　問１．①ウ　②オ　③イ　④ク　⑤キ　　問２．ポルトガル　　問３．ウ　　問４．⑴×　⑵×
問５．イ，ウ，オ　　問６．エ　　問７．イギリス　　問８．イ　　問９．ア，ウ

5　問１．⑴９　⑵持たず／つくらず／持ち込ませず　　問２．ウ　　問３．みどり　　問４．ア　　問５．ウ
問６．基本的人権　　問７．建国記念　　問８．８月９日は長崎に原子爆弾が投下された日にあたるから。（下線部は原爆忌でもよい）　　問９．条例　　問10．災害対策基本法

←解答例は前のページにありますので，そちらをご覧ください。

《2022　国語　解説》

二　**問一**　直前の「おもしろいと思ったのは、素人《しろうと》でも自分で身銭《みぜに》を切って刀を買って手許《てもと》に置くと、だんだん価値がわかってくる、という話である」や、少しあとの、「身銭を切っておれば～判断もきびしくなろう。凡人《ぼんじん》の場合、身銭を切るということが、判断力を確実に向上させるよい方法になる」などに着目する。身銭を切るとは、自分のお金で買うこと。刀や食事についてのこうした話が、本についても当てはまるということなので、ウが適する。

問二　友人は、時々あるいは毎日のようにつき合う相手であり、人は友人から大きな影響《えいきょう》を受けるので、友人はその人の人物を形作っていると言える。このことから、直前の西洋のことわざは、友人を見れば、その人がどのように形作られている人物なのかがわかるといった意味だと考えられる。傍線部《ぼうせんぶ》２の「蔵書」は、その人の周囲にある身銭を切って集めた本で、時々手にとって読む本である。蔵書も友人と同じように、時々手にとって読み、つき合う相手なので、その人は蔵書から大きな影響を受ける。そのため、蔵書を見れば、その人がどのように形作られている人物であるかがわかると筆者は考えている。よって、イが適する。

問三　この段落の最後の３文に着目する。「読んでよかったなあ」とほんとうに思える本にめぐり会うことはなかなかなく、「それを予知するカンを養う一番よい方法は、～『読んでよかったなあ』とほんとうに自分が思った本を自分の周囲に置くこと、そして時々、それを取り出してパラパラ読みかえすことなのである。その修練ができておれば、書店で立ち読みしただけで、ピーンとくるようになる」とあるので、この部分をまとめたエが適する。

問四　傍線部４の「その瞬間《しゅんかん》」とは、「いつか読んだ本がふと読みたくなる」瞬間である。この気持ちは、次の行に「その感興が消えていることが多い」とあるように、時間が経つと消えてしまうことが多い。このように「ずっと前に読んだ本がまた読みたくなる」理由について、筆者は、「おそらく頭脳の活動にもある種の栄養が必要であって、ちょうど、肉体が、欠乏《けつぼう》している栄養素を含《ふく》む食物を欲するように、昔の本を読みかえしたくなるのではないだろうか」と推測している。つまり、その時の自分がその本の内容を求めているのではないかということ。だから、「その瞬間が極めて大切」で、その本が「手許にないことはしばしば致命的《ちめいてき》」だと言っているのである。よって、アが適する。

問五　知的生活の「日常的な発想に従わない点」「異常な要素」を、最後の段落の内容からまとめる。

三　**問二**　10行前の「あたし、もういくね。みんながんばって」という香帆の言葉から、母親が来ないので出場をあきらめていることがわかる。また、香帆は「でも、塚原くんはどうするの？」「そしたら。塚原くんがあたしのせいで走れなくなっちゃう」と言っていて、「ぼく」が出場できなくなることを心配している。よって、エが適する。

問三　傍線部２の２～４行の発言で、ぼくは自分とおじいちゃんの組のことより、香帆とおじさんの組のことばかり心配し、おじさんにアドバイスをしている。その様子を微笑《ほほえ》ましく思ったおじさんは、ぼくをからかい、安心させるような発言をした。よって、ウが適する。

問四　少し前の、「がっしりしたおじいちゃんの腰は、安定感がバツグンだ。おじいちゃんの手がぼくの肩《かた》をつかむと、一年ぶりとは思えないほどぴったりだった」「胸がドキドキする。きっと～香帆も同じだ」という表現から、おじいちゃんと急に組むことになって不安もあるが、同時におじいちゃんの力強さや安定感、二人の相性の良さを感じている。そのため、もっとも気になっているのは、香帆たちがうまく走れるかどうかである。「がんばれ」という言葉は、「ぼく」が香帆におくっている心の中の声援《せいえん》である。よって、アが適する。

問五　少し前に、「すいっと、樹おじさんと香帆のチームがぬき出るのがわかった。香帆の右手が、樹おじさんの腕をしっかりつかんでいる。あぁ、よかった。香帆がちゃんと走ってる」とあり、香帆がしっかり走っていることに安心する気持ちが読み取れる。そのあとは、皆の声援を受けておじいちゃんと一緒《いっしょ》に着実にゴールをめざしている状況《じょうきょう》を楽しんでいる。よって、ウが適する。

問六　少しあとで、香帆は、自分の「うれしい」気持ちを説明している。この部分を中心にまとめる。

問七　樹おじさんが「かっこよかった」と言っているのは、「ぼく」が香帆のことを思いやって、積極的な行動をとったことについてである。それに対して、「ぼく」は「かっこいい。ぼくが？　えっ、どこが？」と驚いている。また、すぐあとで、「お母さん」の影を見ながら、「ぼくはまだ子供なんだと、そんなあたり前のことを実感」している。よって、イが適する。

四 **問一**　少し前に「地域とは、そこで暮らしてきたご先祖たち、未来に住むかもしれない人たち、偶然《ぐうぜん》に移り住むかもしれない人たちや、未来の子どもたち、本当に関心を持っていたのに言葉を発するのをためらっていた人たち、そして膨大《ぼうだい》な数の死者たち。そのような人たちのものでもあるからです」とある。そのため、「地域づくり」をする際には、これらの人たちの考えも考慮《こうりょ》しなければならないと、筆者は考えている。よって、過去と未来の両方にふれているイが適する。

問二　傍線部２の前後で述べていること、特に「すでに『いま』が、過去の人たちにとって未来であるはずです。ぼくたちは、過去に生きてきた人たちが描《えが》いた未来をつくることはできたのでしょうか」「過去の人たちがどのように生き、どのような言葉を残したのかを知ろうとしてきたでしょうか」より、アが適する。

問三　傍線部３の次の段落の小名浜について述べた部分を参照しよう。国の工業化の推進によって、ウのように製造業が盛んなまちになり、「パチンコ店の用地取得が比較《ひかく》的簡単である」「労働者の休みの日の娯楽《ごらく》が少ない」ことなどが理由で、パチンコ店が多い。エにあるように、「国が推進する工業化の一環《いっかん》として」「パチンコ屋が多く建てられている」わけではない。

問四　「文化の自己決定能力」を、次の段落で「自分の地域は、これこれこういう歴史や文化を持っている。こういうビジョンを持っている。だからこういうまちにするんだ、こういう政策を推進するんだ、ということを自分たちで決めるということ」と説明している。そして、「しかしそのような自己決定能力は、先ほども言ったように外部からの目線も必要です～外の目線も考慮することが、地域全体の再発見につながる～最後は自分たちで決めるけれど～回り道をして、いろいろなことを面白がるなかで、自分のまちが見つかるのではないでしょうか」と述べている。よって、これをまとめたイが適する。

問五　傍線部５は、共事者が行うことである。したがって、「最短距離《きょり》で解決を図《はか》らなければならない」という制約がある「当事者」とは、ちょっと違う「共事者」について説明した部分をもとにまとめればよい。

《2022　算数　解説》

1 (1)　与式$=36-(72-32)\div 2=36-40\div 2=36-20=16$

(2)　与式$=\frac{3}{4}\times 3+\frac{9}{8}\times 6\times\frac{1}{9}=\frac{9}{4}+\frac{3}{4}=\frac{12}{4}=3$

(3)　与式より，$\square\times 5+2=1602\div 6$　　$\square\times 5=267-2$　　$\square=265\div 5=53$

(4)　**【解き方】長方形のたてと横の長さの和は，50÷２＝25(cm)である。**

たての長さが横の長さより３cm長くなるとき，たての長さの２倍は25＋３＝28(cm)だから，たての長さは28÷２＝14(cm)となる。よって，面積を求める長方形のたての長さは14÷２＝７(cm)，横の長さは25－７＝18(cm)だから，

面積は，７×18＝126(㎠)

(5)　**【解き方】池の周りの長さを 10 と 15 の最小公倍数である 30 として考える。**

兄は１分で 30÷10＝３，弟は１分で 30÷15＝２進む。２人がはじめて出会うのは，２人の進んだ道のりの和が 30(池の周りの長さ)になるときだから，30÷(３＋２)＝６(分後)である。

(6)　**【解き方】含《ふく》まれる食塩の量に注目する。**

８％の食塩水 150ｇに含まれる食塩の量は $150\times\frac{8}{100}=12$(ｇ)なので，これに食塩と水を加えてできた５％の食塩水に含まれる食塩の量は 12＋６＝18(ｇ)となる。よって，５％の食塩水の量は $18\div\frac{5}{100}=360$(ｇ)となるから，

加えた水の量は，360－150－６＝204(ｇ)

(7)　**【解き方】つるかめ算を用いて求める。**

このクラスの合計点は6.4×40＝256(点)で，点数が４点と７点だった人を除いた１＋１＋２＋５＋７＋８＋５＋２＝31(人)の合計点は１×１＋２×１＋３×２＋５×５＋６×７＋８×８＋９×５＋10×２＝205(点)である。したがって，点数が４点と７点だった 40－31＝９(人)の合計点は 256－205＝51(点)である。

９人が７点だった場合，その９人の合計点は７×９＝63(点)となり，実際より 63－51＝12(点)高くなる。

１人が７点から４点になると，合計点は７－４＝３(点)低くなるから，４点の人数は 12÷３＝ア4(人)，

７点の人数は９－４＝イ5(人)

(8)　**【解き方】ＡＣとＢＤの交わる点をＰとすると，Ｈを含む立体は，右図の太線のように，立体ＡＤＰ－ＥＨＧとなる。体積は，(三角柱ＡＤＣ－ＥＨＧの体積)－(三角すいＧ－ＣＤＰの体積)で求める。**

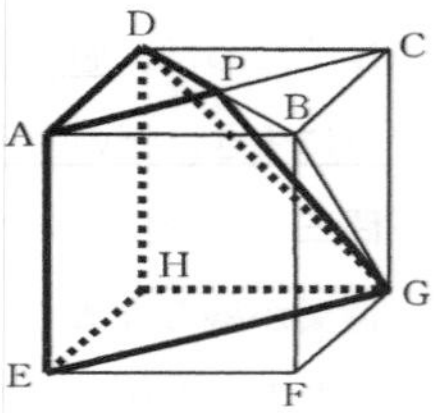

三角柱ＡＤＣ－ＥＨＧの体積は，(６×６÷２)×６＝108(㎤)

三角形ＣＤＰの面積は正方形ＡＢＣＤの面積の$\frac{1}{4}$だから，６×６÷４＝９(㎠)

よって，三角すいＧ－ＣＤＰの体積は，９×６÷３＝18(㎤)

したがって，求める体積は，108－18＝90(㎤)

(9)　**【解き方】右図のように線をひき，三角形ＡＢＣの面積をａとして，それぞれの三角形の面積をａの式で表す。その際，高さの等しい三角形の面積の比は底辺の長さの比に等しいことを利用する。**

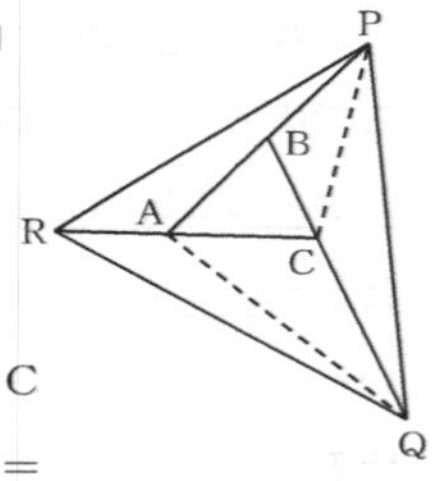

①　三角形ＡＰＣ→三角形ＡＰＲ，の順で面積をａの式で表す。

(三角形ＡＰＣの面積)：(三角形ＡＢＣの面積)＝ＡＰ：ＡＢ＝２：１だから，三角形ＡＰＣの面積は，ａ×２と表せる。(三角形ＡＰＲの面積)：(三角形ＡＰＣの面積)＝ＡＲ：ＡＣ＝２：３だから，三角形ＡＰＲの面積は，$(a\times2)\times\frac{2}{3}=a\times\frac{4}{3}$となるので，三角形ＡＢＣの面積の$\frac{4}{3}=1\frac{1}{3}$(倍)である。

②　三角形ＡＢＣ，ＡＰＲ，ＢＰＱ，ＣＱＲの面積の和で求める。(三角形ＢＰＣの面積)＝ａ×２－ａ＝ａ

(三角形ＢＰＱの面積)：(三角形ＢＰＣの面積)＝ＢＱ：ＢＣ＝(３＋５)：３＝８：３だから，三角形ＢＰＱの面積は，$a\times\frac{8}{3}$である。(三角形ＣＱＡの面積)：(三角形ＡＢＣの面積)＝ＣＱ：ＢＣ＝５：３だから，三角形ＣＱＡの面積は，$a\times\frac{5}{3}$である。(三角形ＣＱＲの面積)：(三角形ＣＱＡの面積)＝ＣＲ：ＣＡ＝(３＋２)：３＝５：３だから，三角形ＣＱＲの面積は，$(a\times\frac{5}{3})\times\frac{5}{3}=a\times\frac{25}{9}$である。

三角形ＰＱＲの面積は，$a+a\times\frac{4}{3}+a\times\frac{8}{3}+a\times\frac{25}{9}=a\times7\frac{7}{9}$だから，三角形ＡＢＣの面積の$7\frac{7}{9}$倍である。

2 **【解き方】この問題のように，いくつかの商品を買うことでその商品がさらに１つもらえる問題では，右のような図をかくとよい。まず買ったチョコマカロンを表す○を１段目に４個並べ，それらからもらえるチョコマカロンを２段目の左はしに●で表す。２段目以降は○を３個加えるごとに次の段に行けることになる。**

1段目　○　○　○　○
2段目　●　○　○　○
3段目　●　○　○　○
4段目　●　○　○　…

※○は買ったチョコマカロンを，●は引きかえ券と交換することでもらえたチョコマカロンを表す。

(1)　1000円でチョコマカロンは1000÷50＝20(箱)買える。したがって，２段目以降の段は，(20－４)÷３＝５余り１より，１＋５＝６(段目)まで全部うまり，７段目は●○となる。よって，全部で４×６＋２＝26(箱)のチョコマカロンが手に入る。

(2)　100箱手に入れるためには，100÷４＝25(段目)までうまればよい(26段目に●が１個並ぶので，実際には101箱手に入る)。この場合に買ったチョコマカロンは，４＋３×(25－１)＝76(箱)だから，50×76＝3800(円)必要である。

3 (1)　ＸＹと操作したあとは図４のようになるので，そこからＸの操作をすると，右図のようになる。よって，ぬられている場所は，Ａが⑥，Ｃが④である。

(2)　Ａの位置は図５の①～⑥の６通りあり，Ｙが偶数回行われていればＡから反時計回りに，Ｙが奇数回行われていればＡから時計回りに，アルファベットが順に並ぶ。よって，できる状態は全部で，６×２＝12(通り)

(3)　**【解き方】Ｘを連続で６回行うと元の状態にもどるから，1000回行うと，1000÷６＝166余り４より，連続で４回行ったときと同じ状態になる。**

Ｙの操作を１回，Ｘの操作を４回したあとの状態と同じになっている。よって，Ａがぬられている場所は，図３のときが⑥だから，そこからＸの操作を４回して④となる。

最後にＹの操作を１回してＡが④になるのは，Ｙの操作をする前のＡが③のときだから，求める回数は２回である。

4 (1)　**【解き方】正三角形ＰＱＲが通った部分は，図ｉの色付きと斜線部分である。**

図ｉ

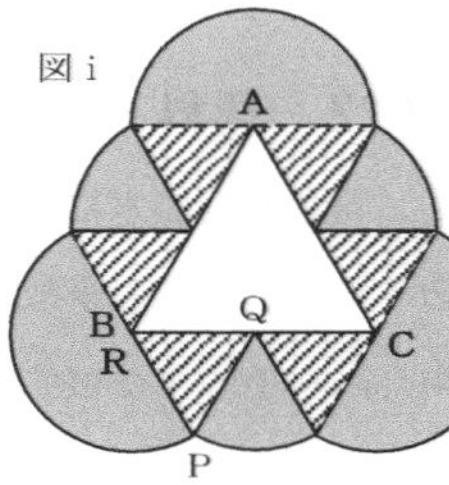

色付き部分は，半径が３cmの半円が３つ，半径が３cmで中心角が60°のおうぎ形が３つなので，面積は，$3\times3\times3.14\div2\times3+3\times3\times3.14\times\frac{60°}{360°}\times3=(\frac{27}{2}+\frac{9}{2})\times3.14=18\times3.14=56.52$(cm²)

斜線部分の面積は正三角形ＰＱＲの面積の６倍だから，3.9×６＝23.4(cm²)

よって，求める面積は，56.52＋23.4＝79.92(cm²)

(2)　**【解き方】図iiのように正三角形ＰＱＲは回転し，色付き部分の正三角形の位置で回転をやめる。もとの位置に戻っている点はＱだけだから，Ｑが動いた道のりが最も大きいとわかる。Ｑが動いた道のりは図iiの太線部分である。**

図ii

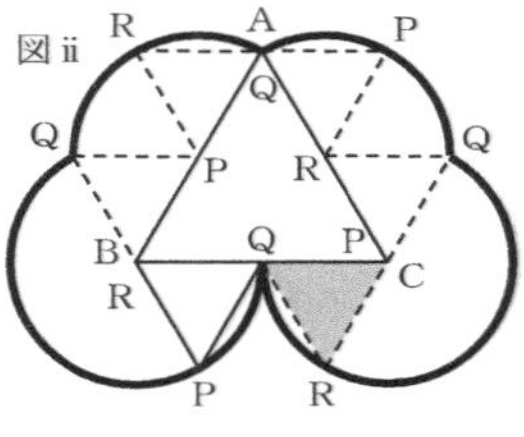

求める長さは，半径が３cmで中心角が360°－60°×２＝240°のおうぎ形の曲線部分の長さの２倍と，半径が３cmで中心角が60°×２＝120°のおうぎ形の曲線部分の長さの２倍の和だから，$3\times2\times3.14\times\frac{240°}{360°}\times2+3\times2\times3.14\times\frac{120°}{360°}\times2=(8+4)\times3.14=12\times3.14=37.68$(cm)

5 (1)①　[1]を取り出すまでのカードの数の合計が７－１＝６(点)となるので，取り出し方は，([2]，[2]，[2]，[1])([2]，[4]，[1])([4]，[2]，[1])の３通りある。

②　**【解き方１】同じカードを２回以上取り出さない場合，取り出した数の組み合わせが異なれば得点は異なるので，取り出し方の組み合わせの数を考えればよい。ゲームが終わるまでに取り出したカードの枚数で場合分けをする。**

１枚取り出した場合の取り出し方は１通りある。２枚取り出した場合，1以外のカードは４枚あるから，取り出し方の組み合わせは４通りある。３枚取り出した場合の取り出し方の組み合わせは，1以外の取り出した２枚の組み合わせを考えればよいから，(2, 4)(2, 8)(2, 16)(4, 8)(4, 16)(8, 16)の６通りある。４枚取り出した場合，取り出してないカードは1以外の４枚のカードのいずれかなので，取り出し方の組み合わせは４通りある。５枚取り出した場合の取り出し方は１通りある。

よって，得点としてありうるのは，１＋４＋６＋４＋１＝16(通り)

【解き方２】１以外の数はすべて２を何回かかけあわせてできる数(２は１回，４は２回，８は３回，16は４回)だから，２進法と同様に考えることができる。

１枚ずつある1，2，4，8，16から１～５枚取り出して足し合わせてできる数は，１以上１＋２＋４＋８＋16＝31以下のすべての整数である。ただし，1は必ず選ぶので，１以上31以下の整数のうちすべての奇数ができる。

よって，得点としてありうるのは，(31＋１)÷２＝16(通り)

⑵　**【解き方】はるおさんが３回目に1を取り出してゲームを終えたので，はるおさんの得点がなつみさんの得点より１点高い場合，２回目までの２人の取り出したカードの数の和は同じである。２人のカードの取り出し方は，２人が１回目と２回目で同じ数を取り出した場合と異なる数を取り出した場合で，場合わけをして考える。**

２人が１回目と２回目ともに同じ数を出した場合，２人のカードの取り出し方は，2か4か8か16の４通りある。

２人が１回目と２回目で異なる数を出した場合を考える。例えば，２人がそれぞれ2と4を取り出した場合，

２人の取り出し方は，(はるおさん１回目→はるおさん２回目，なつみさん１回目→なつみさん２回目)＝(2→4，2→4)(2→4，4→2)(4→2，2→4)(4→2，4→2)の４通りある。⑴の解説より，1以外の２枚の取り出し方の組み合わせは６通りあるから，２人のカードの取り出し方は６×４＝24(通り)ある。

よって，２人のカードの取り出し方は全部で，４＋24＝28(通り)

《2022　理科　解説》

1　⑴　同じ温度の水にとける物質の最大の質量は，とかす水の質量に比例する。

⑵　イ×…思わぬ事故を防ぐために，つくえの上は整理し，実験に必要のないものはしまっておく。

⑷　振《ふ》り子の１往復する時間は，おもりの重さや振れ幅《はば》によって変化せず，糸の長さ(ふりこの長さ)が長いほど長くなる。

⑸　それぞれの器具の支点・力点・作用点は図Ⅰのようになる。①は，支点が作用点と力点の間にあるものや，作用点が支点と力点の間にあるもの，②は，力点が作用点と支点の間にあるものである。

図Ⅰ

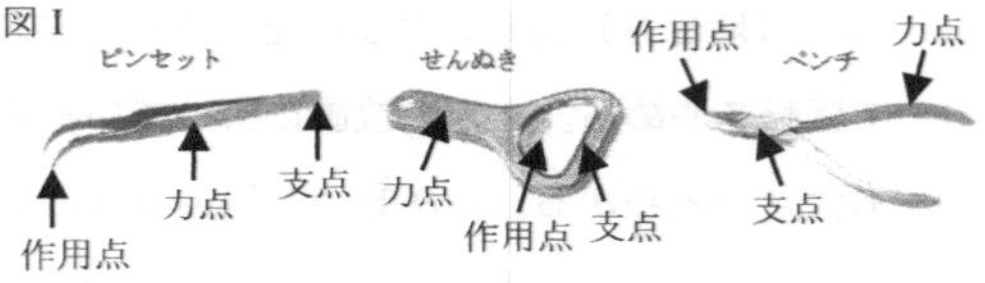

⑹　棒が水平になるのは，支点の左右で棒をかたむけるはたらき〔おもりの重さ(ｇ)×支点からの距離《きょり》(cm)〕が等しくなったときである。棒の左端《はし》から４cm(点Ｏから左に６cm)の位置に250ｇのおもりをつるしたから，棒を左にかたむけるはたらきは250×６＝1500である。よって，棒を右にかたむけるはたらきも1500であり，100ｇと200ｇのおもりの両方を使うから，100ｇのおもりをつるすことができるのは，点Ｏからの距離(cm)が奇数になる位置と考えられる。例えば，100ｇのおもりを点Ｏから右に１cmの位置につるすと，棒を右にかたむけるはたらきは100×１＝100になるから，200ｇのおもりが棒を右にかたむけるはたらきは1500－100＝1400であり，点Ｏから右に1400÷200＝７(cm)の位置につるせばよいとわかる。同じように考え

100ｇのおもりをつるす位置(cm)	1	3	5	7	9
200ｇのおもりをつるす位置(cm)	7	6	5	4	3

ると，100ｇと200ｇのおもりをつるす位置は右表の５通りある。

⑺　日本付近の上空には，西から東へ偏西風《へんせいふう》という風がふいているから，天気は西から東へ変わりやすい。きれいな夕焼けが見えたとき，西の空に雲がないということだから，次の日は晴れると考えられる。

⑻　菜の花をつみ取らずに虫めがねで観察するときは，ウのようにする。菜の花をつみ取り，手に持って虫めがねで観察するときには，虫めがねを目に近づけ，菜の花を前後に動かしてはっきり見えるように調節する。また，スケッチを描《か》くときは，影《かげ》を描いたり輪郭《りんかく》を二重がきしたりせず，細い線ではっきり描く。

⑼　太陽が西にしずむころ，東の空に見える月は満月である。月は，満月→下弦《かげん》の月（左半分が光る月）→新月→上弦の月（右半分が光る月）→次の満月と，７～８日ごとに形を変え，約29.5日で元に戻《もど》る。なお，三日月は新月から上弦の月に変わると中で見られる。

⑽　どろ（Ｃ）は粒《つぶ》が非常に小さく，粒と粒の間にすき間ができにくいので，どろの層は水を通しにくい。地表からＡとＢを通りぬけた水がＢとＣの間からしみ出す。

2　**問１**　ＢＴＢ液は，酸性で黄色，中性で緑色，アルカリ性で青色に変化する。なお，酸性で青色リトマス試験紙が赤色に，アルカリ性で赤色リトマス試験紙が青色に変化し，中性ではどちらのリトマス試験紙も色が変化しない。また，ムラサキキャベツ液は，酸性で赤色，中性でむらさき色，アルカリ性で黄色に変化する。

問２　実験１と３より，ＡとＤとＥがアルカリ性のうすいアンモニア水か石灰水かうすい水酸化ナトリウム水よう液のどれか，Ｂが中性の食塩水，Ｃが酸性のうすい塩酸とわかる。実験２より，Ｃ以外で何も出てこなかった（気体がとけている）Ｅはうすいアンモニア水である。実験４より，石灰水に二酸化炭素を通すと白くにごるから，Ｃ～Ｅに石灰水はなく，Ａが石灰水，Ｄがうすい水酸化ナトリウム水よう液とわかる。

問３⑴　アとイでは水素，オでは酸素が発生する。また，エでうすい塩酸とうすい水酸化ナトリウム水よう液が反応（中和）すると食塩水ができる。　　⑵　空気にふくまれる気体の体積の割合は，ちっ素が約78％，酸素が約21％，アルゴンが約１％，二酸化炭素が約0.04％である。

3　**問１**　Ｄでは２個の乾《かん》電池だけがつながるショート回路になり，豆電球に電流が流れない。

問２　直列つなぎの乾電池が多くなると豆電球は明るくなり，直列つなぎの豆電球が多くなると豆電球は暗くなる。また，並列つなぎの乾電池や豆電球は，それぞれが１個のときと同じ明るさになる。したがって，２個の直列つなぎの乾電池に対し，１個の豆電球がつながっているＢと，２個の並列つなぎの豆電球がつながっているＨがもっとも明るく点灯する。

問３　問２解説より，２個の並列つなぎの乾電池に対して１個の豆電球がつながっているＣと，１個の乾電池に対して２個の並列つなぎの豆電球がつながっているＧが，ＡやＦと同じ明るさになる。

問４　乾電池を並列につなぐと，電池が長持ちして豆電球が長く点灯するから，１個の豆電球に対して２個の並列つなぎの乾電池がつながっているＣがもっとも長く点灯する。

問６　磁石（電磁石）に引きつけられるのは，鉄やニッケルやコバルトなど一部の金属である。１円玉はアルミニウム，10円玉はおもに銅からできている。また，ペットボトルは金属ではなくプラスチックでできている。

4　問２(1)　a ×…昆虫《こんちゅう》は触角《しょっかく》をもつ。　b ×…３対(６本)のあしは胸につく。　(2)　イとカは単細胞《たんさいぼう》生物，ウはセキツイ動物の両生類，エはセキツイ動物のは虫類である。

問３　「８の字ダンス」の直進方向が空側ー地面側の方向に対して空側から左に120°だから，巣箱とえさ場の位置関係は図Ⅱのようになる。よって，太陽を背にして，なめ右に飛んでいく。また，この１時間後には太陽が西に動くから，太陽と巣を結ぶ直線と，巣とえさ場を結ぶ直線がつくる角の大きさは120°より大きくなる。したがって，「８の字ダンス」の直進方向は最初と比べて，地面側寄りになる。

図Ⅱ

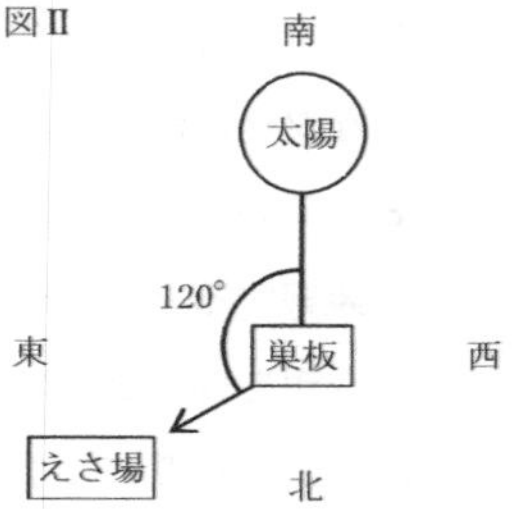

5　問１　日本付近のプレートは図Ⅲのようになっている(●は震源《しんげん》)。プレートの境目付近では，境目に沿って震源が分布している。また，大陸プレートの内部で岩盤《がんばん》がくずれることでも地震が起こる。

図Ⅲ

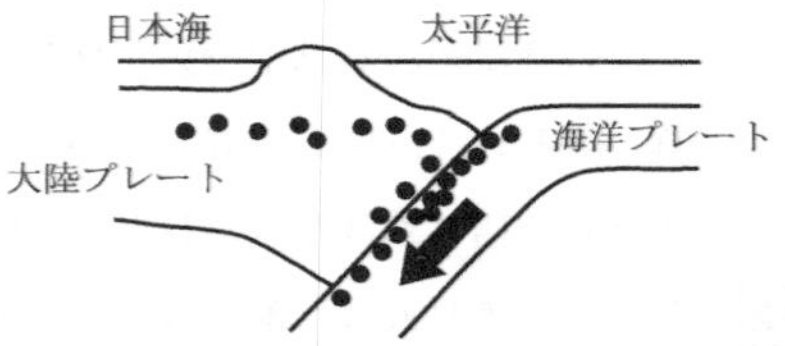

問２　地下にある岩石がどろどろにとけたものをマグマといい，それが地表に出てきたものを溶岩《ようがん》という。

問３　震度は０，１，２，３，４，５弱，５強，６弱，６強，７の10段階に分けられている。震度に対し，地震そのものの規模はマグニチュード(M)で表す。

問５(1)　震源からの距離と，小さなゆれと大きなゆれが始まった時刻の差は比例するから，Dの震源からの距離は $18\times\frac{32}{2}=288$(km)である。　(2)(4)　(1)解説より，Bの小さなゆれと大きなゆれが始まった時刻の差は $2\times\frac{90}{18}=10$(秒)だから，小さなゆれが始まった時刻は９時52分57秒の10秒前の９時52分47秒である。また，震源からの距離がBの４倍のDでは，小さなゆれと大きなゆれが始まった時刻の差が10秒の４倍の40秒になる。　(3)　AとCの記録より，震源からの距離の差が180－18＝162(km)のとき，小さなゆれが始まった時刻の差は９時53分２秒－９時52分35秒＝27(秒)だから，小さなゆれを伝える波は震源からAまでの18kmを $27\times\frac{18}{162}=3$(秒)で伝わる。よって，震源で地震が発生したのは９時52分35秒の３秒前の９時52分32秒である。

《2022　社会　解説》

1　問１　名古屋市は愛知県の県庁所在地，帯広市は北海道の中東部，姫路市は兵庫県の南西部の都市である。

問２　１．石狩　２．越後　３．庄内　　庄内平野は，最上川の河口に広がる。

問３　あ＝輪中　い＝二毛作　う＝季節風　　１年のうち，同じ作物を同じ農地で栽培すると二期作，異なる作物を栽培すると二毛作と呼ぶ。輪中集落では，最も低い土地で稲作が行われ，高い位置に母屋と避難用の水屋が建てられた。

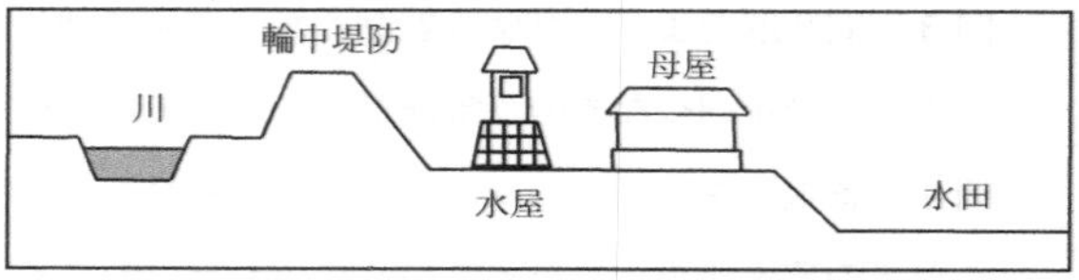

問４　ウがあてはまらない。吉野川は四国を流れる。

問５(1)　ウがりんごである。１位の青森県に着目する。アはみかん，イはぶどう，エはもも。

(2)　イがぶどうとわかれば，長野県が導ける。

問６(1)　アが石油である。1960 年代に起きたエネルギー革命によって，一次エネルギーの主流は石油になった。一次石炭火力の割合は落ち込んだが，東日本大震災後の原子力による発電量の低下を補うために，石炭火力と天然ガス（ＬＮＧ）の割合が増えて続けている。イが石炭，ウが水力，エは天然ガス。　(2)　ウが正しい。東日本大震災による福島原子力発電所の事故を受けて，国内の原子力発電所は稼働を停止し，厳しい基準に合格した原子力発電所だけが稼働を許されている。

問7　イが正しい。阿賀野川流域で発生した新潟水俣病は，熊本県の水俣病と同じメチル水銀によるものであった。カドミウムはイタイイタイ病，硫黄酸化物は四日市ぜんそくの原因となった、塩化ナトリウムは食塩だから，塩害以外の大きな公害は発生していない。

問8　ラムサール条約は，イランの都市ラムサールで開催された国際会議で採択された。

2　問1　Cがタイである。Aはインド，Bはミャンマー，Dはベトナム，Eはフィリピン。

問2　(1)H　(2)J　(3)F　鉄鉱石の輸入は，オーストラリア＞ブラジル＞カナダの順に多い。とうもろこしの輸入は，アメリカ＞ブラジル＞アルゼンチンの順に多い。原油の輸入は，サウジアラビア＞アラブ首長国連邦＞カタールの順に多い。

問3　エを選ぶ。コーヒー豆は，ブラジル＞ベトナム＞コロンビアの順に多い。

問4　ウが正しい。自動車の輸入は，ドイツ＞イギリス＞アメリカ＞イタリアの順に多い。

問5　(1)イ　(2)オ　　自動車は，TOYOTA の工場が多く立地する中京工業地帯にある名古屋港からの輸出額が多い。小型軽量で単価の高い半導体製造装置は，航空輸送されるから，成田国際空港からの輸出額が多い。

問6　Gの中国である。以前はアメリカとの貿易が多かったが，現在は中国との貿易額が多くなっている。

3　問1　たて穴住居は，縄文時代から平安時代まで使われた。

問2　高床倉庫は，弥生時代に稲作が発達するとともに建てられ始めた。

問3　ウが正しい。ア．誤り。聖徳太子が手を結んだのは，藤原氏ではなく蘇我氏である。イ．誤り。『古事記』『日本書紀』が完成したのは奈良時代である。エ．誤り。東大寺と大仏をつくるよう命じたのは聖武天皇である。

問4　アが正しい。聖徳太子は，法隆寺や四天王寺を建てたと言われている。唐招提寺は鑑真，中尊寺は藤原清衡，龍安寺は細川勝元が開いた。

問5(1)　唐の都の長安にならって，平城京や平安京がつくられた。　(2)　大陸からの文化は，古墳時代までは渡来人によって，飛鳥時代以降は遣隋使や遣唐使によってもたらされた。

問6　住居のつくりとして，寝殿造→武家造→書院造を時代順に覚えておきたい。

問7　平安時代の女性の正式な衣服は十二単，男性の正式な衣服は束帯であった。

問8　「いざ鎌倉」の内容を書けばよい。武士は，日頃から武芸・乗馬などの鍛錬が必要であった。

問9　関ヶ原の戦いは，徳川家康率いる東軍と石田三成率いる西軍(総大将は毛利輝元)の戦いで，勝利した徳川家康は征夷大将軍に任じられ，江戸に幕府を開いた。

問10　織田信長は，楽市・楽座を行ったほか，仏教勢力を弾圧し，キリスト教への理解を示していた。

問11　徳川家光以外に，家康(初代)・綱吉(5代)・吉宗(8代)・慶喜(15代)を，政策とともに覚えておきたい。

問12　参勤交代が正しい。旗本・御家人は将軍直属の一万石未満の家臣。城下町は，武家地・寺社地・町人地・百姓地に分けられていた。

問13　日光は栃木県にある。図7は日光東照宮陽明門である。

4　問1　①ウ　②オ　③イ　④ク　⑤キ　　①　島原・天草一揆→ポルトガル船の来航禁止→オランダ商館の出島移転の順番を覚えておきたい。　②　浦賀は現在の神奈川県に位置する。　③　下関条約で日本が獲得したのは，遼東半島のほか，台湾・澎湖諸島などであった。三国干渉はロシア・フランス・ドイツによる。　④　日本は韓国を併合すると，統監府を朝鮮総督府として支配の拠点とし，韓国国民に対して日本語による教育を行った。

⑤　真珠湾攻撃は，1941 年 12 月 8 日に行われた。

問2　ポルトガルが正しい。貿易と布教を並行して行うスペインとポルトガルは，貿易のみを行うオランダにとって代わられた。

問３　ウが誤り。琉球王国の窓口は，幕府ではなく薩摩藩であった。

問４⑴　×．日米和親条約では，下田と函館を開港した。横浜・神戸が開港されたのは日米修好通商条約。

⑵　×．貿易は日米修好通商条約締結後に始められた。

問５　イ，ウ，オが正しい。西郷隆盛・板垣退助は，岩倉使節団として欧米を視察した大久保利通・伊藤博文らと，韓国に対する対応(征韓論)で対立し，政府を去った。

問６　エを選ぶ。生糸の輸出量が世界第１位になったのは 1909 年(明治 42 年)のことである。アは 1882 年，イは 1886 年，ウは 1889 年。

問７　日本の背中を押しているのがイギリス，その後ろがアメリカである。ロシアの南下をおそれたイギリスは，極東の日本と同盟を結び，東西からロシアをけん制した。

問８　イが正しい。アは『学問のすゝめ』を書いた思想家・教育者。田中正造は，足尾銅山鉱毒事件で活動した国会議員。北里柴三郎は，破傷風菌の血清療法の開発・ペスト菌の発見などで知られる細菌学者。

問９　アとウが正しい。朝鮮戦争は 1950 年に始まった。湯川秀樹は 1949 年にノーベル物理学賞を受賞した。沖縄の本土復帰は 1972 年，東海道新幹線の開通は東京オリンピックが開催された 1964 年。

５　問１⑴　第９条が正しい。第９条には「戦争の放棄」・「戦力の不保持」・「交戦権の否認」が定められている。

⑵　核兵器を「持たず・つくらず・持ちこませず」とする非核三原則を提唱した佐藤栄作首相は，後にノーベル平和賞を受賞している。

問２　ウが正しい。日本国憲法は，1946 年 11 月３日に公布され，翌年の５月３日から施行された。

問３　みどりが正しい。平成時代が始まると，昭和天皇の誕生日である４月 29 日を「みどりの日」としていた。その後祝日法を改正し，５月４日を国民の祝日として「みどりの日」に改め，４月 29 日は「昭和の日」とした。以前の５月４日は，祝日と祝日にはさまれた国民の休日であった。

問４　アが正しい。イ．誤り。法律を制定することを「立法」といい，日本国憲法において，国会を「国の唯一の立法機関」と定めている。ウ．誤り。国会内に憲法審査会がつくられ，改正案が話し合われている。エ．誤り。衆議院が内閣不信任案を可決したときに衆議院が解散されることがある。また，参議院には解散はない。

問５　ウが誤り。最高裁判所の判決は，最高裁判所の裁判官によって行われる。

問６　基本的人権が正しい。基本的人権は，自由権・平等権・社会権・参政権・請求権に分類される。勤労の権利は，教育を受ける権利・生存権とともに社会権に属する。

問７　建国記念日である２月 11 日は，大日本帝国憲法と皇室典範が公布された日であり，初代天皇とされる神武天皇の即位した日とされている。

問８　1945 年８月９日午前 11 時２分，長崎に原子爆弾が投下され，多くの犠牲者が出たことは忘れてはならない。広島に投下された８月６日午前８時 15 分とともに覚えておきたい。

問９　条例は，法律の範囲内で地方公共団体が制定することができ，序列は，憲法＞法律＞政令＞省令＞条例の順。

問 10　災害対策基本法は，伊勢湾台風による被害(1959 年)を契機に 1961 年に制定された。

青雲中学校

《国　語》

一　問一．a．印象　b．程度　c．損　d．競争　e．処理　問二．ウ　問三．エ　問四．ア
問五．ウ　問六．「であろう」という表現は、断言を避け、相手の気持ちに配慮するところから日本語で発達した婉曲的な表現であるため、英語に訳そうとしても、それにふさわしい表現が見当たらないから。

二　問一．X．ア　Y．エ　問二．エ　問三．イ　問四．ア　問五．日向　問六．葉子が、他者からどう思われるかを気にしていた自分を改め、自分の気持ちに素直になって他者と関わっていくことに対して、不安を抱きつつも憧れている。　問七．ア．×　イ．○　ウ．×　エ．○

三　問一．X．ア　Y．ウ　問二．a．機構　b．意義　c．後手　問三．A．エ　B．イ　問四．エ
問五．イ　問六．ウ　問七．年老いていくことを実感する自分と、生きるのが難しい状況下にある雑草を重ね合わせ、精一杯生きようとしている雑草に勇気をもらったから。

《算　数》

1　(1)2　(2)$1\frac{37}{40}$　(3)$\frac{1}{2}$　(4)1000　(5)870　(6)10080　(7)2400　(8)38　(9)6
(10)ア．3　イ．5　ウ．8　エ．9

2　(1)6　(2)60　(3)72

3　(1)1350　(2)8：7　(3)12

4　(1)24　(2)65　(3)36

5　(1)右図　(2)6　(3)①体積…47.1　表面積…113.04　②78.5

《理　科》

1　(1)エ　(2)ウ　(3)オ　(4)ウ　(5)ア　(6)イ　(7)イ　(8)ウ　(9)オ　(10)ウ

2　問１．(1)ウ　(2)ア，エ，カ　問２．(1)ア　(2)右図　問３．(1)マイクロプラスチック
(2)41400

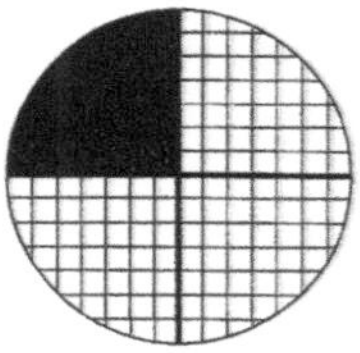

3　問１．①百葉箱　②西　③東　問２．イ　問３．温度計を紙などでおおってはかる。／1.2～1.5mの高さではかる。　問４．晴れ　問５．アメダス
問６．(1)積乱雲〔別解〕入道雲　(2)右　問７．発電／工業用水／農業用水 などから１つ　問８．ア

4　問１．25　問２．(1)①25　a．D　(2)②100　b．E　(3)③50　c．B　問３．①100　②25　問４．15

5　問１．イ　問２．イ　問３．①大き　②小さ　③大き　④小さ　問４．B→A→C　問５．イ
問６．13　問７．水溶液の温度が変わっても，水に溶ける量があまり変わらないから。

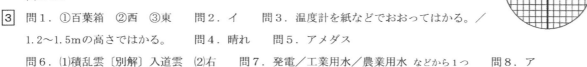

《社　会》

1 問１．エ　問２．エ　問３．イ　問４．ア　問５．イ　問６．⑴B　⑵G　⑶E　問７．アイヌ
問８．ウ　問９．ア　問10．イ　問11．徳島県／兵庫県　問12．ア

2 問１．60　問２．１，１，午後３　問３．ウ　問４．⑴中国　⑵ウ　問５．エ　問６．加工
問７．F．ア　G．イ

3 問１．⑴×　⑵オランダ　⑶イギリス　問２．イ，カ　問３．渡来人　問４．国風文化　問５．漢字を変形させてつくられたひらがな　問６．⑴×　⑵×　⑶○　問７．ア　問８．通信使　問９．儒学
問10．解体新書

4 問１．⑴日米修好通商条約　⑵エ　問２．ア　問３．徳川慶喜　問４．奈良県　問５．西南戦争
問６．エ　問７．⑴伊藤博文　⑵鹿鳴館　問８．領事裁判権〔別解〕治外法権　問９．イ
問10．⑴下関条約　⑵ウ　問11．八幡製鉄所　問12．X．満州事変　Y．国際連盟

5 問１．イ　問２．ウ　問３．ア　問４．最高裁判所　問５．エ　問６．カ　問７．勤労／納税

←解答例は前のページにありますので，そちらをご覧ください。

《2021　国語　解説》

一 **問二**　単刀直入とは、(一人で刀を持って敵に切りこむ意から)直接に要点をつくこと、遠回しでなく、すぐに本題に入ること。直前に「まわりくどいことを抜《ぬ》きにした」とあるので、ウが適する。

問三　自分や日本人の性向を述べた続く部分に、「名前を呼ばれることはうれしくない。そのかわりこちらも、ぼくだの、私だのと押《お》しつけがましいことは申しません。なるべく、隣《となり》は何をする人ぞの式に生きて行きたいものですね、と思う」と述べている。また、ある学者の電話をかけるときの例をあげ、「つまり、自分の言葉に羞《はじ》らいを持つということになる」「断言は避《さ》ける。やはり相手の目を見据《みす》えてものを言える神経とは別種である」と言っている。つまり、日本人は自分を強く主張することを好まないということなので、エが適する。

問四　傍線部《ぼうせんぶ》２の前後の内容に着目する。「相手への配慮《はいりょ》が細かくなるにつれて言い方はあいまいになるもののようである」「どちらかと言えば、誤解のおそれはあっても、相手の気持を傷つけるよりはましである。それで婉曲《えんきょく》語法が発達する～それは日本人同士が言葉を交わすときには必要なクッションであるが、外国人の読む外国語にするときには、むしろ取り除いたほうが」いい、「つよい断定はしばしば反撥《はんぱつ》を招いて説得力を弱めてしまうから、逆に、表現を殺すような内輪な言葉が有効になる。ただ、国内でのコミュニケイションには、こういう書き方がよくても、外国向けにするときには、この部分は取り除いてやる必要がある」などから、アが適する。

問五　筆者は、「ある人」が言ったアメリカ式の考え方(「たとえ自分の側に非があっても」謝らないという考え方)に、わが国でもだいぶ多くの人が感染してきたらしいと感じ、そうした考え方を広めようとする人もいるが、「見ていて浅ましいと思う」と述べ、傍線部３のようになげいている。よって、ウが適する。

問六　直前の２文の「普通のゴルフにはないような微妙《びみょう》な打ち方のできるクラブが日本語にはいくつも揃《そろ》っている。そういう言葉のニュアンスをパターくらいしかない言葉へそのまま移そうとすれば絶望するにきまっている」という比喩《ひゆ》が意味する内容を、傍線部２の前の２段落の内容をもとにまとめればよい。

二 **問二**　葉子は応援《おうえん》旗製作にまともに参加しない朱里《あかり》の態度を「――なんか……なんかやだ。こういうのって、すごく」と思っているし、朱里にそのことを言わなければならないこともわかっている。しかし、それを行動に移せない自分を「煮《に》え切らない」と感じている。よって、エが適する。葉子は、絵を描《か》くことをすごく楽しいと感じていて、応援旗製作に打ち込《こ》んでいる。よって、アとイは適さない。朱里のことを大目に見てやりたいという気持ちは読み取れないので、ウも適さない。

問三　傍線部２の直前の「しおりとは～じょじょにではあるけれど言葉を交わすようになっていた。ぎこちなさはまだ完全に消えてはいないし～だけど、『葉子』としおりが呼んでくれるようになった」に着目する。距離《きょり》感はまだある一方で、早朝の教室での会話をきっかけに、以前のような親しい間柄《あいだがら》に少しだけ戻《もど》れたように感じ、そのことをうれしく思っている。よって、イが適する。アは「しおりのよそよそしい態度に不満を感じていた」が、エは「しおりの態度は～冷淡《れいたん》になったように思っていた」が誤り。また、ウに書かれているほどには、親近感は戻っていない。

問四　波線部Dに「今そこにあるのは、以前のような親しみじゃなかった」とあるように、朱里との親しい関係は失われてしまった。そのことを考えると「泣きたかった(＝辛《つら》かった)」のである。一方、傍線部３の直後に、「だって、私は今、朱里に本当の気持ちを言った。そのことに、後悔《こうかい》はなかったから」とある。また、自分のせいで私と朱里が衝突《しょうとつ》したと考え、謝る松村さんに対して、「私はううん、と首をふった」。つまり、私は朱里に不満を正直に言うべきだったと思っているし、親しい関係が失われて辛くても、後悔していない。よって、アが適する。

問五　波線Dの直後の「『日向《ひなた》』と『日陰《ひかげ》』の境界線～分かった」と、□の直前の文の「境界線」という言葉に着目する。葉子は「境界線を越《こ》えること」言いかえると「『日向』からはみ出そうすること」をおそれている。私が朱里の行動を非難した場面の、「怖《こわ》い。怖くてたまらない」がそれに当たる。

問六　葉子は、「『日向』からはみ出そうとすることは、とがめられても仕方のないことなんだ」と思っていた。しかし、今回勇気を出して朱里に本当の気持ちを言った。また、飛び散った赤い絵の具を「花びら」に変えるという提案もした。「花びらの舞《ま》う空の中を、悠々《ゆうゆう》と泳いでいく大きなクジラ」からは、「どこにでもいけそうな自由さ」を感じる。葉子は、不安を抱《いだ》きながらも、自分も「大きなクジラ」のように「日向」「日陰」という区別を越え、「どこにでもいけそうな自由」を得て、自分の気持ちに正直に他者と関わっていきたいと思っている。

問七ア　「その子(ちーちゃん)」に駆《か》け寄《よ》っていっても、「誰《だれ》とでも分《わ》け隔《へだ》てなく接する」ことにはならないので、×。　**イ**　松村さんが失敗したときに、朱里は自分が応援旗製作をなまけていたことを棚《たな》に上げ、松村さんの失敗を「ロコツな物言い」で責めたので、○。　**ウ**　Cの朱里の態度は、「物事への興味や関心を示そうとしないうえに活力に乏《とぼ》しい」ためではない。「朱里」と言った葉子の「思ったよりも低い声」に、非難の調子を感じ取った朱里が、それに対する反発や敵意から、このような態度をとった。よって、×。　**エ**　直後の「『日向』と『日陰』の境界線。それを朱里がたった今、私の前に、完全に引いたことが、はっきりわかった」にも着目する。さっきまでは「親しみ」を示していたのに、葉子に非難されたことで態度を一変させ、「『……もういい。帰る』そう吐《は》き捨てると、振り向きもせず、足早に歩いていってしまった」。よって、○。

三　**問三A**　年季が入るとは、長い間修練を積んで確かな技術をもっているという意味。筆者は子供のころに庭掃《は》きを始め、このときまで何十年も続けている。　**B**　音《ね》を上げるとは、苦しさにたえられず声を立てる、弱音をはく、降参するといった意味。直後に「負けました」とある。

問四　立往生《たちおうじょう》には、その場に止まって、身動きがとれなくなるという意味がある。よって、「どうしたらよいかを我ながら決めかねている」とあるエが適する。

問五　「なぜ道路からはじめさせられたかというと、道路には何もないから掃《は》きやすく、しかも掃除映《そうじば》えがするので、いうならば最も子供向きな練習場というわけです」「自分たちは朝は忙《いそが》しく、表の掃除まで手はまわりかねる、子どもにさせれば一石二鳥、子もおぼえるし、親も助かります」より、イが適する。

問六　直前に「あまり小さいうちは取るのに面倒《めんどう》ですから、すこし大きくなるまで待って、指先につまめるほどになると抜《ぬ》きます」とある。このことを説明したウが適する。

問七　筆者は「草の種のさすらい」と名づけて、雑草の生きようとするけなげさをいとおしく思っている。筆者は、年を取り、一人では庭掃きも雑草ひきもできなくなってきたことで、老いを実感している。そうした中で、雑草が、自分の生きる場所を探してさすらい、「石をたよりに、窪《くぼ》みをよりどころにして精《せい》いっぱい」生きる姿に共感し、はげまされている。

《2021　算数　解説》

1　(1)　与式$=13-(121-99)\div 2=13-22\div 2=13-11=2$

(2)　与式$=\frac{2.8}{3.5}+\frac{1.2}{0.8}\times\frac{3}{4}=\frac{4}{5}+\frac{3}{2}\times\frac{3}{4}=\frac{4}{5}+\frac{9}{8}=\frac{32}{40}+\frac{45}{40}=\frac{77}{40}=1\frac{37}{40}$

(3)　与式$=5\frac{1}{2}-(\frac{5}{4}-\frac{1}{6}-\frac{2}{3})\times 12=5\frac{1}{2}-(\frac{5}{4}\times 12-\frac{1}{6}\times 12-\frac{2}{3}\times 12)=5\frac{1}{2}-(15-2-8)=5\frac{1}{2}-5=\frac{1}{2}$

(4)　与式より，$(1\times□-1)\times7\times\frac{1}{9}=779-2$　　$(□-1)\times\frac{7}{9}=777$　　$□-1=777\div\frac{7}{9}$　　$□=999+1=1000$

(5)　**【解き方】24 と 54 の公倍数より 6 大きい数のうち，3 けたの整数で最大の数を求めればよい。**

24 と 54 の最小公倍数は，右の筆算より 2 × 3 × 4 × 9 ＝216 だから，24 と 54 の公倍数は 216 の倍数である。216 の倍数より 6 大きい数のうち 3 けたの整数で最大の数は，216× 4 ＋ 6 ＝870

2) 24　54
3) 12　27
　　 4　 9

(6)　**【解き方】売った値段が仕入れ値の何倍かを考える。**

仕入れ値を 1 とすると，定価は $1\times(1+\frac{4}{10})=\frac{7}{5}$，売った値段は，$\frac{7}{5}\times(1-\frac{25}{100})=\frac{21}{20}$である。

よって，$\frac{21}{20}-1=\frac{1}{20}$が 360 円にあたるから，仕入れ値は $360\div\frac{1}{20}=7200$(円)，定価は，$7200\times\frac{7}{5}=10080$(円)

(7)　**【解き方】初めの兄と弟の所持金の差を考える。**

兄は弟より 800－200＝600(円)多く持っていた。したがって，4：3 の比の数の 4 － 3 ＝ 1 が 600 円にあたるので，兄の初めの所持金は，$600\times\frac{4}{1}=2400$(円)

(8)　**【解き方】折ったときに重なる角は等しいことを利用する。**

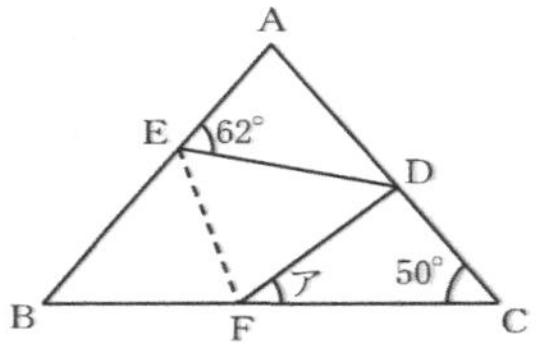

角ＢＥＦ＝角ＤＥＦ＝(180° －62°) ÷ 2 ＝59°

三角形ＡＢＣは二等辺三角形だから，角ＡＢＣ＝角ＡＣＢ＝50°

三角形ＢＥＦの内角の和より，角ＢＦＥ＝180° －59° －50° ＝71°

よって，角ア＝180° －71° × 2 ＝38°

(9)　**【解き方】110° ＋70° ＝180° だから，直角三角形の 5 cmの辺と斜線部分の 5 cmの辺を合わせた右図において，ＡＢとＢＣは同一直線上にある。**

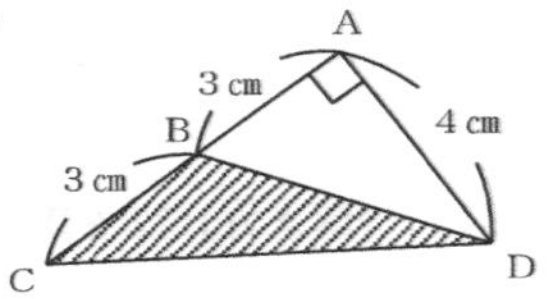

斜線部分の面積は，ＢＣ×ＡＤ÷ 2 ＝ 3 × 4 ÷ 2 ＝ 6 (cm²)

(10)　ア＋イ＝40－ 1 － 1 － 2 － 3 － 4 － 8 －10－ 3 ＝ 8 (人)

最頻値は最も人数が多い点数で，アとイは 8 以下だから，最頻値は，エ＝ 9

40 人の中央値は，40÷ 2 ＝20 より，高い方(または低い方)から 20 番目と 21 番目の点数の平均である。

高い方から 20 番目と 21 番目はともに 8 点だから，中央値は，ウ＝ 8

平均値から，40 人の合計点数は，6.9×40＝276(点)だから，4 点の人と 5 点の人の合計点数は，

276－ 1 × 1 － 2 × 1 － 3 × 2 － 6 × 3 － 7 × 4 － 8 × 8 － 9 ×10－10× 3 ＝37(点)

イ＝ 8 だとすると，4 点の人と 5 点の人の合計点数が 5 × 8 ＝40(点)となり，実際より 40－37＝ 3 (点)高くなる。

1 人を 5 点から 4 点に置きかえると合計点数が 5 － 4 ＝ 1 (点)下がるから，ア＝ 3 ÷ 1 ＝ 3，イ＝ 8 － 3 ＝ 5

2　**【解き方】まず$_A$座るイスの選び方を調べる。イスを決めたあと，$_B$イスの番号が小さい順に座る人を決めるときの決め方を調べる。下線部Ｂは座る人が 2 人ならば 2 × 1 ＝ 2 (通り)，3 人ならば 3 × 2 × 1 ＝ 6 (通り)ある。下線部Ａの 1 通りごとに下線部Ｂの決め方があるから，Ａ×Ｂを求めればよい。**

(1)　座るイスの選び方は，①③，①④，②④の 3 通りある。座る人の決め方は 2 通りだから，座り方は全部で，3 × 2 ＝ 6 (通り)

(2)　座るイスの選び方は，①③⑤，①③⑥，①③⑦，①④⑥，①④⑦，①⑤⑦，②④⑥，②④⑦，②⑤⑦，③⑤⑦の 10 通りある。

座る人の決め方は 6 通りだから，座り方は全部で，10× 6 ＝60(通り)

(3)　座るイスの選び方は右図の 12 通りある。

座る人の決め方は 6 通りだから，座り方は全部で，12× 6 ＝72(通り)

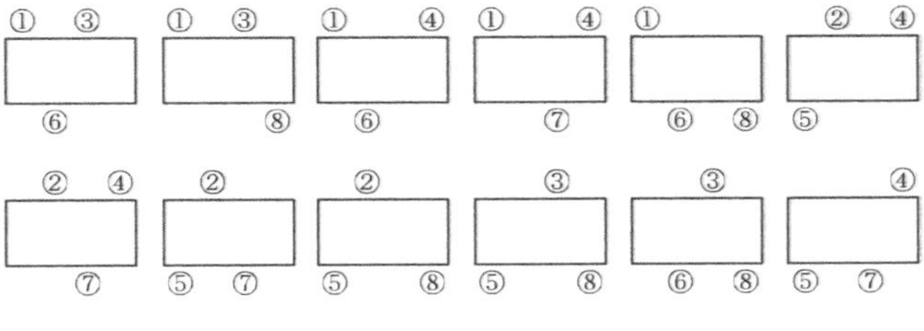

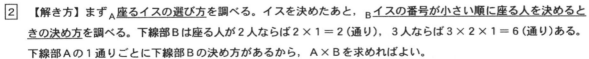

3 (1) **【解き方】２人の移動の様子は右図のように表せる。出発したときもふくめて，すれ違ってから次にすれ違うまでに２人が進む道のりの和は，つねにＡＢ間の道のりの２倍にあたる。したがって，その間に太郎さんと次郎さんそれぞれが進む道のりもつねに一定である。**

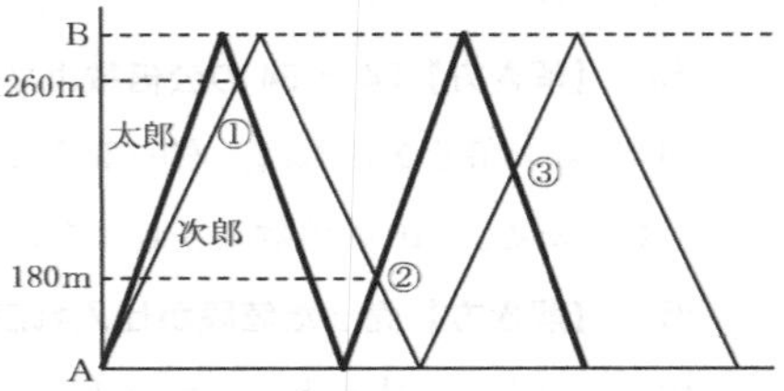

※①，②，③はそれぞれ１回目，２回目，３回目にすれ違ったところを表す。

次郎さんは，出発してから１回目にすれ違うまでに1260m進んだから，出発してから２回目にすれ違うまでに1260×２＝2520(m)進んだ。
よって，次郎さんは１往復した時点で2520＋180＝2700(m)進んだから，ＡＢ間の道のりは，2700÷２＝1350(m)

(2) (1)より，太郎さんは出発してから１回目にすれ違うまでに2700－1260＝1440(m)進んだ。
よって，太郎さんと次郎さんの速さの比は，同じ時間に進む道のりの比に等しく，1440：1260＝８：７

(3) **【解き方】(1)をふまえる。Ａから③までの道のり→次郎さんがＡから③まで進むのにかかる時間→次郎さんが③からＢ，Ａと進んだときの道のり，の順に考え，走り終えるのが何分後かを求める。**
(1)より，②から③までに次郎さんは1260m進んだから，Ａから③までの道のりは，1260－180＝1080(m)
太郎さんと次郎さんの速さの比は８：７だから，同じ道のりを進むのにかかる時間の比はこの逆比の７：８である。太郎さんは③からＡまで７分で進んだから，次郎さんはＡから③まで$7 \times \frac{8}{7} = 8$(分)かかる。
次郎さんが③からＢ，Ａと進んだときの道のりは，(1350－1080)＋1350＝1620(m)
したがって，次郎さんが走り終えるのは，３回目にすれ違ってから$8 \times \frac{1620}{1080} = 12$(分後)である。

4 (1) **【解き方】72を素数の積で表すと，72＝２×２×２×３×３だから，分母が72の分数の分子は，２の倍数でも３の倍数でもない数である。**
72以下の数において，２の倍数は72÷２＝36(個)あり，３の倍数は72÷３＝24(個)あり，６の倍数(２と３の公倍数)は72÷６＝12(個)ある。したがって，２または３の倍数は36＋24－12＝48(個)あるから，２の倍数でも３の倍数でもない数は，72－48＝24(個)ある。これが求める個数である。

(2) **【解き方】分子が３の分数の分母は，４以上100以下であり３の倍数ではない数である。**
４から100までの数の個数は100－４＋１＝97(個)である。100以下の３の倍数は，100÷３＝33余り１より33個，３以下の３の倍数は１個だから，４から100までの数の中に３の倍数は33－１＝32(個)ある。よって，求める個数は，97－32＝65(個)

(3) **【解き方】分子にふくまれる５の倍数の個数を数えればよい。分母が31までだから分子の５の倍数は，５，10，15，20，25，30が考えられるが，このうち25だけは５で２回割り切れることに注意する。その他は１回ずつ割り切れる。**
分母が21から31までの分数のうち，分子が５の分数の分母は，21以上31以下で５の倍数以外の数だから，25と30を除いた11－２＝９(個)ある。
同様に分子が10＝２×５の分数の分母は，21以上31以下で２の倍数でも５の倍数でもない数だから，21，23，27，29，31の５個ある。
このように分子ごとに存在する分母を調べていくと，右表のようになる。
25以外の５の倍数は９＋５＋６＋５＋１＝26(個)，25は５個あるから，

		分子					
		5	10	15	20	25	30
分母	21	○	○		○		
	22	○		○			
	23	○	○	○	○		
	24	○					
	25						
	26	○		○		○	
	27	○	○		○	○	
	28	○		○		○	
	29	○	○	○	○	○	
	30						
	31	○	○	○	○	○	○
個数		９個	５個	６個	５個	５個	１個

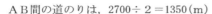

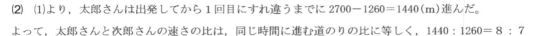

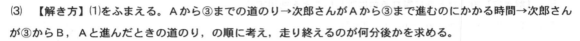

５で割り切れる回数は，26＋５×２＝36(回)

5 ⑴ **【解き方】まっすぐつながっている正方形の個数が最大で５個のもの，４個のもの，３個のもの，２個のもの，と場合を分けて調べていく。**

残りのペントミノは，まっすぐつながっている正方形の個数が最大で３個のもののうち，右図１の２種類である。

図１

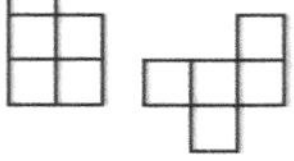

⑵ 線対称なペントミノは右図２の６種類である(太線は対称の軸の一例)。

図２

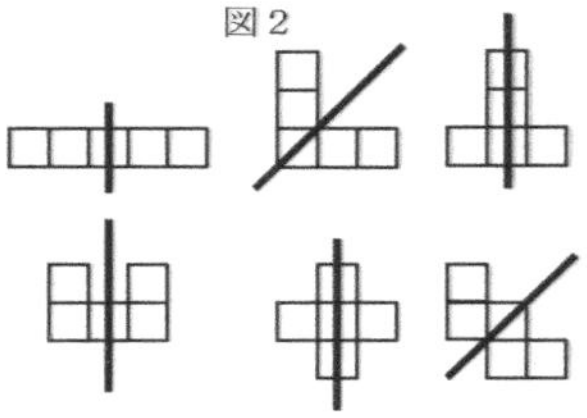

⑶① **【解き方】右図３のように，円柱の上に底面がドーナツ型の柱体をのせたような立体ができる。**

図３

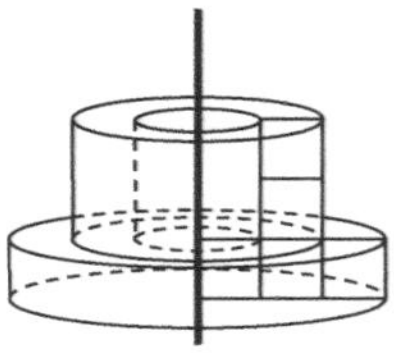

一番下の円柱の体積は，(３×３×3.14)×１＝９×3.14(㎤)

ドーナツ型の柱体は底面積が２×２×3.14－１×１×3.14＝

＝(４－１)×3.14＝３×3.14(㎠)で高さが２cmだから，

体積は，(３×3.14)×２＝６×3.14(㎤)

よって，この立体の体積は，９×3.14＋６×3.14＝15×3.14＝47.1(㎤)

この立体を上下から見たときに見える面の面積はともに，３×３×3.14＝９×3.14(㎠)

柱体の側面積は，(底面の周の長さ)×(高さ)で求められるから，側面積と内側のかべの部分の面積の和は，

(１×２×3.14)×２＋(２×２×3.14)×２＋(３×２×3.14)×１＝４×3.14＋８×3.14＋６×3.14＝18×3.14(㎠)

よって，この立体の表面積は，(９×3.14)×２＋18×3.14＝36×3.14＝113.04(㎠)

② **【解き方】以下の解説では，ある立体を体積が最大になるように軸を決めて回転させたときにできる立体を「回転体」と呼ぶ。12種類それぞれの図形の回転体の体積を計算するのは大変なので，１辺が１cmの正方形について，軸からの距離《きょり》が０cmのときの回転体の体積，軸からの距離が１cmのときの回転体の体積，軸からの距離が２cmのときの回転体の体積…と分けて計算し，それらの体積を組み合わせて12種類の図形の回転体の体積を考える。**

１辺が１cmの正方形の回転体の体積は，軸からの距離ごとに以下のようになる。

距離が０cm→１×１×3.14＝１×3.14(㎤)…(あ)

距離が１cm→２×２×3.14－１×１×3.14＝３×3.14(㎤)…(い)

距離が２cm→３×３×3.14－２×２×3.14＝５×3.14(㎤)…(う)

距離が３cm→４×４×3.14－３×３×3.14＝７×3.14(㎤)…(え)

距離が４cm→５×５×3.14－４×４×3.14＝９×3.14(㎤)…(お)

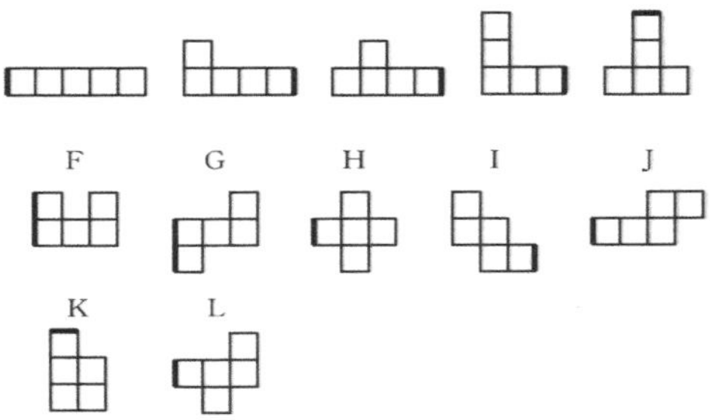

12種類のペントミノの回転体の回転の軸は右図の太線である。

Aの回転体の体積は，(あ)～(お)が１つずつだから，

(１＋３＋５＋７＋９)×3.14＝25×3.14(㎤)

Bの回転体の体積は，(あ)～(え)が１つずつとさらに(え)が１つだから，Aより小さい。

Cの回転体の体積は，(あ)～(え)が１つずつとさらに(う)が１つだから，Aより小さい。

Dの回転体の体積は，(あ)～(う)が１つずつとさらに(う)が２つだから，Aより小さい。

Eの回転体の体積は，(あ)～(う)が１つずつとさらに(う)が２つだから，Aより小さい。

Fの回転体の体積は，(あ)～(う)が１つずつとさらに(あ)，(う)が１つずつだから，Aより小さい。

Gの回転体の体積は，(あ)～(う)が１つずつとさらに(あ)，(う)が１つずつだから，Aより小さい。

Hの回転体の体積は，(あ)～(う)が１つずつとさらに(い)が２つだから，Aより小さい。

Ｉの回転体の体積は，(あ)～(う)が１つずつとさらに(い)，(う)が１つずつだから，Aより小さい。

Ｊの回転体の体積は，(あ)～(え)が１つずつとさらに(う)が１つだから，Aより小さい。

Kの回転体の体積は，(あ)～(う)が１つずつとさらに(い)，(う)が１つずつだから，Aより小さい。

Lの回転体の体積は，(あ)～(う)が１つずつとさらに(い)，(う)が１つずつだから，Aより小さい。

よって，求める体積はAの回転体の体積であり，25×3.14＝78.5(㎤)

《2021　理科　解説》

1　(2)　ウ○…音は空気中を振動《しんどう》の波のように伝わっていく。振動は，たたいた膜→中の空気→反対側の膜→外の空気の順に伝わるから，反対側の膜にもっとも近いウで，空気の振動が大きく，ほのおのゆれが大きい。

(3)　オ○…火山灰のつぶ(鉱物という)は，流水のはたらきを受けないので，角がとがっている。また，灰色っぽいものや透明なガラスのかけらのようなものなど，さまざまな色や大きさのものがある。

(4)　ウ○…子が母親の子宮にいる期間を長い順に並べると，ゾウ(約650日)，ウマ(約330日)，イヌ(約65日)，ハムスター(約15日)となる。なお，ヒトは約280日である。

(5)　ア×…酸性雨の原因になる気体は，二酸化硫黄や二酸化ちっ素などである。

(6)　イ○…太陽は東の地平線からのぼり，南の空を通って，西の地平線にしずむので，かげは西，北，東の順に動いていく。かげは太陽と反対の方向にでき，太陽の高度が高いほど短くなる。

(7)　イ○…磁石のN極が北を，S極が南を指すのは，地球の北極側がS極，南極側がN極の巨大な磁石になっているからである。

(8)　ウ○…ヒトは呼吸によって，酸素をとりこみ，二酸化炭素を発生させる。吸う空気と比べて，はいた空気の方が酸素の割合が小さく，二酸化炭素の割合が大きくなる。

(9)　オ○…ふりこの長さが短いほど，ふりこが１往復する時間が短くなる。また，おもりの重さや高さによって，ふりこが１往復する時間は変わらない。糸の長さは40㎝で決まっているので，糸がくぎにかかったとき，くぎの下の糸の長さが短いものほど，ふりこが１往復する時間が短くなる。したがって，くぎの高さが最も低いものを選ぶ。

(10)　ウ○…アルカリ性の石灰水とアンモニア水のうち，加熱した後に白い固体が残るのは，固体(水酸化カルシウム)が溶けている石灰水である。アンモニア水は気体のアンモニアが溶けているので，固体は残らない。なお，食塩水は中性，塩酸と炭酸水は酸性である。

2　問１(1)　ウ○…いちばん大きいのは，肉眼でも見えるミジンコである。　(2)　ア，エ，カ○…ミカヅキモ，ミドリムシ，ボルボックスは緑色をしていて，光合成を行い，自ら栄養分を作ることができる。

問２(1)　ア○…対物レンズは倍率が大きいほど長いので，倍率を大きくすると，対物レンズとプレパラートの距離は近くなる。また，顕微鏡《けんびきょう》では，倍率が高くなるほど，よりせまい部分を拡大して見ることになるので，視野が暗くなる。　(2)　対物レンズを10倍から40倍に４倍大きくすると，顕微鏡の倍率も４倍大きくなり，縦と横の長さも４倍になる。図１の■の縦と横の長さを上と左に４倍に伸ばすと視野の外に出るので，解答例のように左上の４分の１が黒色になる。

問３(2)　2.07÷0.00005＝41400(倍)

3 **問1** ②③日本付近の雲は，上空にふくへん西風の影響で，西から東に動いていく。

問2 イ○…百葉箱は，地面からの照り返しが少なくなるように，芝生の上に設置する。また，風通しのよいところに設置する。

問3 温度計に直射日光が当たると，温度計の温度が上がってしまい，気温を正確にはかれないので，温度計を紙などでおおってはかる。また，気温は1.2～1.5mの高さではかる。百葉箱もこの高さになっている。

問4 空全体を10として雲の量が０～８のときは晴れ，９，10のときはくもりである。

問6(1) 積乱雲は入道雲とも呼ばれる，たてに長い雲である。　(2) 台風の進行方向の右側では，台風を進ませる風と台風にふきこむ風の向きが同じになるので，もっとも風が強くふく。

問8 ア○…５日間のそれぞれの気温の変化から，天気を読み取る。晴れの日には１日の気温差が大きく，午後２時ごろに最高気温になるので，５月６日と５月７日がａかｃである。残りの３日間のうち，午前中に気温がほとんど上がらなかった５月３日がｂ，午後から気温が下がった５月５日がｅ，残った５月４日はｄである。

4 **問1** ばねには棒とおもりの重さの合計 100＋25＝125(ｇ)がかかる。図１より，このばねはもとの長さが 15 cmで，100ｇで 23－15＝８(cm)伸びることがわかるので，125ｇでは$8\times\frac{125}{100}$＝10(cm)伸びて，15＋10＝25(cm)となる。

問2(1) ばねの長さが 27 cmだから，27－15＝12(cm)伸びており，ばねにかかる重さは $100\times\frac{12}{8}$＝150(ｇ)である。したがって，つるすおもりの重さは 150－(100＋25)＝25(ｇ)であり，てこでは，かたむけるはたらき〔おもりの重さ(ｇ)×支点からの距離(cm)〕が左右で等しくなるときにつり合うので，Ｂと同じ 25ｇのおもりをＤにつるす。

(2) 図１より，ばねにかかる重さは 200ｇである。棒の重さは 100ｇだから，つるすおもりの重さは 200－100＝100(ｇ)である。棒の重さはＣにかかるので，Ｄを支点と考えて，支点からＣまでの距離と等しいＥに 100ｇのおもりをつるす。　(3) ばねの長さが 29 cmだから，29－15＝14(cm)伸びており，ばねにかかる重さは $100\times\frac{14}{8}$＝175(ｇ)である。したがって，つるすおもりの重さは 175－(100＋25)＝50(ｇ)であり，棒の印の間の距離を１とすると，てこを左にかたむけるはたらきは 25×１＝25，右にかたむけるはたらきは 100×0.5＝50 だから，左にかたむけるはたらきが 50－25＝25 増えるように，50ｇのおもりを支点から左に 25÷50＝0.5 のＢにつるす。

問3 ①ばねの長さが 23 cmだから，ばねにかかる重さは 100ｇである。棒とおもりの重さの合計は 100＋100＝200(ｇ)だから，指が支える重さは200－100＝100(ｇ)である。　②指が支える重さは75ｇだから，ばねにかかる重さは200－75＝125(ｇ)であり，問１解説より，ばねの長さは25 cmである。

問4 問２(3)同様，棒の印の間の距離を１とする。図８で，てこを左にかたむけるはたらきは 100×４＋100×２＝600 だから，てこを右にかたむけるはたらきも 600 になるように，指が支える力を 600÷３＝200(ｇ)にする。したがって，ばねにかかる重さは 200－200＝０(ｇ)だから，ばねの長さは 15 cmである。なお，Ｂを支点と考え，ＡとＣに 100ｇずつかかってつり合っているから，ばねには重さがかかっておらず，ばねの長さは 15cm と求めることもできる。

5 **問1** イ○…温度計では，真横から見て目盛りを読む。

問2 イ○…液体の水は４℃付近で体積が最小になる。このため，低い温度を測るときには正確な温度が測れない。

問3 ①②液体の温度が上がると，体積は大きくなるがおもさは変わらない。このため，同じ体積でのおもさは小さくなる。　③④固体の同じ体積でのおもさが液体よりも大きいとき，固体は液体に沈み，液体よりも小さいとき，固体は液体に浮く。

問４　水に加えてかき混ぜて食塩を溶かし(Ｂ)→ろ過して砂をとりのぞき(Ａ)→熱して水を蒸発させ，食塩のみを取り出す(Ｃ)。

問５　イ○…表１より，60℃の水 100ｇに食塩は $19.5\times\frac{100}{50}=39.0$(ｇ)，硝酸カリウムは $54.5\times\frac{100}{50}=109.0$(ｇ)まで溶けるので，食塩50ｇは溶け残るが，硝酸カリウム50ｇはすべて溶ける。

問６　20℃の水150ｇに硝酸カリウムは $15.8\times\frac{150}{50}=47.4$(ｇ)溶けるので，60－47.4＝12.6→13ｇが溶け残る。

問７　問４のように加熱して水を蒸発させることで，食塩水から食塩を取り出すことができる。

《2021　社会　解説》

1　問１　エが正しい。Ａは札幌市(北海道)，Ｂは千葉市(千葉県)，Ｃは鹿児島市(鹿児島県)，Ｄは鳥取市(鳥取県)，Ｅは金沢市(石川県)，Ｆは高松市(香川県)，Ｇは長野市(長野県)である。

問２　エが正しい。北海道新幹線は2021年現在札幌市まで通じていない。

問３　イが正しい。瀬戸内海に面する高松市は，１年を通して降水量が少なく冬でも比較的温暖な瀬戸内の気候に属する。アは内陸性の気候のＧ，ウは日本海側の気候のＥ，エは太平洋側の気候のＣの雨温図である。

問４　アが正しい。魚種と水揚げ量から判断する。北海道で最も水揚量が多い漁港は釧路港であり，釧路港では寒流魚の水揚げが多い。イは千葉県の銚子港，ウは鳥取県の境港，エは鹿児島県の枕崎港である。

問５　イが正しい。米の収穫量の都道府県順は，新潟県＞北海道＞秋田県＞山形県で，ほぼ変動がない。

問６(1)　Ｂが正しい。火山灰が積もってできた台地から，鹿児島県のシラス台地と間違わないこと。これは関東平野に広がる関東ロームを意味する。落花生の生産と近郊農業から判断できる。　(2)　Ｇが正しい。長野県では，古くから養蚕と製糸業が盛んだったが，戦中から機械工業にかわり，その後精密機械工業が発達した。　(3)　Ｅが正しい。ブルドーザーなどの建設機械で知られる小松は，石川県小松市で設立された。石川県には，輪島塗・九谷焼・加賀友禅などの伝統的工芸品がある。

問７　北海道には，札幌のようにアイヌ語をもとにした都市名が多くある。

問８　ウが正しい。もともとコンビナートは，旧ソ連における合理化された生産組織の呼び名であった。

問９　アが誤り。火山は，海嶺の近くや海溝から少し離れた場所に分布するため，内陸部には少ない。

問10　イが誤り。砂丘は水持ちが悪いため，米の栽培に向かない。

問11　兵庫県・徳島県である。本州四国連絡橋は，神戸・鳴門ルート(明石海峡大橋・大鳴門橋)，児島・坂出ルート(瀬戸大橋)，尾道・今治ルート(瀬戸内しまなみ海道)の３つがある。

問12　アを選ぶ。利根川は関東地方を流れる，日本最大の流域面積の河川である。

2　問１　経線は15度ごとに引いてあると書かれているので，イギリスを通る経度０度の本初子午線から数えると，Ｂの経線は60度になる。本初子午線から右側(東側)を東経，左側(西側)を西経としている。

問２　経度差15度で１時間の時差が生じ，日付変更線をまたがずに西(左)に行くほど時刻は遅くなり，東(右)に行くほど時刻は進んでいるので，プノンペンは日本より２時間遅い時刻となる。

問３　ウが正しい。日本は，およそ北緯20度～北緯45度，東経122度～東経153度の範囲にある。

問４(1)　中国と答える。人口が多い中国は，2000年以降の工業の発展とともに漁獲量も急激に多くなった。中国などの漁獲量の増加が，日本近海の沿岸漁業や沖合漁業の漁獲量減少に影響すると言われている。　(2)　ウが正しい。東南アジアのベトナムやインドネシアなどでは，マングローブを伐採してエビ(バナメイエビ)の養殖がさかんに行われ，環境破壊が問題になった。

問５　エが正しい。内陸国であるモンゴルの漁獲量は少ないと判断する。

問６　資源が少ない日本では加工貿易が主流だったが，現在は安い労働力を大量に確保できる海外に工場が移転することで起こる産業の空洞化が問題になっている。

問７　Ｆはア，Ｇはイである。高度経済成長期の前半は，繊維類を中心とした軽工業が盛んであったが，その後，自動車生産を中心とした重工業が発達した。

3　問１(1)　×である。種子島に漂着したのは，中国船にのったポルトガル人であった。　(2)　貿易と布教を合わせて行うスペインやポルトガルに代わって，布教を行わないオランダが日本の貿易相手となった。　(3)　ロシアの南下政策に対抗して，イギリスと日英同盟を結んだ。

問２　イとカが正しい。ア．誤り。三内丸山遺跡は，青森県にある縄文時代前期から中期の遺跡で，稲作は縄文時代晩期から始まった。ウ．誤り。稲作が始まったことで，貧富の差や社会的身分の差が発生し，争いが増えた。エ．誤り。大和朝廷との関係が密接になると，各地の豪族は前方後円墳をつくるようになった。オ．誤り。東大寺に大仏をつくるように命じたのは聖徳太子ではなく聖武天皇である。聖徳太子が建立した寺は，法隆寺や四天王寺である。

問３　「中国や朝鮮からやってきた人々」から渡来人と判断する。

問４　国風文化には，寝殿造・十二単・かな文字などがある。

問５　かな文字についての説明があればよいので，「細やかな表現ができるかな文字」などでもよい。

問６(1)　×である。足利義満の保護を受けて発展したのは，歌舞伎ではなく能である。　(2)　×である。現在の和室の原型となっているのは，寝殿造ではなく書院造である。　(3)　○である。

問７　アが正しい。有田焼は伊万里焼とも言われる。備前焼は岡山県，萩焼は山口県，清水焼は京都府の陶磁器。

問８　豊臣秀吉の朝鮮出兵で途絶えていた朝鮮との国交は，対馬藩の宗氏によって回復され，将軍の代替わりごとに朝鮮通信使が派遣されるようになった。

問９　「古代の中国で生まれた」「上下関係を強調する」から儒学と判断する。

問10　杉田玄白と前野良沢らは，オランダ語で書かれた解剖書を翻訳し，『解体新書』として刊行した。

4　問１(1)　井伊直弼とハリスの間で日米修好通商条約が結ばれ，その後，イギリス・ロシア・フランス・オランダとも同様の条約を結んだ(安政の五か国条約)。いずれも日本に不利な不平等条約であった。　(2)　エが誤り。開港されたのは，横浜・神戸・函館(箱館)・長崎・新潟である。

問２　アが正しい。勝海舟は幕臣，木戸孝允は長州藩士，大久保利通は薩摩藩士。

問３　徳川慶喜が政権を天皇に返上したことを大政奉還と呼ぶ。

問４　元明天皇の治世の710年，平城京は奈良につくられた。それ以前の都は，藤原京(奈良県)にあった。

問５　西南戦争が，徴兵令によって設立された軍隊に鎮圧されると，自由民権運動は，武力に頼らない言論運動にかわっていった。

問６　エが正しい。議会を開設するよう求めた意見書を「民選議院設立建白書」と呼ぶ。

問７(1)　伊藤博文は，君主権の強いドイツの憲法を学び，初代内閣総理大臣に就任。その後憲法制定の準備のために，内閣総理大臣を辞任し，枢密院議長に就いた。　(2)　鹿鳴館を中心に展開された井上馨外務大臣による政策を欧化政策と呼ぶ。

問８　領事裁判権の撤廃は 1894 年に陸奥宗光外務大臣が，関税自主権の回復は 1911 年に小村寿太郎外務大臣が成功している。

問９　イが正しい。当時の選挙権は，「直接国税を 15 円以上納める満 25 歳以上の男子」であった。アは 1922 年，ウは 1923 年，エは 1918 年のことである。

問10(1)　下関条約の日本の全権大使は，伊藤博文と陸奥宗光であった。　(2)　ウが含まれない。満州の鉄道に関する権利を獲得したのは，日露戦争の講和条約であるポーツマス条約であった。

問11　八幡製鉄所は，下関条約で得た賠償金の一部を使って，鉄鉱石の中国からの輸入と，筑豊炭田からの石炭の輸送に便利な北九州に建設された。

問12　X．満州事変　Y．国際連盟である。南満州鉄道の爆破事件を柳条湖事件と呼ぶ。満州国を調査したリットン調査団の報告を受けて，国際連盟は満州国を認めない決議を行った。これを不服とした日本は，1933 年に国際連盟を脱退する通告をし，２年後の 1935 年に正式脱退した。

5　問１　イが正しい。日本国憲法第３条に「天皇の国事に関するすべての行為には，内閣の助言と承認を必要とし，内閣が，その責任を負う」とある。

問２　ウが誤り。内閣総理大臣の任期はない。

問３　アは衆議院の優越が認められていない。憲法改正の発議は，衆・参両院の総議員の３分の２以上の賛成をもって行われるので，両院が対等である。

問４　三権(行政・立法・司法)の長は，行政が内閣総理大臣，立法が衆議院・参議院の各議長，司法が最高裁判所長官である。

問５　エのＷＨＯ(世界保健機関)が正しい。アはヨーロッパ連合，イは国連教育科学文化機関，ウは東南アジア諸国連合の略称である。

問６　カが正しい。C．1945 年６月 22 日→B．1945 年８月６日→A．1945 年８月９日

問７　勤労は，義務でもあり権利でもある。

青雲中学校

《国　語》

□一 問一．a．住宅地　b．習慣　c．光景　d．招　e．精度　問二．ウ　問三．イ　問四．エ
問五．かつての日本人は新しい情報を知りたいという欲求や、その情報にふれている満足感から新聞を読んでいたが、そうやって毎日社会の情勢を共有することで、日本の政治や経済を下支えしていたから。　問六．ア

□二 問一．X．ウ　Y．ア　Z．エ　問二．イ　問三．エ　問四．ア　問五．ウ　問六．葵はあたらしい自分を意識するあまり周りが見えていなかったが、七海に無理をしている自分を指摘されたことで初めて自分と周囲とに目を向けられた。

□三 問一．X．ウ　Y．イ　問二．ア　問三．Ⅰ．エ　Ⅱ．カ　問四．ア　問五．それまでの関係にとらわれず、自分の気持ちを優先して行動し、相手と仲良くなってほしいということ。　問六．イ，オ

《算　数》

1 (1)7　(2)$\frac{2}{3}$　(3)50　(4)$1\frac{1}{4}$　(5)5　(6)75　(7)①4　②$\frac{9}{10}$　(8)①14　②4　(9)75.36

2 (1)50.24　(2)右図

3 (1)350　(2)250　(3)1680　(4)2400

4 (1)7776　(2)445　(3)13203

5 (1)81　(2)27　(3)28

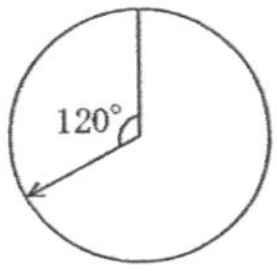

《理　科》

1　⑴イ　⑵オ　⑶オ　⑷イ　⑸イ　⑹エ　⑺ウ　⑻ウ　⑼ア

2　問１．②　問２．①　問３．A，D　問４．アルカリ性　問５．A，D，E　問６．イ，ウ

3　問１．ア，ウ　問２．ウ，エ　問３．緯度が高い地域は夏が短いので，春に花を咲かせないと冬までに種子をつくれないから。　問４．イ　問５．ア，ウ　問６．酸素／適当な温度　問７．(直接風に当たる地上の枝よりも，)落ち葉や雪におおわれる地表付近の方が，乾燥や寒さから守られるから。

4　問１．カ　問２．しん食　問３．運ぱん　問４．山地から平地…イ　河口付近…ア
問５．⑴ウ　⑵C　⑶エ　⑷ウ

5　①27　②63　③60　④60　⑤120　⑥140　⑦58

《社　会》

1　問１．奥羽山脈　問２．利根川　問３．エ　問４．ウ　問５．⑴A．ウ　B．ア　⑵②千葉　④鹿児島　⑥宮城　⑧広島　問６．⑴ア　⑵ウ　問７．⑴愛知　⑵山梨

2　問１．⑴A．オーストラリア　B．アメリカ合衆国　⑵カ　問２．タンカー　問３．⑴ア，オ　⑵オ　⑶ウ　問４．ア　問５．ウ

3　問１．ウ　問２．あつく仏教を信仰しなさい。　問３．大化　問４．正倉院　問５．ウ　問６．ア
問７．北条時宗　問８．ア　問９．応仁　問10．エ　問11．徳川秀忠　問12．寺子屋
問13．大塩平八郎　問14．イ

4　問１．エ　問２．渋沢栄一　問３．エ　問４．西南戦争　問５．ウ
問６．遼東半島〔別解〕リヤオトン半島　問７．第一次世界大戦　問８．生糸　問９．ウ　問10．ウ

5　問１．ウ　問２．エ　問３．ア　問４．ウ　問５．⑴侵すことのできない　⑵児童の権利に関する条約〔別解〕子どもの権利条約　問６．香港〔別解〕ホンコン　問７．軽減税率　問８．イ

2020 解説
令和2年度

青雲中学校

←解答例は前のページにありますので，そちらをご覧ください。

《2020　国語　解説》

一　**問二**　「紙に印刷されたもの」は、「レイアウトがいろいろ」で「みな違《ちが》うので、記憶《きおく》にひっかかるフックがたくさんある」のに対し、「ネットの場合、全部が横書きの同じパターンで出てくるので～記憶に残りにくい」と述べている。また記事を家にたとえ、ネットだと「同じ形の家がずっと続いていくような感じ」で、「どの家をとっても記憶しづらい」とも述べている。よってウが適する。

問三　「新聞ならではの良さ」つまり、「新聞のメリット」について、６～８行前で「新聞のほうがいろいろな記事を、航空図のように一覧できる良さがあります」「全体を見通しやすいので、ざっと見出しを見て、その中でセレクトして記事を読むことができます」と述べている。よってイが適する。

問五　「いい意味で」とあるから、当時の日本人が活字中毒であったことが「いい」と言える理由を説明する。傍《ぼう》線部《せんぶ》４の７行前の「刻一刻移り変わる社会の情勢をみなが共有することで、人々の会話が成り立ち、日本の政治、経済を下支えしていたのです」を中心にまとめればよい。

問六　「そういう状況《じょうきょう》」と指示語があるから、前の部分に着目する。５行前に「新聞を読まない人たちが圧倒《あっとう》的《てき》に増えてしまい、日常会話として政治、経済の深い話ができなくなってしまった」とある。これは、活字中毒の人が多かった頃《ころ》の「知的レベルの高い社会」とは反対の状況である。また、そうなると、「情報量が少ない人が～大切なことを、そのときの気分や好《す》き嫌《きら》いで判断する」ことになってしまう。この内容に合うアが適する。

二　**問三**　転校する前の葵《あおい》の様子が、傍線部２の１～12 行前に書かれている。葵は少し「どじ」なせいで、「クラスでは微妙《びみょう》に浮《う》いた立場」で笑われたりからかわれたりすることがあった。女子たちに、掃除《そうじ》をしている様子を真似《まね》されて笑われたこともある。そのため、葵は転校を辛《つら》い状況から逃《のが》れ新しい自分になるきっかけになるととらえた。傍線部２の直後で「新しい学校では、ちゃんとやろう～萌《もえ》ちゃんみたいなヒロインキャラになるんだ」と前向きな気持ちになっている。よってエが適する。アは「悪口を言っていたクラスメートを見返そう」、イは「好きなように過ごすことができる」、ウは「クラスメートを気にせず一人を好んでいた」がそれぞれ適さない。

問四　傍線部３のときについて、前の部分に「別れ際《ぎわ》に二人が誘《さそ》ってくれた。本当はとっても嬉《うれ》しくて、とび上がりたいくらいだった」「素早《すばや》く考えをめぐらした。こんなとき、萌ちゃんだったらなんて言うかな」とある。とても嬉しかったが、萌ちゃんだったらどう言うかが思い浮かばず、頭の中が真っ白になったのである。よってアが適する。

問五　七海《ななみ》は葵が無理をしていることに気づき声をかけた。七海の「転校を機に変わろうとしてるからよ。無理してるから、ちょっと変」「私もそうだったから。半年前転校してきたとき変わろうと思ったの～無理はするもんじゃないって思った」「大丈夫《だいじょうぶ》、まだ誰《だれ》も気がついてないから」などの言葉から、自分も同じだったと葵に共感しながらも、無理をする必要はないと伝え、さらに「大丈夫」と葵を安心させようとしていることがうかがえる。よってウが適する。イは「励《はげ》まそうとしている」が適さない。七海は葵に無理して変わる必要はないと伝えようとしている。

問六　二重傍線部(ｉ)と同じ段落の前半部分の「萌ちゃんのことばかり考えているせいか、肝心《かんじん》のクラスメートの顔と名前が、なかなか覚えられないのだ」を参照。萌ちゃんのようになろうと一生懸命《いっしょうけんめい》になりすぎたあまり、周りのことを見る余裕《よゆう》がなかったのである。

三　問二　オオカミがヤギの天敵とされてきた「今ある関係」を打ち破り、オオカミとヤギが友達になったことから、アが適する。

問四　傍線部２の前の段落に着目する。ゴリラは、「凶暴《きょうぼう》なジャングルの巨人《きょじん》」というイメージから、今では平和な暮らしが知られ「人間の大切な隣人《りんじん》として」扱《あつか》われるようになった。人間どうしの関係では「江戸《えど》時代には、日本人にとって白人たちは人間を食う鬼《おに》」として恐《おそ》れられたが、今は、そんなことを思う人はいない。よってアが適する。イは、「ゴリラは～友好的な存在だ」と、「反省した」ということが本文に書かれていない。ゴリラと友好的な関係を築くことができた例は、筆者の体験しか書かれておらず、「友好的な存在」と一般《いっぱん》に見なされてはいない。ウとエは「ゴリラは肉資源だという常識」が適さない。ゴリラを肉資源としていたのは中央アフリカの低地だけで、「常識」であったとは言えない。

問五　「あらしのよるに」は、「食う、食われるの関係にあるオオカミとヤギ」が、その関係にとらわれず「あらしのよるに友達になった気持ちを優先して、手を取り合って歩むという物語」である。これと同じように、今は関係の良くない人とも、仲良くなってほしいというのである。

問六　イ．ガブはオオカミで、ヤギを食べる立場である。ゴリラと人間の関係では、人間がゴリラを殺してきたのだから、ガブ(オオカミ)にあたるのは人間の方。　オ．「科学的な知識の獲得《かくとく》」については書かれていない。よって、イとオが本文の内容として適当でない。　ア．「あらしのよるに」では、オオカミとヤギが、「食う、食われるの関係」を乗り越《こ》え、友達になることができた。同じように、人間を恐れていたゴリラと筆者は、時間をかけて友好的な関係になることができた。　ウ．チンパンジーは狩猟《しゅりょう》のイメージを変え、獲物《えもの》の種類を変えた。これは「一見とても変更《へんこう》しようのない関係も、気持ちの持ち方で変えられる」ことを言うための例で、見習うべきこととしてあげられている。　エ．筆者はゴリラとの関係から「敵意のないことを辛抱《しんぼう》強く示し続ければ～受け入れてくれる」ことを学んだ。そして、それは「人間社会にも言えること」だと述べている。

《2020　算数　解説》

1　(1)　与式$=24-(4+64)\div 4=24-68\div 4=24-17=7$

(2)　与式$=\frac{5}{6}-\frac{2}{5}\div(3-\frac{3}{5})=\frac{5}{6}-\frac{2}{5}\div(\frac{15}{5}-\frac{3}{5})=\frac{5}{6}-\frac{2}{5}\div\frac{12}{5}=\frac{5}{6}-\frac{2}{5}\times\frac{5}{12}=\frac{5}{6}-\frac{1}{6}=\frac{4}{6}=\frac{2}{3}$

(3)　150から300までの整数の個数の$300-150+1=151$(個)から，150から300までの整数のうち，2または3で割りきれる数の個数を引いて求める。

2または3で割りきれる数の個数は，2の倍数の個数と3の倍数の個数の和から，2と3の最小公倍数である6の倍数の個数を引いた個数である。1から300までの整数に，2の倍数は$300\div 2=150$(個)，3の倍数は$300\div 3=100$(個)，6の倍数は$300\div 6=50$(個)あるから，2または3で割りきれる数は$150+100-50=200$(個)ある。また，1から149までの整数に，2の倍数は$149\div 2=74$余り1より74個，3の倍数は$149\div 3=49$余り2より49個，6の倍数は$149\div 6=24$余り5より24個あるから，2または3で割りきれる数は$74+49-24=99$(個)ある。したがって，150から300までの整数のうち，2または3で割りきれる数は，$200-99=101$(個)ある。

よって，求める個数は，$151-101=50$(個)である。

(4)　$4*2=\frac{4-2}{4+2}+\frac{2\times 2-1}{2\times 4+1}=\frac{2}{6}+\frac{3}{9}=\frac{1}{3}+\frac{1}{3}=\frac{2}{3}$　　$2*1=\frac{2-1}{2+1}+\frac{2\times 1-1}{2\times 2+1}=\frac{1}{3}+\frac{1}{5}=\frac{5}{15}+\frac{3}{15}=\frac{8}{15}$

よって，与式$=\frac{2}{3}\div\frac{8}{15}=\frac{2}{3}\times\frac{15}{8}=\frac{5}{4}=1\frac{1}{4}$

(5)　3÷7＝0.4285714…となるので，3を7で割ったとき，小数第1位から4，2，8，5，7，1の6個の数をくり返しているとがわかる。100÷6＝16余り4より，小数第100位の数は，4，2，8，5，7，1を16回くり返して後の4番目の数なので5とわかる。

(6)　合格者は1000×0.4＝400(人)，不合格者は1000－400＝600(人)で，全体の合計点は，60×1000＝60000(点)である。不合格者600人の平均点が合格者の平均点と同じとすると，全体の合計点は25×600＝15000(点)上がり，60000＋15000＝75000(点)になる。よって，合格者の平均点は，75000÷1000＝75(点)である。

(7)①　$\frac{1}{3}-\frac{1}{\square}$を計算した結果が$\frac{1}{3\times4}$となる□を考える。$\frac{1}{3}=\frac{4}{3\times4}$なので，$\frac{4}{3\times4}-\frac{3}{3\times4}=\frac{1}{3\times4}$より，$\frac{1}{\square}=\frac{3}{3\times4}$である。$\frac{3}{3\times4}=\frac{1}{4}$なので，□の数は4である。

②　①より，$\frac{1}{1\times2}=\frac{1}{1}-\frac{1}{2}$，$\frac{1}{2\times3}=\frac{1}{2}-\frac{1}{3}$，…となるので，

与式$=(\frac{1}{1}-\frac{1}{2})+(\frac{1}{2}-\frac{1}{3})+(\frac{1}{3}-\frac{1}{4})+(\frac{1}{4}-\frac{1}{5})+\cdots+(\frac{1}{9}-\frac{1}{10})=1-\frac{1}{10}=\frac{9}{10}$

(8)①　四角形ＡＢＣＤの面積は，(三角形ＡＢＣの面積)＋(三角形ＡＣＤの面積)＝40＋16＝56(㎠)である。よって，三角形ＡＢＤの面積は，(四角形ＡＢＣＤの面積)－(三角形ＢＣＤの面積)＝56－42＝14(㎠)である。

②　三角形ＡＯＤと三角形ＡＢＤは，底辺をそれぞれＯＤ，ＢＤとしたときの高さが等しいから，面積の比はＯＤ：ＢＤである。また，三角形ＡＢＣと三角形ＡＣＤの底辺をともにＡＣとすると，面積比は高さの比に等しく，高さの比はＢＯ：ＤＯに等しい。したがって，ＢＯ：ＤＯ＝(三角形ＡＢＣの面積)：(三角形ＡＣＤの面積)＝40：16＝５：２だから，ＯＤ：ＢＤ＝２：(５＋２)＝２：７である。

よって，三角形ＡＯＤの面積は，(三角形ＡＢＤの面積)$\times\frac{2}{7}=14\times\frac{2}{7}=4$(㎠)である。

図Ⅰ

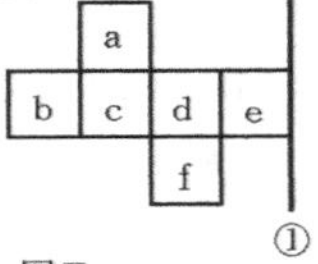

(9)　図形全体を1回転させてできる立体の体積を考えるのは大変なので，図Ⅰのように正方形に記号をつけ，正方形ａを直線①を中心として1回転させてできた立体…㋐，正方形ｂ，ｃ，ｄ，ｅを合わせた図形を直線①を中心として1回転させてできる立体…㋑，正方形ｆを直線①を中心として1回転させてできた立体…㋒をそれぞれ考え，体積の和を求める。

図Ⅱ

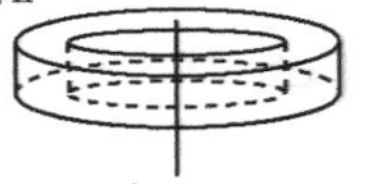

㋐は，図Ⅱのように底面の半径3㎝，高さ1㎝の円柱から，底面の半径2㎝，高さ1㎝の円柱を取り除いた立体なので，体積は，3×3×3.14×1－2×2×3.14×1＝(3×3－2×2)×3.14＝5×3.14(㎤)である。

図Ⅲ

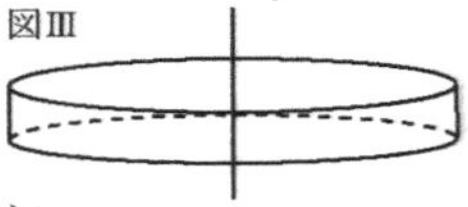

㋑は，図Ⅲのように底面の半径4㎝，高さ1㎝の円柱なので，体積は，4×4×3.14×1＝16×3.14(㎤)である。

図Ⅳ

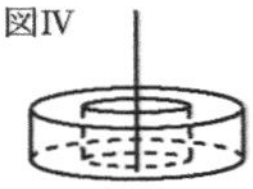

㋒は，図Ⅳのように底面の半径2㎝，高さ1㎝の円柱から，底面の半径1㎝，高さ1㎝の円柱を取り除いた立体なので，体積は，2×2×3.14×1－1×1×3.14×1＝(2×2－1×1)×3.14＝3×3.14(㎤)である。

したがって，求める体積は，5×3.14＋16×3.14＋3×3.14＝(5＋16＋3)×3.14＝24×3.14＝75.36(㎤)である。

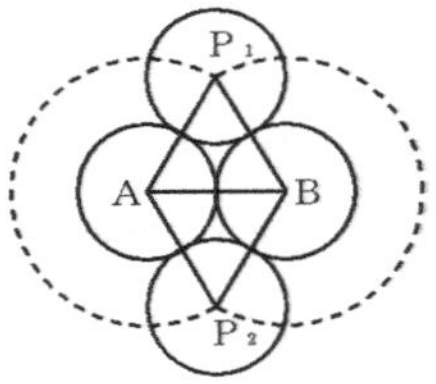

2　(1)　円Ｐの半径も，円Ａ，Ｂと同じく3㎝である。円Ｐが動いている中で，3つの円が同時に接しているときの円Ｐをそれぞれ円$\mathrm{P_1}$，$\mathrm{P_2}$とすると，円Ｐの中心が動いた道のりは，右図の点線部分で表せる。三角形$\mathrm{P_1AB}$と三角形$\mathrm{P_2AB}$は1辺が3＋3＝6(㎝)の正三角形である。よって，点線部分の長さは，半径が6㎝，中心角が360－(60＋60)＝240(度)のおうぎ形の曲線部分の長さ2つ分なので，$6\times2\times3.14\times\frac{240}{360}\times2=16\times3.14=50.24$(㎝)

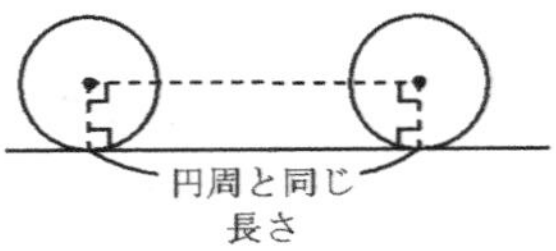

(2)　ある円が別の円に接しながら，その周りを回転する問題(または，ある円が別の円に接しながら，その内部を回転する問題)では，移動している円の中心が動いた長さに注目する。右図のように平らな面を転がっているときを考えるとわかりやすいが，

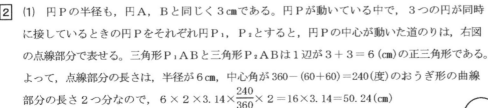

円の中心が円周と同じ長さだけ動いたとき，円は１回転したことになる。この問題の円Ｐは，中心が３×２×3.14＝６×3.14(cm)動いたときに１回転する。⑴より，中心が動いた長さは，16×3.14(cm)なので，円Ｐが１周回ってもとの位置にもどったとき，円Ｐは$\frac{16\times3.14}{6\times3.14}=\frac{8}{3}=2\frac{2}{3}$(回転)している。１回転で矢印はもとの向きに戻るから，もとの向きから$360\times\frac{2}{3}=240$(度)時計回りに回転している。つまり，矢印は反時計回りに360－240＝120(度)の回転した位置にあるので，解答例の図のようになる。

3 ⑴　グラフから，わかることをまとめると，右図のようになる。

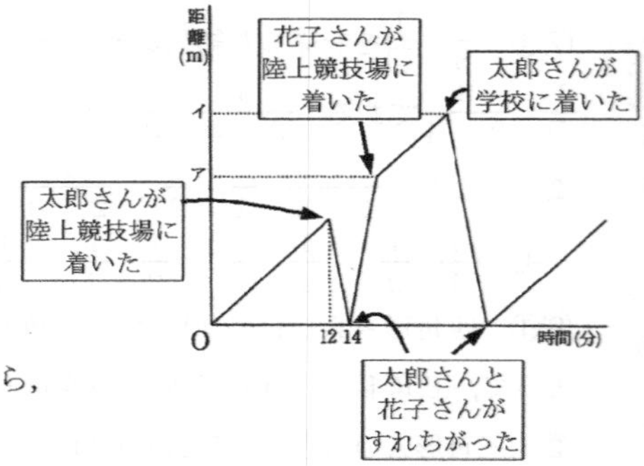

したがって，太郎さんは，12分で4200ｍを走ったとわかるから，太郎さんの走る速さは，分速(4200÷12)ｍ＝分速350ｍである。

⑵　太郎さんと花子さんがはじめてすれちがった14分後までに２人が走った距離の和は，学校と陸上競技場の距離の２倍に等しく4200×２＝8400(ｍ)である。

したがって，２人の速さの和は，分速(8400÷14)ｍ＝分速600ｍだから，花子さんの走る速さは，分速(600－350)ｍ＝分速250ｍである。

⑶　アは，花子さんが陸上競技場に着いたときの２人の間の距離である。花子さんは陸上競技場にいるから，太郎さんが陸上競技場から進んだ距離を求めればよい。

花子さんが陸上競技場に着いたのは，学校を出発してから，$4200\div250=\frac{84}{5}$(分後)なので，太郎さんが陸上競技場に着いてから，$\frac{84}{5}-12=\frac{24}{5}$(分後)である。よって，求める距離は，$350\times\frac{24}{5}=1680$(ｍ)である。

⑷　イは，太郎さんが学校に着いたときの２人の間の距離である。

太郎さんが学校に着いたのは，最初に学校を出発してから，8400÷350＝24(分後)である。したがって，花子さんは，陸上競技場から，$24-\frac{84}{5}=\frac{36}{5}$(分)走っている。よって，求める距離は，$4200-250\times\frac{36}{5}=2400$(ｍ)である。

4 ⑴　１けたの数は，０，１，２，３，４，５の６個できる。２けたの数は，十の位の数が１から５の５通り，一の位の数が０から５の６通りあるので，５×６＝30(個)できる。３けたの数は，百の位が１から５の５通り，十の位の数が０から５の６通り，一の位の数が０から５の６通りあるので，５×６×６＝180(個)できる。同様にして，４けたの数は５×６×６×６＝1080(個)，５けたの数は５×６×６×６×６＝6480(個)できる。

したがって，全部で６＋30＋180＋1080＋6480＝7776(個)できる。

⑵　３けたまでの数は全部で，６＋30＋180＝216(個)ある。４けたの数のうち，千の位の数が１の数は，６×６×６＝216(個)ある。４けたの数のうち，千の位の数が２，百の位の数が０，十の位の数が０の数は６個ある。４けたの数のうち，千の位の数が２，百の位の数が０，十の位の数が１の数は６個ある。したがって，2020より小さい数は全部で216＋216＋６＋６＝444(個)あるので，2020は444＋１＝445(番目)の数である。

⑶　４けたまでの数は全部で，216＋1080＝1296(個)あるので，2020番目の数は５けたの数が並び始めてから，2020－1296＝724(番目)の数である。５けたの数の一万の位の数が１の数は６×６×６×６＝1296(個)あるから，求める2020番目の数は５けたの数で，一万の位の数が１の数である。このとき，千の位の数が０である数は６×６×６＝216(個)あるから，724÷216＝３余り76より，千の位の数は小さい方から３＋１＝４(番目)の３とわかる。したがって，一万の位から１，３と並ぶ数のうち，小さい方から76番目の数である。さらに，百の位の数が０である数は６×６＝36(個)あるから，76÷36＝２余り４より，百の位の数は２とわかり，一万の位から

1，3，2と並ぶ数のうち小さい方から4番目の数である。よって，下2けたを小さい順に並べると，00，01，02，03，…となり，4番目の数は03だから，求める2020番目の数は，13203である。

5 (1) 同じ辺上の3点を選ぶと，直線になり三角形にならないので，㋐各辺から1点ずつ選ぶ，または，㋑1つの辺から2点を選び，残りの1点を違う辺から選ぶとすればよい。

下線部㋐のとき，辺ABから選ぶ1点はD～Fの3通りあり，同じように辺BC，CAから選ぶ1点もそれぞれ3通りずつあるから，できる三角形は，3×3×3＝27(個)である。

下線部㋑のとき，辺ABから2点を選ぶとすると，2点の選び方はDとE，DとF，EとFの3通りあり，残りの1点の選び方はG～Lの6通りあるから，3×6＝18(通り)ある。同じように辺BC，辺CAから2点を選ぶとすると，それぞれ18通りずつあるから，下線部㋑の選び方でできる三角形は，18×3＝54(個)である。

よって，できる三角形は全部で，27＋54＝81(個)である。

(2) 右図ｉのように，各辺を4等分する点を結んで小さな正三角形をかき，小さな正三角形の辺の長さなどを利用して，二等辺三角形または正三角形をつくるとよい。

図 i
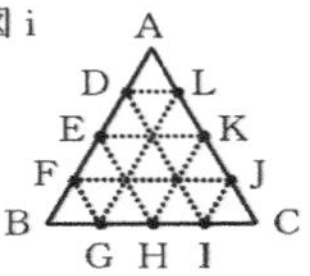

(1)の解説をふまえる。下線部㋐の選び方でできる二等辺三角形(正三角形をのぞく)を探す。

Dを二等辺三角形の頂点(長さの等しい2辺が共有する頂点)とする三角形は，右図ⅱのような三角形が1個見つかる。同じように，F，G，I，J，Lを二等辺三角形の頂点とする三角形も1個ずつあるから，この形の二等辺三角形は全部で1×6＝6(個)ある。

図ⅱ
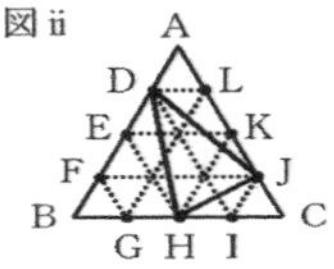

図ⅲ
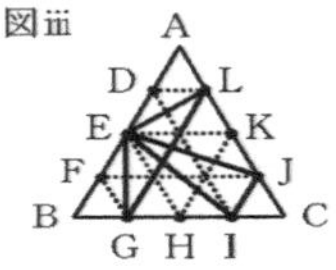

Eを二等辺三角形の頂点とする三角形は右図ⅲのような三角形が2個見つかる。同じようにE，H，Kを二等辺三角形の頂点とする三角形も2個ずつあるから，これらの形の二等辺三角形は全部で2×3＝6(個)ある。

下線部㋐の選び方でできる正三角形は，右図ⅳの3個ある。

下線部㋑の選び方でできる二等辺三角形を探す。辺AB上の2点を選んだとき，右図ｖのような三角形が4個見つかる。同じように，辺BC，CA上の2点を選んだときも，同じ形の二等辺三角形が4個ずつ見つかるから，これらの形の二等辺三角形は全部で4×3＝12(個)ある。

図ⅳ
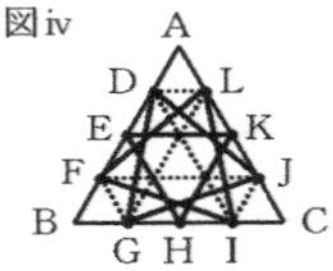

図ｖ
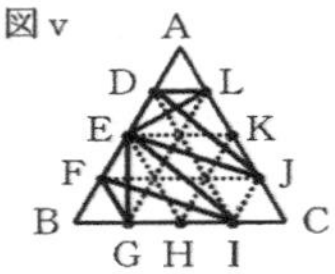

よって，求める二等辺三角形(正三角形も含む)の個数は，6＋6＋3＋12＝27(個)である。

(3) できる三角形のうち，面積が最大になるのは，三角形DGJ(または三角形FIL)である(右図参照)。三角形DGJの面積は，三角形ABCの面積から，合同な三角形ADJと三角形BGDと三角形CJGの面積の和をひいて求める。

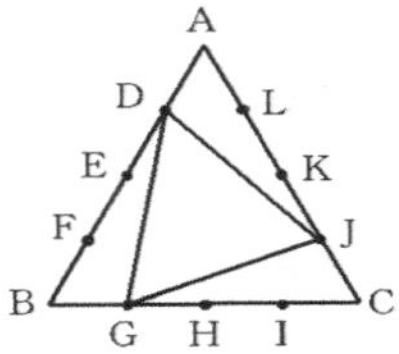

右の『1つの角を共有する三角形の面積』より，

三角形BGDの面積は，

(三角形ABCの面積)$\times\frac{BG}{BC}\times\frac{BD}{AB}=64\times\frac{1}{4}\times\frac{3}{4}=$12(㎠)である。

よって，三角形DGJの面積は，64－12×3＝28(㎠)である。

1つの角を共有する三角形の面積

右図のように三角形PQRと三角形PSTが1つの角を共有するとき，三角形PSTの面積は，

(三角形PQRの面積)$\times\frac{PS}{PQ}\times\frac{PT}{PR}$

で求められる。

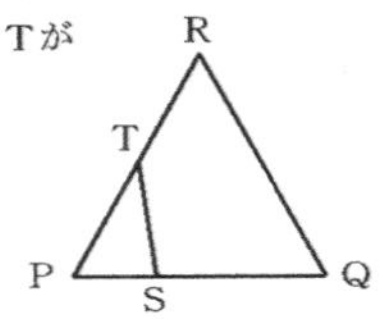

―《2020　理科　解説》

1　(1)　イ○…各方位の星は，図Ｉのように動いて見える。東を向いたとき，左が北，右が南になるから，東の空の星は，北側の低いところから南側の高いところへ移動して見える。

図Ｉ

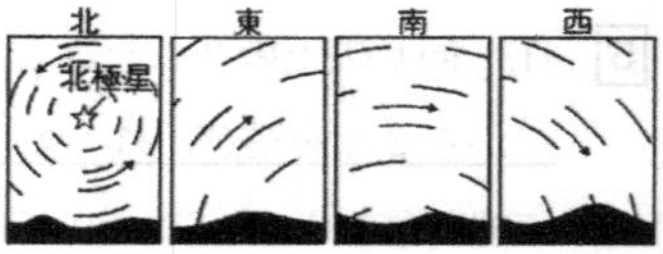

(2)　オ○…１日のうちで太陽が最も高くなる正午ごろに一定面積あたりの地面が受ける光の量が最も多くなる。太陽の光で地面があたためられ，あたためられた地面の熱で空気があたためられて気温が上がるので，最高気温に達するのは正午ごろより少し後の 14 時ごろになる。また，０時を過ぎてからも気温は下がり続け，日の出ごろに最も低くなる。

(3)　オ○…オ→ア・エ→イ→ウ

(4)　イ×…ビーカーの外側につく水てきは液体の水である。気体の水である水蒸気は目に見えない。

(5)　イ×…満月から１週間後の半月は，南の空で左側半分が光って見える下弦《かげん》の月である。

(6)　エ○…おもりが１往復する時間は，おもりの重さや糸を傾《かたむ》ける角度の影響《えいきょう》を受けず，糸の長さ(振《ふ》り子の長さ)によって決まっている。エでは，糸の長さが変わらないのでおもりが１往復する時間は変わらないが，糸を傾ける角度が小さくなるとおもりが移動する距離《きょり》が短くなるので，最下点での速さが遅《おそ》くなるということである。

(7)　ウ×…植物は，動物同様，一日中呼吸をしている。

(8)　ウ○…乾《かん》電池を直列，豆電球を並列につなぐと各豆電球に大きな電流が流れて明るく光る。エの２つの乾電池は直列つなぎになっていない。

(9)　ア○…ものがとける最大量は水の重さに比例するから，20℃の水 200 g にミョウバンは $11\times\frac{200}{100}=22$(g)までとける。よって，30－22＝８(g)のミョウバンがとけきれずに固体となって出てくる。

2　問１，２　実験３より，Ｂの水よう液は③うすい塩酸であり，実験２より，Ｂ以外で青色リトマス紙が赤色になったＣの水よう液は酸性の②炭酸水である。実験４で，Ｃの水よう液をあたためてでてきた気体は二酸化炭素だから，Ａの水よう液は⑤石灰水であり，実験１より，Ａ以外で赤色リトマス紙が青色になったＤの水よう液はアルカリ性の④うすい水酸化ナトリウム水よう液である。残ったＥの水よう液は①食塩水である。

問３，４　ＢＴＢ液はアルカリ性で青色に変化する。実験１で，赤色リトマス紙が青色になったＡとＤの水よう液がアルカリ性である。

問５　Ａは水酸化カルシウム(固体)，Ｂは塩化水素(気体)，Ｃは二酸化炭素(気体)，Ｄは水酸化ナトリウム(固体)，Ｅは食塩(固体)がとけた水よう液である。

問６　ア，エ×…鉄は酸性の③にはあわ(水素)を出しながらとけるが，アルカリ性の⑤，中性の①にはとけない。イ，ウ○…アルミニウムは酸性の③にも，アルカリ性の④にもあわ(水素)を出しながらとける。

3　問１　ア×…オオカマキリは秋に卵をうむ。　ウ×…アブラゼミは夏に卵をうむ。

問２　ウ×…ツルレイシは夏に花が咲《さ》く。　エ×…コスモスは秋に花が咲く。

問４　ア×…アブラナは１つの花におしべとめしべがある。　ウ×…がくもある。　エ×…１つのめしべの中にたくさんの種子ができる。　オ×…めしべの先端《せんたん》は花びらよりも上に出ている。

問５　イ，オ×…アキアカネやシオカラトンボなどのトンボのなかまは幼虫(ヤゴ)の姿で，水中で冬ごしをする。エ×…アゲハチョウはさなぎの姿で木の枝などにくっついて冬ごしをする。

4 問1　カ○…粒径《りゅうけい》が0.06㎜以下のものをどろ，0.06㎜～2㎜のものを砂，2㎜以上のものをれきという。

問4　河川が山地から平地に流れ込《こ》むところでは，傾きが急にゆるやかになり，流れが遅くなるので，さいせつ物を積もらせるはたらき(たい積)が盛んになり，扇状地《せんじょうち》が形成される。また，河口付近では，川はばが広く，流れがゆるやかなので，たい積が盛んになり，三角州《さんかくす》が形成される。

問5(1)　ウ○…表より，さいせつ物が流され始めるときの流速は，A(粒径 0.01 ㎜)で 60 ㎝/秒，B(粒径1㎜)で 40 ㎝/秒，C(粒径 10 ㎜)で 110 ㎝/秒である。実験1では，流速を0から徐々《じょじょ》に速くしていったから，流され始めるときの流速が遅い順に並べればよい。　(2)　実験2では，流速を徐々に遅くしていったから，流されていたさいせつ物がその場に留まり始めるときの流速が最も速いCが正答である。　(3)　エ○…粒径 0.01 ㎜のさいせつ物がその場に留まり始めるときの流速は 0.01 ㎝/秒以下と非常に遅い。また，粒径が非常に小さいので留まり始めてからたい積するまでに時間がかかると考えられる。よって，Aでは流速が0㎝/秒になったとき，たい積していないさいせつ物が多くあると考えられる。　(4)　ア，イ×…留まっているさいせつ物が流され始めるときの流速が最も遅いのは粒径が0.1㎜のときである。　ウ○，エ×…粒径が大きいほど，留まり始めるときの流速が速い。

5 ①てこを傾けるはたらき〔加える力×支点からの距離〕が支点の左右で等しくなるときを考える。左端《はし》を支点と考えると，粘土《ねんど》がてこを右に傾けるはたらきは 90(g)×30(㎝)＝2700 だから，右端に加える力を 2700÷100(㎝)＝27(g)にすればよい。　②右端を支点と考えると，粘土がてこを左に傾けるはたらきは 90(g)×70(㎝)＝6300 だから，左端に加える力を 6300÷100(㎝)＝63(g)にすればよい。　③右端と左端に加えた力の合計が，粘土と透明《とうめい》パイプの重さの合計と等しくなる。よって，透明パイプの重さは，(63＋87)－90＝60(g)である。　④右端を持ち上げるのに必要な力が 63g であることに着目する。これは①のときよりも 63－27＝36(g)大きいから，てこを左に傾けるはたらきが①のときよりも 36(g)×100＝3600 大きくなっている。よって，透明パイプがてこを右に傾けるはたらきも 3600 だとわかり，その重さは左端から 3600÷60(g)＝60(㎝)の位置にかかっていると考えられる。⑤机の右端を支点と考えると，支点から粘土までの距離は 100－(30＋30)＝40(㎝)だから，粘土がてこを左に傾けるはたらきは 90(g)×40(㎝)＝3600 である。よって，透明パイプの左端に加える力を 3600÷30(㎝)＝120(g)にすると，透明パイプの左端が持ち上がる。　⑥机の右端を支点と考えると，支点から透明パイプの重さがかかる位置までの距離は 100－(60＋30)＝10(㎝)だから，⑤のときよりもてこを左に傾けるはたらきが 60(g)×10(㎝)＝600 大きくなる。よって，左端に加える力を⑤のときよりも 600÷30(㎝)＝20(g)大きくして 120＋20＝140(g)にすると，透明パイプの左端が持ち上がる。　⑦物体の重さがある一点にかかると考えたとき，その点を重心という。重心が机の上にあれば，物体は机から落ちない。ここでは粘土と透明パイプを1つの物体と考えて，全体の重心の位置を求めればよい。1つの物体と考えたときの重心は，2つの物体の重心の間の距離をそれぞれの物体の重さの逆比に分けた位置にある。粘土と透明パイプの重さの比は 90(g)：60(g)＝3：2だから，粘土と透明パイプの重心から全体の重心までの距離の比は2：3となる。よって，粘土と透明パイプの重心の間の距離は 30 ㎝だから，全体の重心は粘土から右へ $30\times\frac{2}{3+2}$＝12(㎝)，つまり，左端から 30＋12＝42(㎝)の位置にある。よって，透明パイプの右端が机の端から 100－42＝58(㎝)はみ出るまででは，透明パイプが机から落ちない。

《2020　社会　解説》

1 問1　Aの二県は，宮城県と山形県である。岩手県と秋田県，宮城県と山形県の県境に奥羽山脈がある。

問2　Bの二県は，茨城県と千葉県である。利根川は流域面積が日本で一番広い河川である。

問3　Cの二県は広島県と島根県であり，北側に位置するのは島根県だから，県庁所在地である松江市の雨温図を考える。日本海沿岸の地域は，暖流である対馬海流と北西季節風の影響を受けて，冬の降水量(降雪量)が増えるので，エの雨温図を選ぶ。アは南西諸島の気候，イは中央高地の気候，ウは瀬戸内の気候の雨温図である。

問4　Dの二県は鹿児島県と宮崎県だから，ウの霧島山を選ぶ。阿蘇山は熊本県，雲仙普賢岳は長崎県，桜島は鹿児島県に位置する。

問5(1)　A．4つのグループの中で最も北に位置することから，冷涼な気候で栽培されるりんご収穫量が多くなると判断してウを選ぶ。B．キャベツ生産量は千葉県が全国3位，茨城県が全国4位である。また，京葉工業地域と鹿島臨海工業地域があることから，鉄鋼業出荷額も多くなると判断してアを選ぶ。

(2)　まず，アはB，イはD，ウはA，エはCである。①と②については，みかん栽培には温暖な気候が適することから，南側に位置する千葉県を②と判断する。③と④については，豚の飼育頭数から鹿児島県を④と判断する。畜産のさかんな鹿児島県と宮崎県では，豚は鹿児島県，ブロイラー(肉用若鶏)は宮崎県の方が，生産量が多い。⑤と⑥については，鉄鋼業出荷額の違いから，石巻や仙台で鉄鋼業がさかんな宮城県を⑥と判断する。⑦と⑧については，鉄鋼業出荷額の違いから，瀬戸内工業地域のある広島県を⑧と判断する。

問6　Eは長野県である。　**(1)**　アの鈴鹿山脈は，三重県と滋賀県の県境に位置する。　**(2)**　ウが正しい。長野県のりんご生産量は，青森県に次いで全国第2位である。アについて，日本で一番標高の高い富士山は，静岡県と山梨県の県境にある。イについて，県庁所在地は松本市ではなく長野市である。エについて，北陸新幹線(長野新幹線)が通っている。

問7(1)　日本の都市の人口の多い順は，東京都特別区＞横浜市＞大阪市＞名古屋市である。また，輸送用出荷額が日本で1位なのは，トヨタの本社がある愛知県である。　**(2)**　長野県と接している県のうち，内陸県は群馬県・山梨県・岐阜県である。この3県のうち，ぶどう・ももの収穫量が日本で1位なのは山梨県である。

2　**問1(2)**　カ．ブラジルからXは鉄鉱石，中東の国が並ぶことからYは原油，インドネシアからZは石炭と判断する。

問2　輸送船には，タンカーのほか，LNGタンカー，コンテナ船，自動車専用船などがある。

問3(1)　アのシドニーはオーストラリア，オのリオデジャネイロはブラジルの都市である。　**(2)**　東京の真裏の点(対蹠点)が，ブラジル東岸の大西洋に位置することから，オが最も遠いと判断する。　**(3)**　ウのペキンは人口が世界第1位の中華人民共和国の首都である。

問4　アが正しい。韓国＞アメリカ＞タイ＞シンガポールの順に多い。特に韓国は中国に次いで2番目に多い。

問5　ウが正しい。アはシンガポールではなく韓国について述べた文である。イのインドはイスラム教徒ではなく，ヒンドゥー教徒が多い。エのブラジルは，フランスではなくポルトガルの植民地であった。

3　**問1**　ウを選ぶ。卑弥呼が邪馬台国を統治していた時代は弥生時代だから，古墳時代につくられた埴輪《はにわ》はまだない。

問2　「厚く三宝を敬え。三宝とは，仏・法・僧である。」の部分を訳せばよい。

問3　中大兄皇子と中臣鎌足らが，蘇我氏を倒し，進めた天皇中心の国造りを，当時の元号から大化の改新と呼ぶ。

問4　西アジアからシルクロードを経由して宝物が届いたことから，正倉院はシルクロードの終着駅とも呼ばれる。

問5　ウが正しい。aについて，『源氏物語』は紫式部によって書かれた。dについて，十二単は女性の正装であり，男性の正装は束帯などであった。

問6　アが正しい。年号を覚えていなくても，平平清盛が政治の実権をにぎるきっかけとなった乱が平治の乱，源平合戦の初期の戦いが倶利伽羅峠の戦い，源平合戦の最後の戦いが壇ノ浦の戦いであることから判断する。

問7　フビライからの服属要求を，八代執権北条時宗が退けたことで元軍の襲来が起きた。

問8　アが正しい。ｂについて，東山に銀閣を建てたのは足利義政である。ｄについて，足利義満が保護したのはその後に能を大成させた観阿弥・世阿弥である。

問9　「1467年」「足利義政のあとつぎ問題」から応仁の乱と判断する。

問10　エが正しい。ア，イ，ウは豊臣秀吉についての記述である。

問11　徳川家康は，息子の秀忠に将軍職をゆずって，駿府に移り，大御所政治を行った。

問12　民衆の子どもは寺子屋で，武士の子どもは藩校で学んだ。

問13　大塩平八郎がもと大阪奉行所の役人であったことが，民衆や幕府の要人たちに衝撃を与えた。

問14　ペリーは，神奈川県の浦賀沖に黒船に乗って現れたからイを選ぶ。

4　問1　エが正しい。アについて，立憲改進党をつくったのは大隈重信である。イについて，初代内閣総理大臣は伊藤博文である。ウについて，「君死にたまふことなかれ」は与謝野晶子の歌である。

問2　渋沢栄一は，第一国立銀行や東京証券取引所などの設立に尽力した。2021年には，ＮＨＫ大河ドラマの主人公として描かれる予定である（2020年２月現在）。

問3　エが正しい。解放令が出された後も，社会的な差別は残った。岩倉使節団は条約交渉に失敗したので，目的を視察に切り替えて欧米をめぐった。

問4　西南戦争を契機に，武力による運動がなくなり，言論による運動が進められていった。

問5　ウが正しい。地租は物価に関係なく一定であるため，政府の収入は変わらない。しかし，物価が上昇すれば，政治を行うために使われる費用が高くなるから，財政は苦しくなったと考えられる。

問6　日本の大陸進出をおそれたロシアは，フランス・ドイツとともに，リャオトン半島を返還するように圧力をかけた三国干渉を行った。

問7　大正時代は，1912年から1926年だから，第一次世界大戦（1914～1918年）と判断する。

問8　富岡製糸場をはじめとする多くの製糸工場で生産される生糸が輸出品目の第１位であった。

問9　ウが正しい。アについて，やみ市は戦後のことである。イについて，日本国内でテレビ放送が始まったのは1950年代後半からであり，白黒テレビが家庭に普及したのは1960年代だから，戦時中にテレビ放送はなかった。エについて，都会から地方への集団疎開が行われた。

問10　ウが誤り。デパートは，1900年代初頭の三井呉服店（現在の三越）が初であった。

5　問1　ウが正しい。アについて，内閣は，天皇の国事行為に対して助言と承認を行う。イについて，日本の主権は国民にあり，天皇は象徴である。エについて，天皇の国事行為に対する責任は内閣が負う。

問2　エが平成時代ではない。日本人初のノーベル賞受賞は，1949年に物理学賞を受賞した湯川秀樹氏である。

問3　アが誤り。参議院選挙は，全国を１つとした比例代表と，都道府県単位での選挙区で争われる。

問4　ウが正しい。1945年８月６日午前８時15分に広島，８月９日午前11時２分に長崎で原爆が投下された。

問5(1)　日本国憲法第11条の内容である。　(2)　18歳未満の人の人権から「子どもの権利条約」を導く。

問6　アヘン戦争の講和条約である南京条約で香港がイギリスへ割譲され，その後1997年に中国に返還された。

問7　軽減税率は，飲食料品と新聞に適用されるが，酒類には適用されない。また，調理された食品をその場で消費する場合にも適用されない。

問8　イが正しい。冬季オリンピックの開催は，1972年の札幌・1998年の長野の２回ある。

① 国語科（中）

（60分）

国中令2

（注意）解答はすべて解答用紙に記入しなさい。

青雲中学校

一　次の文章を読んで、後の問いに答えなさい。

みなさんの家では新聞を取っていますか？　取っていない家庭が多いと思います。今はインターネットが普《ふ》及《きゅう》しているので、わざわざ新聞を取らなくても、ネットで無料の情報が好きなだけ検索《けんさく》できるようになっています。

「新聞なんて、必要なの？」そんな声も聞こえてきそうですね。でも新聞はやはり必要だと私は思います。ネットに※1メリットがあるように、新聞にもメリットがあるんです。

そのメリットは何かというと、ひとつにはネットの画面で見るより、紙に印刷された文字で読むほうが記《き》憶《おく》が定着することです。

ネットの情報はどうしても画面をサーッと流してしまいがちです。感覚的に文字が頭にひっかからないので、1記憶にあまり残らない。サーッと読めてしまうのが、ネットの良いところでもあるのですが、記憶に定着するかという点で見たら、紙に印刷されたもののほうが、圧倒的《あっとうてき》に有効なのではないでしょうか。

なぜかというと、紙に印刷されたものは、文章が書いてあった場所や形を記憶にとどめやすいからです。

みなさんも新聞の紙面を思いだしてみてください。見出しの位置や大きさがみな違《ちが》いますし、記事が縦長だったり、横長だったり、レイアウトがいろいろですね。みな違うので、記憶にひっかかる※2フックがたくさんあるのです。

教科書もそうですね。私は世界史や日本史を勉強するとき、「あの話は教科書の右上に書いてあった」「あの項目《こうもく》は左すみにあった」など、場所や位置で記憶していました。

でももしそれらの事《じ》項《こう》がバラバラに※3タブレットの画面に出てきたら、ものすごく記憶しづらかったと思います。ネットの場合、全部が横書きの同じパターンで出てくるので、メリハリがなく、記憶に残りにくいのです。

たとえていえば、新聞の面はaジュウタクチで、そこに掲載《けいさい》されている記事は家のようなものです。新聞の場合はいろいろな形の家がさまざまなレイアウトで存在しているので、※4和風テイストのあの家とか、赤い屋根の洋館のあの家などと、ひとつひとつが記憶しやすい。

一方、ネットの記事は整理されているので、同じ形の家がずっと続いていくような感じです。つまり人工的な街なみなので、どの家をとっても記憶しづらいのです。

新聞のほうがいろいろな記事を、航空図のように一覧できる良さがあります。

この「一覧性」が新聞のメリットです。ぱっと開いたときに全体を見通しやすいので、ざっと見出しを見て、その中で※5セレクトして記事を読むことができます。ネットは順番に流して見ていくことしかできませんから、新聞のような一覧性はないわけです。

もちろんネットにも良い点はあります。記事を検索することにかけてはネットの右に出るものはありません。過去の記事の検索はネットなら二分でできます。関連する記事をまとめて読むこともできます。

これが新聞だと、図書館まで行って、いちいち他の新聞を調べたり、過去の縮刷版を広げなければいけません。その手間たるや、考えただけで気が遠くなります。ネットがない時代は、一日中、図書館にこもってそんなこともしていたわけです。

そう考えるとネットの便利さははかりしれません。でもだからといって、ネットだけで事足りるわけではないと私は思います。2印刷された新聞ならではの良さがある。それを忘れてはいけないと私は思います。

新聞を読むメリットはそれだけではありません。新聞を読んでいると、毎日情報が入ってくるので、「情報感度」が上がって、人と深い話ができるのです。新聞を読んでいる者同士であれば、当たり前に政治や経済の話ができます。

でも一人が新聞を読んでいてもう一人が読んでいなければ、そういう話はできません。「この人、ニュースを知らないな」と気づかれると、そもそも相手はそういう話題はふってこないし、仮にしたとしても、議論は深まりません。

そうなりますと、どうしても社会以外のことに話題が行ってしまいます。「あのお店は美《お》味《い》しいよ」とか「最近、元気？」とか、ごく日常的な話題ばかりになってしまい、そういう次元の話ばかりしていると、社会に向けて意識が向きづらくなります。

今、まさに私は大学でこのことを痛感しているのです。今の大学生は新聞でニュースをざっと読むbシュウカンがないので、急に「英国のEU離《り》脱《だつ》問題について説明してください」と言っても、深い話ができないのです。

しかし、3こうした大学生たちも、新聞の切り抜《ぬ》きを2週間やるだけで、格段に中身の濃《こ》い話ができるようになります。

かつては日本のほとんどの世帯が新聞を取っていて、毎日の事件や出来事、社会の動きの情報を共有していました。

刻一刻移り変わる社会の情勢をみなが共有することで、人々の会話が成り立ち、日本の政治、経済を下支えしていたのです。

各家庭にはもちろんのこと、行く先々にも新聞があるのは当たり前でしたから、大学や会社にも新聞はあるわけで、家で読めなければ、そこで読んだり、通勤時に読むのも日常のcコウケイでした。

ちなみに私が東京に出てきた頃《ころ》は、電車の中で新聞を読む人がたくさんいました。今はみんな※6スマホをいじっていますが、当時はかなりの人が新聞を読んでいたのです。

しかも満員電車の中で、新聞を縦に四つ折りにして、周りの人に迷惑《めいわく》をかけないよう読む名人芸の人もたくさんいました。当時の人たちは満員電車の中でさえ、新聞を読みたいと思っていたんですね。

4いい意味で活字中毒だったわけです。なぜそこまで中毒になってしまったのかというと、新聞はニュースペーパーというくらいですから、つねに新しい情報があふれていたからです。

そういった新鮮《しんせん》な情報にふれるのが心地《ここち》よかったのです。ここが本との決定的な違いです。本は何百年も前に書かれたものもあるくらいで、

②

時間的には昨日、今日の情報が載《の》っているわけではありません。もう少し長い※7タイムスパンになります。たとえば『論語』は2500年くらい前に書かれたものですから、普遍的《ふへんてき》な内容ではありますが、最近のことを知るには適していません。一方、新聞には日々のことが書かれているので、情報の新陳代謝《しんちんたいしゃ》が盛《さか》んです。

日々更新《こうしん》される新しい情報を知りたいという欲求や、その情報にふれている満足感が、活字中毒をdマネいたといえます。

かつての日本には毎日そうやって新聞の情報を入手しないと気が済まない活字中毒の人たちが9割はいました。すごい社会だったんですね。

しかし私たちはそれをごく当たり前のことと思っていたので、日本がひじょうに知的レベルの高い社会であることに気づきませんでした。

そして今、新聞を読まない人たちが圧倒的に増えてしまい、日常会話として政治、経済の深い話ができなくなってしまったのです。物事の判断基準も変わってしまいました。基本情報量の多い人間が判断するのと、少ない人間が判断するのとでは、判断のeセイドにも大きな差が生まれます。

情報量が少ない人が判断するとどうなるのかというと、そのときの気分や個人の好《す》き嫌《きら》いで判断するしかなくなります。大切なことを、そのときの気分や好き嫌いで判断するわけです。

5今まさに日本ではそういう状況《じょうきょう》が進んでいるのです。

（齋藤《さいとう》孝『新聞力』ちくまプリマー新書より）

〔語注〕
※1 メリット……利点。　※2 フック……手がかり。　※3 タブレット……液晶《えきしょう》画面からなる一枚の板状のパソコン。
※4 和風テイスト……日本的な趣味《しゅみ》。　※5 セレクト……選び出すこと。
※6 スマホ……スマートフォン。パソコンに準ずる機能を持った携帯《けいたい》電話。　※7 タイムスパン……時間の隔《へだ》たり。

問一 波線部**a～e**のカタカナを、それぞれ漢字に直しなさい。

a ジュウタクチ　**b** シュウカン　**c** コウケイ　**d** マネ（いた）　**e** セイド

問二 傍線部《ぼうせんぶ》**1**「記憶にあまり残らない。」とありますが、それはなぜですか。その理由として最も適当なものを、次の**ア～エ**のうちから一つ選び、記号で答えなさい。

ア ネットの情報は何度も同じウェブサイトから検索《けんさく》されるので、直感的には同じ情報のように見えるから。
イ ネットの情報は無料で好きなだけ検索できるので、画面上に出てきた情報を覚える必要性が感じられないから。
ウ ネットの情報は画面上に同じパターンで出てくるので、全部が視覚的に同じ情報のように感じられるから。
エ ネットの情報は流し読みしやすいようなレイアウトなので、断片的《だんぺんてき》にしかそれらの記事が入ってこないから。

問三 傍線部**2**「印刷された新聞ならではの良さがある。」とありますが、これはどういうことですか。その説明として最も適当なものを、次の**ア～エ**のうちから一つ選び、記号で答えなさい。

ア 新聞では記事によって見出しの位置や大きさ、レイアウトが違《ちが》い、それらの情報とともに記事の内容が理解しやすいということ。
イ 新聞ではいろいろな記事を一度に見わたせて、その中から見出しをもとにして読みたい記事を見つけ出すことができるということ。
ウ 新聞では大きな紙面で一度にいろいろな記事を読むことができ、自分が探していた情報に関する記事を見つけやすいということ。
エ 新聞ではそれぞれの記事が書いてある場所や形にも工夫《くふう》をこらしてあって、その記事を書いた人の思いが伝わってくるということ。

問四 傍線部**3**「こうした大学生たちも、新聞の切り抜《ぬ》きを2週間やるだけで、格段に中身の濃《こ》い話ができるようになります。」とありますが、これはどういうことですか。その説明として最も適当なものを、次の**ア～エ**のうちから一つ選び、記号で答えなさい。

ア 学習する意欲がなかった大学生たちも、新聞を読むために図書館へ行くことで、自分から熱心に政治や経済について勉強するようになったということ。
イ 日常的な話題にばかり関心を向けていた大学生たちも、新聞を毎日読むことで、お互《たが》いに海外の話題を頻繁《ひんぱん》に持ち出すようになったということ。
ウ ネットで記事を検索していた大学生たちも、新聞の切り抜きをすることで、自分と関係のない分野にも強く興味を持つようになったということ。
エ 日頃《ひごろ》からニュースを見ることがなかった大学生たちも、新聞を読んで情報に毎日ふれることで、社会についての話がしっかりできるようになったということ。

問五 傍線部**4**「いい意味で活字中毒だったわけです。」とありますが、なぜそう言えるのですか。三行以内で説明しなさい。

問六 傍線部**5**「今まさに日本ではそういう状況《じょうきょう》が進んでいるのです。」とありますが、これはどういうことですか。その説明として最も適当なものを、次の**ア～エ**のうちから一つ選び、記号で答えなさい。

ア 今の日本では新聞を読まない人が増えてしまったために、社会全体の知的レベルが下がっていて、新しい情報ではなく自分の感情をもとに判断するようになっていることを心配しているということ。
イ 今の日本では新聞を読まない人が増えてしまったために、社会についての新しい情報が入手されなくなって、時代は変わっていても人びとは同じ判断基準で行動していることが気がかりになっているということ。
ウ 今の日本では新聞を読まない人が増えてしまったために、他人のことを思いやるよりもそのときの個人的な気分や好《す》き嫌《きら》いで物事を判断し行動することが多くなっていることを心配しているということ。
エ 今の日本では新聞を読まない人が増えてしまったために、社会における知的レベルが低くなって物事の判断が的確ではなくなり、日本の政治や経済が不安定になっていることが気がかりになっているということ。

二 次の文章は、まはら三桃「あたらしい私」の全文です。これを読んで、後の問いに答えなさい。

転校生になる準備なら万端《ばんたん》だった。だって葵《あおい》はずっとあこがれていたのだ。

みんなが待っている教室に、すっと現れて可憐《かれん》に挨拶《あいさつ》する転校生に。きっと萌《もえ》ちゃんの存在が大きいからだと思う。半年前、三年生の二学期に転校してきた萌ちゃんは、まるでアニメの主人公だった。夏休み明け。暑さでだらけていた教室は、萌ちゃんが入ってきた瞬間《しゅんかん》、1そよ風が吹《ふ》いたみたいになった。

「くぬぎ台小学校から来た、藤原《ふじわら》萌です」

レースのえりがついた紺色《こんいろ》のワンピースを着て、きれいな発音で自己紹介《しょうかい》をして、Xはにかむように笑った萌ちゃん。まさにこれから、転校生の物語が始まるんじゃないかと葵はわくわくしてしまった。女子は押《お》し黙《だま》ってしまったし、男子は間違《まちが》いなくみんな鼻の下を伸《の》ばしていたと思う。

きっと素敵《すてき》な子なんだろうな。

葵はジーンズのひざをなでながら、萌ちゃんをじっと見つめた。

予想どおり萌ちゃんは素敵だった。いや、予想以上だった。勉強はもちろん、走るのも速かったし、ピアノも弾《ひ》けた。しかも性格はおしとやかで控《ひか》え目。まさに、優等生のヒロイン、という言葉がぴったりの子だった。

一方の葵は勉強はいまいち、体育は嫌《きら》いじゃないけれど、よく転ぶ。歌は好きだけれど音がはずれがち。忘れ物も多い。つまり少しどじなのだ。そのせいでクラスでは微妙《びみょう》に浮《う》いた立場にいた。授業や学級会で発表するたびに、忍《しの》び笑いがおこったり、からかわれたりすることもある。この間なんか、女子たちが悪口を言っているのを偶然《ぐうぜん》きいてしまった。

「葵ちゃん、掃除《そうじ》中また歌ってたね」

「ミュージカル風だよね」

ほうきを持つと歌いたくなるのは葵のくせだった。歌えば掃除が楽しくなってきて、体がどんどん動くのだ。けれども女子たちはそんな葵の真似《まね》をして、「こーんな感じ?」とくるっと回り、「ひくよね〜」なんて笑い転げていた。

だから、お父さんの転勤の話をきいたとき葵は少しほっとした。2そればかりか、断然元気がわいてきた。

新しい学校では、ちゃんとやろう。忘れ物もしないし、勉強だって頑張《がんば》る。もちろん掃除中には歌わない。そして萌ちゃんみたいなヒロインキャラになるんだ。

葵には自信があった。なにしろこの半年間、萌ちゃんのことをじっくり観察していたのだ。笑い方や話し方を。それだけじゃない。給食を食べるときは、必ずスープから飲むのも知っているし、発表するときは、左耳に髪《かみ》をかけることにも気がついている。

あんな風にやれば、正真正銘《しょうしんしょうめい》のヒロインになれるに違《ちが》いない。

お兄さんとおじさんの間くらいの先生の後ろについて、葵は教室に入った。付《つ》き添《そ》いのお母さんは廊下《ろうか》から様子を見ていた。

新しいワンピースは転校することが決まって買ってもらったものだ。

「あら、いつもと感じが違うわね。本当にそれでいいの?」

すそに花のししゅうが入った若草色のワンピースを選んだのを見て、お母さんは不思議そうだったけど、葵は大きくうなずいた。

「いいの」

あたらしい私になるんだ。

葵は先生に並んで教壇《きょうだん》に立った。知らない人の視線が集まってみぞおちのあたりがきゅっと固くなった。のど元にどきどきが※せりあがってきて、みんなの顔がぼんやり見えた。

「すずかけ小学校から来た、松岡《まつおか》葵です」

けれども葵はおしとやかな笑顔を作って言った。鏡の前で何度も練習したように、うっすらと目を細めて口のはしを少しあげた。

「では席はそこに座《すわ》ってください」

先生に言われてついた席の隣《となり》には、髪の長い女子が座っていた。

「よろしくお願いします」

作り笑顔のまま言うと、女子は無表情な顔でちょっとだけこくりと頭を動かした。そして机の上に置いてあったノートを葵のほうに滑《すべ》らせた。〃早坂七海《はやさかななみ》〃と書いてある。自己紹介のつもりらしかった。

周りに座っている人たちがちらちらと自分を見ているのがわかった。転校生がどんな子なのか気にしているのだ。葵はすっと背筋を伸ばした。

優等生らしくしなくっちゃ。

休み時間になると、萌ちゃんがそうされていたように葵の周りにも人が集まってきた。いくつか質問をされたので、葵はその間ずっと微笑《ほほえ》んだまま、萌ちゃんみたいなきれいな言葉遣《づか》いで答えた。なんだか自分が本当に萌ちゃんになったみたいな気分だった。

帰りは近所に住んでいる二人が一緒《いっしょ》に帰ってくれることになった。紗季《さき》ちゃんと真由《まゆ》ちゃん。よく似た感じの女の子だ。二人とも家は、学校と葵の家の途中《とちゅう》にあるマンションだった。

「明日から一緒に学校に行こうね」

別れ際《ぎわ》に二人が誘《さそ》ってくれた。本当はとっても嬉《うれ》しくて、とび上がりたいくらいだったけど、葵はぐっとこらえた。そして素早《すばや》く考えをめぐらした。

こんなとき、萌ちゃんだったらなんて言うかな。

「うん、あ、あの……」

3頭の中は空っぽだ。一緒に帰ったことがないからわからない。

「じゃあね、バイバーイ」

へどもどしているうちに、二人は自分たちのマンションに入って行ってしまった。

「あー疲《つか》れた」

家に帰ったとたん、葵はリビングのソファに倒《たお》れこんだ。よほど緊《きん》張《ちょう》していたのだろう。体がかくかくとおかしな音をたてていた。

「おかえり。あれから学校どうだった?」

「……ふつう」

先に帰っていたお母さんの質問にも答えられないほどぐったりだ。新しい学校であったことが、遠い昔のことのようにかすんでいた。それどころかほんの今まで一緒だった子の顔すら思い出せない。

どっちがどっちだったかな。

考えている間に、うねりのような眠気《ねむけ》が襲《おそ》ってきた。

三日がたった。葵はますます頑張っていた。常に萌ちゃんを思い浮《う》かべて、つとめておしとやかにふるまった。授業中は自分からは発表をしなかったが、数度当てられたときは、右か左か確かめてから耳に髪をかきあげたし、給食のときは、まずスープ。間違えそうになった

④

ときはやり直した。特に気をつけたのは掃除のときだ。つい癖《くせ》で何度も歌をうたいそうになってしまうのを必死で抑《おさ》えた。

あたらしい私、あたらしい私。

おかげで前みたいに笑われることはなかったけれど、ひとつ困ったこともあった。萌ちゃんのことばかり考えているせいか、肝心《かんじん》のクラスメートの顔と名前が、なかなか覚えられないのだ。それればかりか、(i)教室全体がまるでフィルターでもかかっているみたいに白っぽく見える。

そんなふうにして一週間がたった。その日、葵は朝起きるのが遅《おく》れてばたばたと飛び出した。二人のマンションには遅れずについたが、走ったせいか学校についても体がだるかった。

「疲れない？」

そう声をかけられたのは、中休みだ。顔を上げると隣の席の七海ちゃんと目が合った。席が隣同士とはいえあまり話したことがなかった。七海ちゃんは口数が少ない。

葵はあわてて背筋を伸ばした。

「え？」

話しかけられたことは意外だったけれど、それ以上に質問の内容に驚《おどろ》いてしまった。なぜそんなことをきかれたのか考える前に、するりと返事が飛び出した。

「疲れる。すごく」

ぽかんとした顔で言うと、七海ちゃんはやっぱりね、と言うように肩《かた》をすくめた。

「転校を機に変わろうとしてるからよ。無理してるから、ちょっと変」

Y図星をつかれて、葵は目を丸くした。

「どこが変？」

「発表するときとか、給食のときとかプチパニックになってる。一番ひどいのは掃除のとき。手足の動きがばらばらだよ」

「あんなに気をつけてたのに」

絶望的に言った葵に、七海ちゃんはZ声をひそめた。

「もしかして誰《だれ》かの真似をしてない？」

「どうしてわかるの？」

まん丸にした目でたずねた葵に、七海ちゃんは顔をゆるめた。やわらかな笑顔だった。

「私もそうだったから。半年前転校してきたとき変わろうと思ったの。前の学校では無口なせいであんまり友達がいなかったからね。それで人気者だった活発な子を真似して笑ったりしゃべったりしてたら、舌をかんで大きな口内炎《こうないえん》ができた。無理はするもんじゃないって思った」

「はあ～」

葵は伸ばしていた背筋を椅子《いす》の背もたれに投げ出した。シュルシュルとなにかが体から抜《ぬ》けていく。きっと萌ちゃんのイメージだ。体の中いっぱいにふくらませていた萌ちゃんが、音をたてて出ていったのだ。

「大丈夫《だいじょうぶ》、まだ誰も気がついてないから」

4七海ちゃんはいたずらっぽく笑った。その言葉にあたりを見回した葵には、(ii)はじめて教室の中がはっきりと見えた気がした。

（まはら三桃「あたらしい私」『飛ぶ教室 第56号』光村図書出版所収）

〔語注〕 ※ せりあがる……下から上へ押し上がる。

問一 波線部X「はにかむように」、Y「図星をつかれて」、Z「声をひそめた」のここでの意味として最も適当なものを、次の各群のア～エのうちからそれぞれ一つずつ選び、記号で答えなさい。

X「はにかむように」

ア 期待いっぱいの表情で　イ 少し緊張《きんちょう》した表情で　ウ 気恥《きは》ずかしそうな表情で　エ 自信にあふれた表情で

Y「図星をつかれて」

ア 気持ちを言い当てられて　イ 転校の目的を非難されて　ウ 疲《つか》れた様子を心配されて　エ あこがれの存在を見透《す》かされて

Z「声をひそめた」

ア 人に怪《あや》しまれないように言った　イ 疑《うたぐ》り深そうに言った　ウ 興味深そうに言った　エ 人に聞かれないように言った

問二 傍線《ぼうせん》部1「そよ風が吹《ふ》いたみたいになった。」とありますが、これはどういうことですか。その説明として最も適当なものを、次のア～エのうちから一つ選び、記号で答えなさい。

ア クラスの雰囲気《ふんいき》とは釣《つ》り合わないおしとやかな様子の萌《もえ》を見て、あっけにとられたということ。

イ 急に教室に現れたかわいらしい姿の萌を見て、クラスの雰囲気がさわやかになったということ。

ウ 清楚《せいそ》で洗練されている萌を見て、クラス全体がこれからの学校生活に期待し始めたということ。

エ 見た目も仕草もかわいくて愛くるしい萌を見て、クラスの雰囲気が騒々《そうぞう》しくなったということ。

問三 傍線部2「それればかりか、断然元気がわいてきた。」とありますが、それはなぜですか。その説明として最も適当なものを、次のア～エのうちから一つ選び、記号で答えなさい。

ア クラスの中では変わり者として扱《あつか》われていた葵《あおい》は、転校によってきちんとした自分に生まれ変わって、悪口を言っていたクラスメートを見返そうと思ったから。

イ 変わったくせのためにクラスメートから陰口《かげぐち》をたたかれていた葵は、転校によってそうした環境《かんきょう》から抜《ぬ》け出《だ》し、好きなように過ごすことができると思ったから。

ウ クラスメートを気にせず一人を好んでいた葵は、転校によって自分の振《ふ》る舞《ま》いやクラスでの立場を変えて、みんなの中心的存在になる機会を得たと思ったから。

エ クラスの女子から冷ややかな目で見られていた葵は、転校によって今のつらい境遇《きょうぐう》から抜け出し、理想の自分に生まれ変わるチャンスができたと思ったから。

問四　傍線部3「頭の中は空っぽだ。」とありますが、このときの葵についての説明として最も適当なものを、次のア～エのうちから一つ選び、記号で答えなさい。

ア　突然《とつぜん》紗季《さき》と真由《まゆ》から毎朝一緒《いっしょ》に登校しようという誘《さそ》いを受けたことを嬉《うれ》しく思いながらも、この急な誘いに対して萌のような返事が思《おも》い浮《う》かばないでいる。

イ　転校してからすぐに紗季と真由から毎朝一緒に登校しようと誘ってもらったが、あまりに突然のことで驚《おどろ》いてしまい、自分の考えがまとめられないでいる。

ウ　学校にいる間は萌のように振る舞うことができていたが、紗季と真由から声をかけられた嬉しさで萌のような対応ができなかったことを不安に思っている。

エ　転校してきた優等生に取り入ろうとしている紗季と真由から登校に誘われた葵は、萌らしく振る舞おうとする自分と、ありのままの自分との間で混乱している。

問五　傍線部4「七海ちゃんはいたずらっぽく笑った。」とありますが、このときの七海についての説明として最も適当なものを、次のア～エのうちから一つ選び、記号で答えなさい。

ア　自分が転校してきた時と同じように葵の振る舞いが所々変になっていることに気づき、葵が学校の人気者になろうとしていることがわかって得意な気分になっている。

イ　うまく真似《まね》できなくて人気者になることをあきらめた自分とは違《ちが》い、葵は新しい自分に生まれ変わろうと頑張《がんば》っていることに感心し、疲れきった葵を励《はげ》まそうとしている。

ウ　かつての自分と同じように転校を機に無理をしてでも変わろうとしている葵の気持ちを理解し、他の人の真似をして疲《つか》れ果《は》てた葵の心にそっと寄《よ》り添《そ》おうとしている。

エ　無口な自分からおしとやかで上品な自分に変わろうとしている葵に気づいて、かつての自分と同じようにぎこちないながらも努力していることに微笑《ほほえ》ましく思っている。

問六　二重傍線部（ⅰ）「教室全体がまるでフィルターでもかかっているみたいに白っぽく見える。」から、二重傍線部（ⅱ）「はじめて教室の中がはっきりと見えた気がした。」までの部分で、葵はどのように変化しましたか。三行以内で説明しなさい。

三　次の文章を読んで、後の問いに答えなさい。

この秋、京都の南座で「あらしのよるに」という新作歌舞伎《かぶき》を見た。中村獅童《しどう》がオオカミのガブを、尾上《おのえ》松也がヤギのメイを演じる。獅童のだみ声と松也のすっとんきょうな声音《こわね》がオオカミとヤギにぴったりで、見事な※1はまり役である。

ある嵐《あらし》の晩に、小屋に逃《に》げこんだガブとメイが、暗闇《くらやみ》の中でお互《たが》いの正体がわからないままに話をしながら仲のいい友達になる。翌日の昼に再会を約束して、顔を合わせてみたら食う、食われるの関係にあるオオカミとヤギだったというわけだ。二人は互いの動物の領域で[X]煩悶《はんもん》する。オオカミにとってヤギはごちそうだし、ヤギにとってオオカミは天敵だ。それぞれが仲間に説《と》き伏《ふ》せられて心が折れそうになる。しかし、最後にそれまでの歴史的関係よりも、あらしのよるに友達になった気持ちを優先して、手を取り合って歩むという物語だ。

たわいもないファンタジーと言うなかれ。ここには[1]意外な真実と可能性が描《えが》かれている。ヤギはオオカミに食べられるものという常識はいったいだれが決めたのだろうか。オオカミはヤギを食べなければ本当に生きていけないのか。ヤギにとってオオカミは永遠に天敵なのだろうか。

実は、こうした一見常識に見える（　Ⅰ　）的敵対関係を、人間は勝手に作り、そしてまた勝手に解消してきたのである。私が長らく研究してきたゴリラはその人間の身勝手な常識に[Y]翻弄《ほんろう》されてきた。一九世紀の半ばにアフリカで欧米人《おうべいじん》により「発見」されて以来、ゴリラは凶暴《きょうぼう》なジャングルの巨人《きょじん》として有名になった。人間を襲《おそ》い、女性をさらっていくという話を真に受けて、多くのゴリラが殺された。逆に、中央アフリカの低地ではゴリラは肉資源として昔から狩猟《しゅりょう》の対象にされている。人間はゴリラにとってオオカミのような存在なのだ。しかし、ゴリラの平和な暮らしが明らかになると、その見方は一転し、今度は人間の大切な隣人《りんじん》として観光の目玉になった。低地でもゴリラはもはや食料とは見なされなくなりつつある。

[2]人間どうしの関係でも同じことが言える。江戸《えど》時代には、日本人にとって白人たちは人間を食う鬼《おに》と見られていた。第二次大戦中、※2鬼畜《きちく》米英と呼んで抱《いだ》いた恐《おそ》れと憎《にく》しみはいったい何だったのか。今だって、テロ集団やテロ国家は抹殺《まっさつ》せねばならない存在とされている。彼《かれ》らと平和に共存することは本当にできないのだろうか。

昔から寓話《ぐうわ》やファンタジーは、動物の姿を借りて人間社会の※3機微《きび》を描《えが》き出《だ》し、私たちが見習うべき教訓を語りかけてきた。「あらしのよる」から私たちは何を学ぶのか。それは一見とても変更《へんこう》しようのない関係も、気持ちの持ち方で変えられるということだ。知能の高い人間だけに可能な話ではない。野生のチンパンジーも時折肉食をする。タンザニアのマハレで五十年も研究を続けている日本人研究者によれば、近年獲物《えもの》の種類が変わってきたそうだ。昔はイノシシやカモシカの仲間を食べていたのに、今はほとんどサルしか食べない。これはチンパンジーの狩猟イメージが変わったためだという。

アフリカでは、人間を襲うライオンもいるが、人間に敬意を示して距離《きょり》を置くライオンもいる。それは、ライオンと人間双方《そうほう》が長い時間をかけて（　Ⅱ　）な関係を築いてきたからだ。私はゴリラが人間の食料にされていた地域で、武器も餌《えさ》も使わずにゴリラと仲良くなろうと努力してきた。最初ゴリラたちは私たちを見るなり逃《に》げ去《さ》り、追うと恐ろしい声をあげて攻撃《こうげき》してきた。突進《とつしん》を受けて、私も頭と足に傷を負った。しかし、敵意のないことを辛抱《しんぼう》強く示し続ければ、ゴリラは態度を変えて人間を受け入れてくれる。十年近くかかったが、やっとゴリラと私たち

⑥

は落ち着いて向かい合えるようになった。

このように友好的な関係になったのは、この地域ではたった一つの群れだけである。他の数万のゴリラたちはまだ人間に強い恐怖《きょうふ》と敵意を抱いている。しかし、それがいつか変わる日が来ると私は確信している。それは人間社会にも言えることではないだろうか。[3]ぜひ「あらしのよる」を体験してほしいと思う。

（山極寿一「時代の風～あらしのよるに」（毎日新聞　二〇一五年十一月一日朝刊）より）

〔語注〕
※1　はまり役……その人に最もふさわしい役。
※2　鬼畜米英……日本人が、敵対していたアメリカ人やイギリス人をひどく残酷なことをする鬼や畜生《ちくしょう》（けだもの）と憎みののしった言葉。
※3　機微……表面からはとらえにくい微妙《びみょう》な事情や趣《おもむき》。

問一　波線部X「煩悶《はんもん》する」、Y「翻弄《ほんろう》されてきた」のここでの意味として最も適当なものを、次の各群の**ア**～**エ**のうちからそれぞれ一つずつ選び、記号で答えなさい。

X「煩悶する」
ア　まよいためらう　**イ**　かんがえこむ　**ウ**　なやみくるしむ　**エ**　かなしみなげく

Y「翻弄されてきた」
ア　からかわれてきた　**イ**　もてあそばれてきた　**ウ**　うらぎられてきた　**エ**　だまされてきた

問二　傍線部《ぼうせんぶ》1「意外な真実と可能性」とありますが、これはどういうことですか。その説明として最も適当なものを、次の**ア**～**エ**のうちから一つ選び、記号で答えなさい。

ア　今ある関係は、永遠のものではなく、行動によって変えられるということ。
イ　今ある常識は、一時的なものでしかなく、時代によって変わるということ。
ウ　動物は、食う食われるの関係といえども、環境《かんきょう》によって変わるということ。
エ　人間は、歴史的な関係を無視し、勝手な常識によって変われるということ。

問三　本文中の空欄《くうらん》Ⅰ、Ⅱに当てはまる語として最も適当なものを、次の**ア**～**キ**のうちからそれぞれ一つずつ選び、記号で答えなさい。

ア　主観　**イ**　相対　**ウ**　客観　**エ**　絶対　**オ**　中立　**カ**　友好　**キ**　敵対

問四　傍線部2「人間どうしの関係でも同じことが言える。」とありますが、これはどういうことですか。その説明として最も適当なものを、次の**ア**～**エ**のうちから一つ選び、記号で答えなさい。

ア　ゴリラは凶暴《きょうぼう》だという常識が後に大切な隣人《りんじん》だという考えに変わって殺さなくなったように、江戸《えど》時代の日本人は白人を鬼《おに》と見て恐《おそ》れていたが、後にその常識が変わり平和に共存しているということ。
イ　ゴリラは凶暴だという常識が後に友好的な存在だという考えに変わって殺さなくなったように、江戸時代の日本人は白人を鬼と見て恐れていたが、後に間違《まちが》いだと気づいて反省したということ。
ウ　ゴリラは肉資源だという常識が後に食料とは見なさないという考えに変わって食べなくなりつつあるように、第二次大戦中の日本人はアメリカ人やイギリス人を鬼畜《きちく》と呼んで恐れていたが、後に間違いだと気づいて反省したということ。
エ　ゴリラは肉資源だという常識が後に大切な観光資源だという考えに変わって友好的になったように、第二次大戦中の日本人はアメリカ人やイギリス人を鬼畜と呼んで憎《にく》んでいたが、今ではその常識が変わり平和に共存しているということ。

問五　傍線部3「ぜひ『あらしのよる』を体験してほしいと思う。」とありますが、筆者はどういうことを言おうとしていますか。五十字以内で説明しなさい。

問六　文章の内容と表現に関する説明として**適当でない**ものを、次の**ア**～**オ**のうちから**二つ**選び、記号で答えなさい。ただし、解答の順序は問いません。

ア　筆者は、新作歌舞伎《かぶき》の物語の中に、自分とゴリラの関係に共通するものを見いだしている。
イ　「あらしのよるに」のガブにあたるのは、ゴリラと人間の関係に置《お》き換《か》えるとゴリラである。
ウ　野生のチンパンジーは、私たち人間が見習うことができる動物の例として挙げられている。
エ　筆者は、長年にわたるゴリラの研究生活から、人間社会に応用できる知恵《ちえ》を導き出している。
オ　筆者は、人間の誤った常識を改めるには、科学的な知識の獲得《かくとく》しかないことを主張している。

算数科（中）

算中令2

（注意）　円周率はすべて3.14を使い，解答はすべて解答用紙に記入しなさい。

(60分)

1 次の各問いに答えなさい。

(1)　$24-(28\div7+16\times4)\div4$ を計算しなさい。

(2)　$\frac{5}{6}-\frac{2}{5}\div\left(3-\frac{3}{10}\times2\right)$ を計算しなさい。

(3)　150から300までの整数のうち，2でも3でも割り切れない数は何個ありますか。

(4)　計算記号＊を設定し，2つの数□と△について，次のように計算式を定めます。

$□*△=\frac{□-△}{□+△}+\frac{2\times△-1}{2\times□+1}$

たとえば，$4*3=\frac{4-3}{4+3}+\frac{2\times3-1}{2\times4+1}=\frac{1}{7}+\frac{5}{9}=\frac{44}{63}$ となります。

このとき，$(4*2)\div(2*1)$ の値を求めなさい。

(5)　3を7で割ったとき，小数第100位の数を答えなさい。

(6)　ある中学校の入学試験で，受験者1000人のうち4割が合格しました。合格者の平均点は不合格者の平均点より25点高く，受験者全体の平均点は60点でした。合格者の平均点を求めなさい。

(7)　次のような，ある規則に従って並んでいる数の列があります。

$\frac{1}{1\times2}$，$\frac{1}{2\times3}$，$\frac{1}{3\times4}$，$\frac{1}{4\times5}$，……

このとき，次の各問いに答えなさい。

①　$\frac{1}{3\times4}=\frac{1}{3}-\frac{1}{□}$ となるような数□を求めなさい。

②　$\frac{1}{1\times2}+\frac{1}{2\times3}+\frac{1}{3\times4}+\frac{1}{4\times5}+\cdots\cdots+\frac{1}{9\times10}$ を計算しなさい。

(8)　右の図のような四角形ABCDがあり，対角線ACとBDが点Oで交わっています。三角形ABCの面積が40 cm^2，三角形BCDの面積が42 cm^2，三角形ACDの面積が16 cm^2のとき，次の各問いに答えなさい。

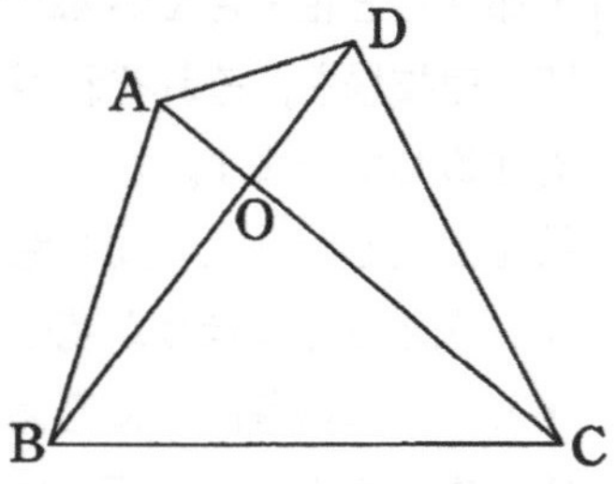

①　三角形ABDの面積を求めなさい。

②　三角形AODの面積を求めなさい。

(9)　右の図のような，1辺の長さが1 cmの正方形を6つ組み合わせた図形があります。この図形を，直線①を中心として1回転させてできる立体の体積を求めなさい。

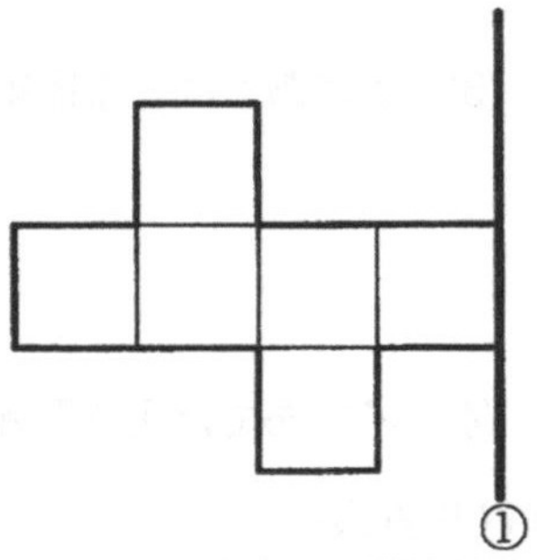

2　右の図のように，半径が3 cm の固定された2つの円 A，B と，動く円 P が並べてあります。円 P には矢印が書かれており，この矢印が上を向いた状態からスタートしてすべることなく時計まわりに回転しながら円 A，B のまわりを1周し，中心がもとの位置までもどります。このとき，次の各問いに答えなさい。

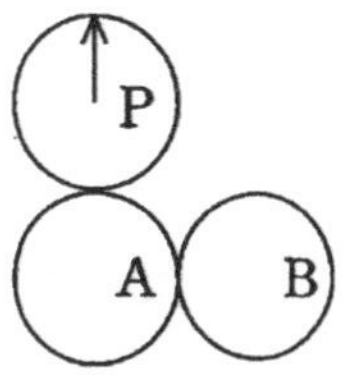

(1)　円 P の中心が動いた道のりを求めなさい。

(2)　円 P が1周回ってもとの位置にもどったとき，矢印の向きはどうなっていますか。例にならって解答用紙の図に書きこみなさい。

例

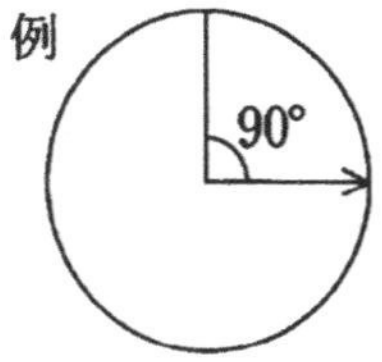

3　太郎さんと花子さんが 4200 m 離れた学校と陸上競技場を，それぞれが一定の速さで何度も往復しています。右のグラフは，同時に学校を出発した2人の間の距離を示したものです。太郎さんのほうが花子さんより速く走るとして，次の各問いに答えなさい。

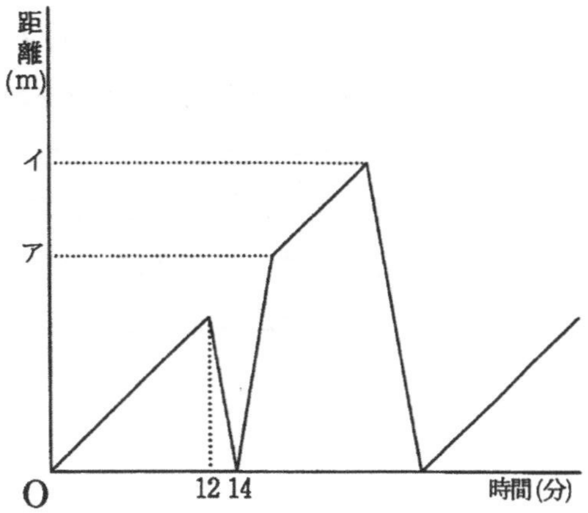

(1)　太郎さんの走る速さは分速何 m ですか。

(2)　花子さんの走る速さは分速何 m ですか。

(3)　アにあてはまる距離を求めなさい。

(4)　イにあてはまる距離を求めなさい。

4　6種類の数字 0，1，2，3，4，5 を用いて表される数を，0 から始めて1けたから5けたまで小さい順に

0，1，2，3，4，5，10，11，12，……，55555

と並べます。このとき，次の各問いに答えなさい。

(1)　全部で何個の数ができますか。

(2)　2020 は何番目の数ですか。

(3)　2020 番目の数は何ですか。

5　右の図のように，正三角形 ABC の各辺を4等分する点を D，E，F，G，H，I，J，K，L とします。

これらの9点から3点を選び，その3点を頂点とする三角形をつくるとき，次の各問いに答えなさい。

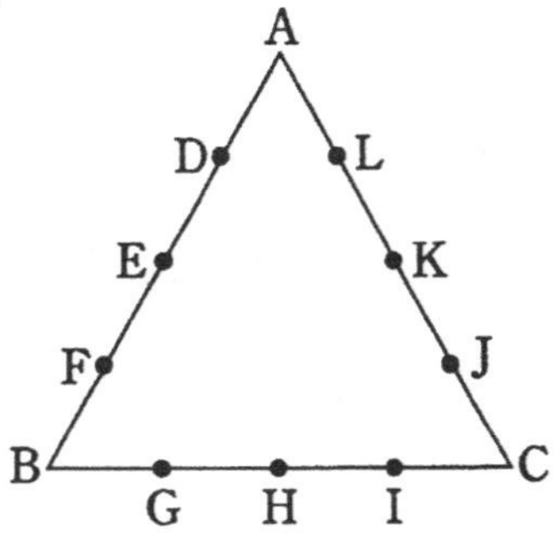

(1)　三角形は全部でいくつできますか。

(2)　二等辺三角形は全部でいくつできますか。ただし，正三角形も含みます。

(3)　三角形 ABC の面積が 64 cm^2 であるとき，面積が最大になるような三角形の面積を求めなさい。

①

理科（中）

理中令2

（注意）解答はすべて解答用紙に記入しなさい。

（40分）

1 次の（1）～（9）の問いについて，それぞれ選択肢の中から適当なものを1つずつ選んで，記号で答えなさい。

（1）長崎県で観察した星の1日の動きについて，正しく説明したものはどれですか。

ア　北の空の星は，まっすぐ西側から東側に移動しているように見える。

イ　東の空の星は，北側の低いところから南側の高いところに移動しているように見える。

ウ　南の空の星は，南極星を中心に回転しているように見える。

エ　西の空の星は，北側の高いところから南側の低いところに移動しているように見える。

オ　観測者の頭上の空の星は，頭上を中心に回転するように見える。

（2）晴天の日に，最高気温と最低気温になるのはいつごろですか。

	最高気温	最低気温
ア	正午ごろ	日の出ごろ
イ	正午ごろ	0時（深夜12時）ごろ
ウ	日の入ごろ	日の出ごろ
エ	日の入ごろ	0時（深夜12時）ごろ
オ	14時ごろ	日の出ごろ
カ	14時ごろ	0時（深夜12時）ごろ

（3）母親の体内で育つヒトの子どものからだができる過程で，最も早く起こることはどれですか。

ア　目や耳ができてくる。

イ　骨や筋肉が発達して，活発に動くようになる。

ウ　かみの毛が生える。

エ　手や足の形がはっきりわかる。

オ　心臓が動き始める。

（4）次の説明の中で，**適当でないもの**はどれですか。

ア　空気中には水蒸気，水，氷が存在している。

イ　氷水を入れたビーカーを放置すると，ビーカーの外側に水蒸気がつく。

ウ　水は熱しなくても，蒸発して水蒸気になる。

エ　湯気は目に見えるが，水蒸気は目に見えない。

オ　水はすがたを変えながら自然の中をめぐっている。

（5）月に関する説明文として**誤っているもの**はどれですか。

ア　クレーターとよばれる円形のくぼみがたくさんある。

イ　満月からおよそ1週間後の半月は，右側半分が南の空に見られる。

ウ　月が光って見えるのは太陽の光が反射しているからである。

エ　月食は満月のときにしか起こらない。

（6）右図のように，糸におもりをつるして振り子を作りました。糸の長さ，おもりの重さ，おもりを離すときの糸を傾《かたむ》ける角度のうちの二つを変えて振らせたとき，最下点でのおもりの速さや往復時間がどのように変わるかを正しく述べたものはどれですか。

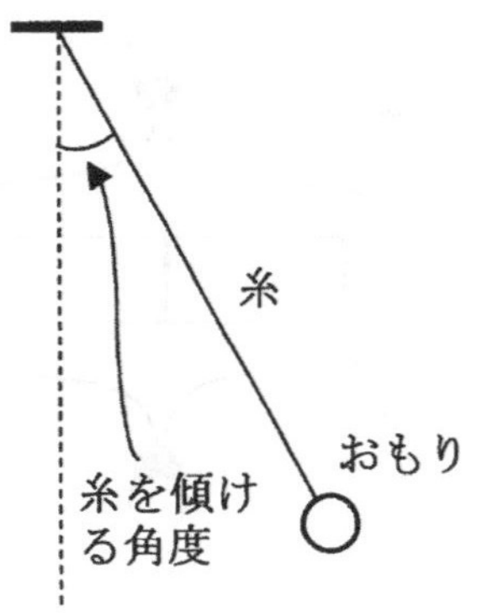

ア　おもりの重さを重くし，糸の長さを長くすると，最下点での速さは速くなるが，往復時間は変わらない。

イ　おもりの重さを軽くし，糸の長さを短くすると，最下点での速さは速くなり，往復時間は長くなる。

ウ　糸の長さを長くし，おもりを離すときの糸を傾ける角度を大きくすると，最下点での速さは変わらないが，往復時間は長くなる。

エ　おもりの重さを重くし，おもりを離すときの糸を傾ける角度を小さくすると，最下点での速さは遅くなるが，往復時間は変わらない。

オ　おもりの重さを軽くし，おもりを離すときの糸を傾ける角度を小さくすると，最下点での速さは遅くなり，往復時間は長くなる。

（7）次の文章中の下線部ア～オのうち，内容に**誤りを含むもの**はどれですか。

植物はア光が当たると二酸化炭素を取り込み酸素を発生させながら，イでんぷんなどの栄養分をつくっている。ウ植物は夜だけ呼吸を行うので夜は酸素を取り込んでいる。動物には植物がつくった栄養分を食べて生活するものや，動物を食べて生活するものがいる。このようにエ食べる，食べられる関係のことを食物連鎖という。オこの関係には植物や動物の死がいを分解する生き物も含まれる。

（8）同じ性質の乾《かん》電池２個と同じ性質の豆電球２個をすべて使って，次の５通りのつなぎ方を試しました。豆電球が２個とも最も明るく点灯したのはどれですか。

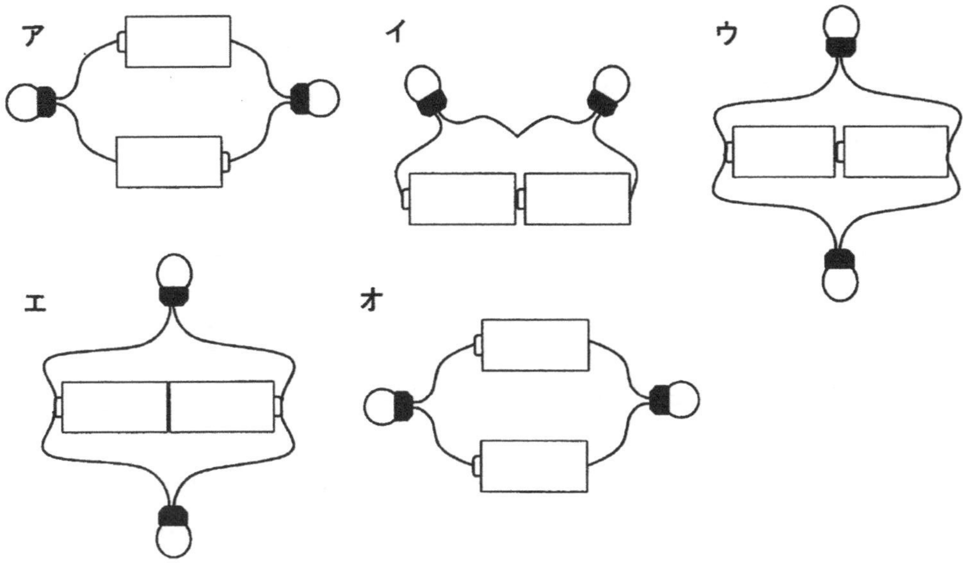

（9）下の表は，いろいろな温度の水 100g にとけるミョウバンの最大の重さを表したものです。60℃の水 200g にミョウバン 30g をとかした後，20℃に冷やしました。何 g のミョウバンが固体となって出てきますか。

水　温　（℃）	0	20	40	60	80
ミョウバン（g）	6	11	24	60	320

ア　8g　　イ　11g　　ウ　19g　　エ　22g

2　図の試験管Ａ～Ｅには，①～⑤の水よう液のどれかが入っています。これらの水よう液を使って〔実験１〕～〔実験４〕を行いました。後の問いに答えなさい。

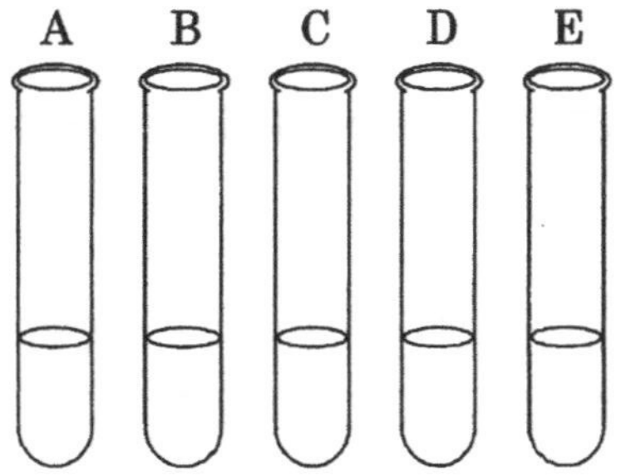

① 食塩水
② 炭酸水
③ うすい塩酸
④ うすい水酸化ナトリウム水よう液
⑤ 石灰水

〔実験１〕赤色リトマス紙をつけると，ＡとＤでは青色になった。
〔実験２〕青色リトマス紙をつけると，ＢとＣでは赤色になった。
〔実験３〕においを調べると，Ｂだけからツンとするにおいがあった。
〔実験４〕Ｃの水よう液をあたためたら，気体がでてきた。この気体をＡの水よう液に入れて試験管をふると，白くにごった。

問１　Ｃの水よう液は何ですか。①～⑤から選んで，番号で答えなさい。

問２　Ｅの水よう液は何ですか。①～⑤から選んで，番号で答えなさい。

問３　BTB 液を加えて青色に変化する水よう液が入っているのはどれですか。試験管Ａ～Ｅの中からすべて選んで，Ａ～Ｅの記号で答えなさい。

問４　〔実験１〕の結果からわかる，ＡとＤの水よう液に共通する性質を答えなさい。

問５　Ａ～Ｅの水よう液の中で，固体が水にとけてできたものはどれですか。試験管Ａ～Ｅの中からすべて選んで，Ａ～Ｅの記号で答えなさい。

問６　次の**ア～エ**の中で正しいものをすべて選んで，記号で答えなさい。
ア　Ａに鉄粉を入れると，あわが出てとけていった。
イ　Ｂにアルミニウムを入れると，あわが出てとけていった。
ウ　Ｄにアルミニウムを入れると，あわが出てとけていった。
エ　Ｅに鉄粉を入れると，あわが出てとけていった。

3 1年を通して季節の生き物の観察を行ったAさん，Bさんの会話を読んで，後の問いに答えなさい。

Aさん：春になるとウメやサクラが咲いて，こん虫の活動も活発になったね。$_1$こん虫だけじゃなく，他の動物もいろいろ観察できたね。

Bさん：やっぱり$_2$春に花が咲く植物が多いのかな。

Aさん：でも，アサガオやヒマワリは夏に咲いたし，キクやハギのように秋に咲く花もあったよね。

Bさん：植物はそれぞれ決まった季節に咲いているよね。どうしていつも同じ季節に咲くんだろう。

Aさん：この前調べたら，植物によっては，昼の時間と夜の時間の変化によってつぼみがつくられる時期が決まるんだって。キクは昼の時間が短くなって，夜の時間が長くなる秋に花が咲くんだよ。

Bさん：じゃあ，$_3$春に咲く花はその逆ってことなのかな。

Aさん：$_4$アブラナはそうなんだって。

Bさん：夏には元気だった生き物も秋や冬には姿が見えなくなったり，枯《か》れてしまったりしたよね。

Aさん：でも，見えなくなっただけで$_5$冬ごししている生き物もいたね。植物も，$_6$種子で冬ごしするものや，$_7$ハルジオンのように地面付近で冬ごしするものもあったし，サクラの木には冬ごししている小さな芽も観察できたよね。

Bさん：もうすぐ中学生だね。春になってサクラが咲くのが待ち遠しいね。

問1　下線部1に関して，春に観察した生き物について述べた文として**適当ではないもの**を次の**ア**～**オ**の中からすべて選んで，記号で答えなさい。

ア　オオカマキリが卵をうんでいた。
イ　ナナホシテントウが卵をうんでいた。
ウ　アブラゼミが卵をうんでいた。
エ　ツバメが巣をつくっていた。
オ　ヒキガエルのおたまじゃくしが泳いでいた。

問2　下線部2の春に花が咲く植物として**適当ではないもの**を次の**ア**～**オ**の中からすべて選んで，記号で答えなさい。

ア　カラスノエンドウ　**イ**　ナズナ　**ウ**　ツルレイシ（ニガウリ）
エ　コスモス　**オ**　オオイヌノフグリ

問3　下線部3のように，緯度が高い地域では，昼の時間が長くなり夜の時間が短くなってくるとつぼみをつくり，春から初夏に花を咲かせる植物が多いことが知られています。その理由を考えて，2行以内で答えなさい。

問4　下線部4のアブラナの花について述べた文として正しいものを次の**ア**～**オ**の中からすべて選んで，記号で答えなさい。

ア　お花とめ花が同じくきについている。
イ　1本のくきにたくさんの花をつける。
ウ　花びら，おしべ，めしべはあるが，がくがない。
エ　1つのめしべの中に1つの種子ができる。
オ　めしべは花びらよりも下の位置にある。

問5　下線部5に関して，土の中で冬ごしするものを次の**ア**～**オ**の中からすべて選んで，記号で答えなさい。

ア　トノサマガエル　**イ**　アキアカネの成虫　**ウ**　カブトムシの幼虫
エ　アゲハチョウの幼虫　**オ**　シオカラトンボの卵

問6　下線部6に関して，種子の発芽に必要なものを水以外で2つ答えなさい。

問7　下線部7のように，植物がどのような状態で冬ごしするかは，その植物が育つ地域の気候によって異なることが知られています。九州のように暖かい地域では，地上の枝に芽をつくり冬ごしする植物の割合が地面付近で冬ごしする植物の割合よりも高いのですが，東北地方などの寒い地域では地面付近や地中（球根）などで冬ごしする植物の割合が高くなります。その理由を考えて，2行以内で答えなさい。

4 次の文章を読んで，後の問いに答えなさい。

地表の岩石は雨水や気温の変化などによりもろくなり，さまざまな大きさの岩石のかけらになります。岩石のかけらはさらに砕《くだ》かれ，1小さな粒《つぶ》状のかけら（以後，さいせつ物という）になります。風や2水のはたらきによって削《けず》りとられたさいせつ物は，河川に移動します。そして，河川の3流れる水のはたらきにより別の場所に運ばれます。また，流れる水の速さが遅くなると，さいせつ物は流されなくなりその場所に留《とど》まるようになります。場所によって水の速さが異なったり変化したりするので，4さまざまな地形が見られます。下の表は，さいせつ物の粒の直径《ちょっけい》（以後，粒径《りゅうけい》という）ごとに，さいせつ物の動きが変化する流速（1秒あたりに水が進む距離［cm/秒］）を示したものです。

粒径［mm］	0.005	0.01	0.05	0.1	0.5	1	5	10	50
留まっていたさいせつ物が流され始めるときの流速［cm/秒］	100	60	24	20	24	40	90	110	240
流されていたさいせつ物がその場に留まり始めるときの流速［cm/秒］	0.01以下	0.01以下	0.3	0.7	3.5	6	16	25	70

じゅうぶんに長い3つの水路A，B，Cを用意し，粒径 0.01mm のさいせつ物を水路Aに，粒径 1 mm のさいせつ物を水路Bに，粒径 10mm のさいせつ物を水路Cに平らに敷《し》きつめて，水の速さを変化させる〔実験1〕および〔実験2〕を行いました。

〔実験1〕 3つの水路の流速が等しくなるようにしながら，すべての水路でさいせつ物が流され始めるまで，流速を0から徐々《じょじょ》に速くしていった。

〔実験2〕〔実験1〕に続けて，3つの水路の流速が等しくなるようにしながら，流速が0になるまで徐々に遅くし，さいせつ物の動きの変化を観察した。

問1 下線部1に関して，さいせつ物は粒径によって3種類に区分されます。その3種類を粒径が小さいものから順に並べたものはどれですか。次の**ア**～**カ**の中から1つ選んで，記号で答えなさい。

ア れき・砂・どろ　　**イ** れき・どろ・砂　　**ウ** 砂・れき・どろ
エ 砂・どろ・れき　　**オ** どろ・れき・砂　　**カ** どろ・砂・れき

問2 下線部2のはたらきを何といいますか。

問3 下線部3のはたらきを何といいますか。

問4 下線部4について，河川が山地から平地に流れ込むところと河口付近では流れる水の速さが変化し，特徴的な地形が形成されます。これらの地形の形成について正しく説明したものを，それぞれ次の**ア**～**エ**の中から1つずつ選んで，記号で答えなさい。

ア 速さが遅くなり，さいせつ物がたい積して三角州が形成される。
イ 速さが遅くなり，さいせつ物がたい積して扇《せん》状地が形成される。
ウ 速さが速くなり，さいせつ物が削りとられて三角州が形成される。
エ 速さが速くなり，さいせつ物が削りとられて扇状地が形成される。

問5 〔実験1〕および〔実験2〕について，次の（1）～（4）に答えなさい。

（1）〔実験1〕で，さいせつ物が流され始めるのが早い順に水路の記号を並べたものはどれですか。次の**ア**～**カ**の中から1つ選んで，記号で答えなさい。

ア A・B・C　　**イ** A・C・B　　**ウ** B・A・C
エ B・C・A　　**オ** C・A・B　　**カ** C・B・A

（2）〔実験2〕で，流されていたさいせつ物が最も早く留まり始める水路はどれですか。A～Cの中から1つ選んで，記号で答えなさい。

（3）〔実験2〕で，流速が0になったときの水路の状態として適当なものはどれですか。次の**ア**～**エ**の中から1つ選んで，記号で答えなさい。

ア A・B・Cで，ほぼすべてのさいせつ物がたい積している。
イ A・Bで，ほぼすべてのさいせつ物がたい積している。
ウ A・Cで，ほぼすべてのさいせつ物がたい積している。
エ B・Cで，ほぼすべてのさいせつ物がたい積している。

（4）表からわかるのはどのようなことですか。次の**ア**～**エ**の中からすべて選んで，記号で答えなさい。

ア 留まっているさいせつ物は，粒径が大きいほど流されやすい。
イ 留まっているさいせつ物は，粒径が小さいほど流されやすい。
ウ 流されているさいせつ物は，粒径が大きいほどその場に留まりやすい。
エ 流されているさいせつ物は，粒径が小さいほどその場に留まりやすい。

⑤ 理中令2

5 次の文章中の①～⑦の空欄《らん》に適する数値を求めなさい。ただし，割り切れないときは小数第1位を四捨五入して整数で答えること。

長さ100cmの透《とう》明パイプ内の左端《はし》から30cmの位置に90gの粘《ねん》土を固定し，図1のように水平な机の面上に置く。透明パイプに重さがない場合は，右端を持ち上げるのに（　①　）gの力が必要であり，左端を持ち上げるのに（　②　）gの力が必要である。ところが，実際にばねはかりで両端をそれぞれ持ち上げてみると右端は63g，左端は87gの力が必要であることがわかった。これは，粘土とは別に透明パイプの重さ（　③　）gが左端から（　④　）cmの位置にかかっていると考えてよく，この位置を透明パイプの重心と呼んでいる。

いま，粘土を同じ位置に固定した透明パイプを机上で図2のようにずらして，透明パイプの右端が机の端から30cmはみ出るように置いた。この透明パイプの右端に加えた下向きの力を徐々に大きくしていった。このとき，透明パイプの左端が持ち上がるのは，透明パイプに重さがない場合は加える力が（　⑤　）gのときと考えられるが，実際には（　⑥　）gのときである。また，透明パイプの右端が机の端から（　⑦　）cmはみ出るまでは，透明パイプが机から落ちないように置くことができる。

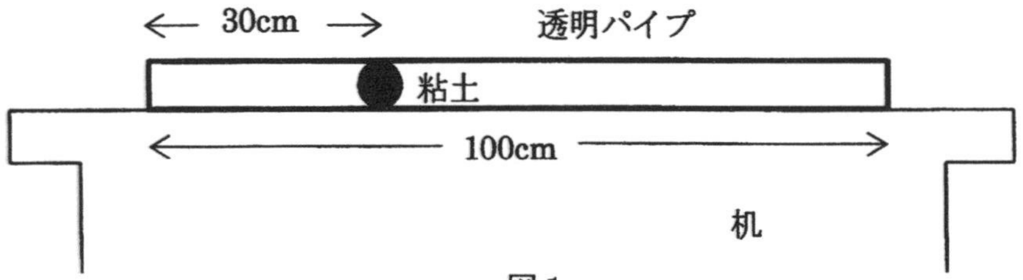

図1

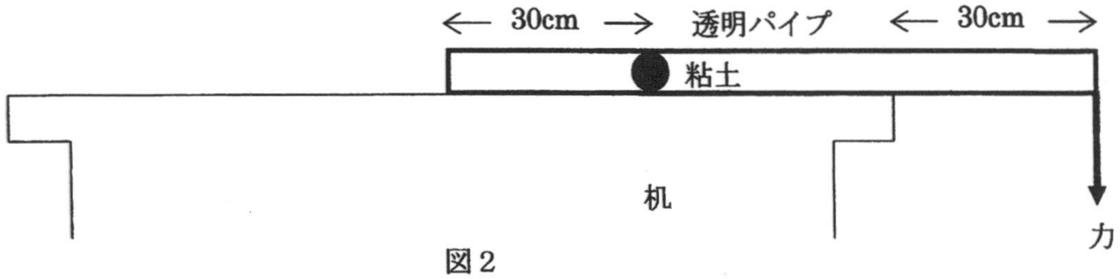

図2

①　社会科（中）　社中令2

（注意）　解答はすべて解答用紙に記入しなさい。

（40分）

1　次の地図中の**A**～**D**は隣り合う二県をまとめたものであり，**E**はもっとも多くの県と接している県である。この地図に関して，あとの問いに答えなさい。

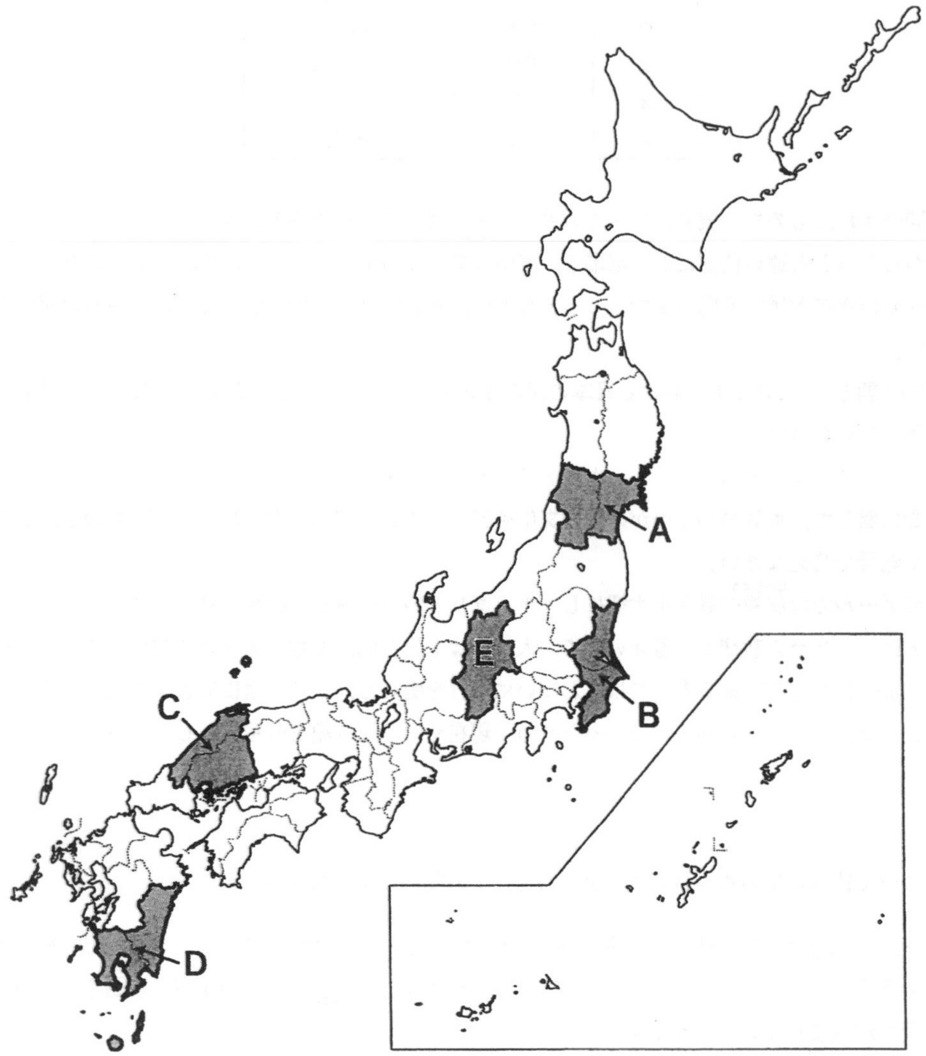

問1　地図中**A**の二県の県境になっている山脈名を答えなさい。

問2　地図中**B**の二県の県境になっている河川《かせん》名を答えなさい。

問3　地図中**C**の二県の県庁所在地のうち，北側に位置する都市の雨温図を，次の中から一つ選んで記号で答えなさい。

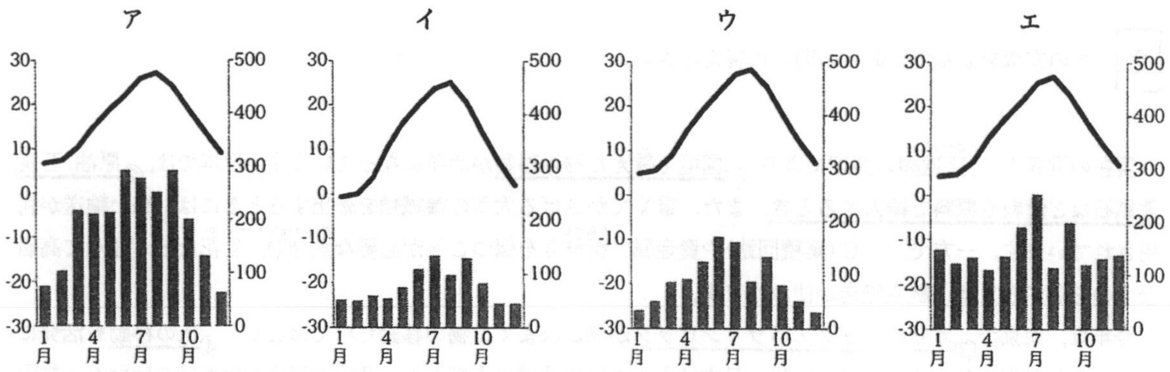

問4　地図中**D**の二県の県境になっている火山を，次の中から一つ選んで記号で答えなさい。

ア．阿蘇山　　イ．雲仙普賢岳　　ウ．霧島山　　エ．桜島

問5　次の表は地図中**A**～**D**におけるおもな農業・畜産《ちくさん》業・製造業について示したものです。この表について，下の(1)・(2)に答えなさい。

	ア		イ		ウ		エ	
	①	②	③	④	⑤	⑥	⑦	⑧
りんご収穫量《しゅうかくりょう》　(t)	—	—	—	—	47100	3050	—	1370
みかん収穫量　(t)	—	1400	10000	10100	—	—	—	31500
キャベツ収穫量　(t)	110900	111100	19100	71200	—	6920	5660	10500
豚《ぶた》飼育頭数　(千頭)	546	664	847	1327	153	197	40	101
鉄鋼業出荷額《しゅつかがく》　(億円)	6900	14946	171	42	283	1503	1630	10906
繊維《せんい》工業出荷額　(億円)	732	254	837	176	569	210	362	1189

（二宮書店『データブック オブ・ザ・ワールド 2019年版』，矢野恒太記念会『日本国勢図会2019/20』より作成）

(1)　地図中**A**，**B**は表中ア～エのどれにあてはまりますか。それぞれ記号で答えなさい。

(2)　表中②，④，⑥，⑧の県名をそれぞれ答えなさい。

問6　地図中**E**の県について次の(1)・(2)に答えなさい。

(1)　**E**の県に属さないものを，次の中から一つ選んで記号で答えなさい。

ア．鈴鹿山脈　　イ．木曽川　　ウ．赤石山脈　　エ．天竜川

(2)　**E**の県について述べた文として正しいものを，次の中から一つ選んで記号で答えなさい。

ア．日本で一番標高の高い山がある。

イ．県庁所在地は，県の中央部に位置する松本市である。

ウ．みかんの生産より，りんごの生産の方が多い。

エ．新幹線はどの都市にも通っていない。

問7　地図中**E**の県と接している県について，次の(1)・(2)の説明にあてはまる県名をそれぞれ答えなさい。

(1)　日本で4番目の人口をもつ都市があり，輸送用機械器具の出荷額が日本で1位である。

(2)　海に接していない内陸の県で，ぶどう・ももの収穫量が日本で1位である。

2　次の文章を読んで，あとの問いに答えなさい。

現在の世界では，交通網《こうつうもう》の発達により，①国境を越《こ》えた物の移動が活発になっています。日本では，②原油，石炭，鉄鉱石など燃料や原料を輸入するとき，また，重くてかさばる大型の機械類を輸出するときには，海上輸送が利用されています。一方で，ＩＣ(集積回路)や貴金属，新鮮《しんせん》さを保つことが必要な魚介類《ぎょかいるい》，生花《せいか》など，軽くて高価なものを運ぶときは，航空輸送が使われます。

今年は，東京で③オリンピック・パラリンピックが開かれます。物の移動だけではなく，④人の移動も活発になることが予想されます。今後さらに，日本は多くの国や地域の人びとと，政治や経済の面だけではなく，文化やスポーツの分野でもさかんに交流をおこなうことになります。そのためにも，⑤多くの国や地域の文化や伝統を理解し，尊重していく姿勢が大切になってきます。

問１　下線部①に関して，次の表は日本のおもな輸入品について，輸入先の国上位４か国とその割合を示したものです。この表について，下の(1)・(2)に答えなさい。

	1位	%	2位	%	3位	%	4位	%
牛　肉	A	49.7	B	43.1	ニュージーランド	3.2	カナダ	2.3
小　麦	B	50.4	カナダ	30.7	A	17.5	ウクライナ	0.5
大　豆	B	71.6	ブラジル	13.8	カナダ	13.0	中国	1.7
さけ・ます	チリ	57.4	ノルウェー	21.7	ロシア	11.2	B	3.2
X	A	51.7	ブラジル	29.3	カナダ	6.7	南アフリカ	3.4
Y	サウジアラビア	40.2	アラブ首長国	24.5	カタール	7.4	クウェート	6.9
Z	A	62.3	インドネシア	12.9	ロシア	9.0	カナダ	6.6

(二宮書店『データブック オブ・ザ・ワールド 2019年版』より作成)

(1)　表中のＡ・Ｂにあてはまる国をそれぞれ答えなさい。

(2)　表中のＸ～Ｚにあてはまる地下資源の組み合わせを，次のア～カから一つ選んで記号で答えなさい。

ア．Ｘ－原油　Ｙ－石炭　Ｚ－鉄鉱石　　イ．Ｘ－原油　Ｙ－鉄鉱石　Ｚ－石炭
ウ．Ｘ－石炭　Ｙ－原油　Ｚ－鉄鉱石　　エ．Ｘ－石炭　Ｙ－鉄鉱石　Ｚ－原油
オ．Ｘ－鉄鉱石　Ｙ－石炭　Ｚ－原油　　カ．Ｘ－鉄鉱石　Ｙ－原油　Ｚ－石炭

問２　下線部②に関して，原油を運ぶ船を何というか答えなさい。

問３　下線部③に関して，次の表は2000年以降の夏季オリンピック・パラリンピック開催《かいさい》都市を示したものです。これについて，下の(1)～(3)に答えなさい。

	開催年	都市
ア	2000	シドニー
イ	2004	アテネ
ウ	2008	ペキン
エ	2012	ロンドン
オ	2016	リオデジャネイロ
カ	2020	東京

(1)　南半球で開催されたものを，表中のア～カの中から**２つ**選んで記号で答えなさい。

(2)　カの都市からもっとも遠い位置にある都市を，表中のア～オの中から一つ選んで記号で答えなさい。

(3)　表中のア～カの都市が属する国の中で，もっとも人口が多い国はどこですか。表中のア～カの記号を使って答えなさい。

問４　下線部④に関して，2017年における日本の短期滞在《たいざい》入国外国人数がもっとも多い国を，次の中から一つ選んで記号で答えなさい。

ア．韓国　　イ．シンガポール　　ウ．アメリカ　　エ．タイ

問５　下線部⑤に関して，世界のいくつかの国の文化や伝統について述べた文として正しいものを，次の中から一つ選んで記号で答えなさい。

ア．シンガポールでは儒教《じゅきょう》の教えを大切にし，チョゴリという伝統的な衣装を身につける。
イ．インドは，イスラム教徒が一番多い国で，人びとは１日５回，聖地のメッカに向かって祈《いの》りを捧《ささ》げる。
ウ．中国の伝統的な行事である春節では，お祝いに爆竹《ばくちく》を鳴らし，この時期に帰省する人がたくさんいる。
エ．ブラジルは，フランスの植民地であったため，現在もフランス語を公用語としている。

3　元号について述べた次の**Ａ～Ｃ**の文章を読んで，下の問いに答えなさい。

Ａ　2019年５月１日に元号が「平成」から「令和」にかわりました。元号は漢字文化の一つで，紀元前２世紀に中国で「建元」という元号が使われたことが始まりだとされています。①卑弥呼が魏《ぎ》の皇帝《こうてい》から贈《おく》られた銅鏡にも，「景初」という元号が刻まれていたそうです。

７世紀にはいると，日本でも独自の元号が使われるようになりました。７世紀はじめごろ，②聖徳太子は私的に「法興《ほうこう》」という元号を使用したと伝えられます。中大兄皇子らによって蘇我氏が倒《たお》されたあと，天皇がすべての土地・人民を治めるしくみづくりがすすめられ，そのとき最初の公的な元号を「［　③　］」とすることが定められました。そのため，この改革を「［　③　］の改新」とよびます。

元号を改めることを改元といい，天皇の代替《だいが》わりだけではなく，よいことの前ぶれが現れたときや，大きな災難のあとにも改元がおこなわれました。たとえば④聖武天皇は，縁起《えんぎ》のよいカメを見つけたことから，そのカメの甲羅《こうら》の文字をとって元号を「天平」と定めました。10世紀終わりごろから11世紀前半にかけて都で伝染病《でんせんびょう》が流行し，多くの⑤貴族も命をおとしたため，改元がたびたびおこなわれました。

③ 社中令2

問1　下線部①に関して，卑弥呼が邪馬台国を統治していたころの日本列島で**つくられていないもの**はどれか，次の中から一つ選んで記号で答えなさい。

ア．地面を掘《ほ》り下《さ》げてつくった竪穴住居　　イ．食料をたくわえるための高床倉庫

ウ．人や動物をかたどったはにわ　　エ．祭りで使うための銅鐸《どうたく》

問2　下線部②に関して，次の資料は聖徳太子が役人の心がまえとして定めた十七条の憲法の一部です。聖徳太子が「法興《ほうこう》」という元号を使用したことを参考にして，空欄《くうらん》［X］にあてはまる十七条の憲法の第2条の内容を，10～15字で書きなさい(句読点は字数に含《ふく》みます)。

第1条	人の和を第一にし，お互いに争いごとをしないようにしなさい。
第2条	［X］
第3条	天皇の命令をうけたまわったら，必ず従いなさい。

問3　空欄《くうらん》［③］にあてはまる元号を答えなさい。

問4　下線部④に関して，聖武天皇が集めた宝物が納められている建物の名称を答えなさい。

問5　下線部⑤に関して，平安時代の貴族について述べた次の文a～dのうち，正しいものの組み合わせを，下のア～エから一つ選んで記号で答えなさい。

a　藤原道長が，『源氏物語』を書いた。

b　藤原頼通が，平等院鳳凰《ほうおう》堂を建てた。

c　寝殿造のやしきにくらした。

d　十二単《じゅうにひとえ》を男性の正装とした。

ア．a・c　　イ．a・d　　ウ．b・c　　エ．b・d

B　⑥源平の戦いで平氏が滅《ほろ》びたあと，鎌倉幕府が滅亡《めつぼう》するまでの約150年間に，約50回もの改元がおこなわれました。地震《じしん》や伝染病《でんせんびょう》の流行などの大きな災難がおきるたびに改元をおこなったため，10年以上使用された元号は，⑦元寇のときの「文永」と「弘安」の2つだけでした。

室町時代は，改元についての幕府の意向が強く反映されるようになった時代です。室町幕府の第3代将軍⑧足利義満は，改元会議に参加する貴族に自身の希望する元号をあらかじめ伝えて影響力《えいきょうりょく》を及《およ》ぼしました。また，第8代将軍の足利義政は，1467年に元号が「［⑨］」と改められたとき，自ら改元会議を主導しました。しかし，その年に将軍のあとつぎ問題などをめぐっておきた［⑨］の乱が全国に広がると，改元に対する幕府の影響力は低下しました。その後，全国統一を目指して京にのぼった⑩織田信長は，改元に関《かか》わるようになりました。信長は室町幕府を滅ぼしたあと，天皇に対して元号を「天正」に改めることを求め，天皇もそれを認めました。

問6　下線部⑥に関して，源平の戦いについての次のa～cを年代の古い順に正しく並べたものを，下のア～カから一つ選んで記号で答えなさい。

a　平治の乱　　b　倶利伽羅峠《くりからとうげ》の戦い　　c　壇《だん》ノ浦《うら》の戦い

ア．a→b→c　　イ．a→c→b　　ウ．b→a→c　　エ．b→c→a

オ．c→a→b　　カ．c→b→a

問7　下線部⑦に関して，元寇のときの鎌倉幕府の執権《しっけん》の名前を答えなさい。

問8　下線部⑧について述べた次の文a～dのうち，正しいものの組み合わせを，下のア～エから一つ選んで記号で答えなさい。

a　京都の北山に金閣を建てた。

b　京都の東山に銀閣を建てた。

c　能を大成した観阿弥《かんあみ》を保護した。

d　茶道《さどう》を大成した千利休を保護した。

ア．a・c　　イ．a・d　　ウ．b・c　　エ．b・d

問9　空欄［⑨］にあてはまる元号を答えなさい。

問10　下線部⑩について述べた文として正しいものを，次の中から一つ選んで記号で答えなさい。

ア．長崎でキリスト教を弾圧《だんあつ》した。　　イ．朝鮮半島に大軍を派遣《はけん》した。

ウ．天皇から関白に任じられた。　　エ．安土城下での自由な商売を認めた。

C　江戸幕府は，室町幕府以上に深く改元に関わるようになりました。⑪江戸幕府をひらいた徳川家康は，天皇に対して，過去の中国の元号から新たな元号を選ぶように求めました。また，将軍が交替《こうたい》した年に，改元されることも増えていきました。こうして江戸時代にはしきりに改元がおこなわれましたが，そのたびに幕府や大名は新しい元号を民衆に伝えました。⑫出版文化が人びとの間に広まっていた江戸時代後半には，元号をもじった狂《きょう》歌《か》や川柳《せんりゅう》がつくられ，人気をよぶこともありました。

1831年には江戸の大火事と京都の大地震をきっかけに改元がおこなわれ，「天保」という元号が採用されました。この元号は，平安時代に候補にあがりながら実現しなかったもので，世の中が平和であるようにとの願いがこめられています。しかし，天保年間にはききんが発生し，⑬各地で大きな百姓一揆《ひゃくしょういっき》やうちこわしがたびたび起こりました。その後，⑭ペリーの来航から明治維新《いしん》までの約15年の間，社会は大混乱におちいり，このような社会不安がおさまることを願って5回の改元がおこなわれました。そして1868年に元号が「明治」と改められ，そのあとは天皇一世代につき元号は一つと定められました。

問11　下線部⑪に関して，徳川家康は将軍の地位を徳川氏が代々継《つ》いでいくことを示すため，すぐに将軍職を辞任しました。家康から将軍職を譲《ゆず》られた第2代将軍を答えなさい。

問12　下線部⑫に関して，出版文化が広まる背景として，民衆の子どもに読み・書き・そろばんを教える教育機関があったことがあげられます。この教育機関の名称を答えなさい。

問13　下線部⑬に関して，ききんで苦しんでいる人びとを役人や商人が救おうとしないことに抗議《こうぎ》して，1837年に大阪で反乱を起こした幕府の元役人の名前を答えなさい。

問14　下線部⑭に関して，ペリーが来航した場所を，右の地図中の**ア～エ**から一つ選んで記号で答えなさい。

4 日本の「お金」について述べた次の文章を読んで，あとの問いに答えなさい。

2024年度を目標に，新しい日本銀行券(紙幣《しへい》)を発行することが，昨年4月に発表されました。現在，①一万円札には福沢諭吉，五千円札には樋口一葉，千円札には野口英世の肖像《しょうぞう》が使用されていますが，新しい紙幣では，一万円札に[②]，五千円札には津田梅子，千円札には北里柴三郎が使用されるそうです。

そもそも「円」という通貨単位は，③1871年，明治政府が混乱した貨幣《かへい》制度を立て直すために定めた法令によって採用されたものです。これに合わせて政府は，国立銀行の設立をすすめ，国立銀行券を発行させました。

ところが政府は④1877年に起きた最大の士族の反乱に対する軍事費として紙幣を大量に発行したため，⑤紙幣の価値が大きく低下しました。そこで政府は，1880年代にはいると紙幣の回収に努め，日本の中央銀行として日本銀行を設立しました。こうして発行された日本銀行券は，一定量の銀貨と交換《こうかん》できることを約束した紙幣でした。政府は，欧米《おうべい》諸国にならって，一定量の金貨と交換できる紙幣の発行をめざしていましたが，まずは銀と紙幣との交換を約束するかたちになりました。その後，政府は⑥日清戦争の賠償金《ばいしょうきん》をもとに，ようやく100円＝金《きん》75gとするしくみを確立させました。このしくみを金本位制といいます。これにより日本は国際的な金本位制に加わることになりました。

しかし，大正時代には，[⑦]のためヨーロッパ諸国が金本位制を中断したことを受けて，この戦争に参戦した日本も金本位制を一時停止しました。その後，ヨーロッパ諸国の戦争からの復興や，関東大震災《だいしんさい》などにより日本では不景気が続きましたが，1930年に日本は金本位制に復帰します。ところが，その前年の⑧アメリカで始まった不景気の影響《えいきょう》を受け，2年後には金本位制を完全に停止してしまうことになりました。

⑨第二次世界大戦後は，連合国軍の占領《せんりょう》下で，新しい紙幣を発行することになりました。この中で，日本もアメリカを中心とする国際通貨体制にくみこまれ，1ドル＝360円に固定する固定相場制がとられました。この固定相場制は⑩1949年から1971年まで続きましたが，その後，1973年には，現在のように外国の通貨との交換比率が日々変動する変動相場制へと移行しました。

問1 下線部①の人物について述べた文として正しいものを，次の中から一つ選んで記号で答えなさい。

ア．福沢諭吉は，立憲改進党という政党をつくった。
イ．福沢諭吉は，初代内閣総理大臣になった。
ウ．樋口一葉は，日露戦争のときに「君死にたまふことなかれ」という歌をよんだ。
エ．野口英世は，黄熱病《おうねつびょう》の研究に取り組んだ。

問2 空欄《くうらん》[②]の人物は，第一国立銀行や大阪紡績《ぼうせき》会社など多くの会社を設立した実業家としても知られています。空欄[②]にあてはまる人物を答えなさい。

問3 下線部③に関して，この頃のできごとについて述べた次の文X・Yの正誤の組み合わせを，下のア～エから一つ選んで記号で答えなさい。

X　身分解放令が出され，結婚《けつこん》や就職などの社会的な差別もなくなった。
Y　岩倉使節団が条約改正交渉《こうしょう》に出発し，治外法権の撤廃《てつぱい》に成功した。

ア．X―正　Y―正　　イ．X―正　Y―誤
ウ．X―誤　Y―正　　エ．X―誤　Y―誤

問4 下線部④の反乱を何というか答えなさい。

問5 下線部⑤に関して，紙幣の価値が低下することは，「ものの値段が上昇《じょうしょう》すること」を意味しています。このことが，税収入のほとんど(約8割)を地租が占《し》めていた当時の政府の財政にどのような影響を与えたか，最も適当なものを次の中から一つ選んで記号で答えなさい。

ア．地租による税収入が増加し，財政が豊かになった。
イ．地租による税収入は増加したが，政府の支出も増えるのであまり変化がなかった。
ウ．地租による税収入はほぼ一定のため，収入はあまり増えず，財政が苦しくなった。
エ．地租による税収入はほぼ一定のため，ものの値段に影響されず，財政は豊かであった。

問6 下線部⑥に関して，この戦争で日本が獲得《かくとく》したにもかかわらず，ロシアがフランス・ドイツとともに圧力をかけて清に返還《へんかん》させた地名を答えなさい。

問7 空欄[⑦]にあてはまる戦争の名称を答えなさい。

問8 下線部⑧に関して，アメリカに始まった不景気により，1909年より輸出量が世界一となっていた[*]の価格が大幅《おおはば》に下落してしまい，その後日本の製糸業は衰退《すいたい》していきます。空欄[*]にあてはまる商品の名前を答えなさい。

問9 下線部⑨に関して，第二次世界大戦中の人びとの生活について述べた文として正しいものを，次の中から一つ選んで記号で答えなさい。

ア．人びとはやみ市という市場で安く米などを買い求めた。
イ．人びとはテレビから戦争のようすを知った。
ウ．大学生も兵士として動員されるようになった。
エ．地方から都会への集団疎開《そかい》がおこなわれた。

問10 下線部⑩に関して，1955年ごろから日本では急速な経済成長がおこり，高度経済成長期をむかえました。この当時の日本のようすについて述べた文として**誤っているもの**を，次の中から一つ選んで記号で答えなさい。

ア．技術革新がすすみ，品質のよい製品を安く製造できるようになった。
イ．多くの家庭電化製品や自動車が，一般《いつぱん》の家庭にも普及《ふきゅう》した。
ウ．人びとのくらしが豊かになり，デパート(百貨店)が初めて登場した。
エ．重化学工業が発達する一方で，公害が社会問題化した。

5 令和元年のできごとについて述べた次の文章を読んで，あとの問いに答えなさい。

昨年５月１日，新しい①天皇が即位《そくい》し，②平成の時代から令和の時代へと変わりました。６月には，世界20カ国の首脳が日本に集まり，G20とよばれる国際会議が大阪で開かれ，さらに７月には③参議院議員選挙がおこなわれました。ともに国際社会や日本の今後に大きな影響《えいきょう》を及《およ》ぼすできごとでした。

８月にはいると，終戦記念日に向けて，過去の戦争の記憶《きおく》と向き合う行事が続きました。特に青雲学園がある長崎県では，長崎原爆忌《げんばくき》の８月９日に，すべての市と町で④原子爆弾が投下された時刻に一斉《いっせい》にサイレンが鳴らされ，平和への祈《いの》りを捧《ささ》げます。無数の人びとが犠牲《ぎせい》となる戦争は，最大の⑤人権侵害《しんがい》とも言われています。戦争の記憶をきちんと継承していくことが，これからはさらに求められています。

そして，８月にはフランスで主要７カ国の首脳会議が開催《かいさい》されました。この会議では，各国首脳がおもに貿易をめぐる問題と，いくつかの地域の情勢について話し合いました。なかでも，８月以降に市民の大規模な反政府デモが相次いでいる，旧イギリス植民地の［⑥］の問題は，今なお世界中の大きな関心を集めています。

また，10月には消費税が増税されました。今回の増税では，ほとんどの商品の消費税率が10％となるなかで，⑦持ち帰りの食料品などの税率が据《す》え置かれたために，２種類の税率が使い分けられることが話題になりました。消費税が正しく使われることで，国民生活がよりよくなることが期待されています。

始まったばかりの令和の時代ですが，⑧今年は東京でオリンピック・パラリンピックも開催されます。日本がいろいろな問題を解決しながら，さらに素晴《すば》らしい国になることを期待したいものです。

問１　下線部①に関して，日本国憲法に規定された天皇の地位や役割について述べた文として正しいものを，次の中から一つ選んで記号で答えなさい。

ア．天皇は，内閣に対して助言をおこなうことができる。
イ．天皇は，日本国の元首であり主権者である。
ウ．天皇は，内閣総理大臣を任命する。
エ．天皇は，国事に関する行為《こうい》の責任を負う。

問２　下線部②に関して，平成の時代に起こった**できごとではないもの**を，次の中から一つ選んで記号で答えなさい。

ア．東日本大震災《だいしんさい》が発生した。
イ．東京スカイツリーが開業した。
ウ．消費税が初めて導入された。
エ．日本人が初めてノーベル賞を受賞した。

問３　下線部③について述べた文として**誤っているもの**を，次の中から一つ選んで記号で答えなさい。

ア．すべての議員は比例代表制の選挙で選ばれる。
イ．選挙は３年ごとにおこなわれる。
ウ．海外に住んでいる日本国民も投票できる。
エ．18歳《さい》以上の日本国民に選挙権がある。

問４　下線部④に関して，長崎に原子爆弾《ばくだん》が投下された時刻を，次の中から一つ選んで記号で答えなさい。

ア．午前5時46分
イ．午前8時15分
ウ．午前11時2分
エ．午後2時46分

問５　下線部⑤に関して，次の(1)・(2)に答えなさい。

(1)　日本国憲法は，基本的人権について次のような考えを示しています。この文の空欄《くうらん》［X］にあてはまる語句を答えなさい。

> 日本国憲法が国民に保障する基本的人権は，［X］永久の権利として現在及び将来の国民に与えられる。

(2)　「生きる権利」「育つ権利」「守られる権利」「参加する権利」など，18歳未満の人の人権を国際的に保障するため，1989年に国際連合で採択《さいたく》された条約の名称を答えなさい。

問６　空欄［⑥］にあてはまる地名を答えなさい。

問７　下線部⑦に関して，このような制度を何というか答えなさい。

問８　下線部⑧に関して，これまでに日本で開かれたオリンピック・パラリンピックについて述べた次の文X・Yの正誤の組み合わせを，下のア～エから一つ選んで記号で答えなさい。

X　前回の東京オリンピック開催と同じ年に，東海道新幹線が開業した。
Y　日本で冬季オリンピックが開催されたことは一度もない。

ア．X―正　Y―正　　イ．X―正　Y―誤
ウ．X―誤　Y―正　　エ．X―誤　Y―誤

国語科（中） 解答用紙

国中令2

受験番号の記入欄《らん》は左《ひだり》端《はし》にある。忘れずに書き入れること。

※150点満点

一 50点

問一 a b c d （いた） e

問二

問三

問四

問五

問六

二 50点

問一 X Y Z

問二

問三

問四

問五

問六

三 50点

問一 X Y

問二

問三 Ⅰ Ⅱ

問四

問五

問六

受験番号

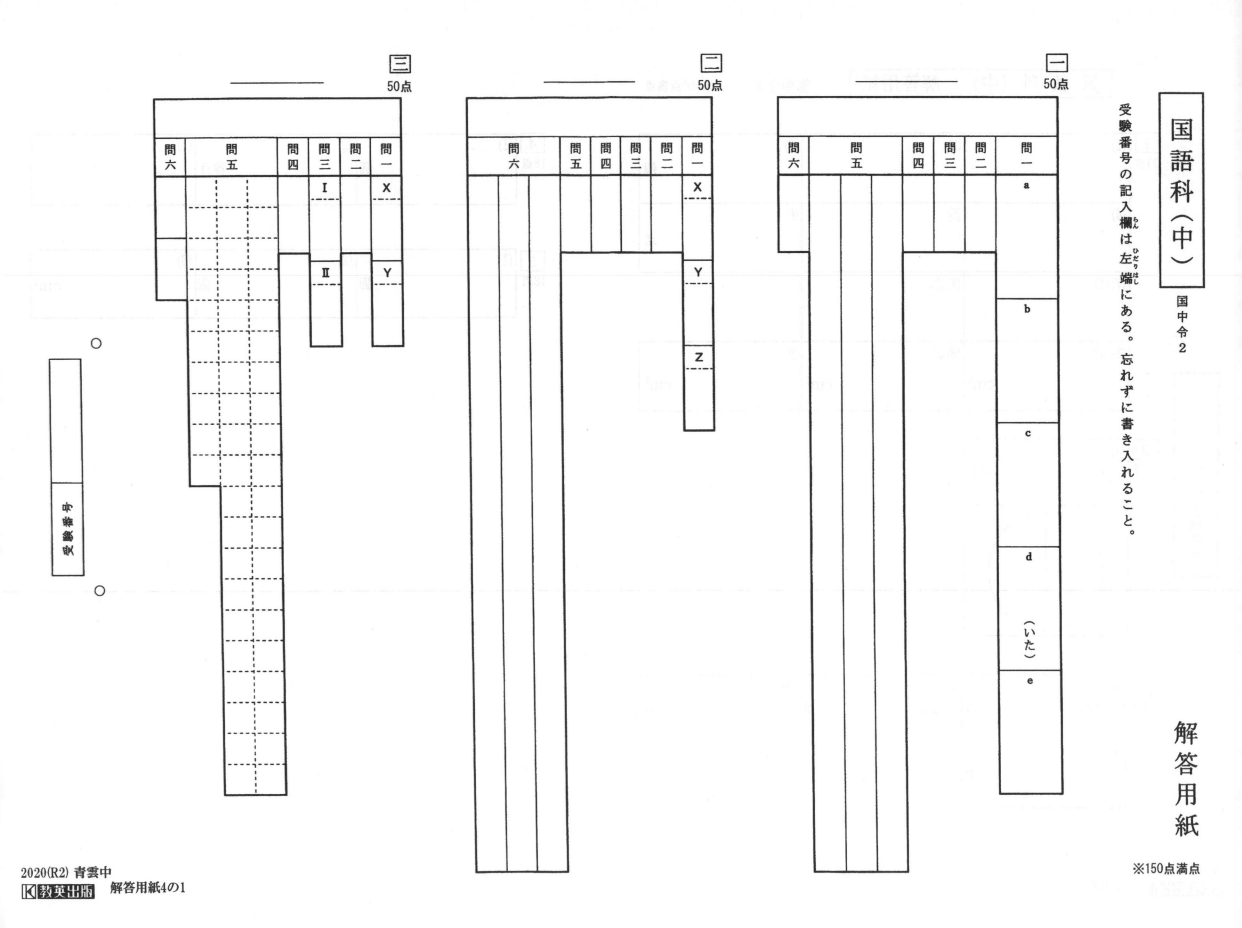

算数科（中）　解答用紙

算中令2　※150点満点

1 77点

(1)	(2)	(3) 個
(4)	(5)	(6) 点
(7)①	(7)②	
(8)① cm²	(8)② cm²	(9) cm³

2 13点

(1) cm
(2) 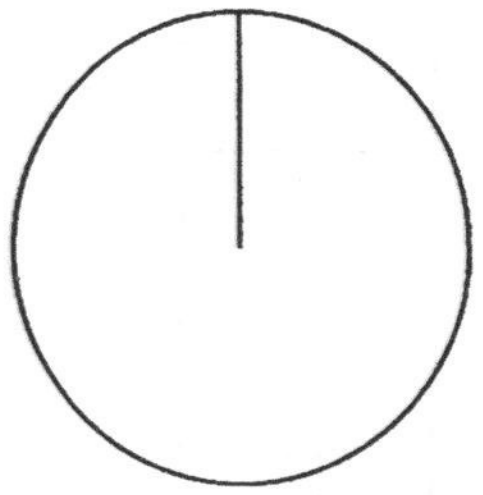

3 24点

(1) 分速 m	(2) 分速 m	(3) m
(4) m		

4 18点

(1) 個	(2) 番目	(3)

5 18点

(1) 個	(2) 個	(3) cm²

受験番号

理科（中）解答用紙

理中令2

※100点満点

1 18点

(1)	(2)	(3)	(4)	(5)	(6)	(7)	(8)	(9)

2 18点

問1		問2		問3		問4	
問5				問6			

3 20点

問1		問2	
問3			
問4		問5	
問6			
問7			

4 22点

問1		問2		問3			
問4	山地から平地		河口付近				
問5	(1)		(2)		(3)		
	(4)						

5 22点

①		②		③		④	
⑤		⑥		⑦			

受験番号

社会科（中）　社中令２

受験番号	

解答用紙

※100点満点

1
18点

問１		問２		問３		問４		
問５	(1)	A		B				
	(2)	②		④		⑥		⑧
問６	(1)		(2)		問７	(1)		(2)

2
18点

問１	(1)	A		B		(2)		問２
問３	(1)			(2)		(3)		問４
問５								

3
26点

問１		問２	（15字）10 15						
問３		問４		問５					
問６		問７		問８		問９		問10	
問11		問12		問13		問14			

4
20点

問１		問２		問３			
問４		問５		問６			
問７		問８		問９		問10	

5
18点

問１		問２		問３		問４	
問５	(1)		(2)				
問６		問７		問８			

① 国語科（中）（60分）

（注意）解答はすべて解答用紙に記入しなさい。

一 次の各文の傍線部《ぼうせんぶ》のカタカナを漢字に直しなさい。

(1) 友のケイコクを聞き入れる。
(2) 亡《な》き祖父のイヒン。
(3) 交通事故で足をフショウする。
(4) 飛行機のソウジュウを習う。
(5) 長いボウで栗《くり》を落とす。
(6) 女王のクンリンする国。
(7) 台所をセイケツにする。
(8) 医学にコウセキのあった人。
(9) 核兵器《かくへいき》のカクサンを防止する。
(10) 日光が鏡にハンシャする。

二 次の文章を読んで、後の各問いに答えなさい。

「刀の目利《めき》きになるいちばん確実な方法は、自分の所有物として持ってみることでしょうな」と私の恩師である故佐藤順太先生は言われた。先生は前に紹介《しょうかい》したように、私にとっては英語の先生であったが、刀剣《とうけん》のことについてもご自宅にお伺《うかが》いした折などに話してくださることがあった。先生は武家のご出身で刀をだいぶ持っておられたようであるが、鑑定《かんてい》の方でも相当の目利きとのことであった。私がたまたまおじゃましていた折も、数本の刀を持った人が鑑定の依頼《いらい》に見えたことがあった。

「素人《しろうと》はよく偽物《にせもの》をつかまされる。しかし大金を払《はら》った側では、何しろ手許《てもと》において、時々見ているものだから、そのうち偽物だとわかってくるものだ。すると偽物をつかませた骨董屋《こっとうや》を恨《うら》む。ところが骨董屋の方も、偽物はいずれバレることを知っているものだから、そのお客に恨まれることを予期している。それで骨董屋というものは、自分が偽物をつかませたお客のことを、なんだかんだと悪口を言うものだ」と。

骨董屋が実際そうであるかどうかは知らないが、おもしろいと思ったのは、素人でも自分で身銭《みぜに》を切って刀を買って手許に置くと、だんだん価値がわかってくる、という話である。[1]これはまさに本にも当てはまる話ではないだろうか。

身銭を切って買った本でなければ身につかない、などと言おうとも思わない。食事でも、学校で食べる給食も披露宴《ひろうえん》で出される食事もタダである。タダで栄養になるものも、おいしいものもある。また友達におごられるのもよい。しかしほんとうに味覚を楽しもうと思ったら、身銭を切った店の食事がよいのではないか。身銭を切っておれば、まずいかうまいかの判断もきびしくなろう。凡人《ぼんじん》の場合、身銭を切るということが、判断力を確実に向上させるよい方法になる。

若いうちは金がないから、図書館を上手に使うことは重要な技術である。しかし収入が少ないなら少ないなりに、自分の周囲を、身銭を切った本で徐々《じょじょ》に取り囲むように心がけてゆくことは、知的生活者の第一歩である。西洋のことわざに、「あなたの友人を示せ、そうすれば、あなたの人物を当ててみせよう」というのがあるが、私はこう言いたい、「[2]あなたの蔵書を示せ、そうすればあなたの人物を当ててみせよう」と。

「蔵書」のことを英語でライブラリイ、ドイツ語とフランス語でビブリオテークと言う。しかしライブラリイにもビブリオテークにも同時に「図書館」あるいは「書斎《しょさい》」という意味がある。個人の「蔵書《ライブラリイ》」はいくら小さくても、その人の「図書館《ライブラリイ》」なのである。六畳《じょう》一間の下宿生活でも、その三方に身銭を切って集めた本があれば、それはライブラリイであると※1観《かん》ずべきである。そして[3]時々、なんということなしにあちこちの本を引き抜《ぬ》いて、パラパラと数ページ読むのだ。気まぐれに、また無目的に。そういう瞬間《しゅんかん》にその本の価値がピーンとわかるときがある。そういう体験の積み重ねが続くと、一種の本能みたいなものが発達してきて、古本屋に入っても、掘出《ほりだ》し物《もの》が見つかるようになる。この場合の掘出し物は必ずしも別の店に持って行けば高く売れるということではなくて、読んでみてよかったなあ、とほんとうに自分で思える本のことである。現代のように本の多い時代に生きながらも、「読んでよかったなあ」とほんとうに思える本にめぐり会うことはめったにない。そういうことがあれば、まったく天の祝福である。ところが本というのは読んでみないことにはそういう体験を味わえるかどうかわからないのだ。それを予知するカンを養う一番よい方法は、何と言っても、「読んでよかったなあ」とほんとうに自分が思った本を自分の周囲に置くこと、そして時々、それを取り出してパラパラ読みかえすことなのである。その修練ができておれば、書店で立読みしただけで、ピーンとくるようになる。

別にこれという動機もないときに、いつか読んだ本がふと読みたくなることがあることをだれでも体験したことがあるだろう。[4]その瞬間が極《きわ》めて大切である。ところがそうしてふとある本を読みたくなったときに、それが手許にないことはしばしば致命的《ちめいてき》である。というのは翌日、あるいは次の機会に図書館から借り出そうというときには、その※2感興が消えていることが多いからだ。なぜある時に、なんの脈絡《みゃくらく》もなく、ずっと前に読んだ本がまた読みたくなるのか、その理由を知らない。おそらく頭脳の活動にもある種の栄養が必要であって、ちょうど、肉体が、欠乏《けつぼう》している栄養素を含《ふく》む食物を欲《ほっ》するように、昔の本を読みかえしたくなるのではないだろうか。たとえば私がふと佐々木《ささき》邦《くに》の『珍太郎《ちんたろう》日記』を読みたくなったとする。これは大正から昭和のはじめころまでの東京の中流の生活を描《えが》いている。主人公の珍太郎の父親は英語の先生である。おだやかなユーモアに富む家庭小説なのであるが、中学生のころに読んだものがどうしてまたいまごろ読みたくなったのかは、読みかえしてみるまでわからない。そこで夕食後の二、三時間つぶして読みかえす。読めばおもしろいから珍太郎の世界に入りこむ。そうして気がついてみると、戦前の生活をいまの生活とくらべて、現在を理解するヒントを得たりしているのである。

読んだ本の内容というのは忘れるものだ。それは唖然《あぜん》とするほどよく忘れるものだ。ところが多少記憶《きおく》に残ったり、また物を書いたりするとき、思い出すものもある。私の場合、思い出すことのできるものは、すべて、ふと読みたい気が起きて、読みかえしたことのある本ばかりであると言ってよいくらいだ。

②

本は不思議なものである。買えばよいというものでもないが、買わなければまた駄目《だめ》なものである。買えば知識が増す、という簡単なものならば、本を買う財力が知力と同じということになる。別の言葉で言えば富の量と知識の量とが同じになってしまう、というようなことを言ったのは、優《すぐ》れた英文学者で、かつ、日本には稀《まれ》なユーモア小説家であった佐々木邦であった。本を思うように買えない人も、その点では安心してよい。

しかし無理をしてでも本を買い続けるということをしていない人が、知的に活発な生活をしている例はほとんど知らない。新聞や週刊誌ならすぐ読めるけれども、本はすぐよめるものではない。特によい本は、いつになったら読めるかわからないことがある。そんな本のために、豊かでもない財布《さいふ》から、なけなしの金を出すということは異常である。その金でレストランに入ればおいしいビフテキが食えるし、ガールフレンドと映画に行って食事をし、コーヒーも飲めるのだ。そういうことをするのに金を使うのが日常的ということであり、そうしないで、すぐには読めそうもない高価な本を買って、すき腹をラーメンで抑《おさ》えるというのが知的生活への出発点と言ってよい。5知的生活というのは日常的な発想に従わない点で、そもそもの出発点からして異常な要素があるのである。

（渡部昇一《わたなべしょういち》「本を買う意味」による）

〔語注〕　※1 観ずる……そう思って、その物事を見る。　※2 感興……おもしろみ。

問一　傍線部《ぼうせんぶ》1「これはまさに本にも当てはまる話ではないだろうか。」とありますが、これはどういうことですか。その説明として最も適当なものを、次の**ア～エ**のうちから一つ選び、記号で答えなさい。

ア　刀と同じように本も大金を払《はら》える人は手許《てもと》にたくさん置くことができるので、良いものと悪いものを比べて判断力をつけることができるということ。

イ　刀と同じように本も他の人から買わされたものは気になって時々見てしまうので、そのうち偽物《にせもの》だと気づいて相手を恨《うら》み続けることになるということ。

ウ　刀と同じように本も自分で買ったものは手許に置いて厳しく見るようになるので、それが良いものか悪いものかを判断する力がついてくるということ。

エ　刀と同じように本も身銭《みぜに》を切ったものは手許に置いておくことになるので、そのうち相当な目利《めき》きとなって専門家にも指摘《してき》できるようになるということ。

問二　傍線部2「あなたの蔵書を示せ、そうすればあなたの人物を当ててみせよう」とありますが、これはどういうことですか。その説明として最も適当なものを、次の**ア～エ**のうちから一つ選び、記号で答えなさい。

ア　その人の周囲に置いてある本を見れば、その人がこれからどのように成長していく人物なのかがわかるということ。

イ　その人が手許に持っている本を見れば、その人がどのように形作られている人物なのかがわかるということ。

ウ　その人が自分で買った本を見れば、その人がどのくらい勉強する意欲を持っている人物なのかがわかるということ。

エ　その人の図書館の使い方を見れば、その人がどのくらいの知識を持っている人物なのかがわかるということ。

問三　傍線部3「時々、なんということなしにあちこちの本を引き抜いて、パラパラと数ページ読むのだ。気まぐれに、また無目的に」とありますが、そのようにすることで何ができるようになるのですか。その説明として最も適当なものを、次の**ア～エ**のうちから一つ選び、記号で答えなさい。

ア　本とは実際に読むことで自分にとっての価値がわかるようになるものであり、読んでみてよかったなあと思える本にめぐり会うことで本を読む喜びを理解できるようになる。

イ　本とは何度も読みかえすことで内容がわかっていくものであり、本を自分の周囲に置いておいて取り出すことでその本の価値を正しく理解することができるようになる。

ウ　本とはたくさんの本を手に取って読むことで理解力が高まるものであり、本を自分の周囲に置いて読むことをくり返すことで初めて読む本でもすぐに内容がわかるようになる。

エ　本とは実際に読むことで自分にとっての良書を予知するカンが養われるものであり、本をくり返し手に取って読むことで自分にとって価値のある本を見つけることができるようになる。

問四　傍線部4「その瞬間が極めて大切である。」とありますが、なぜ筆者はそのように言うのですか。その説明として最も適当なものを、次の**ア～エ**のうちから一つ選び、記号で答えなさい。

ア　いつか読んだ本をふと読みたくなっても、すぐにその気持ちが消えてしまうことが多い。しかし、その時に読みかえした本の内容はその時の自分が求めているものだから。

イ　読んだことのある本をふと読みたくなっても、すぐにその興味が消えていることが多い。しかし、その時に読みかえすことができれば読みたくなった理由がわかるから。

ウ　昔読んだ本をふと読みたくなった時に手許にないと気持ちが冷めてしまう。しかし、実際に読みかえしてみるとそれまで忘れていたことを思い出すことができるから。

エ　いつか読んだ本をふと読みたくなっても、なんの脈絡《みゃくらく》もないのでほとんど手にしない。しかし、その時に読みかえすことができればその内容は記憶《きおく》に残っていくから。

問五　傍線部5「知的生活というのは日常的な発想に従わない」とありますが、それはどういうことですか。三行以内で説明しなさい。

③

三　小学五年生の塚原輝《つかはらひかる》は六歳の時に父親を亡《な》くし、今は母親と二人で暮らしている。輝は友人の智博《ともひろ》や祐希《ゆうき》と共に「保護者参加の二人三脚《ににんさんきゃく》」に出場することになった。輝が樹《いっき》おじさんとペアを組んで練習を重ねていた中で、ある日、偶然道端《ぐうぜんみちばた》で同じ種目に出場する田村香帆《たむらかほ》と会う。香帆は去年、災害事故で父親を亡くしていて、この二人三脚をお母さんとの再出発にしたいと思っていることを告白する。以下は、運動会当日の場面である。これを読んで、後の各問いに答えなさい。

こっちに向かってくる女の人がいないだろうか。みんなであたりにX目を配った。

「生徒と保護者のみなさーん。整列してくださーい」

あぁ、三木先生が呼んでる。もう、これまでだ。香帆を囲んでいたぼくたちのあいだに、あきらめの空気がただよう。

「おい、輝。大丈夫《だいじょうぶ》か？　どうしたんだ？」

樹おじさんとおじいちゃんが近づいてくる。

香帆が顔をあげて言った。

「あたし、もういくね。みんながんばって」

いや、だめだ。香帆もぼくたちといっしょに走らなきゃいけない。

「待って」

ぼくは香帆を呼びとめた。

「田村はうちのおじさんと走って」

みんなが「え？」と声をそろえた。

「おじさん、田村と走れるよね？」

「え、え、えっ？」

樹おじさんが目を丸くして驚《おどろ》いている。

「でも、塚原くんはどうするの？」

1とまどいながら香帆が言う。

「ぼくはいいんだ。とにかく、田村はうちのおじさんと走りなよ」

「でも、おれがこの子と走っちゃってもいいのか？　いちおう、保護者と走る競技なんだろ？」

すると、智博が言った。

「いいじゃん。田村は輝のおじさんと走っちゃえよ。だれが保護者かなんて、ばれやしないって。なっ？」

智博の明るい声につられて、

「うん、そうだよ」

「せっかくだから、走ろ」

祐希と菜摘《なつみ》もいっしょにうなずいた。智博はにかっと笑って香帆を見た。それでも、香帆はまだ困った顔だ。

ぼくは列をさばいている三木先生に向かって、Y声をはりあげた。

「三木せんせーい。保護者って、とくに決まりはないってことでいいんですよねー？」

「うん、ないない。ていうかー、君たちなにしてんのー、早くこっちにきなさーい」

「ほらね。保護者はなんでもありだって」

ぼくは香帆に自信満々で言ったが、香帆の顔はまだ晴れない。ぼくのことを心配してくれているんだろうけど、早く整列しないと、三木先生は生徒も保護者も関係なく声をはりあげてしまいそうだ。

「でも、そしたら。塚原くんがあたしのせいで走れなくなっちゃう」

「ぼくは大丈夫」

後ろで、きらん、と目を光らせている人がいる。

「おじいちゃんと走るから」

三木先生からたすきを受け取って、ぼくは自分の右足とおじいちゃんの左足をしっかり結んだ。

「おじいちゃん、きつくない？」

「ん、大丈夫。いい感じだ」

ぼくは体を折り曲げて、右どなりにいる香帆と樹おじさんの様子をうかがった。

香帆も、ぼくと同じ左側に立っている。

「おじさん、スタートの合図が鳴ったら、結んでる足から出《だ》すんだよ。そのあとは、いっちに、いっちに。このリズムを忘れないでよ。ちゃんと田村のペースに合わせてよ」

「わかってるって。それより、自分たちの心配をしろよっ」

2からかうように樹おじさんは言った。香帆が樹おじさんを見あげる。

「あの、腕《うで》につかまってもいいですか？　お母さんと練習したときも、腕につかまってたから」

香帆のかわいいお願いに、樹おじさんのまゆげがへにょりとさがった。

なんだよ、その顔。樹おじさんに、ついやきもちを妬《や》きそうになった。

ぼくたちは、一直線にならんで順番を待った。

三年生がスタートして、少し前に進み出る。

智博も、祐希も菜摘も、みんなお父さんとくっついて準備万端《ばんたん》だ。

四年生がスタートして、ぼくたち五年生はスタートラインに立った。

ぼくはおじいちゃんの腰《こし》に腕をまわした。

樹おじさんよりもがっしりしたおじいちゃんの腰は、安定感がバツグンだ。おじいちゃんの手がぼくの肩《かた》をつかむと、一年ぶりとは思えないほどぴったりだった。

「おじいちゃん。ぜったいにむりはしないでね」

かっこ悪い走りはしたくないとか、そんなことはもうどうでもいいんだ。おじいちゃんとゴールする。それだけでいい。

返事のかわりに、おじいちゃんの手に力がこもった。

四年生がゴールにすいこまれていく。いよいよだ。

スタートラインのギリギリ手前につま先をつける。

胸がドキドキする。きっと、少しはなれたところにいる香帆も同じだ。

3がんばれ。

「よーい」

三木先生が声をあげる。

パンッ。

ぼくたちはいっせいにスタートした。

「いっちに、いっちに、いっちに、いっちに」

ぼくはおじいちゃんに聞こえるように、声に出しながら足を動か

④

した。

「いっちに、いっちに、いっちに」

最初の三十メートルくらいは、ほぼ全員が横ならびだったけど、だんだん、スピードに差が出てくる。ぼくたちの前をいく背中が、どんどん増えていく。

左どなりにいた智博と祐希たちは、もうとっくにぼくたちの前を走っている。

ぼくとおじいちゃんは、どんどんはなされていく。

すいっと、樹おじさんと香帆のチームがぬき出るのがわかった。香帆の右手が、樹おじさんの腕をしっかりつかんでいる。

あぁ、よかった。香帆がちゃんと走ってる。

ぼくはおじいちゃんの腰をつかむ手に力をこめた。

赤いコーンの目印が目に入った。ここからちょうど、残り五十メートルだ。去年、おじいちゃんが倒《たお》れそうになったところだ。

「おじいちゃん、あと半分だよ」

ぼくたちのスピードはさらに落ちていく。

「ゆっくりで、いいよっ」

ゆっくり、ゆっくり。それでも、確実に足を前に出す。

気がつけば、校庭で走っているのはぼくとおじいちゃんだけになった。

去年といっしょ。4ぼくたちだけで、校庭をひとりじめだ。

ゴールが近づいてくる。

ゴールの目の前では、応援《おうえん》している人たちが歓声《かんせい》をあげて待っている。

水色のシャツが目に飛びこんできた。お母さんだ。両手をぶんぶんふって、その目はぼくのことをまっすぐ見ている。

お母さんの横には、おばあちゃんがいた。ぼくたちの姿を見たおばあちゃんが、大きく口を開けて驚くのが見えた。

やばい。

おばあちゃんのことを忘れていた。勝手におじいちゃんを競技に出してしまった。

あとでおじいちゃんといっしょに怒《おこ》られよう。

そう覚悟《かくご》を決めて、ぼくたちは歓声のわくゴールに飛びこんだ。

夕日が落ちて、だれもいない校庭はうっすらオレンジ色だ。

ほんの一時間前まで、ここで走ったり声をあげたりしていたのに、今はぐちゃぐちゃになった白線が、ところどころ残っているだけだ。

「ほんとにありがとうございました」

香帆のお母さんが、樹おじさんに頭をさげている。

「いやいや、そんな。ぼくこそ、香帆ちゃんと走れて楽しかったです」

香帆のお母さんは、閉会式がおわるころにようやく到着《とうちゃく》した。体調の悪い患者《かんじゃ》さんがいて、状況《じょうきょう》が落ちつくまで病院を出ることができなかったのだという。

「大変ですよね、病院でのお仕事って」

お母さんが言うと、香帆のお母さんは「えぇ」と複雑な表情でうなずいた。

「せっかく練習したのに、結局いっしょに走れなくて」

香帆のお母さんは、手をつないでいる香帆に目をやった。

ぼくたちは、正門の前で立ち話をしていた。

お母さんと、樹おじさんと香帆のお母さん。

おじいちゃんたちは、ひと足先に帰ってしまった。久しぶりに走ったおじいちゃんも、妊婦《にんぷ》さんである莉子《りこ》おばさんも、さすがにつかれてしまったようだ。

「あんなに楽しみにしていたのに、いっしょに走れなくてごめんね」

つないだ手をゆらしながら香帆のお母さんが声をかけると、5香帆はくしゃりと顔をゆがませた。その目から、もうがまんできないとばかりに涙《なみだ》がこぼれる。

「お、おい。泣くなって。また来年、お母さんと走ればいいじゃん」

おろおろして、ぼくは言った。

「違《ちが》うの」

声がふるえている。

「うれしいの」

香帆の言葉に、ぼくはさらに困惑《こんわく》してしまう。

「うれしくて涙が出るの。みんなが……心配してくれて、やさしいから。塚原くんが、おじさんと走れって言ってくれて……おじさんがいっしょに走ってくれたから、すごくうれしいの」

香帆のお母さんは、つないでいないほうの手をのばすと、香帆のほおをすべり落ちていく涙をぬぐった。

「ほらほら、もう泣かない」

そう言って笑う香帆のお母さんの横顔は、香帆にとてもよく似ている。

正門を出て、香帆たちと別れた。

香帆のお母さんは最後までぼくたちに頭をさげながら歩いていった。

もし香帆のお母さんが競技に出ていたら、おそらくビリだったかもしれないな。そう思うほど、綿菓子《わたがし》のようにふわりとやさしい感じの人だった。

「じゃあ、おれも帰るな。今日はおつかれさん」

樹おじさんはいつものように、手のひらをぼくに向けてくる。

「うん」

ぼくは思いきり、樹おじさんの手を打った。

「今日の輝、かっこよかったぞ」

そう言って、樹おじさんは手をふった。

かっこいい。ぼくが？　えっ、どこが？

思いがけない言葉にぼうっとしていると、肩にこつんとお母さんの体がふれた。

「あたしたちも帰ろ」

「うん」

夕日に背中を押《お》されながら、いつもの通学路を歩いていく。6細長くのびた影《かげ》を、ぼくは目で追う。

長いほうの影がお母さん。お母さんを追いこすのは、まだ当分、先かもしれない。ぼくはまだ子供なんだと、そんなあたり前のことを実感する。

（葉山《はやま》エミ『ベランダに手をふって』による）

5

問一　二重傍線部《ぼうせんぶ》**X**「目を配った」、**Y**「声をはりあげた」のここでの意味として最も適当なものを、次の各群の**ア～エ**のうちからそれぞれ一つずつ選び、記号で答えなさい。

X「目を配った」

ア　注意を向けて見た　**イ**　見当をつけた　**ウ**　細かく気をつかった　**エ**　こわい目つきをした

Y「声をはりあげた」

ア　激しい勢いで話した　**イ**　強く主張した　**ウ**　高く大きな声を出した　**エ**　相手に確認《かくにん》した

問二　傍線部**1**「とまどいながら香帆が言う。」とありますが、それはなぜですか。その説明として最も適当なものを、次の**ア～エ**のうちから一つ選び、記号で答えなさい。

ア　香帆は自分の母親が来ないせいでみんなが出場できなくなることに責任を感じていたが、輝があきらめずに走らせようとしてくるから。

イ　香帆は自分の母親が来ないことが悲しくて走る気持ちがなくなっていたが、輝がなんとしても母親を一緒《いっしょ》に走らせようとしてくるから。

ウ　香帆は周りの人たちが母親は来ないとあきらめだしたことに寂《さび》しくなっていたが、輝が他の人に呼びかけて走らせようとしてくるから。

エ　香帆は自分の母親が来ないので出場することをあきらめていたが、輝が代わりに走れなくなっても自分を走らせようとしてくるから。

問三　傍線部**2**「からかうように樹おじさんは言った。」とありますが、この時の樹おじさんの説明として最も適当なものを、次の**ア～エ**のうちから一つ選び、記号で答えなさい。

ア　輝が香帆のために気を配っている姿に彼《かれ》の成長ぶりを感じ、もっと彼が大人へ近づけるように適切なアドバイスを送っている。

イ　輝が自分のことよりも周りの人たちに気を配っている姿が頼《たの》もしく、自分も輝の気持ちに応《こた》えて競技を楽しもうとしている。

ウ　輝が必死になって香帆を走らせようとしている姿を微笑《ほほえ》ましく思い、人の心配ばかりしている輝を安心させようとしている。

エ　輝が香帆を走らせるためにあわてている姿にじれったく感じ、何でも一人でやろうとしている輝に注意しようとしている。

問四　傍線部**3**「がんばれ。」とありますが、この時の輝の説明として最も適当なものを、次の**ア～エ**のうちから一つ選び、記号で答えなさい。

ア　急におじいちゃんと走ることになって不安もあったが、おじいちゃんからは力強さが感じられて、後は香帆たちが無事にゴールすることを第一に考えている。

イ　急におじいちゃんに走ってもらうことに心配もしたが、おじいちゃんと組むと安定感があり、最後まで走りきる姿を香帆に見てもらいたいと考えている。

ウ　自分とおじいちゃんが一緒に走るのは無理だと思っていたが、おじいちゃんがやる気に満ちていて、後は香帆たちが最後まで走りきることだけを考えている。

エ　自分だけおじいちゃんと走ることに自信がなかったが、おじいちゃんががっしりと肩《かた》をつかんでくれて、後はおじいちゃんとゴールすることだけを考えている。

問五　傍線部**4**「ぼくたちだけで、校庭をひとりじめだ。」とありますが、この時の輝の心情として最も適当なものを、次の**ア～エ**のうちから一つ選び、記号で答えなさい。

ア　他のチームからどんどん離《はな》されていったために悔《くや》しくなっていたが、おじいちゃんが必死に走っている姿を見て元気が湧《わ》いている。

イ　自分たち以外のチームから次々と抜かれて焦《あせ》りを感じたが、みんなが自分たちのことを応援《おうえん》してくれたことでうれしくなっている。

ウ　香帆たちのチームが走って行くのを見とどけてひと安心し、おじいちゃんと着実に走ることができていることに心が弾《はず》んでいる。

エ　他のチームと競《きそ》っているうちにやる気がわいてきて、気がつくとこれまで以上に走ることができていたことに達成感を感じている。

問六　傍線部**5**「香帆はくしゃりと顔をゆがませた」とありますが、この時の香帆の心情を三行以内で説明しなさい。

問七　傍線部**6**「細長くのびた影を、ぼくは目で追う」とありますが、この時の輝の説明として最も適当なものを、次の**ア～エ**のうちから一つ選び、記号で答えなさい。

ア　樹おじさんから競技中の行動が良かったと言われてどうしたらいいか戸惑《とまど》ったが、お母さんと一緒に歩きながら並んでいる影を見て自分も大人になったと誇《ほこ》らしく思っている。

イ　樹おじさんから今日の自分がかっこよかったと言葉をかけられて驚いたが、お母さんと一緒に歩きながら長くのびる母親の影を見て自分はまだ子どもであると感じている。

ウ　樹おじさんから今日の自分の姿をほめられた時には照れくさく感じていたが、お母さんと一緒に歩きながらお母さんにも自分の行動をほめてもらいたいと思っている。

エ　樹おじさんから今日の競技中の姿がかっこよかったと言われて自分に自信がついたが、お母さんと一緒に歩きながらお互《たが》いの姿を比べて自分の未熟さを感じ取っている。

四　次の文章を読んで、後の各問いに答えなさい。

地域づくりに必要な外部の人たちを「ヨソモノ・ワカモノ・バカモノ」と言ったりします。この三つを言《い》い換《か》えると、「外部・未来・ふまじめ」と言い換えることができるでしょう。確かに、※1被災《ひさい》した土地をどうするかを決めるのはそこに暮らす人たちですが、その決断は、「いまこの私」と「外部・未来・ふまじめ」を何度も往復した末に下されるべきだと思います。なぜなら、ぼくたちの地域は、「いまこの私」だけのものではないからです。地域とは、そこで暮らしてきたご先祖たち、未来に住むかもしれない人たち、偶然《ぐうぜん》に移り住むかもしれない人たちや、未来の子どもたち、本当に関心を持っていたのに言葉を発するのをためらっていた人たち、そして、膨大《ぼうだい》な数の死者たち。そのような人たちのものでもあるからです。決めるのは当事者かもしれないけれど、[1]外の目線も忘れてはいけない。ぼくはそういう思いを持って活動を続けてきました。

ただ、未来ばかり、外のことばかり考えていればいいというわけでもありません。震災《しんさい》後は、特に「未来へのメッセージ」ばかりが目指されてきたようにも思います。けれど、すでに「いま」が、過去の人たちにとって未来であるはずです。ぼくたちは、過去に生きてきた人たちが描《えが》いた未来をつくることはできたのでしょうか。過去の人たちの「未来はこうなってほしいな」という思いを実現できたのでしょうか、というか、過去の人たちがどのように生き、どのような言葉を残したのかを知ろうとしてきたでしょうか。未来を考えることはとても大事ですが、ぼくたちはあまりにも「過去」や「歴史」を軽視してはこなかったか、とも思うのです。「外部・未来・ふまじめ」だけでなく、過去に生きた人たち、つまり[2]「死者」の存在を忘れることはできません。

震災後、ぼくは歴史に関心を持つようになりました。過去の災害や震災の記録、昔の人たちの暮らしぶりなども考慮《こうりょ》しなければ、ぼくたちがいま何をすべきかも見えてこない気がするからです。その地域の文化は歴史が作り出したものです。なぜそこにそんな食べ物があり、なぜそのような風習があるのか。すべては歴史を読み解かないとわからない。気候や風土、その風土が生み出す食、地形や景観の美しさ、土地に息づく信仰《しんこう》や祭。市民性・県民性もあるでしょう。それらはみな、何百年という（地形でいえば何億年の）歴史が培《つちか》ってきたものであり、それらを紐《ひも》解《と》き、価値を最大化しようとすれば、あるいは課題を解決しようとすれば、地域をフィールドにする人たちは歴史を軽視できません。

歴史は面白《おもしろ》い。歴史は過去のものですから、直接は触《ふ》れることができません。つまり、歴史を紐解こうという人はすべてが「ヨソモノ」なんです。常にヨソモノ目線が働き、へえ、そうだったのか、そんな理由があったのかと面白がる目線が生まれます。そして、そういう歴史との出会いを通じて、過去に生きた人たち、ぼくたちの先祖の思いを知ることにつながる。つまり、地域づくりとは、先祖の思い、死者の思いを知ることであり、彼《かれ》らと対話することでもあるのだと思います。

[3]過去を調べることがいまに通ずる。たとえば、自治体の成り立ち、江戸《えど》時代の藩《はん》の体制がいまに引き継《つ》がれていることもあるし、明治維新《いしん》が強く影響《えいきょう》していることもあります。なんでこんな習慣が残ってるんだろう、なんでこの地区とこの地区は仲が悪いんだろう、みたいなことが、歴史を紐解くことで見えてくることがあります。思わず「おかしいな」と感じることでも、いつの間にか対象と距離《きょり》をとって「なぜそうなったのだろう」と面白がるスイッチが入れられるようになると、歴史は途端《とたん》に面白くなる。一見すると「えっ？」と驚《おどろ》いてしまうことに、長年にわたる地域間のこじれや、何百年前のあれこれが影響していることがわかってきます。

たとえば、福島県の会津《あいづ》地方のベテランたちが「先の戦争」といえば、それは第二次世界大戦ではなく「※2戊辰戦争《ぼしんせんそう》」だったりします。ぼくの暮らす小名浜《おなはま》の隣町《となりまち》、泉町には寺院がほとんどなく、住民のお葬式《そうしき》が神式なのは、戊辰戦争後に「※3廃仏毀釈《はいぶつきしゃく》」があったからだし、小名浜は製造業のまちでやたらにパチンコ店が多いのは、炭鉱業が衰退《すいたい》したときに国が工業化を推進したからであり、工業の地であるためパチンコ店の用地取得が比較的《ひかくてき》簡単であるからであり、工場勤務は三交代制で労働者の休みの日の娯楽《ごらく》が少ないことに理由があったりするわけです。そんなふうに、その町の暮らしや風景は、いきなりその形になったわけでなく、何百年という歴史の積み重ねの先にできている。伝統工芸があるのも、※4基幹産業があるのも、原発があるのも、特別な習慣や風習があるのも、まちの「文化」や「歴史」の表れなんです。

劇作家の平田オリザさんは、著書『下り坂をそろそろと下る』（講談社現代新書、二〇一六年）のなかで、地方が資本を※5収奪《しゅうだつ》されないためには[4]「文化の自己決定能力」を高めなければいけないと書いています。日本はもはや工業国ではなく、緩《ゆる》やかな衰退の途上《とじょう》にある。そんな時代に地域に人を呼び戻《もど》すには文化の力を措《お》いてほかにないとオリザさんはいいます。しかし、オリザさんは、その政策は「中央に決めてもらうのではなく、地元をよく知る自分たちが決めなければならない」とも語っています。

文化の自己決定能力。それは、自分の地域は、これこれこういう歴史や文化を持っている。こういうビジョンを持っている。だからこういうまちにするんだ、こういう政策を推進するんだ、ということを自分たちで決めるということ。しかしそのような自己決定能力は、先ほども言ったように外部からの目線も必要です。中の人だけで決められるものではなく、外の目線も考慮することが、地域全体の再発見につながるのだと思います。最後は自分たちで決めるけれど、対象から距離を置いて、過去や未来を往復したり、海外の事例を参考にしたり、回り道をして、いろいろなことを面白がるなかで、自分のまちが見つかるのではないでしょうか。

当事者は最短距離で解決を図《はか》らなければいけない。でも、※6共事者はちょっと違《ちが》う。自分の関心のあることや好きなこと、ふまじめな欲求に従って回り道することができます。なぜこんなものが生まれたのだろう。なぜこんな風習があるのだろう。そうふまじめに思考をめぐらせるうちに、知る楽しさ、調べる面白さに接続されてしまったりする。そしてその思考の過程を社会にはみ出させ、漏《も》れ出させていけばいい。

5地域の過去も未来もひとつ飛びして楽しむ先に、あなただけの、その地域ならではの暮らしが形作られるのだと思いますし、それをぶつけ合う過程で文化の自己決定能力も磨《みが》かれていくのだと思います。

（小松理虔《こまつりけん》『地方を生きる』ちくまプリマー新書による）

〔語注〕
※1 被災……ここでは二〇一一年に起きた、東日本大震災《ひがしにほんだいしんさい》のことを指す。
※2 戊辰戦争……一八六八年から翌年まで行われた新政府軍と旧幕府軍側との戦い。
※3 廃仏毀釈……明治の初めに盛んに行われた、仏教を排斥《はいせき》して、寺・仏像をこわすこと。
※4 基幹産業……一国の経済活動の基盤《きばん》となる重要な産業部門。
※5 収奪……強制的に取り上げること。
※6 共事者……筆者の造語《ぞうご》。興味や関心はもっているが、まだ行動に移せていない人のこと。

問一 傍線部《ぼうせんぶ》1「外の目線も忘れてはいけない」とありますが、それはどういうことですか。その説明として最も適当なものを、次の**ア**～**エ**のうちから一つ選び、記号で答えなさい。

ア 地域づくりについて決める時にはその計画に取り組んでいく当事者だけでなく、これからもその土地で暮らしていく人たちの考えも取り入れなければならないということ。
イ 地域づくりを進める際にはそこに暮らす人たちのことだけでなく、そこで暮らしていたご先祖たちやこれからその土地に関《かか》わる人たちの考えも聞かなければならないということ。
ウ 地域づくりを始める際にはそこに暮らす人たちのことだけでなく、そこに住む人がいなくなった時にその土地をどうするのかということも決めなければならないということ。
エ 地域づくりを行っていく時にはそこに暮らす人たちの意見だけでなく、これまで他の土地で地域づくりを進めてきた人たちからの助言も参考にしなければならないということ。

問二 傍線部2「『死者』の存在を忘れることはできません」とありますが、それはなぜですか。その説明として最も適当なものを、次の**ア**～**エ**のうちから一つ選び、記号で答えなさい。

ア 私たちは過去の人たちがどのように暮らしてきたかを知ることによって、過去の人たちが描《えが》いた未来である「いま」をつくることができるから。
イ 私たちは過去の人たちがどのような未来を望んだかを知ることによって、過去の人たちによって作られた「いま」について理解することができるから。
ウ 私たちは過去の人たちが築き上げた暮らし方を取り入れることによって、過去の人たちが描いた未来である「いま」を完成させることができるから。
エ 私たちは過去の人たちがどのような日々を過ごしてきたかを知ることによって、過去の人たちが思い描いた未来の姿を後生へ伝えることができるから。

問三 傍線部3「過去を調べることがいまに通ずる。」とありますが、それは具体的にどういうことですか。その説明として**適当でない**ものを、次の**ア**～**エ**のうちから一つ選び、記号で答えなさい。

ア 福島県の会津《あいづ》地方の人の中には第二次世界大戦よりも戊辰戦争《ぼしんせんそう》のことを「先の戦争」と考える人もいる。
イ 泉町では廃仏毀釈《はいぶつきしゃく》が行われたことによって寺院がほとんどなく、住民のお葬式《そうしき》が神式で行われている。
ウ 小名浜《おなはま》では炭鉱業が衰退《すいたい》したが、国が工業化を推進したことによって製造業が盛んなまちになっている。
エ 小名浜では国が推進する工業化の一環《いっかん》として労働者の娯楽《ごらく》のためにパチンコ店が多く建てられている。

問四 傍線部4「『文化の自己決定能力』を高めなければいけない」とありますが、それはどういうことですか。その説明として最も適当なものを、次の**ア**～**エ**のうちから一つ選び、記号で答えなさい。

ア 地元に暮らす人たちが自分たちで考えて政策を進めることができるように、自分たちの地域が持っている歴史や文化について住民同士で意見を交換《こうかん》し、地域のつながりを強くするということ。
イ 地元に暮らす人たちが自分たちの望むように政策を決めていくために、自分たちの地域が持っている歴史や文化を広い視点から捉《とら》えて再発見し、まちづくりの構想を考えていくということ。
ウ 地元に暮らす人たちが将来の日本の姿に合った形でまちづくりを進めていくために、自分たちの地域が持っている歴史や文化について外部からの目線を考慮《こうりょ》し、再発見するということ。
エ 地元に暮らす人たちが自分たちの望む政策を行うことができるように、自分たちの地域が持っている歴史や文化について改めて見つめ直して、地域の問題点を見つけていくということ。

問五 傍線部5「地域の過去も未来もひとつ飛びして楽しむ」とありますが、それはどういうことですか。六十字以内で説明しなさい。

①

算数科（中）

算中令4

（注意）　円周率は3.14を使い，解答はすべて解答用紙に記入しなさい。

(60分)

1 次の各問いに答えなさい。

(1)　$36-(24\times3-16\times2)\div2$ を計算しなさい。

(2)　$0.75\times3+1\frac{1}{8}\times6\div9$ を計算しなさい。

(3)　$(\square\times5+2)\times6=1602$ となるとき，□ に当てはまる数を求めなさい。

(4)　長さ50 cmのひもを1本使って長方形を作ったところ，たての長さが横の長さより3 cm長くなりました。同じひもを使って，たての長さが先ほどの長方形のたての長さの半分になるように長方形を作ったとき，この長方形の面積を求めなさい。

(5)　ある池の周りを兄は10分で1周し，弟は15分で1周します。この池の周りを2人が同じ地点から逆向きに同時にスタートして，2人がはじめて出会うのは何分後ですか。

(6)　8％の食塩水が150 gあります。これに食塩を6 g加えて，さらに水を□g加えたとき，5％の食塩水になりました。□ に当てはまる数を求めなさい。

(7)　以下の表は40人のクラスで行われた小テストの結果をまとめたものです。このクラスでの平均点が6.4点であるとき，アとイに入る数を求めなさい。

点数(点)	0	1	2	3	4	5	6	7	8	9	10
人数(人)	0	1	1	2	ア	5	7	イ	8	5	2

(8)　右の図のような1辺が6 cmの立方体ABCD－EFGHがあります。この立方体をA, C, Eを通る平面とB, D, Gを通る平面で切断しました。このとき，頂点Hを含む立体の体積を求めなさい。

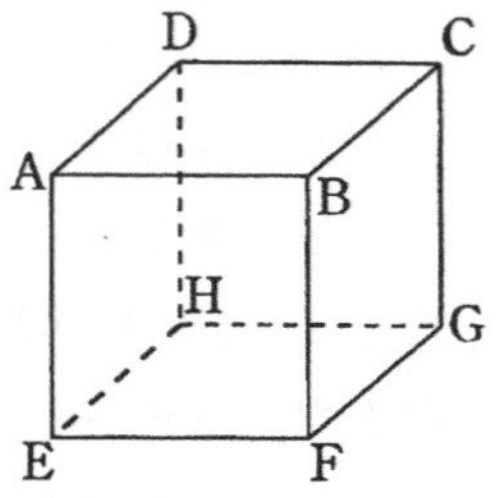

(9)　右の図のように三角形ABCがあり，直線ABの延長線上に点P，直線BCの延長線上に点Q，直線CAの延長線上に点Rをとり，三角形PQRを作りました。このとき，点Bは辺APの真ん中の点になり，点Cは辺BQを3:5に分ける点になり，点Aは辺CRを3:2に分ける点になりました。

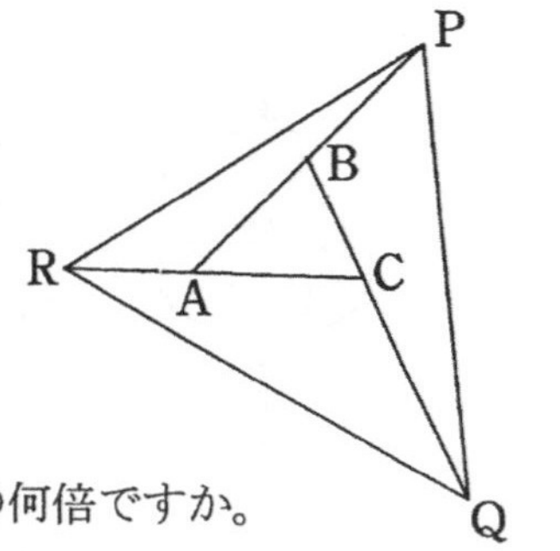

①　三角形APRの面積は三角形ABCの面積の何倍ですか。

②　三角形PQRの面積は三角形ABCの面積の何倍ですか。

[2] あるおかし会社が新製品「チョコマカロン」を発売しました。このおかしは1箱50円で，1箱に1枚引きかえ券が入っています。その券を4枚集めてお店に持っていくと，券と引きかえにもう1箱「チョコマカロン」がもらえます。もらった「チョコマカロン」にも引きかえ券が1枚入っています。

(1) 1000円分の「チョコマカロン」は全部で何箱になりますか。引きかえ券もできるだけ引きかえるとします。

(2) 「チョコマカロン」を少なくとも100箱手に入れるには，最も安くていくら必要ですか。

[3] 正六角形の板があり，この板を6つの正三角形に分けて，下の図1のようにA，B，C，D，E，Fの異なる6色でぬり分けました。また，Aをぬった正三角形の裏もAでぬるというように，裏も表と同じ6色でぬり分けました。この板を棒Lの上にのせ，この板に対して以下のいずれかの操作をして，操作をした順に記録しました。

X：点Oを中心にして反時計回りに60°回転させる。

Y：棒L上にある2つの頂点の位置が変わらないように板を裏返す。

たとえば，図1の状態からXの操作を1回したあとの板は下の図2の状態となり，図1の状態からYの操作を1回したあとの板は下の図3の状態になります。また，Xの操作を1回したあとにYの操作を1回することをXYで表し，そのときの板は下の図4の状態になります。

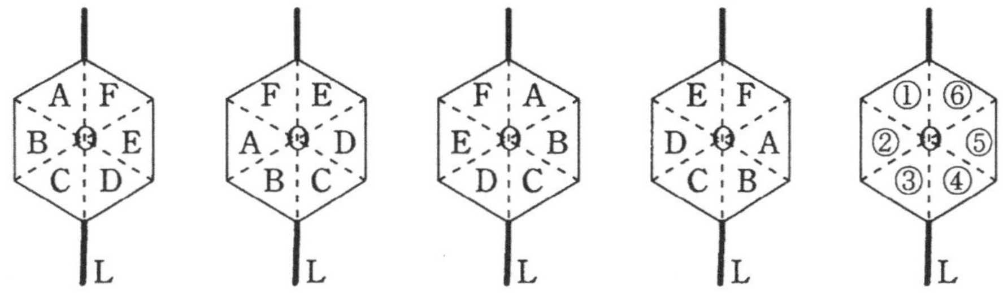

図1　図2　図3　図4　図5

(1) XYXと操作したあとにAとCがぬられている場所はどこにありますか。その位置を図5の①～⑥の中からそれぞれ選びなさい。

(2) XとYの操作を何度かしてできる状態は何通りありますか。ただし，色の位置がすべて同じ場合は1通りとします。たとえば，XXXXXXという操作をしたあととYYという操作をしたあとの状態はともに図1の状態と同じになるため，1通りと数えます。

(3) はじめにYの操作を1回したあとにXの操作を1000回しました。これはXの操作を□回したあとにYの操作を1回したときと同じ状態になります。□に当てはまる数のなかで最も小さい数を求めなさい。

[4] 1辺が6cmである正三角形ABCと1辺が3cmである正三角形PQRを右の図のようにBとRが重なるように組み合わせました。正三角形PQRを正三角形ABCの周りをすべらないように回転させます。

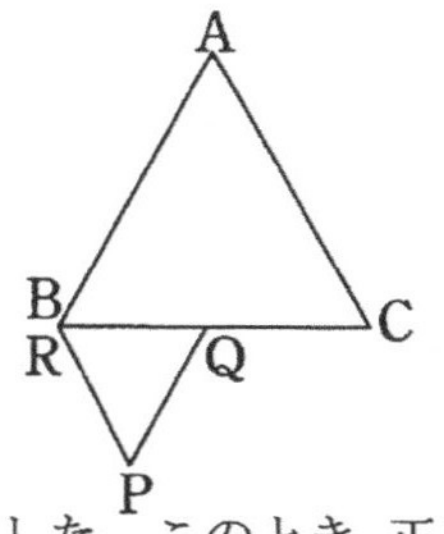

(1) 反時計回りに1周回転させ，元の位置まで戻しました。このとき，正三角形PQRが通った部分の面積を求めなさい。ただし，正三角形PQRの面積は3.9 cm^2 とします。

(2) 時計回りに回転させ，頂点Qが最初の位置に戻った時点で回転させるのをやめました。このとき，頂点P，Q，Rのうち，動いた道のりが最も大きい頂点はどれですか。また，その頂点が動いた道のりを求めなさい。

[5] 1，2，4，8，16と書かれたカード[1]，[2]，[4]，[8]，[16]がふくろの中に1枚ずつ入っています。このふくろとカードを使ってゲームをします。

(1) はるおさんが1人でゲームをします。

ふくろからカードを1枚取り出し，そのカードに書かれている数を記録したあと，取り出したカードをふくろに戻します。これをカード[1]を取り出すまでくり返します。カード[1]を取り出した場合，1を記録してゲームを終えます。その後，それまでに記録した数を合計して得点とします。

たとえば，[2]，[4]，[2]，[1]の順に取り出した場合の得点は9点です。

① 得点が7点となるとき，カードの取り出し方は何通りありますか。

② 同じカードを2回以上取り出さずにゲームが終わったとき，得点としてありうるのは何通りですか。

(2) はるおさんとなつみさんが2人でゲームをします。

1人がふくろからカードを1枚取り出し，そのカードに書かれている数を記録したあと，取り出したカードをふくろに戻します。これを2人が交ごにくり返し，どちらかがカード[1]を取り出した場合，1を記録してゲームを終えます。その後，自分がそれまでに記録した数を合計して得点とします。

いま，はるおさんからゲームを始めたところ，はるおさんが3回目の数を記録したときにゲームが終わりました。はるおさんの得点がなつみさんの得点より1点だけ高かったとすると，2人のカードの取り出し方は何通りありますか。

理科(中)

理中令4

(40分)

（注意） 解答はすべて解答用紙に記入しなさい。

1

次の（1）～（10）の問いについて，それぞれの選択肢《せんたくし》の中から適当なものを1つずつ選んで，記号で答えなさい。

（1）同じ温度の水にとける塩化ナトリウム(食塩)の最大の質量を縦じく，とかす水の質量を横じくにとったとき，その関係を正しく表したグラフはどれですか。

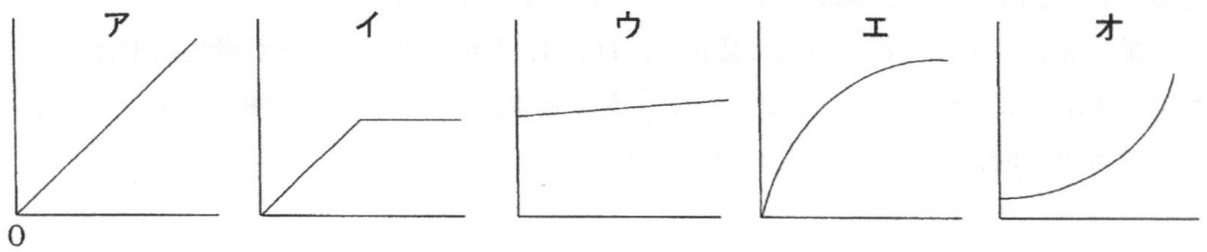

（2）実験を行うときの注意点として，**誤っているもの**はどれですか。

ア　火を使う実験では，長いかみの毛は結んでおく。

イ　実験操作をまちがえないようにするため，教科書やノート筆記用具はすべてつくえの上に置いておく。

ウ　温度計やガラスぼうは転がりやすいので，使わないときは，バットに入れておく。

エ　先生の指示に従ってかん気せんを回しながら実験を行う。

オ　薬品を使用する実験では，危険防止のため安全メガネをかけて行う。

（3）植物の種子の発芽に必要なものの組み合わせはどれですか。

a　適当な温度　　b　土（土壌《じょう》）　　c　空気（酸素）　　d　水

ア　a，b，c　　イ　a，b，d　　ウ　a，c，d

エ　b，c，d　　オ　a，b，c，d

（4）30 cm の糸に 50 g のおもりをつけ，振《ふ》り子をつくりました。このおもりを1往復させるときの時間を長くする方法はどれですか。

ア　おもりの重さを重くする。　　イ　おもりの重さを軽くする。

ウ　おもりの振れ幅を大きくする。　　エ　おもりの振れ幅を小さくする。

オ　糸の長さを長くする。　　カ　糸の長さを短くする。

（5）次の文章が説明している器具を，正しく組み合わせたものはどれですか。

①　支点から作用点までの距離《きょり》が支点から力点までの距離より短い。このため，作用点に加わる力は力点に加えた力よりも大きくなる。この器具は小さい力で作業をすることができる。

②　支点から作用点までの距離が支点から力点までの距離より長い。このため，作用点に加わる力は力点に加えた力よりも小さくなる。この器具は力の調整がしやすい。

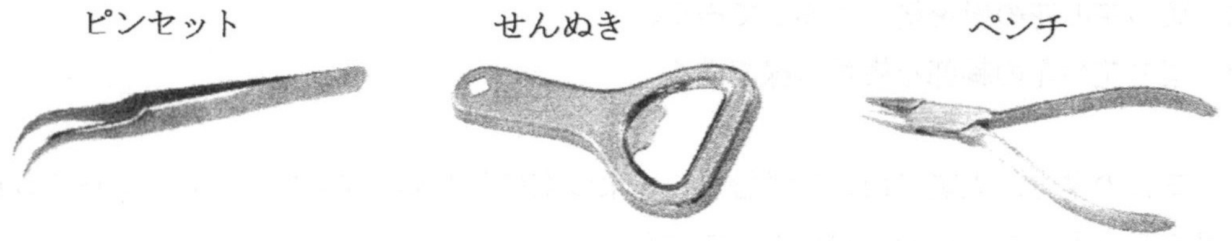

ア　①　ピンセット　②　せんぬき　　イ　①　せんぬき　②　ペンチ

ウ　①　ピンセット　②　ペンチ　　エ　①　せんぬき　②　ピンセット

オ　①　ペンチ　②　せんぬき

（6）長さ 20 cm の棒の中央（点 O）を回転の中心とした実験用のてこと 100 g，200 g，250g のおもりが1個ずつあります。棒の左端《はし》から 4 cm の位置に 250 g のおもりをつるし，点 O から棒の右端までに 100 g のおもりと 200 g のおもりを両方ともつるして棒を水平にするには，何通りのつるし方がありますか。ただし，おもりをつるすことができるのは点 O から右端に向けて，1，2，3，・・・，9，10 cm の位置のみとし，おもりは同じ位置につるすことができるものとします。

ア　1通り　　イ　2通り　　ウ　3通り　　エ　4通り　　オ　5通り

（7）秋にきれいな夕焼けが見えたので，次の日は晴れだと予想しました。そのように予想できる理由として適当なものはどれですか。

ア　秋の天気は西から東へ変化することが多いから。

イ　秋の天気は東から西へ変化することが多いから。

ウ　秋の天気は南から北へ変化することが多いから。

エ　秋の天気は北から南へ変化することが多いから。

オ　秋の天気はあまり変化しないから。

（8）菜の花畑で，菜の花を虫めがねで観察し，スケッチをします。このときの虫めがねの使い方，スケッチの仕方として適当なものはどれですか。

ア　観察する菜の花と目の間で，虫めがねを動かしてはっきり見えるように調節する。

イ　観察する菜の花と虫めがねの位置は固定し，顔を動かしてはっきり見えるように調節する。

ウ　虫めがねを目の前に固定したまま，顔を動かして菜の花がはっきり見えるように調節する。

エ　菜の花の花の影《かげ》を塗《ぬ》りつぶして描《か》く。

オ　菜の花の花の輪郭《りんかく》を複数の線で描く。

（9）ある日の夕方，太陽が西にしずむころ，東の空に月が見えました。この日から7日後に見える月として適当なものはどれですか。

ア　新月　　**イ**　三日月　　**ウ**　上弦《じょうげん》の月　　**エ**　下弦《かげん》の月　　**オ**　満月

（10）図は，ある崖《がけ》の地層が地表に現れているところ（露頭《ろとう》）です。Aは砂《すな》，BとEはれき（石），Cはどろ，Dは火山灰からなる層です。層と層の間から水がしみ出ているのがはっきりわかるのはどこですか。

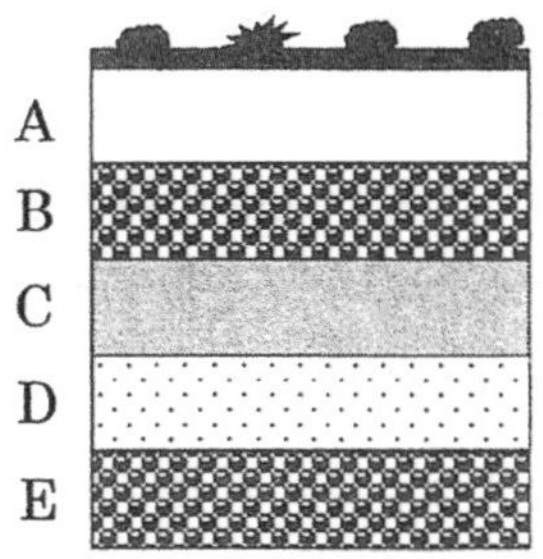

ア　層Aと層Bの間　　**イ**　層Bと層Cの間

ウ　層Cと層Dの間　　**エ**　層Dと層Eの間

2　次の文章を読んで，後の問いに答なさい。

5種類の水よう液A〜Eと，うすい硫酸《りゅうさん》を用いて次の〔実験1〕〜〔実験4〕を行いました。ただし，これらの水よう液A〜Eは，食塩水，うすい塩酸，うすいアンモニア水，石灰水，うすい水酸化ナトリウム水よう液のいずれかです。

〔実験1〕水よう液A〜Dにムラサキキャベツ液を加えると，AとDは黄色，Bはむらさき色，Cは赤色を示した。

〔実験2〕水よう液C〜Eを蒸発皿に数滴《てき》とり，ガスバーナーで加熱して水を蒸発させると，Dには白い固体が出てきたが，CとEは何も出てこなかった。

〔実験3〕水よう液C〜Eと硫酸を青色リトマス紙および赤色リトマス紙で調べると，Cと硫酸は青色リトマス紙が赤色に変化し，DとEは赤色リトマス紙が青色に変化した。

〔実験4〕水よう液C〜Eと硫酸に，二酸化炭素の気体を通して，変化を観察したところ，どの水よう液にも変化がみられなかった。

問1　水よう液の性質はリトマス試験紙やムラサキキャベツ液以外に，BTB液を使っても調べることができます。BTB液を加えたとき，黄色に変化する水よう液および緑色に変化する水よう液はそれぞれ何性ですか。

問2　水よう液A〜Eの名前をそれぞれ答えなさい。

問3　下線部の二酸化炭素について，次の（1）〜（3）に答えなさい。

（1）混ぜ合わせたときに，二酸化炭素が発生するものはどれですか。次の**ア**〜**オ**の中から1つ選んで，記号で答えなさい。

ア　鉄くぎとうすい塩酸　　**イ**　アルミニウムとうすい水酸化ナトリウム水よう液

ウ　石灰石とうすい塩酸　　**エ**　うすい塩酸とうすい水酸化ナトリウム水よう液

オ　オキシドールと二酸化マンガン

（2）二酸化炭素は空気中にも存在する気体です。空気中にふくまれる二酸化炭素の体積の割合として，最も適当なものはどれですか。次の**ア**〜**カ**の中から1つ選んで，記号で答えなさい。

ア　21%　　**イ**　17%　　**ウ**　3%

エ　1%　　**オ**　0.4%　　**カ**　0.04%

（3）二酸化炭素の増加が，ある地球環境《かんきょう》問題の原因と考えられており，世界中の各国ではい出さく減などの対策が検とうされています。この地球環境問題とは何ですか。

3 次の〔Ⅰ〕～〔Ⅲ〕の問いに答えなさい。

〔Ⅰ〕 乾《かん》電池と豆電球を使い，下に示す（A）～（H）のような回路を作りました。ただし，使っている乾電池や豆電球はすべて同じ性質のものとします。

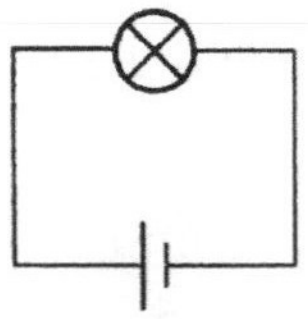

（A）

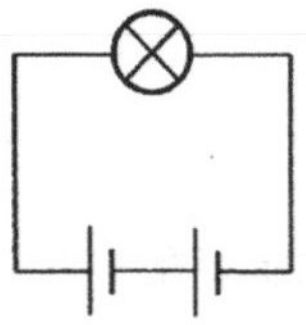

（B）

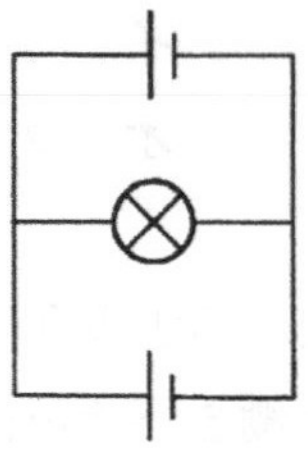

（C）

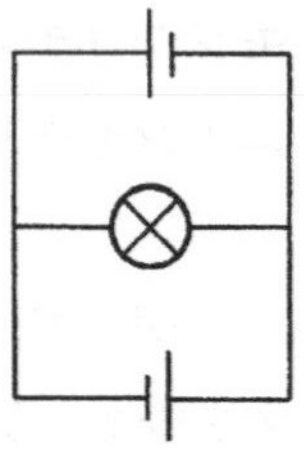

（D）

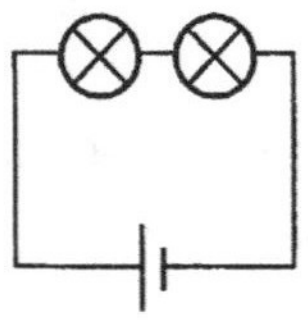

（E）

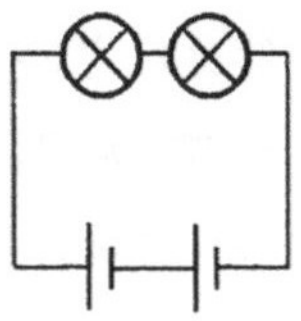

（F）

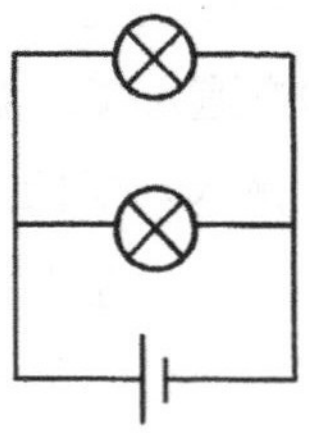

（G）

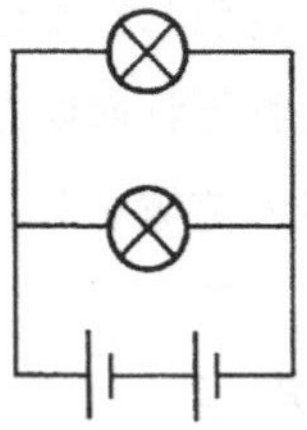

（H）

問１　上の回路で豆電球が点灯しない回路はどれですか。すべて答えなさい。

問２　上の回路で豆電球がもっとも明るい回路はどれですか。すべて答えなさい。

問３　（A）と（F）の回路では，豆電球が同じ明るさで点灯します。これらと同じ明るさで豆電球が点灯する回路はどれですか。すべて答えなさい。

問４　（A）～（D）の回路で豆電球が最も長く点灯する回路はどれですか。

〔Ⅱ〕 鉄心を入れたコイルに乾電池をつなぎ電流を流すと，電磁石になります。

問５　電磁石の性質について述べた文として**誤っているもの**を，次の**ア**～**オ**の中から１つ選んで，記号で答えなさい。

ア　乾電池のプラス極とマイナス極を逆にすることでＮ極とＳ極が変わる。

イ　鉄心の入れる向きを逆にすることでＮ極とＳ極が変わる。

ウ　コイルのエナメル線の巻く向きを変えることでＮ極とＳ極が変わる。

エ　電流の強さを変えることで，磁力（磁石が鉄を引きつける力）の強さが変わる。

オ　コイルのエナメル線の巻き数を変えることで，磁力の強さが変わる。

問６　電磁石に引きつけられないものとして適当なものを，次の**ア**～**オ**の中からすべて選んで，記号で答えなさい。

ア　鉄のゼムクリップ　　**イ**　１円玉　　**ウ**　10円玉

エ　スチール缶《かん》　　**オ**　ペットボトル

〔Ⅲ〕 現在，蛍光灯《けいこうとう》や白熱球の代わりにLED（発光ダイオード）が使われることが多くなっています。その理由を考えるために，電気をためているコンデンサーを電源として，豆電球やLEDを別々に接続して実験しました。

問７　この実験に関する次の文章の空欄（　①　），（　②　）に入る適語を答えなさい。

豆電球やLEDは電気を（　①　）に変えて利用する器具です。コンデンサーの蓄《たくわ》えている電気の量が同じ場合，LEDの方が長く点灯していました。また，点灯している豆電球やLEDをさわると，豆電球の方が温かかったです。このことから，豆電球の方が電気の一部をより多く（　②　）に変えてしまうため，電気を（　①　）に変える効率が悪くなってしまい，点灯している時間が短くなったと考えられます。これらのことから，限られた資源を大切にするために，少しでも効率のよいLEDが使われるようになってきたことがわかりました。

④ 理中令４

４　次の文章を読んで，後の問いに答えなさい。ただし，文章中の（**あ**）～（**え**）は 図１中の**あ**～**え**に対応しています。

春になって暖かくなると，1植物は花を咲《さ》かせたり，動物は卵をうんだりするなど活動が活発になります。校庭や公園などでは2さまざまな昆《こん》虫を見つけることができます。

春に見られる昆虫の１つに，ミツバチがいます。ミツバチは女王バチを中心とする集団（コロニー）を形成し，巣をつくってそこで生活します。働きバチは花の蜜《みつ》を効率よく採集するために，えさ場から帰った働きバチは巣箱の中に垂直に立つ巣板の上でダンスのような動きで，えさ場の方向と距離《きょり》を他の働きバチに教えます。働きバチのダンスには，えさ場が近いときに行う「円形ダンス」とえさ場が遠いときに行う「８の字ダンス」があります。図１に示す「８の字ダンス」では，数字の８の形となるように，（**あ**）尻《しり》を振《ふ》りながら直進し，（**い**）半円を描いて元の位置に戻《もど》り，（**う**）再び直進して，（**え**）前とは反対方向に半円を描《えが》いて元の位置に戻る，という動きを繰《く》り返します。3「８の字ダンス」では直進方向がえさ場の方向を示します。地面に対して垂直に立つ巣板の上で行われる「８の字ダンス」では，巣板の空側－地面側の方向と直進方向によってできる角度は，巣箱から見た太陽の方向とえさ場の方向の間の角度と等しくなっています。図２Ａに働きバチの「８の字ダンス」が空側－地面側の方向に対して空側から右に80°となるように行われた様子を，図２Ｂにこの時のえさ場の位置を示します。図２Ｂでは，働きバチは太陽に向かってななめ右に飛んでいきます。4尻を振りながら直進する時間の長さと，巣板からえさ場までの距離の長さには，関係があることが知られています。

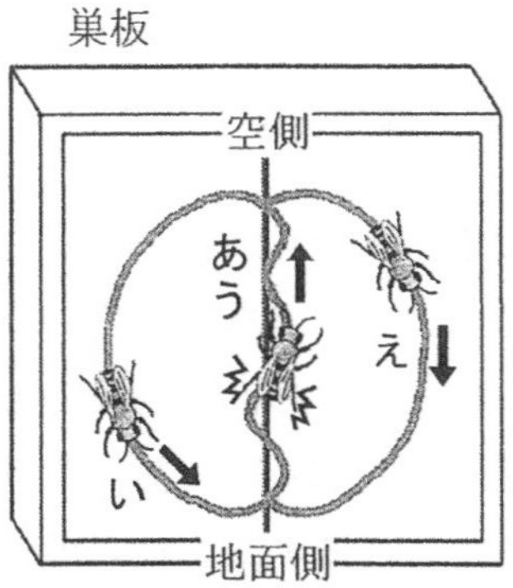

図１

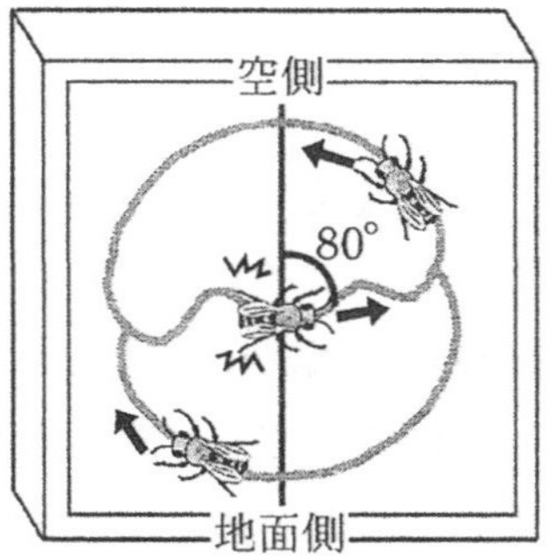

図２Ａ

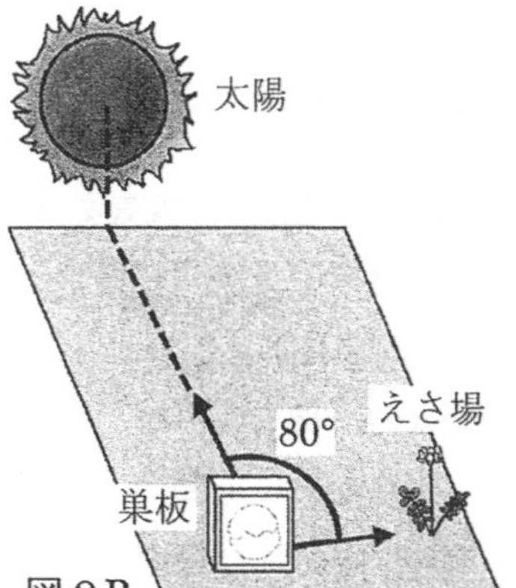

図２Ｂ

問１　下線部１に関して，春に花を咲かせる植物として適当なものを，次の**ア**～**エ**の中から１つ選んで，記号で答えなさい。

ア　コスモス　　**イ**　ダイズ　　**ウ**　キャベツ　　**エ**　アサガオ

問２　下線部２に関して，次の（１），（２）に答えなさい。

（１）昆虫のからだのつくりを説明した次のａ，ｂの内容の正誤の組み合わせとして最も適当なものを，下の**ア**～**エ**の中から１つ選んで，記号で答えなさい。

ａ　頭，胸，腹の３つの部位からなり，触角《しょっかく》をもつものともたないものがいる。
ｂ　３対のあしが胸につくものもいれば，腹につくものもいる。

ア　ａ：正，ｂ：正　　**イ**　ａ：正，ｂ：誤
ウ　ａ：誤，ｂ：正　　**エ**　ａ：誤，ｂ：誤

（２）次の**ア**～**カ**の生物の中から，昆虫をすべて選んで，記号で答えなさい。

ア　モンシロチョウ　　**イ**　ミドリムシ　　**ウ**　トノサマガエル
エ　ニホンヤモリ　　**オ**　カブトムシ　　**カ**　ゾウリムシ

問３　下線部３に関して，右図に示すように，太陽が南中しているときに，えさ場から戻った働きバチが行う「８の字ダンス」の直進方向が空側－地面側の方向に対して空側から左に120°であった。このダンスによりえさ場の位置を教わった働きバチの行動を説明した次の文章中の（ ① ）～（ ⑤ ）の**ア**，**イ**の中からそれぞれ適切なものを選んで，記号で答えなさい。

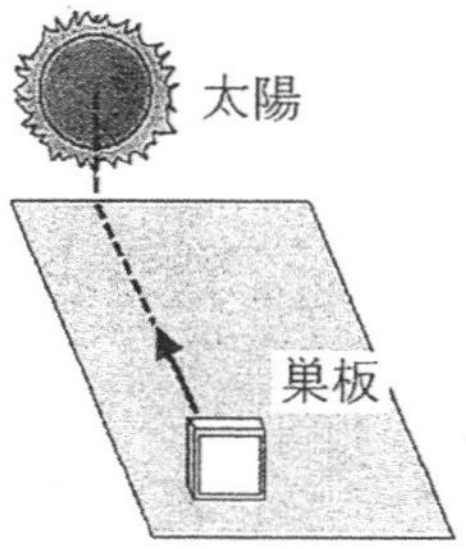

えさ場の位置を教わった働きバチは，（①：**ア** 太陽に向かっ　**イ** 太陽を背にし ）て，（②：**ア** ななめ左　**イ** ななめ右）に飛んでいく。巣から見たえさ場の位置は，（③：**ア** 南　**イ** 北 ）寄りの（④：**ア** 東　**イ** 西 ）にある。

このときから１時間後に行われる同じえさ場を知らせる「８の字ダンス」の直進方向は，最初のダンスの直進方向と比べて，（⑤：**ア** 空側　**イ** 地面側 ）寄りになる。

問４　下線部４に関して，えさ場の距離が遠いほど「８の字ダンス」の直進時間が長くなります。右図のような模様を内面に描いたトンネルを通ると，働きバチは実際よりも速く飛んでいるように錯覚《さっかく》します。このトンネルを通らずにえさ場に到着《とうちゃく》した働きバチと比べて，トンネルを通って同じえさ場に到着した働きバチの「８の字ダンス」はどのように変化しますか。最も適当なものを，次の**ア**～**エ**の中から１つ選んで，記号で答えなさい。

ア　実際の距離よりも近く認識し，「８の字ダンス」の直進時間は短くなる。
イ　実際の距離よりも近く認識し，「８の字ダンス」の直進時間は長くなる。
ウ　実際の距離よりも遠く認識し，「８の字ダンス」の直進時間は短くなる。
エ　実際の距離よりも遠く認識し，「８の字ダンス」の直進時間は長くなる。

5 日本は，火山活動や地震《しん》が多い地域です。次の文章を読んで，後の問いに答えなさい。

地球の表面は，プレートという厚さ 100km ほどのいくつかの岩石の板でおおわれています。プレートは１年間に数 cm の速さでゆっくりと移動していて，₁地震の発生や₂火山の噴火などに関係しています。

地震が起こった場所は震源《しんげん》とよばれ，震源を中心として地震の波が広がっていきます。₃地震のゆれの大きさは，震源からの距離によって変わります。地震の大きなゆれから身を守るために，気象庁から発表される₄緊急《きんきゅう》地震速報が流れたら，すばやく身を守ることが大切です。

問１　下線部１について，日本付近では，海洋プレートと大陸プレートの境目付近で大きな地震が起こりやすくなっていると考えられています。海洋プレートが１年間に数 cm の速さで西へと移動し，日本列島がのっているプレート（大陸プレート）の下へとしずみこんでいます。日本付近の震源の分布を正しく表している図はどれですか。次の**ア**～**エ**の中から１つ選んで，記号で答えなさい。図は日本列島の地下の断面図で，「・」は地震が起こったところを表しています。

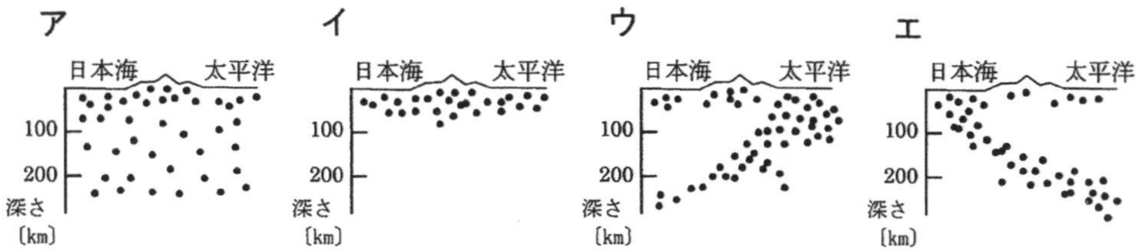

問２　下線部２について，火山の地下には，高温のために岩石がどろどろにとけたものがあります。これを何といいますか。

問３　下線部３について，地震のゆれの大きさを何といいますか。

問４　海底下で大きな地震が発生して生じ，沿岸に押《お》しよせる波を何といいますか。

問５　下線部４に関して，緊急地震速報は地震による大きなゆれが予想されるときに発表される警報です。緊急地震速報が流れてから実際の大きなゆれまでは，長くても数十秒ほどです。震源から遠く離《はな》れたところでは初め「小さなゆれ」があり，その後に少し遅れて「大きなゆれ」があります。「小さなゆれ」が始まった時刻と，「大きなゆれ」が始まった時刻の差を利用して警報が出されます。

下の表は，ある地震の A～E 地点での記録をまとめたものです。表をもとにして，次の（１）～（４）に答えなさい。ただし，地震の波は一定の速さで伝わっていくものとします。

	震源からの距離	小さなゆれが始まった時刻	大きなゆれが始まった時刻	小さなゆれと大きなゆれが始まった時刻の差
A	18 km	9時52分35秒	9時52分37秒	2秒
B	90 km		9時52分57秒	
C	180 km	9時53分　2秒	9時53分22秒	20秒
D		9時53分20秒	9時53分52秒	32秒
E	360 km			

（１）D 地点の震源からの距離は何 km ですか。
（２）B 地点で小さなゆれが始まった時刻はいつですか。
（３）震源で地震が発生した時刻はいつですか。
（４）E 地点では小さなゆれと大きなゆれが始まった時刻の差は何秒ですか。

①

(40分)

社 会 科 （中）

社中令4

（注意）　解答はすべて解答用紙に記入しなさい。

1　次の表は日本の平野についてまとめたものです。この表をみて，あとの問いに答えなさい。

	平野名	中心都市(注)	特徴《とくちょう》
A	濃尾平野	名古屋市	この平野は①3つの大きな川が運んだ土砂《どしゃ》によって形成され，周囲に堤防をめぐらせた［あ］集落がみられる。
B	津軽平野	弘前《ひろさき》市	岩木川が運ぶ土砂によってつくられた平野で，涼《すず》しい気候での栽培《さいばい》に適した②果物の栽培がさかんである。
C	［1］平野	札幌市	平野のほとんどが農業に不向きな泥炭地《でいたんち》であったが，土地改良や治水事業などの結果，稲作《いなさく》地帯となっている。
D	十勝平野	帯広市	火山灰が堆積《たいせき》しているこの平野では，耕地の多くが畑として利用されている。
E	播磨平野	姫路市	沿岸部が埋《う》め立《た》てられ工業地域が形成されており，化学・鉄鋼などの工場や③発電所などが立地している。
F	筑紫平野	久留米市	米の収穫《しゅうかく》後に大麦や小麦を栽培する［い］がおこなわれている。
G	［2］平野	新潟市	信濃川や④阿賀野川などの河川《かせん》によって運ばれた土砂でつくられた⑤低平地で，水はけの悪い土地が多い。
H	［3］平野	酒田市	冬は北西の［う］の影響《えいきょう》で，この平野や出羽山地など周辺の山々に多くの雪が降《ふ》り，その雪どけ水が米づくりに利用されている。

(注)　平野に市域がある都市の中で最も人口が多い都市を示している。

問1　表中のA・D・Eの中心都市がある都道府県名をそれぞれ答えなさい。

問2　表中の空欄《くうらん》［1］～［3］にあてはまる平野名を答えなさい。

問3　表中の空欄［あ］～［う］にあてはまる語句を答えなさい。

問4　下線部①に関して，濃尾平野を流れる3つの大きな川に**あてはまらないもの**を，次の中から一つ選んで記号で答えなさい。

ア．揖斐《いび》川　　イ．長良川　　ウ．吉野川　　エ．木曽川

問5　下線部②に関して，次の表は，りんご・もも・ぶどう・みかんの4種類の果物の生産量上位5県を示したものです。表中のア～エには4種類のいずれかがあてはまります。この表について，下の(1)・(2)に答えなさい。

ア		イ		ウ		エ	
和歌山	156,600	山梨	36,900	青森	409,800	山梨	30,700
愛媛	125,400	［X］	31,700	［X］	127,600	福島	27,000
静岡	85,900	山形	16,400	岩手	45,900	［X］	12,000
熊本	80,700	岡山	15,800	山形	40,500	山形	9,350
長崎	54,000	福岡	7,640	福島	23,200	和歌山	7,080

単位はトン

（矢野恒太記念会『日本国勢図会2021/22』より作成）

(1)　表中のア～エのうち，りんごはどれですか，一つ選んで記号で答えなさい。

(2)　表中の空欄［X］にあてはまる県名を答えなさい。

問6　下線部③に関して，次の表は，日本における発電などに使う一次エネルギー供給割合の推移を示したものです。この表について，下の(1)・(2)に答えなさい。なお，天然のままの物資を，形を変えないで利用するエネルギーの総称《そうしょう》を一次エネルギーとよびます。

	1970年度	1990年度	2010年度	2018年度
ア	71.9	58.3	44.5	42.4
イ	19.9	16.6	22.1	25.0
ウ	5.6	4.2	3.3	3.4
エ	1.2	10.1	17.5	22.0
原子力	0.3	9.4	11.1	2.7

単位は％

（二宮書店『データブック オブ・ザ・ワールド2021年版』より作成）

(1)　表中のア～エには石炭，石油，ガス，水力のいずれかがあてはまります。このうち石油はどれですか，一つ選んで記号で答えなさい。

(2)　2010年度から2018年度の間に原子力の割合が大きく減っています。このことと最も関連が深いものを，次の中から一つ選んで記号で答えなさい。

ア．アメリカ同時多発テロ　　イ．御嶽山《おんたけさん》の噴火《ふんか》

ウ．東日本大震災《だいしんさい》　　エ．パリでの温室効果ガス削減《さくげん》に関する会議

問7　下線部④に関して，阿賀野川流域ではかつて公害が発生しました。その原因となった物質を，次の中から一つ選んで記号で答えなさい。

ア．カドミウム　　イ．メチル水銀　　ウ．塩化ナトリウム　　エ．硫黄《いおう》酸化物

問8　下線部⑤に関して，新潟市にある佐潟《さかた》は，国際的に水鳥の重要な生息地であると認定《にんてい》されて保全されています。このような水鳥が生息する湿地《しっち》を保全する条約の名前を答えなさい。

2 世界のさまざまな国と日本との貿易について，次の地図をみながらあとの問いに答えなさい。
(ただし，統計資料は二宮書店『データブック オブ・ザ・ワールド2021年版』に基《もと》づいています。)

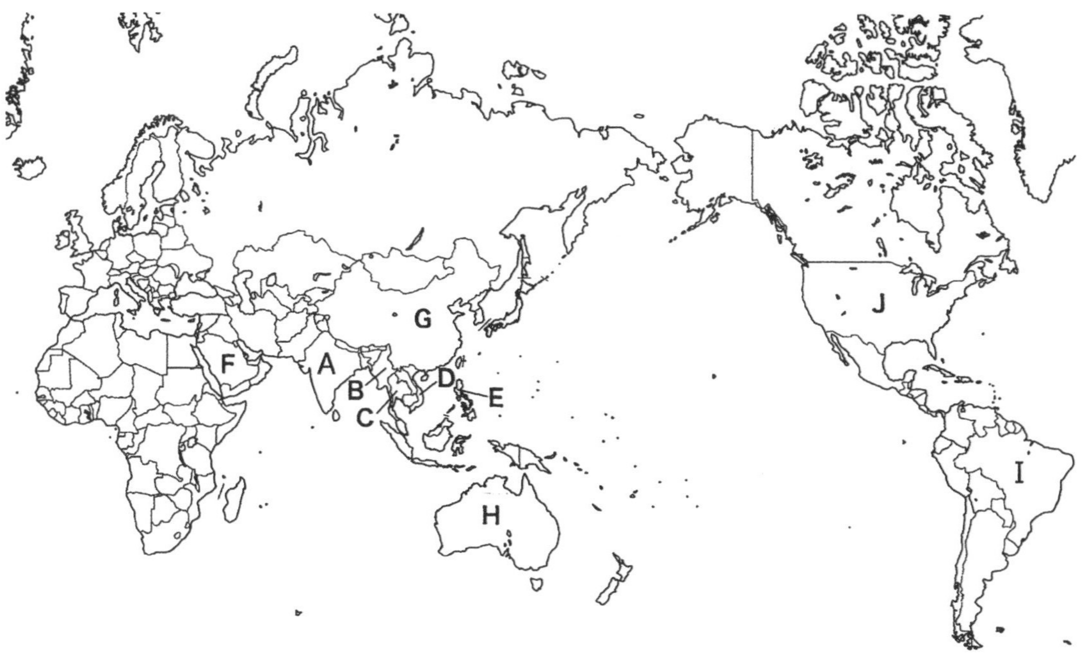

問1 日本の輸入相手国のうち，輸入額が多い5か国にはタイが含《ふく》まれています。地図中の国**A**～国**E**からタイを選んで，記号で答えなさい。

問2 次の(1)～(3)に示した日本の輸入品目に関して，それぞれ最も輸入額が多い国はどこですか。地図中の国**F**～国**J**から一つずつ選んで，記号で答えなさい。

(1) 鉄鉱石　　(2) とうもろこし　　(3) 原油

問3 地図中の国**J**に関して，次のア～エに示した日本の輸入品目のうち，国**J**が輸入相手国の上位3位以内に**入っていないもの**を一つ選んで，記号で答えなさい。

ア．大豆　　イ．小麦　　ウ．牛肉　　エ．コーヒー豆

問4 日本は自動車の輸出が多い国ですが，輸入もしています。日本の自動車の輸入額が最も多い国(2018年)を，次の中から一つ選んで記号で答えなさい。

ア．中国　　イ．オーストラリア　　ウ．ドイツ　　エ．フィリピン

問5 次の(1)・(2)に示した日本の輸出品目について，それぞれ最も輸出額が多い港はどこですか。下のア～オから一つずつ選んで，記号で答えなさい。

(1) 自動車　　(2) 半導体製造装置

ア．大阪港　　イ．名古屋港　　ウ．神戸港　　エ．東京港　　オ．成田国際空港

問6 日本の貿易相手国の中で，最も貿易額(輸出額と輸入額の合計)が多い国はどこですか。地図中の国**A**～国**J**から一つ選んで，記号で答えなさい。

3 住居の歴史について述べた次の文章**A**～**C**を読んで，下の問いに答えなさい。

A 右の**図1**は ① とよばれるもので，地面を1メートルほど掘《ほ》り下《さ》げ，その上部を屋根で覆《おお》った構造となっています。これは，縄文時代から一般の人びとの住居としてつくられ，地域によってはかなり後の時代まで用いられました。はじめ，住人は土の上で生活しましたが，②弥生時代には寝《ね》る場所に床板《ゆかいた》を敷《し》いたものも見られるようになります。

7世紀のはじめごろ，③聖徳太子たちが仏教を重視した国づくりをしたこともあり，④本格的な寺院が建てられました。このころには，身分の高い豪族などは大きな居館を営んでいて，社会的な身分による住居の差は明らかになっていました。

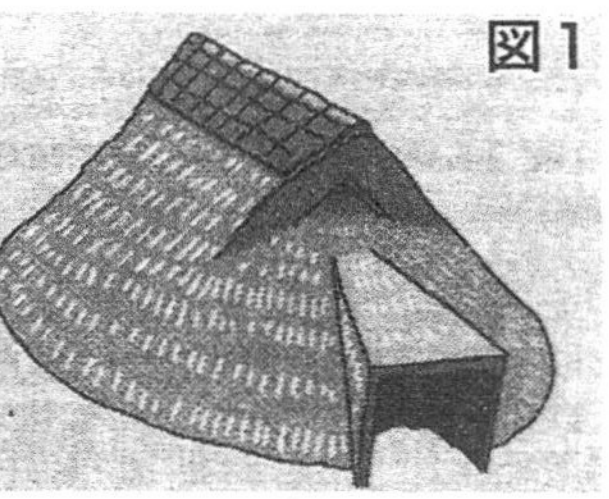
図1

問1 空欄 ① にあてはまる語句を答えなさい。

問2 下線部②に関して，右の**図2**は，住居とは別に設けられた建物で，地面から1メートルぐらいの高さに床をつくることで湿気《しっけ》やネズミ対策としたものです。この建物の使用目的を簡潔に述べなさい。

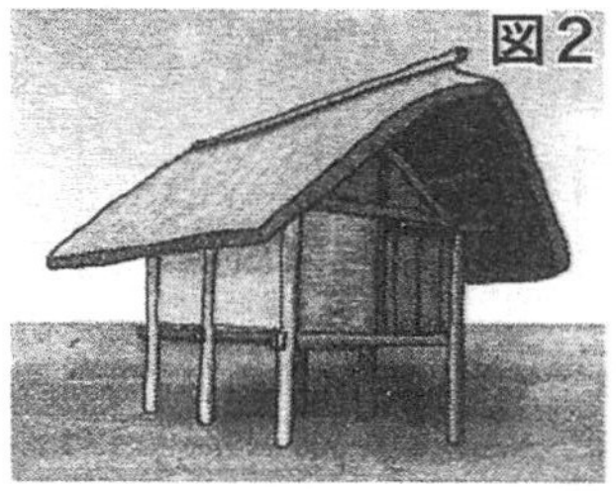
図2

問3 下線部③について述べた文として正しいものを，次の中から一つ選んで記号で答えなさい。

ア．豪族の藤原氏と協力して，天皇を助けながら政治改革を進めた。
イ．日本の歴史について記した『古事記』『日本書紀』を完成させた。
ウ．冠位十二階と十七条憲法をととのえ，役人の階級や心構えを定めた。
エ．社会不安に対処するため，東大寺に大仏をつくるよう命じた。

問4 下線部④に関して，聖徳太子がつくったとされる寺院を，次の中から一つ選んで記号で答えなさい。

ア．法隆寺　　イ．唐招提寺　　ウ．中尊寺　　エ．龍安寺

B 8世紀には，律令も完成して，天皇を中心とした国家の体制が築かれました。⑤唐の都にならってつくられた平城京には，屋根に瓦《かわら》を葺《ふ》いた，丹塗《にぬ》り(注)の宮殿《きゅうでん》や役所が建ち並びました。平安時代の中ごろになると，文化の国風化が進み，貴族の住居も右の**図3**のような ⑥ とよばれる様式に変化しました。現在，この当時の建物はほとんど残されていませんが，⑦12～13世紀に描《えが》かれた絵巻物を通して，当時の貴族の暮らしを知ることができます。

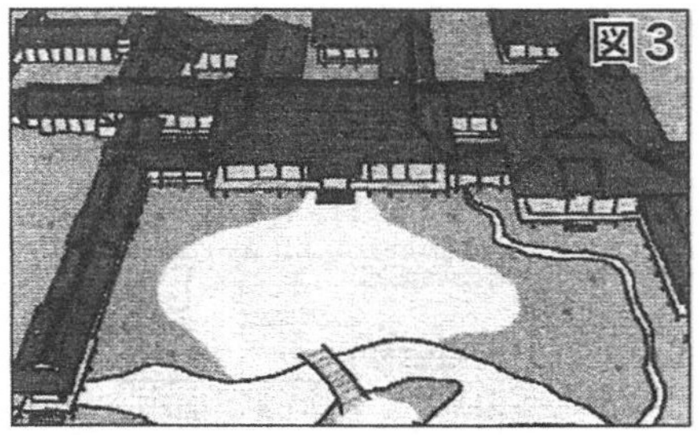
図3

鎌倉時代から室町時代の武士が居住した「館《やかた》」は，**図3**を簡素にした構造で，中心となる建物と周辺の建物を互《たが》いに独立させた造《つく》りをしています。館の周囲には農地が広がり，建物は堀《ほり》や板塀《いたべい》で囲まれ，物見やぐらや馬場も備えられました。この館には，⑧当時の武士たちの生活のあり方がよく現れています。

(注) 丹塗り：虫害や腐食《ふしょく》から建物を守る塗装《とそう》で，見た目には朱色《しゅいろ》になります。

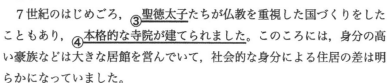

③ 社中令4

問5　下線部⑤に関して，次の(1)・(2)に答えなさい。

(1)　唐の都の名前を答えなさい。

(2)　このような建物の情報はどのようにして日本に伝えられましたか。解答欄《かいとうらん》の書き出《だ》しに続けて，簡潔に述べなさい。

問6　空欄［ ⑥ ］にあてはまる語句を答えなさい。

問7　下線部⑦に関して，右の**図4**は平安時代の終わりごろに描かれた『源氏物語絵巻』の一部を模写したものです。この絵の登場人物が着用している女性の衣服(平安時代の女性の正式な服装です)を何といいますか，答えなさい。

図4

問8　下線部⑧に関して，武士の館の造りと，そこからうかがい知ることのできる武士の生活の様子について，次のようにまとめました。空欄［ ⑧ ］にあてはまる語句を20字以内で答え，まとめを完成させなさい。

(1)　館の周辺には農地が広がっている……　普段《ふだん》は周辺の農民とともに農業に関《かか》わっている。
(2)　建物は堀や板塀で囲まれている………　外敵から家を守る工夫《くふう》がなされた。
　　堀には農業用水を確保する意味もあった。
(3)　館には物見やぐらが備えられた………　外敵から家を守る工夫がなされた。
(4)　館には馬場も備えられた…………………　「いざ」というときに備えて［ ⑧ ］

C　右の**図5**は，世界遺産にも登録されている姫路城です。16～17世紀には，各地の大名が城を築きました。城は大名の自宅でもあり，政治をおこなう場所でもあり，⑨戦《いくさ》のときは軍事拠点《きょてん》にもなります。大名は競《きそ》うように，雄大《ゆうだい》な天守閣と豪華《ごうか》な内装をもつ，立派な城を築きました。また，大名は家臣を城の周辺に住まわせ，⑩商工業者を集めて城下町をつくり，経済の発展をうながしました。

図5

徳川家康が幕府の拠点とした江戸城下でも，町づくりの工事がすすめられました。工事は第３代将軍の［ ⑪ ］のころに完成し，⑫身分ごとに居住区域が分けられたうえで，江戸の市街地が整備されました。建築の技術も向上し，市街地の表通りや⑬街道《かいどう》に面した場所には，瓦葺《かわらぶ》きで２階建ての建物が増えました。一方，農村の百姓の住宅は，藁葺《わらぶ》き屋根で，土間や板間のある簡素なものが一般的《いっぱんてき》でした。

問9　下線部⑨に関して，1600年，徳川家康が多くの大名をしたがえて，対立する大名たちを打ち破った戦いの名前を答えなさい。

問10　下線部⑩に関して，みずからが築いた安土城下(現在の滋賀県近江八幡市《おうみはちまんし》)では誰《だれ》でも自由な営業ができるとする命令を出し，商工業の発達をうながしたのは誰ですか，人名を答えなさい。

問11　空欄［ ⑪ ］にあてはまる人名を答えなさい。

問12　下線部⑫に関して，次の文は江戸の市街地の３分の２を占《し》める武士の居住区について述べたものです。この文の空欄［ ⑫ ］にあてはまる語句を漢字４字で答えて，文を完成させなさい。

　武士の居住区である「武家地」には，旗本の屋敷《やしき》や，大名の屋敷が建ち並びました。ここには旗本・御家人など幕府の家臣のほか，主君の［ ⑫ ］にしたがって江戸に赴《おもむ》いた各藩の武士が居住しました。

問13　下線部⑬に関して，次の**図6**は江戸時代に整備された五街道を示しています。図中の**X**にあてはまる地名を答えなさい。なお，この地は**図7**のような，世界遺産にも登録されている豪華な建物があることでも知られています。

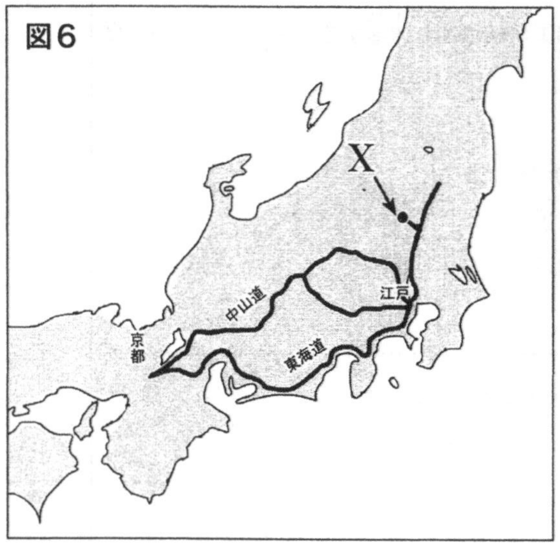

図6

図7

4 次の年表は，17世紀中ごろから20世紀中ごろにかけての日本の対外関係を簡単にまとめたものです。この年表をみて，あとの問いに答えなさい。

年代	できごと
1641	オランダ商館を長崎の ① に移転させて鎖国が完成する。…… ⓐ
	ⓑ
1853	アメリカ東インド艦隊《かんたい》司令長官ペリーが ② に来港する。
1854	日米和親条約が結ばれる。…… ⓒ
1871	明治政府がアメリカ・ヨーロッパ諸国に使節団を派遣《はけん》する。…… ⓓ
	ⓔ
1894〜95	日清戦争（講和条約として下関条約が結ばれる） 三国干渉により，日本は下関条約で獲得《かくとく》した ③ を返還《へんかん》する。
1904〜05	日露戦争（講和条約としてポーツマス条約が結ばれる）…… ⓕ
1910	④ を併合《へいごう》し植民地とする。
1920	国際連盟に加盟する。…… ⓖ
1941	日本軍がハワイの ⑤ を攻撃《こうげき》し太平洋戦争が始まる。
1945	ポツダム宣言を受け入れ太平洋戦争が終結する。
	ⓗ
1951	サンフランシスコ平和条約が結ばれる。
1956	国際連合に加盟する。

問1 年表中の空欄 ① 〜 ⑤ にあてはまるものを，次のア〜クからそれぞれ一つ選んで記号で答えなさい。

ア．台湾　イ．遼東半島　ウ．出島　エ．樺太(サハリン)　オ．浦賀
カ．平戸　キ．真珠湾　ク．韓国

問2 年表中のⓐに関して，オランダ商館が移転する直前の1639年まで，長崎の港で日本と貿易をおこなっていた国はどこですか。国名を答えなさい。なお，この国は16世紀に日本に初めて鉄砲を伝えた国としても知られています。

問3 年表中のⓑの期間中の，日本と他の国・地域との関係について述べた文として**誤っているもの**を，次の中から一つ選んで記号で答えなさい。

ア．長崎では，オランダのほか中国との貿易もおこなわれた。
イ．対馬藩は朝鮮との交流の窓口となり，朝鮮からは通信使が日本を訪《おとず》れた。
ウ．幕府は琉球王国を直接支配し，南方の産物を年貢として納入させた。
エ．松前藩は幕府の許可を得て，アイヌの人たちとの交易をおこなった。

問4 年表中のⓒに関して，次の文(1)・(2)が日米和親条約の内容として正しい場合は「○」，誤っている場合は「×」を解答欄に書きなさい。

(1) 日本は横浜と神戸を開港し，アメリカ船への燃料の給与などを約束した。
(2) この条約に基《もと》づいて貿易が始まったが，日本は関税自主権を認められなかった。

問5 年表中のⓓに関して，この使節団に参加した人物を，次のア〜オから**すべて**選んで記号で答えなさい。

ア．西郷隆盛　イ．大久保利通　ウ．伊藤博文　エ．板垣退助　オ．岩倉具視

問6 年表中のⓔの期間に起きた**できごとではないもの**を，次の中から一つ選んで記号で答えなさい。

ア．大隈重信が立憲改進党を設立した。
イ．ノルマントン号事件が発生した。
ウ．大日本帝国憲法が制定された。
エ．生糸の輸出量が世界第1位になった。

問7 年表中のⓕに関して，右の絵は日露戦争を題材としたもので，ある国Xに背中を押《お》された日本がロシアに斬《き》りかかるようすが描《えが》かれています。Xの国名を答えなさい。

問8 年表中のⓖに関して，新たに発足《ほっそく》した国際連盟の事務次長に就任した日本人は誰ですか。次の中から一つ選んで記号で答えなさい。

ア．福沢諭吉　イ．新渡戸稲造　ウ．田中正造　エ．北里柴三郎

問9 年表中のⓗの期間に起きたできごとを，次の中から**2つ**選んで記号で答えなさい。

ア．韓国と北朝鮮との間で戦争が始まった。
イ．アメリカの占領を受けていた沖縄が日本に復帰した。
ウ．湯川秀樹が日本人として初めてのノーベル賞を受賞した。
エ．東海道新幹線が開業した。

⑤ 社中令4

5 国民の祝日について述べた次の文章を読んで，あとの問いに答えなさい。

日本では「国民の祝日に関する法律」(祝日法)という法律に基づいて国民の祝日が定められています。これらの祝日のうち，いくつかについて以下にみていきましょう。

4月に新学期が始まって，最初の祝日は4月29日の昭和の日です。①昭和時代には戦争の惨禍《さんか》があり，平和について考える日でもあるでしょう。5月3日の憲法記念日は，日本国憲法が［ ② ］された日です。また，この期間は5月4日の［ ③ ］の日，5日のこどもの日と祝日が連続しており，ゴールデンウィークとよばれます。

6月には祝日はありませんが，7月には海の日，8月には山の日があります。山の日は2014年に④国会で制定された，最も新しい祝日です。11月3日の文化の日には，科学技術や文化の発展に功績のあった人に，⑤天皇から文化勲章《くんしょう》が与《あた》えられます。11月23日の勤労感謝の日は勤労を尊ぶ日です。⑥勤労の権利は，平等権やさまざまな自由権とともに，国民にとって最も重要な権利の一つとされます。

国民の祝日は，年によって日付が変わることがあります。2月11日の［ ⑦ ］の日のように日付が固定されている祝日もありますが，天体の運行によって日付が変わったり，月曜日を祝日と定めているものもあります。また，2021年には東京オリンピックがおこなわれ，海の日，スポーツの日，山の日の日付を，それぞれ開会式と閉会式にあわせて変更《へんこう》することになりました。このうち山の日は閉会式の翌日である8月9日に合わせるという案になっていましたが，⑧8月9日を「祝日」つまりお祝いの日とすることは望ましくないという意見が出され，山の日は閉会式当日の8月8日となりました(翌日の9日は振替《ふりかえ》休日)。

国民の祝日のほか，地方で独自の記念日を定めることがあります。沖縄県では⑨県独自のきまりによって，6月23日が慰霊《いれい》の日と定められています。また，関東大震災が発生した9月1日は国民の祝日ではありませんが，政府が防災の日として定めており，⑩各地で防災訓練などがおこなわれています。

問1 下線部①に関して，次の(1)・(2)に答えなさい。

(1) 日本国憲法では，外国との紛争《ふんそう》を武力で解決しないことや，戦力を持たないことが定められています。これらの規定があるのは，日本国憲法の第何条ですか。

(2) 核兵器の惨禍をくり返さないため，日本は非核三原則をかかげています。非核三原則の内容を答えなさい。

問2 空欄［ ② ］にあてはまる語句を，次の中から一つ選んで記号で答えなさい。

ア．制定　　イ．公布　　ウ．施行《しこう》　　エ．発表

問3 空欄［ ③ ］にあてはまる語句を答えなさい。

問4 下線部④に関して，国会での法律の制定について述べた文として正しいものを，次の中から一つ選んで記号で答えなさい。

ア．国会では委員会や本会議で法律案の話し合いがおこなわれる。

イ．国会以外に内閣や裁判所も法律を制定することができる。

ウ．国会では憲法の改正案を話し合うことは禁止されている。

エ．国会で法律案が否決された場合は衆議院や参議院を解散しなければならない。

問5 下線部⑤に関して，天皇は内閣の助言と承認《しょうにん》に基づいてさまざまな仕事をします。このような天皇の仕事を国事行為《こうい》といいますが，これに**あてはまらないもの**を，次の中から一つ選んで記号で答えなさい。

ア．国会を召集《しょうしゅう》する。　　イ．内閣総理大臣を任命する。

ウ．最高裁判所の判決を下す。　　エ．外国の大使などをもてなす。

問6 下線部⑥に関して，勤労の権利を含む，日本国憲法に規定された国民のさまざまな権利は何と総称されますか。漢字5字で答えなさい。

問7 空欄［ ⑦ ］にあてはまる語句を答えなさい。

問8 下線部⑧について，なぜ8月9日を祝日とすることが望ましくないと考えられたのでしょうか。その理由として考えられることを簡単に答えなさい。

問9 下線部⑨について，都道府県や市町村の議会で制定された地方独自のきまりを何というか答えなさい。

問10 下線部⑩に関して，大規模な災害が発生したときには国や自治体に災害対策本部が設置されますが，この本部は何という法律に基づいて設置されますか。法律の名称を答えなさい。

国語科（中） 解答用紙

国中令4

受験番号の欄《らん》は左端《ひだりはし》にあります。忘れないこと。

※150点満点

一 20点

(1)	(2)	(3)	(4)	(5)

(6)	(7)	(8)	(9)	(10)

二 40点

一	二	三	四	五

三 50点

一	二	三	四	五	六	七
X Y						

四 40点

一	二	三	四	五

受験番号

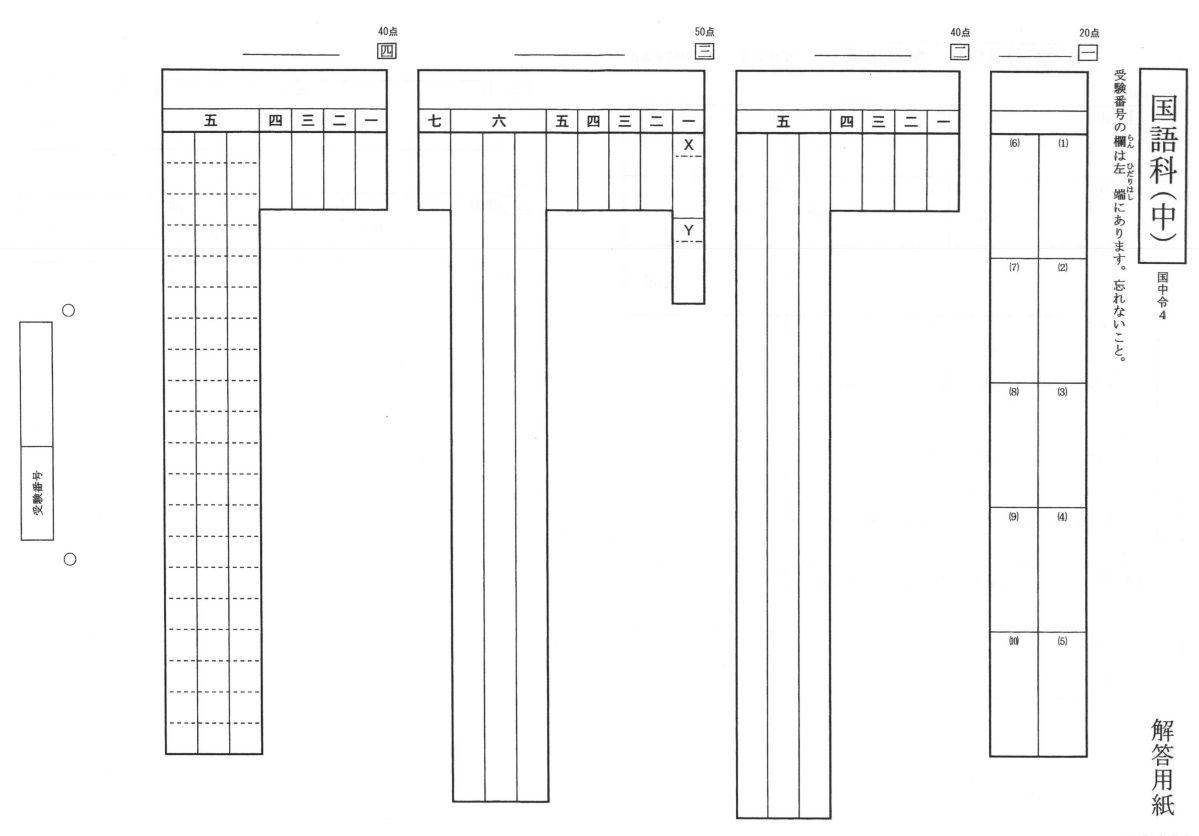

算数科（中）　解答用紙

算中令4　※150点満点

受験番号

80点

1

(1)	(2)	(3)
(4) cm²	(5) 分後	(6)
(7) ア / イ		(8) cm³
(9)① 倍	(9)② 倍	

14点

2

(1) 箱	(2) 円

21点

3

(1) Aがぬられている場所	(1) Cがぬられている場所	(2) 通り
(3)		

14点

4

(1) cm²	(2) 頂点	動いた道のり cm

21点

5

(1)① 通り	(1)② 通り	(2) 通り

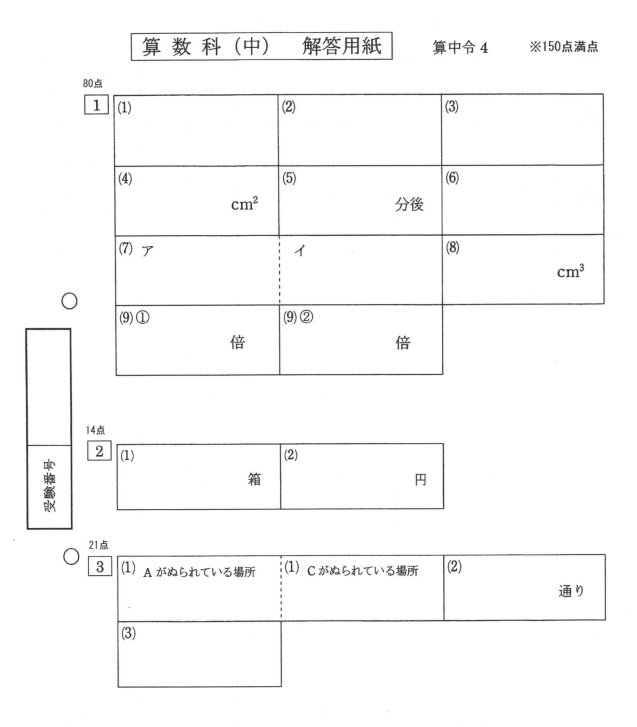

理科(中)解答用紙

理中令4

※100点満点

受験番号

20点

1

(1)	(2)	(3)	(4)	(5)	(6)	(7)	(8)	(9)	(10)

20点

2

問1	黄色	性	緑色	性
問2	A			
	B			
	C			
	D			
	E			
問3	(1)	(2)	(3)	

20点

3

問1		問2	
問3		問4	
問5		問6	
問7	①	②	

20点

4

問1		問2	(1)		(2)				
問3	①		②		③		④		⑤
問4									

20点

5

問1		問2	
問3		問4	
問5	(1)	km	
	(2)	時　分　秒	
	(3)	時　分　秒	
	(4)	秒	

社会科（中）

社中令4

受験番号	

※100点満点

解答用紙

16点

1

問1	A		D		E				
問2	1		2		3				
問3	あ		い		う				
問4		問5	(1)		(2)				
問6	(1)		(2)		問7		問8		

18点

2

問1		問2	(1)		(2)		(3)		問3	
問4		問5	(1)		(2)		問6			

23点

3

問1		問2		問3		問4	
問5	(1)		(2)	日本から派遣《はけん》された			
問6		問7					
問8	「いざ」というときに備えて	10	20				
問9		問10		問11			
問12		問13					

21点

4

問1	①		②		③		④		⑤	
問2		問3		問4	(1)		(2)		問5	
問6		問7		問8		問9				

22点

5

問1	(1)	第　　　　条	(2)				
問2		問3		問4		問5	
問6		問7					
問8							
問9		問10					

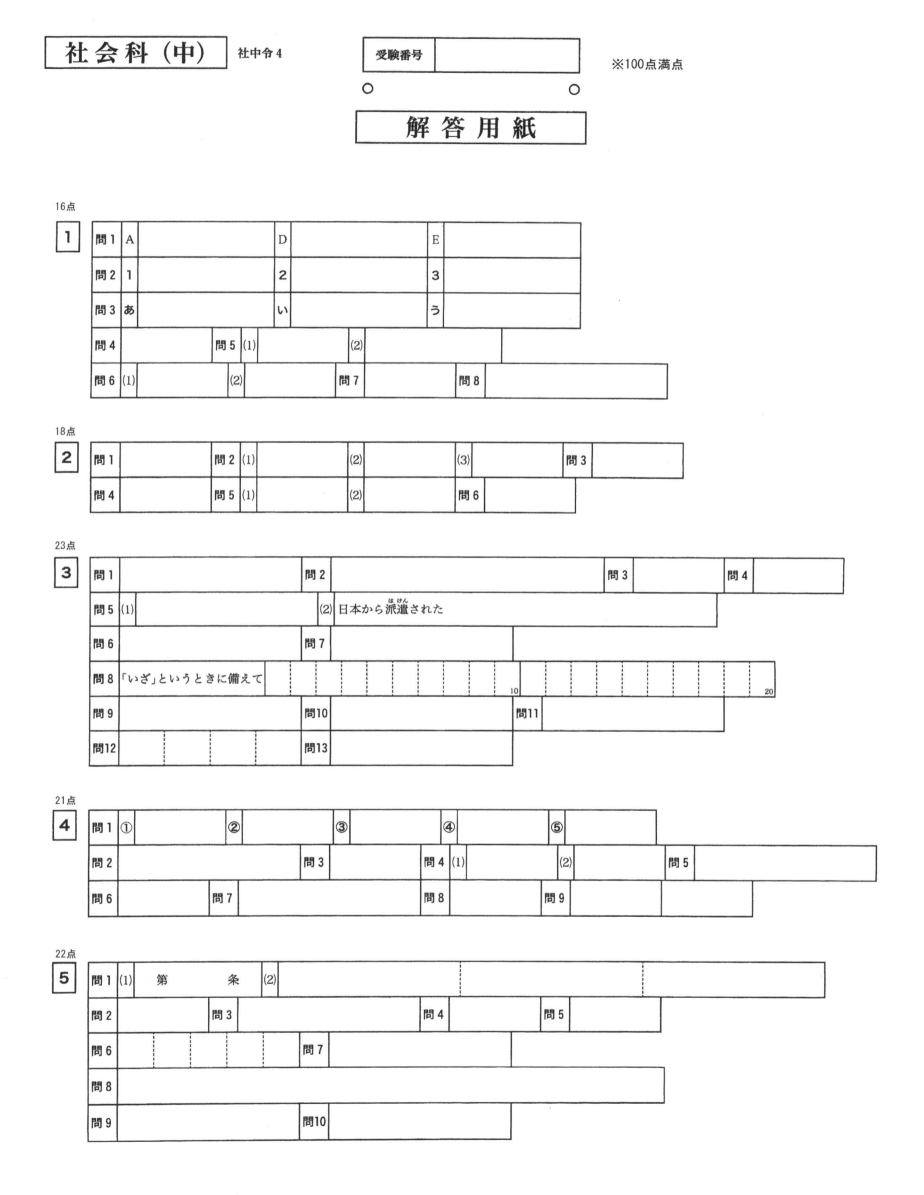

令和三年度

① 国語科（中）

(60分)

（注意）解答はすべて解答用紙に記入しなさい。

青雲中学校

□一 次の文章は、イギリスの物理学者が日本語の婉曲語法《えんきょくごほう》である「であろう」を英訳するのに手を焼いたという話を読んで、書かれたものです。これを読んで、後の各問いに答えなさい。

相手はばからず、思ったことを※1直言するのを英語で「スペードをスペードと呼ぶ」と言う。あからさまに、ありのままをズバリと言ってのけることで、さすがに勇気を要する。だからこそこういう決まり文句ができる。このごろの日本語の流行に「ズバリ言って」というのがある。スペードをスペードと呼ぶとはすこし違《ちが》ってはいるが、言いにくいことをあっさり言ってしまう、あるいはまわりくどいことを抜《ぬ》きにした□な表現の方法が刺戟的《しげきてき》なのであろう、若い人たちのあいだでことに好評である。これがつよいａインショウを与《あた》えるのは、日本語がこれまで身につけていたヴェールをはいでしまおうとするためのショックがあるからで、われわれは言いたいこともあまりあらわに人前に見せないで、七色のヴェールをかけるべきものと思ってきた。

そういう言葉を急にまっ裸《ぱだか》にすれば相手がびっくりするにきまっている。それがおもしろいという人が「ズバリ言って……」というような言葉を使うかどうかは別として、そういうあらわな効果をもった表現をする。そういう人は概《がい》して大声で話す。ところが、その一方では、妙《みょう》に小声で話す若い人がふえているからおもしろい。露骨《ろこつ》な表現におそれをなしているのか。相手の言葉が強烈《きょうれつ》であるから、身を護《まも》るために、自分の口に※2マフラーをつけているのかもしれない。

1相手の目を見てものを言えと言う。そんなことが普通《ふつう》の日本人にはできるわけがない。しようと思えばたいへんな努力と修練がいる。たいていは伏目《ふしめ》勝ちで、相手が正視していれば、ちょっと見ると悪いことをした人間が取調べを受けているみたいになる。もちろんやましいことがなくてもそうである。人中《ひとなか》で自分の名前、あるいは、それに近い名前が呼ばれるのを聞くと、ハッとする。ときには、どうしよう、という気持《きもち》になる。どういうものか、こういう癖《くせ》はなかなか抜けない。小学校で先生から名前を呼ばれたときに軽い※3戦慄《せんりつ》を覚えた。それがいまもって消えないらしい。名前を呼ばれることはうれしくない。そのかわりこちらも、ぼくだの、私だのと押《お》しつけがましいことは申しません。なるべく、隣《となり》は何をする人ぞの式に生きて行きたいものですね、と思う。

ある学者が、電話をかけるとき、「こちらは○○です」ではどうもまずい、「こちらは○○ですが」とすると落ち着くと書いていた。言い切ると語尾《ごび》が相手に突《つ》き刺《さ》さるような感じがするから語尾を「が」で丸めておくのである。つまり、自分の言葉に羞《はじ》らいをもつということになる。照れる。それで言葉尻《ことばじり》を呑《の》みこんでぼかす。断言は避《さ》ける。やはり相手の目を見据《みす》えてものを言える神経とは別種である。

相手を指す第《だい》二《に》人称《にんしょう》単数もそのことを裏付けている。「あなた」というのは向《むこ》うの方という意味であって、目の前にいる人を指すのには、はなはだどうかと思われるが、直接に指示しないところから尊敬の心が伝わる。スペードをスペードと呼ばないで、目の前の人を向うにいる人のように言いあらわすのを美しいと感じる。「お前」にしても、相手の御前《おんまえ》ということだから、やはり、相手を外した言い方であるには変りがない。なるべく直接に触《ふ》れない表現をすることが望ましいとされているのだから、話し合っている人と人との目が合ったりしないのは不思議でも何でもない。あまりじろじろ見られては気味が悪いと思う。

わかりやすい表現が好まれるのは当り前のように考える人があるかもしれないが、必ずしもそうではない。だいたい新しくものを読む人間が急にふえると明晰《めいせき》な文章が歓迎《かんげい》される。明快な表現を喜ぶのはいくらか素朴《そぼく》な読者だからである。相手への配慮《はいりょ》が細かくなるにつれて言い方はあいまいになるもののようである。

あいまいな言い方では受け手に意味がよく伝わらない心配はある。誤解されては困るから誤解のないｂテイドにはっきりしたことを言わなくてはと思うのは誰《だれ》しも同じである。だからと言って、聞き手の気持を悪くさせるような露骨《ろこつ》な言葉はいっそうまずい。どちらかと言えば、誤解のおそれはあっても、相手の気持を傷つけるよりはましである。それで婉曲語法が発達する。その結果がしばしばあいまいになっていても、それを顧《かえり》みる暇《ひま》もないのが普通《ふつう》である。その中では「であろう」はもっとも小さな※4緩衝《かんしょう》方法にすぎない。それに相当する語法のない言語へこれを訳そうと思えば途方《とほう》にくれるのは当然であるが、無理して訳そうとするには及《およ》ばないとも言うことができる。なぜかと言えば、それは日本人同士が言葉を交《か》わすときには必要なクッションであるが、外国人の読む外国語にするときには、むしろ取り除いたほうが妙《みょう》に気をまわさせないでいいからである。

2日本語のあいまいさは独特の味わいのものだけれども、それは日本語の内づらである。外づらではそれを捨てたほうがよいということに、翻《ほん》訳者《やくしゃ》たちが気づいていないから、はじめのイギリスの物理学者のような歎《なげ》きになる。

論文の最後へきて、「しかし、この考え自体が根底から誤っているかもしれない」というような書き方をする人間が、われわれのあいだに決してないとは言えないが、アメリカ人あたりから見ると何とも割り切れない感をもつらしい。それくらいならはじめから論文を書かなきゃいい、書いた以上は有無《うむ》を言わせず相手に認めさせる、決して自分が誤っているなどということは言ってはいけないのだ。ある人がそういった。

早い話が、交通事故を起したとき、たとえ自分の側に非があっても、まず第一声は君の責任だ、君が悪いのだ、でないと、あとあとでｃソン

②

をするという考えが徹底《てってい》しているアメリカでは、めったなことでは「すみませんでした」などとは言わない、ともこの人は言った。これはわが国でもこのごろだいぶ感染《かんせん》してきたらしく、よくそういう例にぶつかるが、見ていて浅ましいと思う。[d]キョウソウのはげしい社会では、それでなくては生きて行かれない、などとまことしやかに解説する人を※5見るだに浅ましい。[3]もうすこしおだやかに生きられないものか。

論文の終りに、自己否定と見える文言をつけ加えたからとて、別にほんとうに自説がだめだと思っているわけではない。ただ、そういう控《ひか》え目《め》な姿勢を示しておくほうが、読む人の抵抗《ていこう》もすくなくなり、論文が一種の敬語的表現の性格をおびることを本能的に知っているのである。つよい断定はしばしば反撥《はんぱつ》を招いて説得力を弱めてしまうから、逆に、表現を殺すような内輪な言葉が有効になる。ただ、国内でのコミュニケイションには、こういう書き方がよくても、外国向けにするときには、この部分は取り除いてやる必要がある。バカ正直に原文通りに訳さないといけないというような考えはもうそろそろ卒業にすべきで、翻訳は国境を越《こ》える言葉の旅である。着物の一枚や二枚、着たり脱《ぬ》いだりしなくてはならないのは当然であろう。日本語はすこし厚着になれているから、外国へ行くときにはすこし薄着《うすぎ》にしたほうがよい。外国語には逆に薄着の部分があるから、※6邦訳《ほうやく》では新しい着物を着せたほうが自然になることがすくなくない。

ゴルフのボールを打つのに、素人《しろうと》の目からすると、どうしてあんなにいろいろなクラブがいるのか理解に苦しむ。しかし、ゴルファーにとってみれば、だてに重いゴルフバッグをかついでいるわけではない。どれもこれもそれぞれに違った使い道があるからこそ持っているのだと言うだろう。グリーンにのったボールを※7ドライバーでたたく人はないだろうし、※8ティーショットに※9パターを使う間抜《まぬ》けもない。

日本語はことにグリーン上のボールの[e]ショリにやかましいように思われる。それで、至近距離《しきんきょり》へボールをころがすための道具立てが細かく分れている。乱暴な打ち方が嫌《きら》われて、なるべくソフトにソフトにボールを穴へ入れようとする。「である」と決めつけないで、そっと「であろう」とぼかすのがたしなみになる。普通のゴルフにはないような微妙《びみょう》な打ち方のできるクラブが日本語にはいくつも揃《そろ》っている。そういう言葉のニュアンスをパターくらいしかない言葉へそのまま移そうとすれば絶望するにきまっている。[4]「であろう」がうまく英訳できないという告白の生れるゆえんである。

（外山滋比古《とやましげひこ》『日本語の個性』より）

〔語注〕
※1 直言……思っていることを遠慮《えんりょ》なくはっきり言うこと。
※2 マフラー……音を小さくするもの。
※3 戦慄……おそろしくて、体がふるえること。
※4 緩衝……対立するものの間にあって、その不和や衝突《しょうとつ》を和《やわ》らげること。
※5 見るだに……見るのさえ。
※6 邦訳……外国文を日本語に訳すこと。
※7 ドライバー……ゴルフクラブで、最も飛距離《ひきょり》が出るもの。
※8 ティーショット……ゴルフで、ティーグラウンド（各ホールの出発区域）からの第一打。
※9 パター……ゴルフクラブで、グリーン上のボールをホールに入れるときに使う、先の平たいもの。

問一 波線部**a～e**のカタカナを漢字に直しなさい。

a インショウ　**b** テイド　**c** ソン　**d** キョウソウ　**e** ショリ

問二 □ にあてはまる語として最も適当なものを、次の**ア～エ**のうちから一つ選び、記号で答えなさい。

ア 奇想天外《きそうてんがい》　**イ** 臨機応変　**ウ** 単刀直入　**エ** 言語道断

問三 傍線部《ぼうせんぶ》**1**「相手の目を見てものを言えと言う。そんなことが普通《ふつう》の日本人にはできるわけがない」とありますが、それはなぜですか。その説明として最も適当なものを、次の**ア～エ**のうちから一つ選び、記号で答えなさい。

ア 日本人は論理的に考えつつ雰囲気《ふんいき》を壊《こわ》さないことも大事にしているから。
イ 日本人は自分の意見に自信があっても、相手の言うことに従う習慣があるから。
ウ 日本人は遠回しな言い方をして相手の顔色をうかがうことを得意としているから。
エ 日本人は自分を強く主張することを避《さ》け、控《ひか》え目《め》であることを好んでいるから。

問四 傍線部**2**「日本語のあいまいさは独特の味わいのものだけれども、それは日本語の内づらである」とありますが、これはどういうことですか。その説明として最も適当なものを、次の**ア～エ**のうちから一つ選び、記号で答えなさい。

ア 日本語のあいまいさは相手への配慮《はいりょ》を示すものであって、日本人同士で必要とされる表現であるということ。
イ 日本語のあいまいさは相手を責める時にだけ使われるものであって、日本語にしかない表現であるということ。
ウ 日本語のあいまいさは相手に誤解されないためのものであって、日本人しか理解できないものであるということ。
エ 日本語のあいまいさは新しく読もうとする人を喜ばせるためのものであって、訳すほどの意味はないということ。

問五　傍線部**3**「もうすこしおだやかに生きられないものか」とありますが、筆者はどのようなことに対してそう考えているのですか。その説明として最も適当なものを、次の**ア～エ**のうちから一つ選び、記号で答えなさい。

ア　このごろの日本人は、自分の意見を相手に受け入れさせることが重視されていて、日本人同士のコミュニケイションでも反撥《はんぱつ》ばかりが起こっていること。

イ　このごろの日本人は、自分側の非を一方的に相手の責任にする考え方が行《い》き渡《わた》っていて、控え目な姿勢が持っている意味を考えなくなっていること。

ウ　このごろの日本人は、自分に非があってもそれを認めず、謝らない風潮があり、もっともな理屈をつけてそのような考えを後押しする人もいること。

エ　このごろの日本人は、異なる文化の人と口論する機会が増えていて、それまでの日本語表現を捨てて外国人の言い方を受容しようとしていること。

問六　傍線部**4**『『であろう』がうまく英訳できないという告白の生れるゆえん」とありますが、なぜイギリスの物理学者は「うまく英訳できない」のですか。三行以内で説明しなさい。

二　「私」（「佐古葉子《さこようこ》」）は、小学四年生のときに物静かな「瀬川《せがわ》しおり」と友達になったが、中学校に入学すると「宮永朱里《みやながあかり》」を始めとする目立つ存在の女子達と仲良くなり、しおりとは距離が生まれていった。そして中学二年の五月、体育祭の応援旗《おうえんき》製作係となった葉子はしおり、朱里、そして「松村《まつむら》さん」と「百井《ももい》くん」の五人で応援旗を描《か》くこととなる。以下の文章はそれに続く場面である。これを読んで、後の各問いに答えなさい。

「おーい、朱里ー!」

人気《ひとけ》のない、五人きりの教室の中に、朱里を呼ぶ甲高《かんだか》い声が響《ひび》き渡《わた》る。

手を止めて顔を上げると、ドアの向こうから背の高いショートボブの女の子がぶんぶんと手をふっていた。A数秒前まで不機嫌《ふきげん》そうに、パレットの上でぺたぺたと絵の具を溶《と》いていた朱里は、とたんに顔をぱっと輝《かがや》かせて、「ちーちゃん!」と、その子に駆《か》け寄っていく。

――ああ、まただ。

のど元にこみ上げた苦い感情を、ため息とともにのみ下す。だけど、1心はざらりと毛羽立ったまま、ちっともおだやかになってはくれなかった。きゃははは、と廊下《ろうか》から聞こえてくる朱里たちの笑い声が、やたらと耳にさわる。

今日で、応援旗製作を始めてから六日目。

だけど、朱里がまともに活動に参加していたのは、最初の二日――いや、二日目も途中《とちゅう》で帰ってしまったから、初日だけ、だった。

「あっれー?　もしかして朱里も応援旗で残ってんの?」と、隣《となり》のクラスの女子が、ひょっこりとうちのクラスの教室をのぞきこんできて言ったのは、今から、三日前のこと。どうやら朱里と同じバスケ部の子だったらしく、以来朱里はこれ幸いとばかりに、連日、隣のクラスに入《い》り浸《びた》るようになってしまったのだった。

――なんか……なんかやだ。こういうのって、すごく。

心の奥《おく》でつぶやいて、私はぎゅっと奥歯をかみしめる。思っているだけじゃなくて、実際に言わなくちゃいけないんだ、と分かってはいるけれど、隣の教室へ踏《ふ》み込んでいって、朱里を連《つ》れ戻《もど》すことを考えると、どうしてもX足がすくんだ。もしかすると、私の煮《に》え切らないところを、朱里は「やさしい」と言ったのかもしれない。

「葉子、大丈夫?」

私がよほど険しい顔をしていたんだろう。おずおずとしおりが話しかけてきて、私はようやく、はっとわれに返った。

「……うん、平気」

かろうじて笑顔を返すと、しおりも、ほっとしたように目元をゆるめた。

しおりとは、早朝の教室でしゃべったのをきっかけに、じょじょにではあるけれど言葉を交《か》わすようになっていた。ぎこちなさはまだ完全に消えてはいないし、しおりのほうに壁《かべ》を感じることもときどきある。だけど、「葉子」としおりが呼んでくれるようになったことだけで、2今は十分にうれしかった。

それに――絵を描くことは、やっぱり、すごく楽しかったんだ。

普段《ふだん》はめったに使わないような大きな刷毛《はけ》で、思い切り、まだ白いところをすうっとなぞる。そうすると、心にあったもやもやも、自分のふがいなさも、全部ぜんぶ、ざあっと流されていくような気がした。百井くんと松村さんは、細かい作業が苦手なようで、細筆を使って描くところは、私としおりのふたりでやった。息をつめて、筆先に集中して、丁寧《ていねい》に色をつけていく。そうして、ふうっと息を吐《は》いて筆先を持ち上げる瞬間《しゅんかん》は、急に視界《しかい》が広くなって、清々《すがすが》しい気持ちになれる。

作業を終えて、片付けをしている時に、

「だいぶ、進んだね」

と、うれしそうに百井くんが言った。「頑張《がんば》れば、明日か明後日には完成するんじゃないかなあ」と松村さんがあいづちを打ち、私とし

④

おりも、笑顔でうなずく。応援旗を見下ろせば、パステルカラーの空の中に、まだ白いままのクジラのシルエットがくっきりと浮《う》かび上がっていた。

——どうか無事に、この絵が完成しますように。

祈《いの》るようにそう思いながら、私はそっと、教室のドアを閉める。

事件が起きたのは、その翌日《よくじつ》のことだった。

午後四時。外は、まだずいぶん明るくて、グラウンドからは野球部の掛《か》け声が、中庭からはトランペットの音色が響いている。作業を開始してまだ十分しか経《た》っていないこともあって、その時教室にはまだ、朱里も含《ふく》めた応援旗係全員が顔をそろえていた。

そんな時、それは起こった。

「あ」

ぽつ、と目の前で鮮《あざ》やかな赤色の絵の具がしぶきのように散ったのと、松村さんが短い悲鳴を上げたのは、どっちが先だったんだろう。

——嘘《うそ》。

気づいた時には、背景の空の上に、赤い絵の具が点々と散っていた。拭《ふ》きとる間もなく、赤い絵の具はすうっと吸いこまれるようにシミになっていく。目の前には、赤く染まった筆をパレットに置いて、青ざめた顔をした松村さんの姿があった。

「ごめん！　ごめんなさい……」

一瞬《いっしゅん》、しん、と静まり返った教室の中で、だれよりも先に声を上げたのは、松村さん本人だった。今にも泣きだしそうな顔で、「どうしようどうしよう」とうろたえている。

実際、これはまずいかも、というのは、私自身も思ってしまったことだった。

上から塗《ぬ》り直したって、背景の色が薄《うす》いぶん、どうしても派手な赤色のほうが浮き出てしまう。ごまかそうとしても、かえって悪目立ちしてしまいそうだ。だけど今は、涙目《なみだめ》になっている松村さんを責める気にはなれなかった。

大丈夫だよ、なんとかなるよ——。

そうフォローの言葉を口にしようとした。けれど、その時だった。

「Bえー、超《ちょう》目立つじゃん。どうすんの？　これ」

ロコツな物言いにぎょっと顔を上げると、さっきまで手持ちぶさたにしていた朱里が、すぐそばに立っていた。きれいに整った眉《まゆ》をひそめて、応援旗を見下ろしている。

「あ、でも、上から塗り直せば……」

おずおずと、百井くんが言いかける。

けれどそれを朱里は、「や、そこだけ塗り直しても、かえって目立つでしょ」とあっさりY一蹴《いっしゅう》した。その一言に、松村さんはさらに耳を真っ赤にして、「ごめんなさい……」とうつむいてしまう。しおりが手を当てた松村さんの肩《かた》は、すでに、泣きだす寸前のように小さく震《ふる》えている。

——なんで？　朱里……。

思わず隣をふりあおぐと、朱里はもう他人事《ひとごと》みたいにつまらなそうにそっぽを向いていた。

その瞬間、私の中で、何かが弾《はじ》けた。

「朱里」

口を開くと、思ったよりも低い声が出て自分でも驚《おどろ》いた。

C朱里が、おっくうそうに首をもたげて私を見る。その視線にひるみそうになったけれど、私は、構わずに口を開く。

「……なんで、そういう言い方するの。それに、ずっとサボってたじゃん、朱里。こんな時だけ責めるのって、おかしいよ」

言った。言ってしまった。

水を打ったような静けさの中で、カツン、と時計の針が動く音がした。しおりの、そして百井くんと松村さんの視線をひりひりと肌《はだ》に感じる。怖い。怖くてたまらない。

「……何ソレ。なんであたしが、悪者みたいになってんの？」

抑揚《よくよう》のない声で言って、朱里がカバンをつかむ。そしてポニーテールを揺《ゆ》らして、私をまっすぐに見た。D少し前まで「葉！」と笑いかけてくれていた、勝ち気な猫みたいな瞳《ひとみ》。でも今そこにあるのは、以前のような親しみじゃなかった。

「日向《ひなた》」と「日陰《ひかげ》」の境界線。それを朱里がたった今、私の前に、完全に引いたことが、はっきりと分かった。

「……もういい。帰る」

そう吐き捨てると、ふり向きもせず、朱里は足早に歩いていってしまった。その背中を視線だけで追いかけながら、私は、そっと目をふせる。

3泣きたかった。

だけど、泣かない、と思った。

だって、私は今、朱里に本当の気持ちを言った。そのことに、後悔《こうかい》はなかったから。

ゆっくりと深呼吸してふり向くと、しおりと最初に目が合った。心配そうなそのまなざしに、大丈夫だよ、というふうに、私はうなずいてみせる。

「佐古さん……ごめんなさい。私のせいで」

目を赤くした松村さんに、私はううん、と首をふった。それは、本当の気持ちだった。私と朱里が衝突《しょうとつ》したのは、絶対に、松村さんのせいじゃない。

「……だけど、どうしようか、これ」

と百井くんがつぶやいて、私たちは改めて、赤く散らばったシミを見下ろした。

淡《あわ》い色が混じり合った幻想《げんそう》的な空の中に、点々と散った鮮《あざ》やかな赤。たしかに、そこだけ見れば、違和感《いわかん》はある。だけど、なんて鮮やかなんだろう。

そう思った時、ぴんと心にひらめくものがあった。そうだ、初めてしおりと出会った日、私たちの間を吹《ふ》き抜けていった風と、ひらめく花びらと——。

「……花」

　ぽつんとこぼした私のつぶやきに、三人が、いっせいに顔を上げる。

「花？」

　首をかしげるしおりに、私は大きくうなずいた。

「そう。隠《かく》すんじゃなくて、デザインの一部にするのってどうかな。空に花びらが舞ってるようなイメージで全体に描きたして。そしたら、遠目からでも華《はな》やかに見えるし……」

　そこまで言った時、みんなの視線が私に集まっているのを感じて、はっとした。遅《おく》ればせながら恥《は》ずかしくなって、かっと頰《ほお》がほてる。どうしよう。もしかして、おかしいことを言ってしまっただろうか——。

　けれど、その時。

「いいと思う。すごく」

　え、とまばたきをする私の前で、しおりがまっすぐ私にほほえみかけて言った。

「やろうよ、それ」

　四人で頭をくっつけるようにして、空に、たくさんの花びらを描いた。そうして少しずつ暮《く》れていく教室の中で、私たちは、今まででいちばん、お互いのことをしゃべったと思う。

　松村さんが吹奏楽《すいそうがく》部でホルンを吹《ふ》いていること。最近、小学生の妹が生意気になって困ってるってこと。そんなことも、初めて知った。

「生意気なのに、やっぱりかわいくて。くやしいけど」と、照れくさそうに笑う松村さんは、教室では見たことのない、「お姉さん」の顔をしていた。

　百井くんは、あまり自分のことを話そうとはしなかったけれど、私たちの話にのんびりうなずいたりあいづちを打ってくれたりした。そのおだやかな横顔は、クラスの騒々《そうぞう》しい男子たちとは、まるで雰囲気《ふんいき》がちがう。そのせいだろうか、男子が苦手なはずのしおりまで、百井くんとはごく自然に言葉を交わしてる。そのことに、びっくりした。

「瀬川さんは、将来、画家になるの？」

　教室に差《さ》し込《こ》む光に夕暮れの色が混じり始めたころ、百井くんが、ふいにそう言った。

「……なんで？」

　唐突《とうとつ》な質問だったからだろう、ささやくように答えたしおりの頰が、さっと赤くなった。

「え。だって、いつも休み時間に絵、描いてるから。だから、そうなのかなって」

　ごく当たり前のように、のんびりと笑って、百井くんは言った。

　その言葉に、はっとする。今まで考えたこともなかったけれど、そういえば、百井くんは昼休みにどこで何をしているんだろう、と思って。でも全然、思い浮《う》かばない。そんなことさえ思い出せないぐらい、ごく近い、目の前の出来事しか自分には見えてなかったんだと思って、ふいに恥ずかしくなった。

「……なりたいって、思ってはいる、けど」

　やがてしおりが恥ずかしそうにそうつぶやくと、「うわあ、やっぱりそうなんだ」と、百井くんはうれしそうに、明るい声を上げて笑った。その声にしおりはいっそう顔を赤くして、「私、水換《か》えてくるね」と、にごった色水のバケツを片手に、そそくさと立ち上がる。しおりが教室を出ていったところで、「あの……」と松村さんが、遠慮《えんりょ》がちに私のほうに顔を向けた。

「なに？」

「ううん。ただ、佐古さんと瀬川さんって仲よかったんだなって。ちょっと意外だったから、その、びっくりして……」

　ごにょごにょとそう言ってから、松村さんはあわてたように、「あ、でも悪い意味じゃなくて！　むしろいい意味で！」と、言葉をついだ。

「なんだか、見てて、本当の友達って感じがするから。だから、いいなって」

　その一言に、驚いた。境界線を越《こ》えることが、私はずっと怖かった。「　　」からはみ出そうとすることは、とがめられても仕方ないことなんだって、そう思っていた。だけど、いいな、と松村さんは言ってくれた。心を込めて。

「うん。小学校が一緒で。その時から……親友で」

　親友、という言葉を使っていいのか、しおりが今もそう思ってくれているのか、それは私には分からない。でも、そうだったらいい。そう思って、私は言った。

「へえ、いいなあ。そういう友達」

　百井くんが間のびした声で言って、のんびりと笑う。私はうなずいて、応援旗に目を落とす。

　花びらの舞う空の中を、悠々《ゆうゆう》と泳いでいく大きなクジラ。どこにでも行けそうな自由さが、その絵からは伝わってくる。

　4私もいつか、そんなふうに、なれるだろうか——。

　そう胸の内でつぶやいたら、教室に差し込む夕陽《ゆうひ》が、かすかに目にしみた。

（水野瑠見《みずのるみ》『十四歳日和《さいびより》』より）

問一　二重傍線部《ぼうせんぶ》**X**「足がすくんだ」、**Y**「一蹴《いっしゅう》した」のここでの意味として最も適当なものを、次の各群の**ア～エ**のうちからそれぞれ一つずつ選び、記号で答えなさい。

X「足がすくんだ」

ア　怖《こわ》くて動けなかった　**イ**　勇気が出なくて逃《に》げ出《だ》した　**ウ**　嫌《いや》になって立《た》ち尽《つ》くしていた　**エ**　腹が立ってあきらめた

Y 「一蹴した」
ア だるそうにあしらった　イ 意地悪く非難した　ウ 勢いよく歯向かった　エ そっけなくはねつけた

問二 傍線部1「心はざらりと毛羽立ったまま、ちっともおだやかになってはくれなかった」とありますが、このときの葉子について説明したものとして最も適当なものを、次のア～エのうちから一つ選び、記号で答えなさい。

ア 自分がいやいや応援旗《おうえんき》製作に付き合っている中で、朱里《あかり》が隣《となり》のクラスの友人の所へ行って楽ばかりしていることを不満に思っている。

イ 内心では朱里と一緒《いっしょ》に隣のクラスへ遊びに行きたいのに、自分だけがそれを我慢《がまん》しなければならないことを許せずにいる。

ウ 応援旗製作をなまけている朱里のことを大目に見てやりたいはずなのに、心のどこかでそれを許すことができず思《おも》い悩《なや》んでいる。

エ 朱里に応援旗製作への姿勢を見直してほしいのに、手伝おうとしない露骨《ろこつ》な態度へのいら立ちが心の中に残っている。

問三 傍線部2「今は十分にうれしかった」とありますが、それはなぜですか。その説明として最も適当なものを、次のア～エのうちから一つ選び、記号で答えなさい。

ア しおりのよそよそしい態度に不満を感じていたものの、朱里との仲がぎくしゃくしつつある今では、しおりが「葉子」と呼んでくれるようになったことで、しおりと同じ思いで応援旗を完成できると感じられて希望がもてたから。

イ しおりとの距離《きょり》感はまだ感じられるものの、朱里に以前のような親しみを持てない今では、しおりが「葉子」と呼んでくれることで、昔のような親しい間柄《あいだがら》に少しだけ戻《もど》れたように感じ取ることができ、心がなぐさめられたから。

ウ しおりの態度にはよそよそしいところがあるものの、朱里への煮《に》え切《き》らない気持ちを抱《かか》えている今では、早朝での会話をきっかけに「葉子」と呼んでくれるしおりの態度に、昔と変わらない強い絆《きずな》を再認識《さいにんしき》して朱里との決別を意識したから。

エ しおりの態度は早朝の会話をきっかけに冷淡《れいたん》になったように思っていたが、朱里に対する嫌な感情をぬぐいきれず孤独《こどく》感を抱《いだ》いている今では、しおりが「葉子」と呼んでくれることが辛《つら》い気持ちをやわらげてくれるように感じたから。

問四 傍線部3「泣きたかった。だけど、泣かない、と思った」とありますが、このときの葉子について説明したものとして最も適当なものを、次のア～エのうちから一つ選び、記号で答えなさい。

ア 朱里に対する不満を言ったことで、これまでのような親しい関係ではいられなくなってしまうと考えて辛くなっているが、自分の気持ちに正直でありたいと思っている。

イ 朱里に本当の気持ちを伝えたことで、朱里たちのグループから仲間外れにされると思うとたえられなくなるものの、これからは朱里のご機嫌《きげん》をとらずにすむと思い安心している。

ウ 朱里に対する嫌悪《けんお》感をぶつけたことで、百井《ももい》や松村たちの冷たい視線を浴びてこれからの共同作業が不安になったものの、自分らしく堂々と生きていこうと心に決めている。

エ 朱里に注意をしたことで、朱里からするどい視線でにらまれてしまい怖くなったものの、しおりや松村の前では弱い姿は見せられないと、自分をふるいたたせている。

問五 □ にあてはまる語を本文中から二字で抜《ぬ》き出しなさい。

問六 傍線部4「私もいつか、そんなふうに、なれるだろうか――」とありますが、このときの「私」の気持ちを、三行以内で説明しなさい。

問七 本文中では、「朱里」はどのような人物として描かれていますか。その説明として、次のア～エについて、あてはまるものには○、あてはまらないものには×で答えなさい。

ア 波線部A「数秒前まで不機嫌《ふきげん》そうに、～その子に駆《か》け寄《よ》っていく」のように、誰《だれ》とでも分《わ》け隔《へだ》てなく接する前向きさはあるものの、自分の気の進まない作業には興味を示そうとしない身勝手な人物。

イ 波線部B「えー、超目立つじゃん。どうすんの？ これ」のように、自分のそれまでの態度や行動は棚《たな》に上げるものの、他人の失敗は見逃さず、遠慮《えんりょ》しないで責め立てる無神経な人物。

ウ 波線部C「朱里が、おっくうそうに首をもたげて私を見る」のように、応援旗製作だけでなく友人からの呼びかけにさえもやる気がなさそうに反応する、物事への興味や関心を示そうとしないうえに活力に乏《とぼ》しい人物。

エ 波線部D「少し前まで『葉！』と笑いかけてくれていた、～親しみじゃなかった」のように、仲の良いときは心を開いてくれるが、自分の非を指摘されるとたとえ友達でもすぐに態度を変える人物。

三 次の文章は、幸《こう》田《だ》文《あや》（一九〇四年～一九九〇年）が、一九七八年に発表したものです。これを読んで、後の各問いに答えなさい。

幼いときに覚えたことは、一生忘れないといいますが、教えられたことが音楽や舞踏《ぶとう》なら、一生のたのしみにもなるでしょうが、私がさせられたのは家事雑用だったので、時代が移り自分も老いた今は、昔おぼえたことが逆に障《さわ》りになって、困ることがしばしばで苦笑《くしょう》します。

おさかな屋さんがご用ききにきてくれます。今どき有難《ありがた》いことです。経木《きょうぎ》というか、手板（魚屋さんの用語らしい）というか、それに筆でかいた品書《しながき》をもってきます。雨の日はこれへビニールの袋《ふくろ》をかけ、ホチキスで止めてあります。きてくれる※1若衆《わかしゅ》さんは、もう十年になるなじみで心やすく、あらしのあとの木戸のきしみを直したり、家具の配置換《が》えを手伝ってくれたり、いろいろ親切なのです。申分《もうしぶん》ない付合《つきあい》です。十年もの間、近すぎず遠すぎず心やすくいるとは、すなわち君子の付合というものかと思いますが、ひとえに彼《かれ》の人柄《ひとがら》によることとたしかです。と、ここまではいいのですが、ここからが困るのです。おさかなの季節が変《かわ》ってきてしまったので、私が混乱して訊《き》きただすからです。たらは冬のものじゃなかったのとか、どうして真夏にさんまがでるのとか、それが[X]せっかちにきくものだから、咎《とが》めだてのような口調になります。自分でもそうわかるのですから、相手にはなおのことです。漁業のありかたや、出荷《しゅっか》の[a]キコウなどは彼の負うものじゃありません。でも商売は愛想《あいそ》です、黙《だま》っているわけにもいかないので、彼もついへんな返事をよこします——世の中に暑い寒いはまだ残っているけどネ、さかなのほうは季節をよしたんじゃないかナ——おみごとです。でも私は、さんまはごめんとことわります。このごろでは彼は気をつかって、今日も季節外れがありますけど、とてもいいモノなんです、だまされたと思って食べてみて下さい、とすすめます。[1]私は昔と今の間で立《たち》往生します。

さかなは時代ですが、庭を掃《は》くなんてことはからだです。そもそも掃くという作業を習いはじめたのは、まだ学校へもあがらない頃《ころ》の、路地掃除《そうじ》からです。なぜ道路からはじめさせられたかというと、道路には何もないから掃きやすく、しかも掃除映《ば》えがするので、いうならば最も子供向きな練習場というわけです。当時、[2]近所どこの子も、朝はやく、道を掃かされていました。親たちもうまく考えたものです。自分たちは朝は忙《いそが》しく、表の掃除まで手はまわりかねる、子供にさせれば一石二鳥、子もおぼえるし、親も助かります。子も家族の一員、分に応じた協力をさせたのでしょう。協力というのは今の言葉、むかしは手助けといいました。手助けは年齢《ねんれい》とともに進み、道路よりもう少し手器用さと心くばりのいる、庭掃きをさせられます。

だいたい掃《は》くという作業は、先《ま》ず箒《ほうき》の妨《さまた》げになるものをどけなければ、手早にはいきません。道路にはそれがありませんが、庭にはありま す。草です。草があると箒はスムーズに動かせません。で、草とりをします。面倒《めんどう》くさいです。我まんして慣れました。そんなふうにして、私には庭掃きの習慣がつきました。習慣ですから、別になんとも思わず続けてきました。

ところが戦後の、四十何歳《さい》かのころです。若いお嬢《じょう》さんに、雑草の生存もゆるさないほど苛酷《かこく》だ、ときめつけられてびっくりしました。するとまたほかに、自分なら庭掃きに毎日時間をつぶそうとは思わない、もっと[b]イギあることをするといわれました。なるほどと肯《うなず》けもしました。気が沈《しず》んで、庭は放《ほ》ったらかしになりました。折柄《おりから》夏のさかりで、狭《せま》い庭はたちまち草ぼうぼう、やたらと虫が出るし、第一風通しが悪く、むし暑くなったには[Y]閉口でした。それでふたたび庭掃きに戻《もど》ったのですが、その後しばらくすると、設備のいいマンションができはじめました。そこへ引越《ひっこ》すという奥様《おくさま》が話します——庭があればきたなくもしておけないが、庭がなければ手間も気苦労も解消する、青いものがほしければ鉢《はち》ものをヴェランダに置けば事足りる、あたしには庭はいらないわ、と。その気持《きもち》わかります。

が、私はそのとき、まだまだ体力があって、そのひとのように庭掃きでくたびれることなんかありませんでした。なんといっても A ことなのです。雑草に追われることはなくて、雑草を追《お》い込《こ》んでいたのです。よく雑草のように強いといいますが、あれは雑草の一本そのものも強いが、あとからあとから後続部隊が生えてくる、その種の量的な強さをもいうのだろうと思います。私のところでも、もちろん後が絶えることはありません。でもあまり小さいうちは取るのに面倒ですから、すこし大きくなるまで待って、指先につまめるほどになると抜《ぬ》きます。[3]先を越《こ》されるのではなく、承知して待つのです。なにしろ生育が早いから、ちょっと時を外せば、草はもう花になり実になって、こちらは[c]ゴテになります。それがここ三、四年、とかく押《お》され気味になってきつつ、でもなんとか間に合わせていたのですが、今年はもう、とうとう B 負けました。からだがきつくて、追付けなくなったのです。これはどうしても年齢です。今後はもう誰《だれ》かの手を借りるよりほかない、と思い決めました。

すると、そこはかとない寂《さび》しさがあって、庭掃きも雑草ひきも、長いなじみだったという思いが湧《わ》きました。ことに「草の種のさすらい」が哀《あわ》れ深いことです。草の種は土にこぼれると、その場を動かず発芽するものもあり、また、雨に流れ風に吹《ふ》かれて、さすらい出ていくのもあるようです。そういう種は寄りどころを求めて、ほんの僅《わず》かの土の窪《くぼ》みや、庭石のまわり、下草の根元などをたよりにして、芽をだし、生きていきます。水の流れた跡《あと》、風の吹きよせたところが、暫《しばら》くするときまって青くなるのは、その証拠《しょうこ》でしょう。私はかねてからそう気付いて、生き

ようとするけなげさをいとおしく思うまま、種のさすらいなどとひそかに名づけていたのです。

来年もまだ筝はもつでしょうが、今迄《まで》のように一人では無理です。そう思うと、いま石をたよりに、窪みをよりどころにして精《せい》いっぱい青くなってくるひと筋ひと筋の、かぼそい草の茎《くき》に[4]ひどく心を惹《ひ》きつけられます。雑草だから、※2あくなき生命への努力は※3あしざまに憎《にく》まれますが、これが人なら称讃《しょうさん》ものでしょうに――といま私はいいたい心境です。こういう感傷を、仏ごころがついたというんでしょうか。

（幸田文「雑草とさかな」『幸田文全集〈第21巻〉』所収　岩波書店）

〔語注〕　※1　若衆さん……若者。　※2　あくなき……どこまでも満足することのない。　※3　あしざまに……ことさら悪く。

問一　二重傍線《ぼうせん》部**X**「せっかちに」、**Y**「閉口でした」のここでの意味として最も適当なものを、次の各群の**ア**～**エ**のうちからそれぞれ一つずつ選び、記号で答えなさい。

X「せっかちに」

ア　次から次へと　**イ**　強い調子で　**ウ**　疑わしそうに　**エ**　からかうように

Y「閉口でした」

ア　予想外でした　**イ**　不快になりました　**ウ**　困り果てました　**エ**　悲しくなりました

問二　波線部**a**～**c**のカタカナを、それぞれ漢字に直しなさい。

a　キコウ　**b**　イギ　**c**　ゴテ

問三　本文中の空欄《くうらん》**A**・**B**に当てはまる語句として最も適当なものを、次の各群の**ア**～**エ**のうちからそれぞれ一つずつ選び、記号で答えなさい。

A　**ア**　年季を越《こ》えた　**イ**　年季の明けた　**ウ**　年季を過ぎた　**エ**　年季の入った

B　**ア**　音をもらして　**イ**　音をあげて　**ウ**　音をこめて　**エ**　音をなくして

問四　傍線部**1**「私は昔と今の間で立《たち》往生します」とありますが、このときの「私」の説明として最も適当なものを、次の**ア**～**エ**のうちから一つ選び、記号で答えなさい。

ア　「おさかなの季節」が役に立たなくなってしまったので、これからはさかな屋の話をよく聞いて、さかなを選んでいこうとしている。

イ　「おさかなの季節」とは異なる季節外れのさかなを何とか売ろうとするなじみのさかな屋に対して、もの寂《さび》しさを感じている。

ウ　親切に勧《すす》めてくれるさかな屋には申し訳ないが、身についた「おさかなの季節」をこれからもしっかりと守っていこうとしている。

エ　「おさかなの季節」が染《し》みついているが、一方で人柄《ひとがら》の良いさかな屋の勧めもあり、どうしたらよいかを我ながら決めかねている。

問五　傍線部**2**「近所どこの子も、朝はやく、道を掃《は》かされていました」とありますが、その理由の説明として最も適当なものを、次の**ア**～**エ**のうちから一つ選び、記号で答えなさい。

ア　親が子供に家族の中での立場をわからせようとしたときに、掃除《そうじ》をし始めたぐらいの子供は、簡単な路地掃除しか任せられない未熟な存在だと気づかせることができるから。

イ　親が子供に家族の一員として仕事をさせようとしたときに、親は路地掃除まではなかなか手の及《およ》ばないことであるが、掃除をし始めた子供にさせても簡単にきれいになるから。

ウ　子供に手助けの大切さを学ばせようとしたときに、路地掃除はかなり大変なことであるが、親の助けになっていることを子供に実感させることができるから。

エ　親が子供に家族のために協力をさせようとしたときに、路地掃除は、朝のはやい時間は忙《いそが》しい親からすると手助けとなり、他の家の子供もやっているので子供は引き受けるしかないから。

問六　傍線部**3**「先を越されるのではなく、承知して待つのです」とありますが、これはどういうことですか。その説明として最も適当なものを、次の**ア**～**エ**のうちから一つ選び、記号で答えなさい。

ア　筆者は雑草の生育についてよく理解していて、抜《ぬ》くものと抜かなくていいものとをきちんと区別していたということ。

イ　筆者は他の人のように庭のない家に引《ひ》っ越《こ》すこともなく、雑草の成長を見守りながら、雑草を抜くことを楽しんでいたということ。

ウ　筆者はあえて雑草を自分が取りやすい状態にまで成長させるが、それ以上は成長させず抜く時期を逃《のが》すことはなかったということ。

エ　筆者は庭掃きへの強い思い入れがあり、そこで生育する雑草にも愛着がわいてきて、抜きやすくなるまで待っていたということ。

問七　傍線部**4**「ひどく心を惹《ひ》きつけられます」とありますが、それはなぜですか。筆者の状況《じょうきょう》を踏《ふ》まえて、三行以内で説明しなさい。

①

算数科（中）

算中令3

（注意）　円周率は3.14を使い，解答はすべて解答用紙に記入しなさい。

(60分)

1 次の各問いに答えなさい。

(1)　$13-(121-11\times9)\div2$ を計算しなさい。

(2)　$2.8\div3.5+1.2\div0.8\times0.75$ を計算しなさい。

(3)　$5\frac{1}{2}-\left(1\frac{1}{4}-\frac{1}{6}-\frac{2}{3}\right)\div\frac{1}{12}$ を計算しなさい。

(4)　$(7\times\square-7)\div9+2=779$ となるとき，□にあてはまる数を求めなさい。

(5)　24で割っても54で割っても6余る3けたの整数のうち，最も大きい数は何ですか。

(6)　ある品物に，仕入れ値の4割の利益を見こんで定価をつけましたが，売れなかったので定価の25％引きで売ったところ360円の利益を得ました。定価はいくらですか。

(7)　兄と弟の所持金の比は4：3でした。兄は800円の本を買い，弟は200円のお菓子を買ったため所持金が同じになりました。兄の初めの所持金はいくらでしたか。

(8)　右の図の三角形ABCは，辺ABと辺ACの長さが等しい二等辺三角形です。この三角形をEFを折り目として，点Bが点Dに重なるように折ります。角アの大きさはいくらですか。

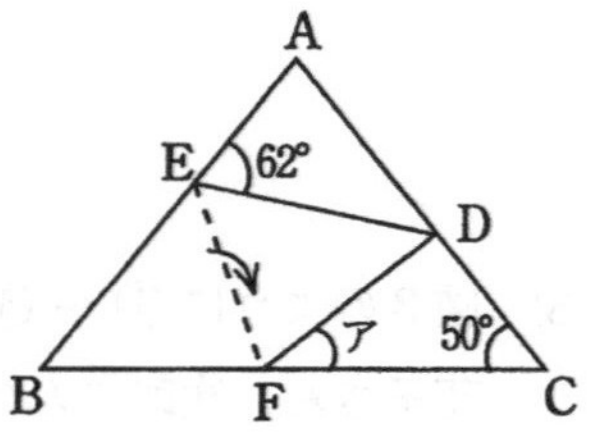

(9)　右の図は，おうぎの形をした図形と三角形を組み合わせた図形です。斜線部分の面積を求めなさい。

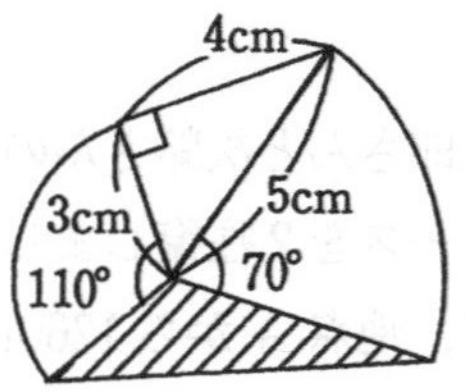

(10)　下の表1はあるクラスで小テストをした結果をまとめたもので，表2はその点数の代表値をまとめたものです。

表1

点数(点)	0	1	2	3	4	5	6	7	8	9	10	計
人数(人)	0	1	1	2	ア	イ	3	4	8	10	3	40

表2

平均値	中央値	最頻値
6.9	ウ	エ

上の表のア，イ，ウ，エにあてはまる値を答えなさい。

2　ある学校の食堂では，感染しょう対策のため，座っている人のとなりにあるイス，および，向かいのイスには座らないようにしています。次の各問いに答えなさい。

(1)　図1のように①～④の番号のついたイスが並べられているとき，太郎さん，花子さんの2人の座り方は何通りですか。

図1
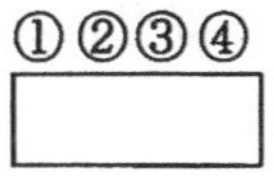

(2)　図2のように①～⑦の番号のついたイスが並べられているとき，太郎さん，花子さん，次郎さんの3人の座り方は何通りですか。

図2
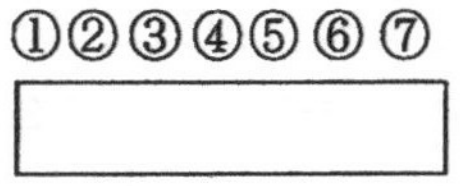

(3)　図3のように①～⑧の番号のついたイスが並べられているとき，太郎さん，花子さん，次郎さんの3人の座り方は何通りですか。

図3
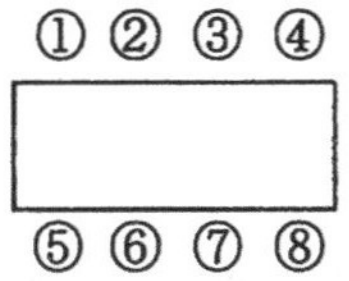

3　太郎さんと次郎さんの2人は，スタート地点をA，折り返し地点をBとするランニングコースを2往復しました。2人は地点Aから同時に走り始め，太郎さんが先に折り返して，地点Aから1260mの地点で初めてすれ違いました。2人が2回目にすれ違った地点は地点Aから180mの地点でした。次の各問いに答えなさい。ただし，太郎さんと次郎さんはそれぞれ一定の速さで走っています。

(1)　地点Bは，地点Aから何mの所にありますか。

(2)　太郎さんと次郎さんの走る速さの比を最も簡単な整数で答えなさい。

(3)　2人が3回目にすれ違ってから7分後に太郎さんは地点Aに戻り，走り終えました。次郎さんが地点Aに戻り，走り終えるのは2人が3回目にすれ違ってから何分後ですか。

4　1より小さい分数で，約分できない分数を分母が小さいものから順に次のように並べます。

$\frac{1}{2}, \frac{1}{3}, \frac{2}{3}, \frac{1}{4}, \frac{3}{4}, \frac{1}{5}, \frac{2}{5}, \frac{3}{5}, \frac{4}{5}, \frac{1}{6}, \frac{5}{6}, \cdots\cdots$

これらの分数について，次の各問いに答えなさい。

(1)　分母が72の分数は何個ありますか。

(2)　分母が2から100までの分数の中で，分子が3の分数は何個ありますか。

(3)　分母が21から31までの分数について，分子だけをすべてかけるとき，その数は5で何回割り切れますか。

5　同じ大きさの正方形5個を辺と辺でつなげてできる図形をペントミノといいます。これについて，次の各問いに答えなさい。

(1)　ペントミノは全部で12種類あります。残りの2種類のペントミノをかきなさい。

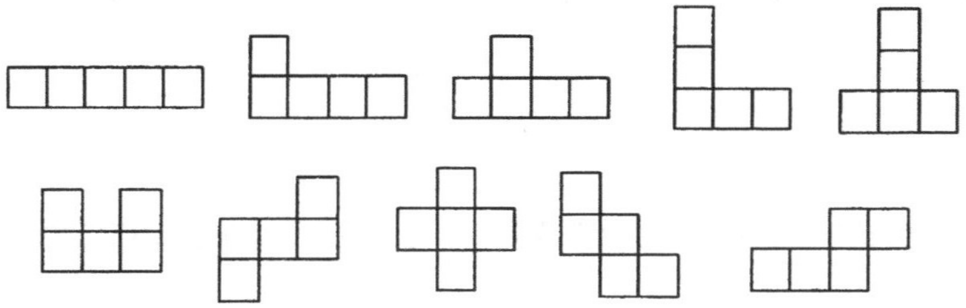

(2)　12種類のペントミノの中で線対称な図形は何種類ありますか。

(3)　ペントミノの一つの辺を軸として1回転させてできる立体を考えます。ただし，正方形の一辺の長さは1cmとします。

①　右の図のようなペントミノを辺㋐を軸として1回転させてできる立体の体積と表面積を求めなさい。

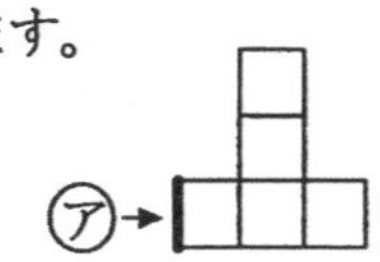

②　12種類のペントミノのうち，どのペントミノを1回転させてできる立体の体積が最も大きくなりますか。その体積を求めなさい。

①

理科(中)

理中令3

(注意) 解答はすべて解答用紙に記入しなさい。

(40分)

1 次の(1)～(10)の問いについて，それぞれの選択肢《せんたくし》の中から適当なものを1つずつ選んで，記号で答えなさい。

(1) 理科室での実験のしかたや行動として**適当ではないもの**はどれですか。

ア 班で実験するとき，班の中であらかじめ役割を決めておいた。
イ 使用する実験器具は，できる限り机の中央に置いて実験を行った。
ウ いすを机の下にしまって，立って実験を行った。
エ 強い地震《しん》が起きたとき，ガスコンロの火を消してから実験台の下に隠《かく》れた。
オ 薬品や水溶《よう》液を片付けるとき，指定された入れ物に液を集めた。

(2) 太鼓《こ》の膜《まく》の中心をたたいたときに，炎《ほのお》のゆれがもっとも大きいろうそくはどれですか。

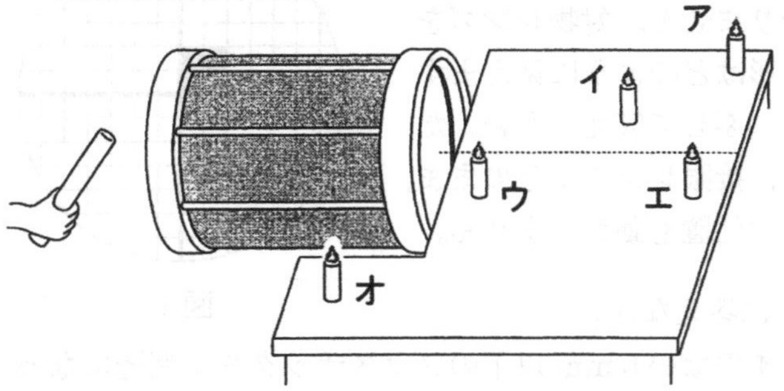

(3) 火山灰のつぶの特徴《ちょう》として適当なものはどれですか。

ア 丸みがあるものが多く，大きさがすべてそろっている。
イ 丸みがあるものが多く，透《とう》明なガラスのかけらのようなものがある。
ウ 丸みがあるものが多く，色はすべて灰色っぽい。
エ 角ばったものが多く，大きさがすべてそろっている。
オ 角ばったものが多く，透明なガラスのかけらのようなものがある。
カ 角ばったものが多く，色はすべて灰色っぽい。

(4) ヒトと同じように母親の体の中で育って生まれる動物のうち，母親の子宮にいる期間が長いものから順に並べたものはどれですか。

ア イヌ・ハムスター・ゾウ・ウマ　　イ ハムスター・ゾウ・ウマ・イヌ
ウ ゾウ・ウマ・イヌ・ハムスター　　エ ウマ・イヌ・ハムスター・ゾウ

(5) 気体について述べた文として**誤っているもの**はどれですか。

ア 酸素，窒素，二酸化炭素は，いずれも酸性雨の原因となる気体である。
イ ものが燃える前後で，空気中に含まれる窒素《ちっそ》の量は変わらない。
ウ 3つの容器に窒素，酸素，二酸化炭素をそれぞれ入れ，火のついたろうそくを入れると，酸素が入った容器の中だけで激しく燃える。
エ ある気体を石灰水に通して白く濁《にご》ったら，その気体には二酸化炭素が多く含まれている。
オ アルコールランプの炎は，内側よりも外側の方が空気とよくふれるため温度が高い。

(6) 長崎県で，右の図のように紙の上にストローを立てて，ある日のかげと太陽の動きを調べました。かげの変化について正しく述べたものはどれですか。

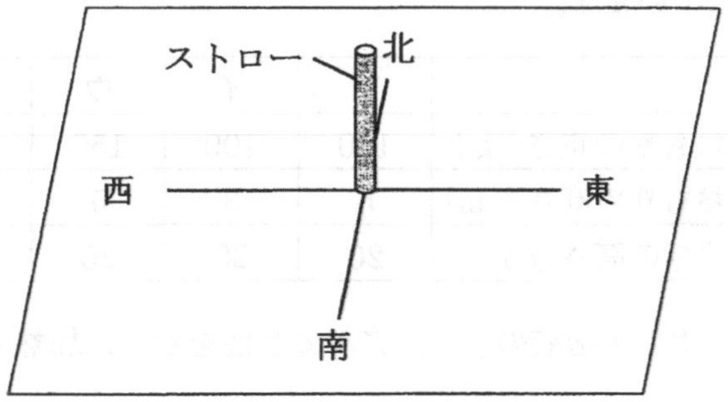

ア 西から北を通って東へ移動し，かげの長さは正午ごろが最も長かった。
イ 西から北を通って東へ移動し，かげの長さは正午ごろが最も短かった。
ウ 西から北を通って東へ移動し，かげの長さは少しずつ長くなった。
エ 西から南を通って東へ移動し，かげの長さは正午ごろが最も長かった。
オ 西から南を通って東へ移動し，かげの長さは正午ごろが最も短かった。
カ 西から南を通って東へ移動し，かげの長さは少しずつ長くなった。

(7) 右図のように，磁石に糸をつけて自由に動くようにしておくと，やがて決まった方向を指して止まりました。次の文の空欄《らん》(①)～(③)に入る適切な語の組み合わせはどれですか。

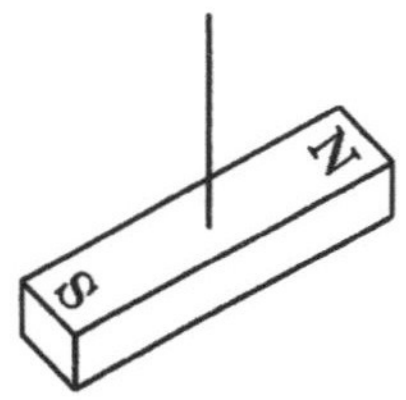

	①	②	③
ア	北	N	北
イ	北	S	北
ウ	南	N	南
エ	南	S	南

「磁石のN極は(①)極の近くの(②)極と引き合い，(③)を指して止まる。」

(8) 気体検知管で健康なヒトが吸う空気とはいた空気を調べた結果として，最も適当なものはどれですか。

		酸素	二酸化炭素		酸素	二酸化炭素
ア	吸う空気	18%	0.04%	はいた空気	21%	3%
イ	吸う空気	18%	0.04%	はいた空気	21%	0.03%
ウ	吸う空気	21%	0.04%	はいた空気	18%	3%
エ	吸う空気	21%	0.04%	はいた空気	18%	0.03%

(9) 図のように，糸の長さが 40cm のふりこのおもりをはじめの位置から静かにはなしたとき，おもりがはじめの位置にもどるまでの時間がもっとも短くなる組み合わせはどれですか。くぎは最下点Aからある高さに打ち，ふりこの糸がそこにかかるようにしています。

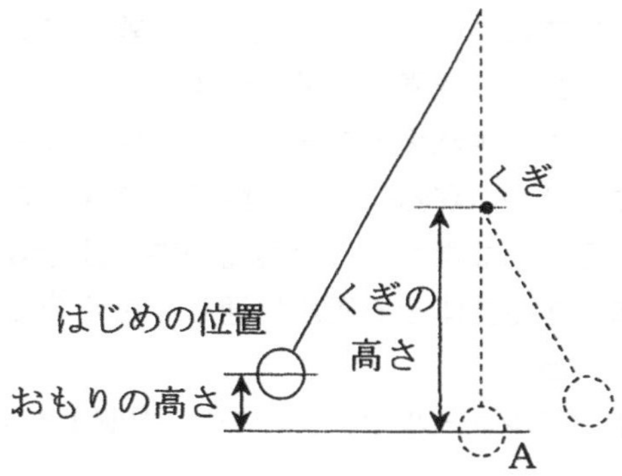

	ア	イ	ウ	エ	オ
おもりの重さ〔g〕	100	100	150	150	150
おもりの高さ〔cm〕	5	3	5	5	3
くぎの高さ〔cm〕	20	20	20	15	10

(10) 次の水溶液のうち，アルカリ性を示し，加熱した後に白い固体が残るものはどれですか。

ア 食塩水　**イ** 塩酸　**ウ** 石灰水　**エ** 炭酸水　**オ** アンモニア水

2 次の問いに答えなさい。

問1　次の**ア**～**カ**のプランクトンについて，下の（1），（2）に答えなさい。

ア ミカヅキモ　**イ** ゾウリムシ　**ウ** ミジンコ　**エ** ミドリムシ
オ ワムシ　**カ** ボルボックス

（1）いちばん大きいものを1つ選んで，記号で答えなさい。
（2）緑色のものを3つ選んで，記号で答えなさい。

問2　顕《けん》微鏡での観察について，次の（1），（2）に答えなさい。

（1）対物レンズを 10 倍から 40 倍にかえてピントを合わせたとき，対物レンズとプレパラートの距離《きょり》と，見える範囲《はんい》の明るさはどうなりますか。最も適当な組み合わせを右の**ア**～**カ**の中から1つ選んで，記号で答えなさい。

	距離	明るさ
ア	近くなる	暗くなる
イ	近くなる	明るくなる
ウ	遠くなる	暗くなる
エ	遠くなる	明るくなる
オ	変わらない	暗くなる
カ	変わらない	明るくなる

（2）黒色の小さな正方形■を記した小さな紙を接眼レンズ7倍，対物レンズ 10 倍の顕微鏡で観察すると，図1のように見えました。図にある縦線，横線は，接眼レンズの中に入れたもので，対物レンズの倍率をかえても見える線の太さや線の幅《はば》は変わりません。対物レンズを 10 倍から 40 倍にかえると，正方形はどのように見えますか。見える部分を解答用紙にぬりつぶして答えなさい。ただし，対物レンズをかえるだけで，接眼レンズはそのまま，ステージの上にあるプレパラートの位置も動かしません。

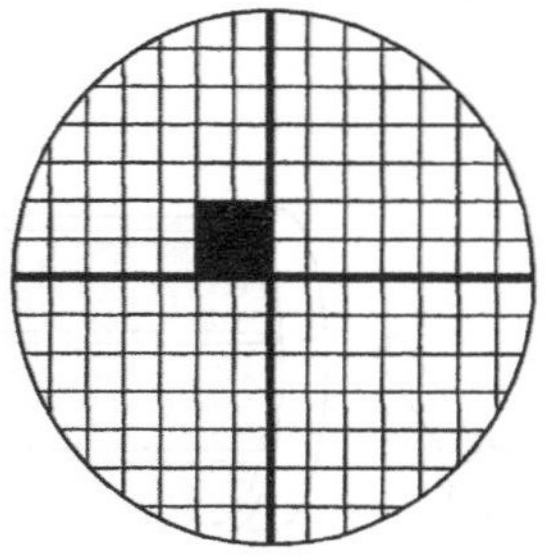

図1

問3　次の文を読んで，下の（1），（2）に答えなさい。

近年，海や川では自然界にあるはずのない5mm 以下のプラスチック片が問題になっています。動物がこのプラスチック片をプランクトンとまちがえて食べたり，プラスチック片がふくまれた水を飲みこんだりすると，体内でプラスチック片が消化されずに残ってしまうことがあります。また，水の中にはプラスチック片だけではなく，人工的に作られた有害物質もあります。

（1）この5mm 以下のプラスチック片を何といいますか。

（2）人工的に作られた有害物質の中で生物の体内で分解・排出《はいしゅつ》されないものは，取りこんだ生物の体内にちく積されていきます。ちく積された有害物質の体内の濃度《のうど》は，食べられるものより，食べるもののほうがどんどん高くなっていきます。この現象を生物《せいぶつ》濃縮《のうしゅく》といいます。図2はこの現象を表したもので，数値はある有害物質の川の水やそれぞれの生物における濃度を示しています。図2より，川の水と比べて，ダツ（魚）の有害物質の濃度は何倍に濃縮されたことになりますか。計算して答えなさい。

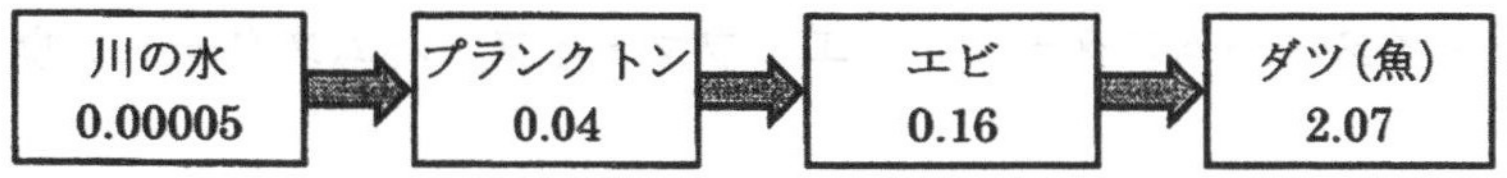

図2（数値は，1kg 中に何 mg 含まれるかを示す）

3 次の文章を読んで，後の問いに答えなさい。

長崎市に住むSさんが通う小学校には，温度計や湿度《しつど》計を入れた（　①　）という箱が設置されています。1この箱は正しく設置しなければ，正確に気温や湿度をはかることができません。Sさんは5月3日から5日間気象の観察を行いました。自宅には（①）がないため2気温は温度計を手にもってはかりました。天気は3雲の量をはかって判断しました。また，気象台が発表している日々の気温や天気のデータも活用しました。下のグラフは，長崎地方気象台が発表した5日分の時刻ごとのデータをまとめたものです。

天気に興味をもったSさんはテレビやインターネットの4気象情報を見る習慣がつきました。気象衛星の画像で雨雲の動きを見ると，日本付近で雲は（　②　）から（　③　）に動いていくことがわかりました。梅雨の時期には雨が激しく降ることも多く，夏になると5台風がいくつも発生し，強い風がふいて多くの雨が降りました。台風などによって降る多くの雨は私たちの生活にとって無くてはならない貴重な6水資源になる一方で，各地に大きな被害《ひがい》を与えることもあります。

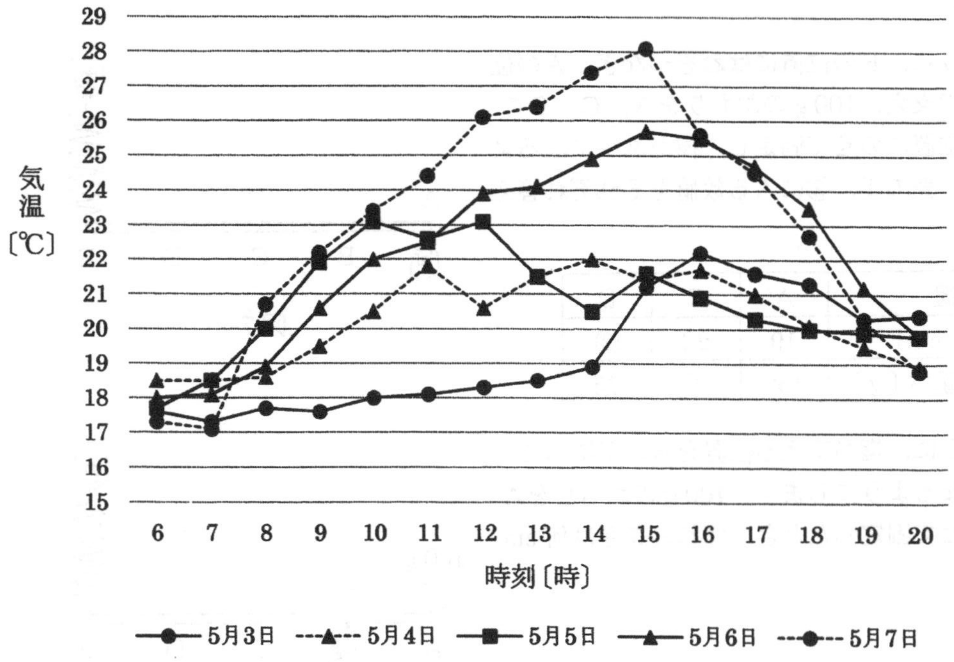

問1　文章中の空欄（　①　）～（　③　）に適する語を答えなさい。

問2　下線部1について，この箱の設置のしかたとして適当なものを，次の**ア**～**オ**の中から1つ選んで，記号で答えなさい。

ア　周囲が建物に囲まれていて，風が直接当たらない場所に設置する。
イ　芝《しば》が生えていて，風通しがよい場所に設置する。
ウ　芝が生えていて，1日中日光が当たらない場所に設置する。
エ　砂利をしいた，風通しのよい場所に設置する。
オ　砂利をしいた，直射日光の当たらない場所に設置する。

問3　下線部2について，温度計を手にもって気温をはかるときに注意すべきことを2つ答えなさい。

問4　下線部3について，空全体を10として雲の量が7のときの天気を答えなさい。

問5　下線部4について，全国各地で雨量や気温，日照などを自動で観測する地域気象観測システムのことを何といいますか。カタカナで答えなさい。

問6　下線部5について，次の（1），（2）に答えなさい。

（1）台風や集中豪雨《ごうう》のときに見られる発達した雨雲の名前は何ですか。
（2）台風の進行方向に対してどのあたりでもっとも風が強くふきますか。前後左右のうちから1つ答えなさい。

問7　下線部6について，水資源としてダムにためられた水は飲み水などの生活用水以外の何に用いられていますか。例を1つあげなさい。

問8　5月3日から5月7日の天気は次のa～eのいずれかです。この5日間の天気の組み合わせとして最も適当なものを下の**ア**～**オ**の中から1つ選んで，記号で答えなさい。

a　朝から夕方までよく晴れていた。
b　朝から雨で夕方ごろからくもってきた。
c　朝早くは少しくもっていたが，午前中から夕方まで晴れていた。
d　朝から夕方までくもっていた。
e　晴れたりくもったりしていたが，午後は雲が多くなってきて霧雨《きりさめ》が降った。

	5月3日	5月4日	5月5日	5月6日	5月7日
ア	b	d	e	c	a
イ	b	e	d	a	c
ウ	c	d	b	e	a
エ	d	b	e	a	c
オ	d	e	b	c	a

4 次の文章を読んで，後の問いに答えなさい。

ばねにおもりをつるしたとき，ばねが元の長さから何 cm 伸びるかは，つるしたおもりの重さに比例することがわかっています。この実験で使うばねは，図1のように，つるしたおもりの重さによって，ばねの長さが変化します。

一様な材質からできている重さ 100 g の棒に，等しい間かくで印A～Eをつけました。図2のように，ばねを棒のCの位置につけてつるしたところ，ばねの長さは 23 cm で棒は水平になってつり合いました。このことから，棒の重さはCの位置に 100 g の重さが集中していると考えてよく，この位置を棒の重心とよびます。ただし，ばねの重さ，おもりについている糸の重さは考えないものとします。

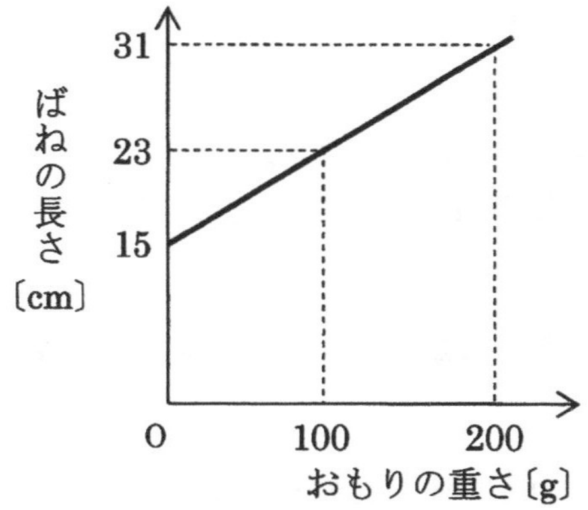

図1

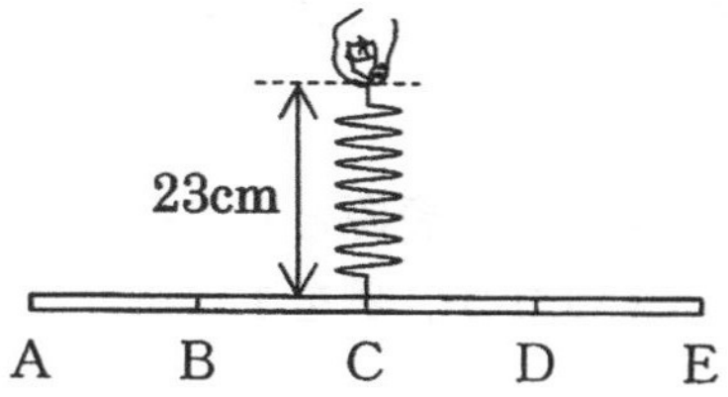

図2

問1　図3のように，棒のCの位置に 25 g のおもりをつるしたときのばねの長さは何 cm ですか。

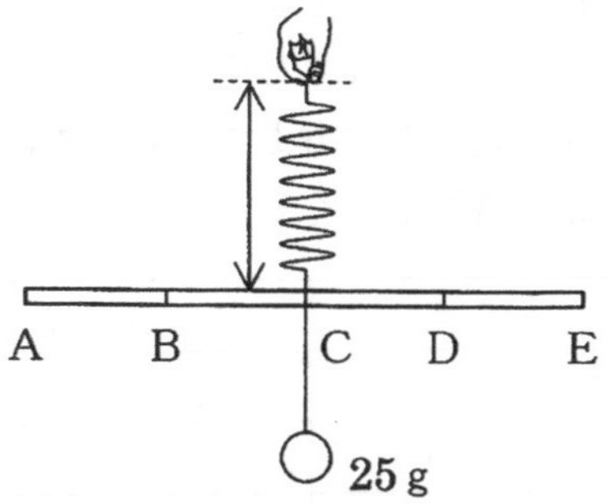

図3

問2　図4～6について述べた文の（　①　）～（　③　）に数値を，【　a　】～【　c　】にA～Eのいずれかの記号をそれぞれ答えなさい。

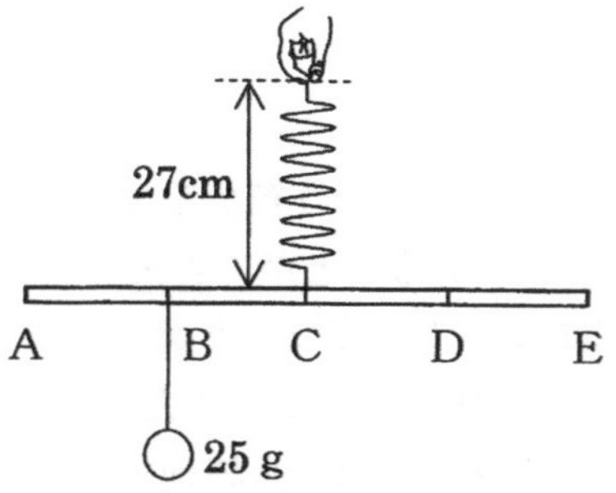

図4

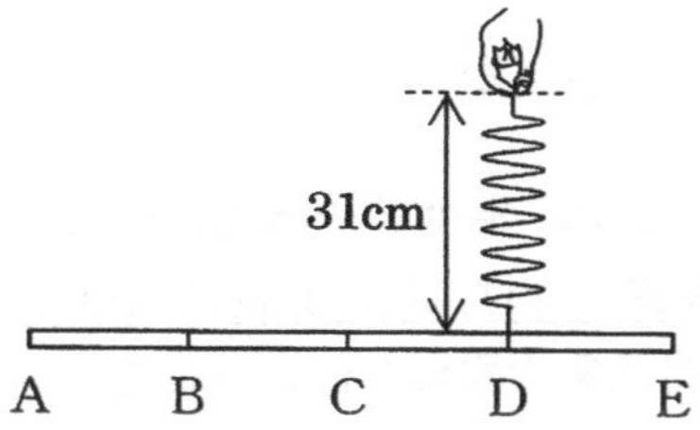

図5

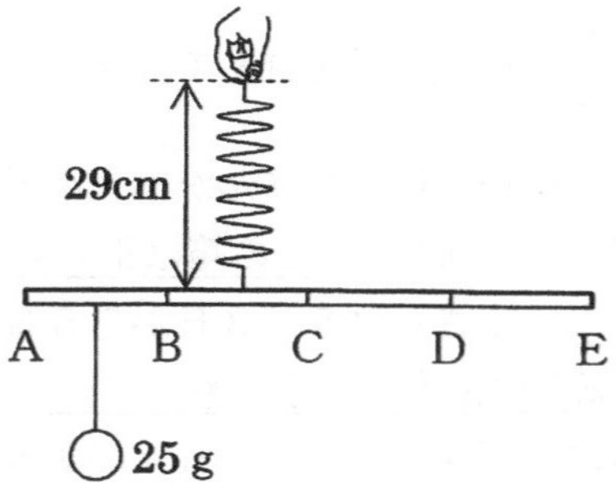

図6

（1）図4で，25 g のおもりをBの位置に，（　①　）g のおもりを【　a　】の位置につるすと，Cの位置につないだばねの長さが 27cm で棒は水平につり合う。

（2）図5で，（　②　）g のおもりを【　b　】の位置につるすと，Dの位置につないだばねの長さが 31 cm で棒は水平につり合う。

（3）図6で，25 g のおもりをAとBの真ん中の位置に，（　③　）g のおもりを【　c　】の位置につるすと，BとCの真ん中の位置につないだばねの長さが 29 cm で棒は水平につり合う。

問3　図7のように，Eの位置にばねをつなぎ，Aの位置の下を指で支え，100 g のおもりをA，C，Dのいずれかの位置にのせて固定し，棒が水平になるようにします。表の①，②に入る数値をそれぞれ答えなさい。

おもりの位置	A	C	D
ばねの長さ〔cm〕	19	23	②
指が支える重さ〔g〕	150	①	75

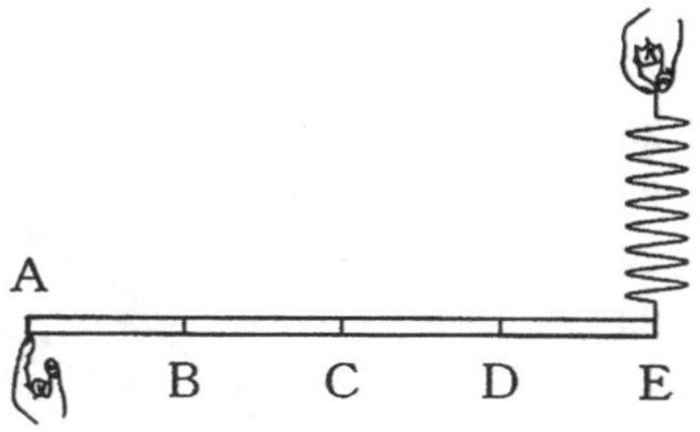

図7

問4　図8のように，指が支える位置をBの下にして棒が水平になるようにします。100 g のおもりをAの位置にのせて固定したとき，ばねの長さは何 cm ですか。

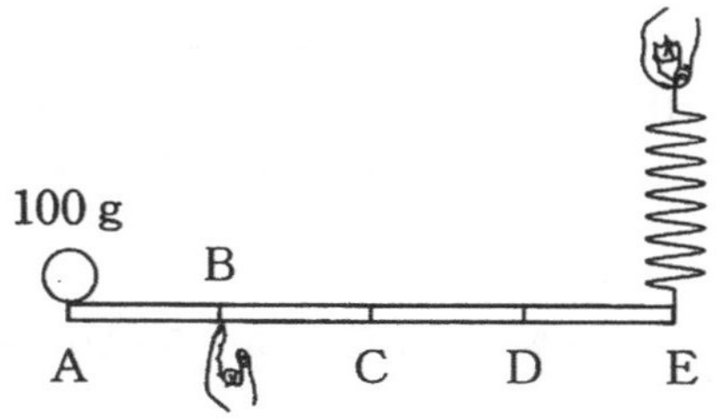

図8

5 次の[Ⅰ]，[Ⅱ]について，後の問いに答えなさい。

［Ⅰ］ 温度計について，次の問いに答えなさい。

問1 図1は，アルコールを利用した温度計の目盛《も》りを拡大《かくだい》したものです。目盛りを読むときの目線として正しいものを，図1の**ア**～**ウ**の中から1つ選んで，記号で答えなさい。

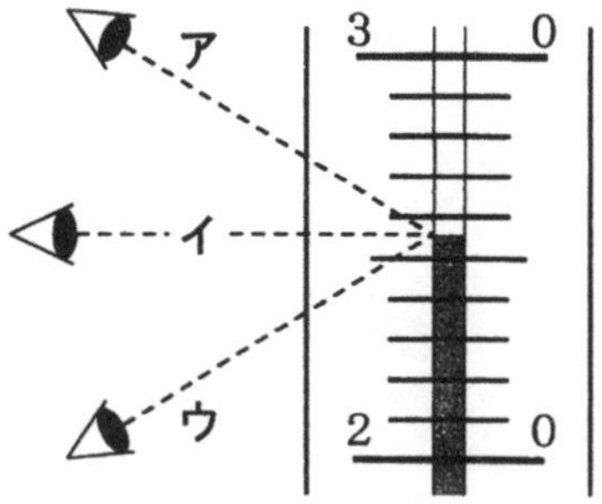

図1

問2 温度計の原理を利用して，絵の具で色をつけた水を使って温度計を作りました。この温度計は，ある程度の温度を測るのには使えますが，低い温度を測るのには適していません。これはなぜですか。「水が凍《こお》る」以外の理由として当てはまるものを次の**ア**～**ウ**の中から1つ選んで，記号で答えなさい。

ア 液体の水は，低温でも蒸発するから。
イ 液体の水は，4℃付近で体積が最小になるから。
ウ 液体の水は，同じ温度と体積でのおもさがアルコールよりも大きいから。

問3 図2は市販《しはん》のガリレオ温度計で，図3はその原理を示した模式図です。この温度計は，透明な液体の中に同じ体積でのおもさが異なるガラス球が入っており，温度が変わることでガラス球が浮《う》いたり沈《しず》んだりします。図3では，温度が22～24℃であることがわかります。

この温度計のしくみについて述べた次の文章中の空欄（ ① ）～（ ④ ）に「大き」または「小さ」を入れて，文章を完成させなさい。

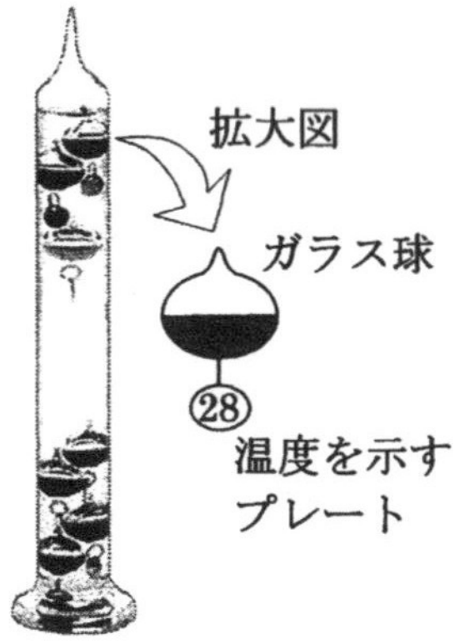

図2

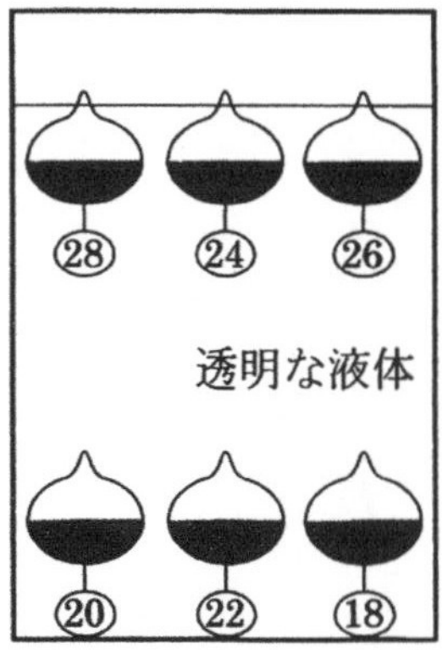

図3

> 温度計の中の透明な液体の温度が上がると，体積は（ ① ）くなるがおもさは変わらないので，透明な液体の同じ体積でのおもさが（ ② ）くなる。ガラス球のうち，同じ体積でのおもさが透明な液体よりも（ ③ ）いものは沈み，（ ④ ）いガラス球は浮いたままである。透明な液体について，同じ体積でのおもさと温度との関係を調べておけば，どのガラス球が浮き沈みしているかにより，そのときの温度がわかる。

［Ⅱ］ 同じ量の水でも，水の温度によりものの溶《と》ける量は変わります。表1は，水50gに溶ける食塩と硝酸《しょうさん》カリウムのおもさを，それぞれ温度ごとにまとめたものです。これについて，後の問いに答えなさい。

表1

水の温度〔℃〕	20	40	60	80
食塩〔g〕	18.9	19.2	19.5	20.0
硝酸カリウム〔g〕	15.8	32.0	54.5	84.5

問4 砂が混ざった食塩から食塩のみを取り出すには，次の操作をどのような順序で行うとよいですか。A～Cを並べなさい。

A ろ過する　　B 水に加えてかき混ぜる　　C 熱する

問5 水100gを入れたビーカーを2つ用意し，温度を60℃に保ったまま一方には食塩50g，もう一方には硝酸カリウム50gを加え，よくかき混ぜました。この後のビーカーの中のようすについて述べたものとして最も適するものを，次の**ア**～**エ**の中から1つ選んで，記号で答えなさい。

ア どちらのビーカーにも溶け残りはなかった。
イ 食塩を加えたビーカーにのみ溶け残りがあった。
ウ 硝酸カリウムを加えたビーカーにのみ溶け残りがあった。
エ どちらのビーカーにも溶け残りがあった。

問6 硝酸カリウム60gを水150gに加えてよくかき混ぜ，温度を60℃に保ちました。この水溶液を20℃まで冷やすと，何gの硝酸カリウムが結晶《けっしょう》として出てきますか。計算結果は，小数第1位を四捨五入し，整数で答えなさい。

問7 水溶液を冷やして結晶を取り出す方法は食塩には適していません。この理由を述べなさい。

①

(40分)

社会科（中）

社中令3

（注意）　解答はすべて解答用紙に記入しなさい。

1　次の文章は，道県庁がある都市A～Gについて説明したものです。これに関するあとの問いに答えなさい。

A　この市は①明治時代に開発された比較的《ひかくてき》新しい都市で，1972年に冬季オリンピックが開催《かいさい》された。
B　この市の沿岸部にはかつて遠浅の海が広がっていたが，大規模な埋立地《うめたてち》が形成されて，②工業地域を形成している。成田空港と東京の中間点に位置するため，国際会議場がある。
C　この市は薩摩《さつま》半島の中部に位置し，海をはさんでそびえる③火山からの降灰《こうはい》による被害《ひがい》を受けている。
D　この市の沿岸部には日本海に面する④大規模な砂丘《さきゅう》があり，法律などによって保全されている。
E　この市は加賀百万石の城下町として栄え，中心部には藩主が築いた庭園である兼六園《けんろくえん》がある。
F　この市は讃岐《さぬき》平野の中央部に位置し，⑤以前は本州各地とこの都市を結ぶ多くの船が行き来していたが，現在は減少している。
G　この市は善光寺《ぜんこうじ》を中心に発展し，1998年には冬季オリンピックが開催された。

問1　都市A～Gがある道県の位置をすべて正しく示した地図を，次のア～エから一つ選んで記号で答えなさい。

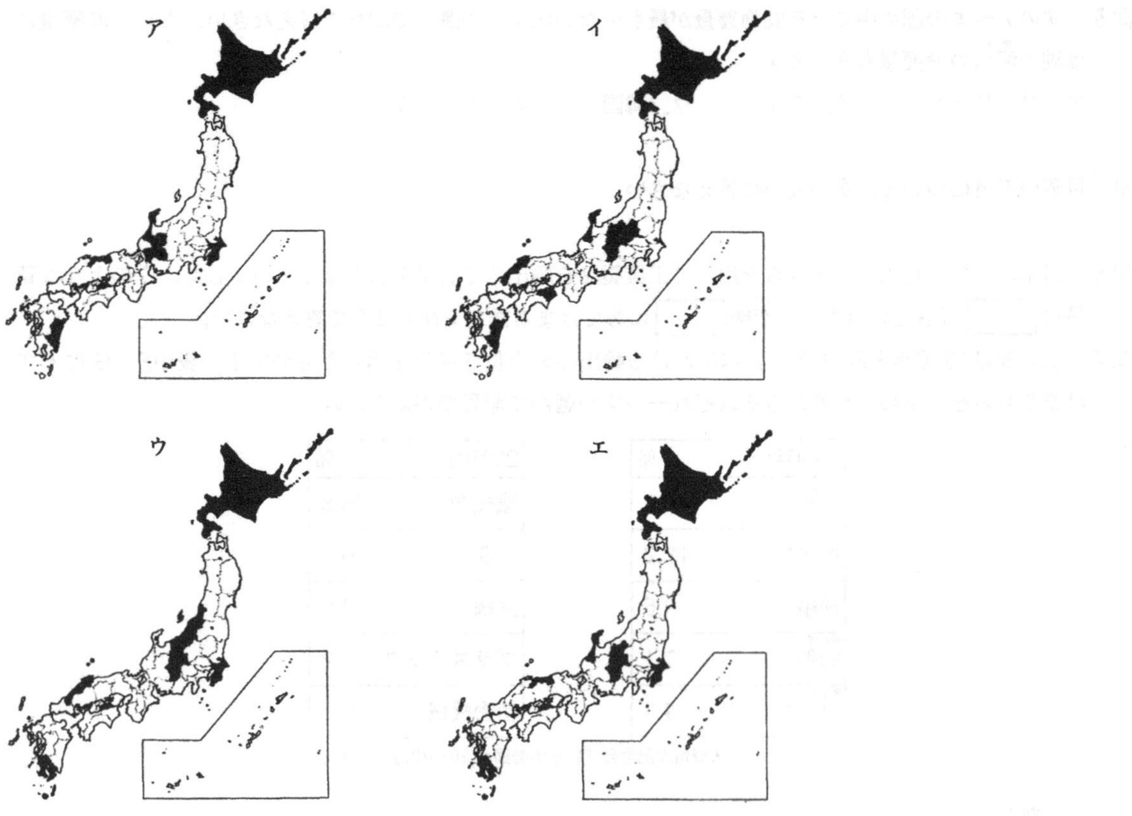

問2　2021年現在，新幹線が通っている都市の組み合わせとして正しいものを，次のア～オから一つ選んで記号で答えなさい。

ア．AとBとC　　イ．AとCとF　　ウ．BとCとF　　エ．CとEとG　　オ．BとCとG

問3　次の雨温図ア～エは都市C・E・F・Gのものです。このうち，都市Fにあてはまるものを一つ選んで記号で答えなさい。

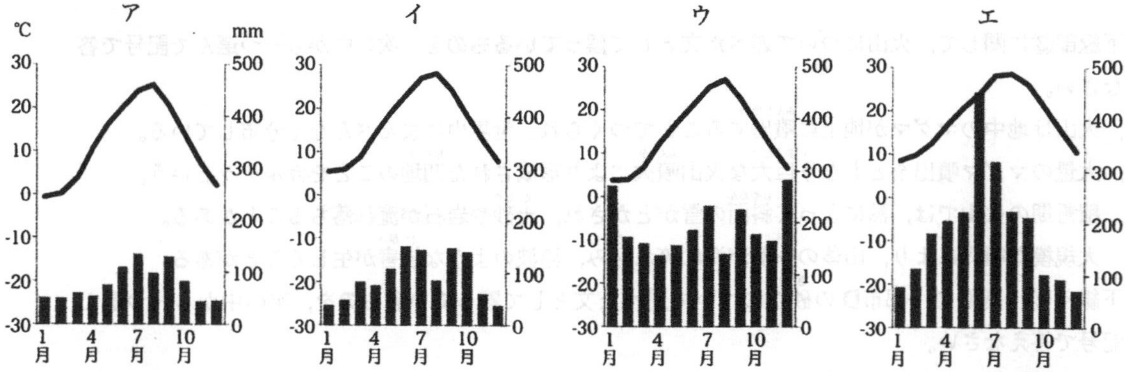

問4　右の表中ア～エは，A・B・C・Dの都市がある道県において最も水揚《あ》げ量が多い漁港です。右の表はこれらの漁港における魚介《ぎょかい》類ごとの水揚げ量と水揚げ量の総数を示したものです。このうち都市Aと同じ道県にある漁港にあてはまるものを一つ選んで記号で答えなさい。

	ずわいがに	カツオ類	サケ類	サンマ	水揚げ量の総数
ア	—	—	221	5,389	124,259
イ	—	2,068	—	4,339	252,430
ウ	980	384	82	4	109,059
エ	—	46,310	—	—	87,240

統計年次は2018年　単位はトン　　農林水産省『水産物流通調査』より作成

問5　次の表中ア～エは現在における米の収穫《しゅうかく》量が多い上位4道県の，米の収穫量と耕地の水田率を示したものです。都市Aがある道県にあてはまるものを一つ選んで記号で答えなさい。

	ア	イ	ウ	エ
収穫量（千トン）	628	515	491	374
水田率　　（%）	88.7	19.4	87.3	79.0

二宮書店『データブック オブ・ザ・ワールド2020年版』より作成

問6　次の(1)～(3)の文はA～Gの都市がある道県の農業と工業について説明したものです。(1)～(3)の説明にあてはまる道県の道県庁所在地を，A～Gからそれぞれ選んで記号で答えなさい。

(1)　火山灰が積もってできた台地では，かつて落花生の生産がさかんであったが，現在では高収益が見込《みこ》める野菜を生産する近郊《きんこう》農業がさかんである。

(2)　戦前から発達していた製糸業が機械工業に変わり，清澄《せいちょう》な空気や水を利用して，技術レベルの高い精密機械の生産がおこなわれている。

(3)　ブルドーザーなどの建設機械生産がさかんなほか，漆器《しっき》や箔押《はくお》し，陶磁器《とうじき》など，伝統工芸品作りの技術を活《い》かした地場産業が地域に根づいている。

問7　下線部①に関して，明治時代より前からこの地域に住んでいた先住民族の名前を答えなさい。

問8　下線部②に関して，都市Bを含《ふく》む工業地域には世界最大級の石油化学コンビナートが立地しています。コンビナートの意味として最も適切なものを，次の中から一つ選んで記号で答えなさい。

ア．地中深くボーリングで穴を掘《ほ》る海底油田施設《しせつ》のこと。
イ．新しい製品を開発するための研究機関のこと。
ウ．原料を製造する工場と，パイプラインなどでつながった関連工場群のこと。
エ．輸入した原油を保管しておく施設がある，大規模な貿易港のこと。

② 社中令3

問9　下線部③に関して，火山について述べた文として**誤っているもの**を，次の中から一つ選んで記号で答えなさい。

ア．火山は地中のマグマが地上に噴出《ふんしゆつ》することでつくられ，世界中にまんべんなく分布している。

イ．大量のマグマ噴出をともなう巨大《きよだい》な火山噴火《ふんか》により形成された凹地《おうち》のことをカルデラという。

ウ．積雪期の火山では，熱によって斜面《しやめん》の雪がとかされ，土砂《どしや》や岩石が流れ落ちることがある。

エ．大規模な噴火により，山体の一部が海に流れ込《こ》み，津波のような被害《ひがい》が生じることがある。

問10　下線部④に関して，都市**D**の砂丘《さきゆう》について述べた文として**誤っているもの**を，次の中から一つ選んで記号で答えなさい。

ア．砂の移動を止めて農地を守ることを目的に植林されている。

イ．水が溜《た》まりやすく，米の栽培《さいばい》がさかんにおこなわれている。

ウ．砂地を利用したらっきょうやスイカの栽培がさかんにおこなわれている。

エ．多くの観光客が訪《おとず》れる地域の観光資源として活《い》かされている。

問11　下線部⑤に関して，現在は都市**F**の県がある地方と本州は，連絡橋《れんらくきよう》の建設によって，道路・鉄道による３つのルートで結ばれています。３つのルートのうち，最も東側にあるルートが接続する都道府県を**２つ**答えなさい。

問12　都市**G**が位置する県を流れていない川を，次の中から一つ選んで記号で答えなさい。

ア．利根《とね》川　　イ．信濃《しなの》川　　ウ．天竜《てんりゆう》川　　エ．木曽《きそ》川

2　次のⅠ～Ⅲのそれぞれの問いに答えなさい。

Ⅰ　次の地図を見てあとの問いに答えなさい。

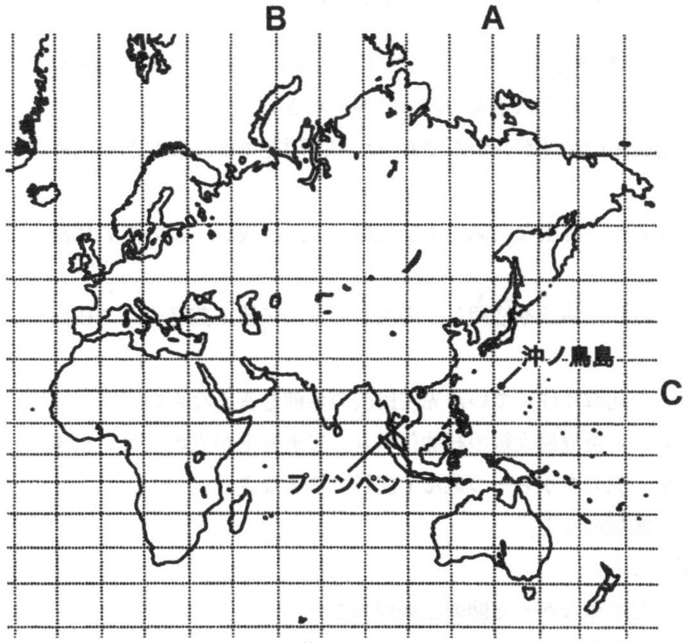

＊注：地図中の経線は15度ごと，緯線《いせん》は10度ごとに引いてあります。

問1　地図中の**A**の経線は東経135度の線です。地図中**B**の経線は東経何度か答えなさい。

問2　日本が１月１日午後５時のとき，地図中のプノンペンは何月何日の何時か答えなさい。なお，経度の差が15度で１時間の時差があるものとします。

問3　日本の南の端《はし》に位置するのは沖ノ鳥島《おきのとりしま》です。沖ノ鳥島に近い**C**の緯度《いど》を，次の中から一つ選んで記号で答えなさい。

ア．０度　　イ．北緯10度　　ウ．北緯20度　　エ．北緯30度

Ⅱ　世界の水産業について，次の問いに答えなさい。

問4　右の表は世界の上位７か国の漁獲量《ぎよかく》を示したものです。次の⑴・⑵に答えなさい。

漁獲量	万トン
D	1,558
インドネシア	674
インド	545
アメリカ合衆国	504
ロシア	488
ペルー	419
E	328

二宮書店『データブック オブ・ザ・ワールド2020年版』より作成

⑴　**D**の国は2000年以降に漁獲量が急激に増えた国です。この国の名前を答えなさい。

⑵　**E**の国は2018年現在，日本のエビ輸入先第一位の国です。この国にあてはまるものを，次の中から一つ選んで記号で答えなさい。

ア．ブラジル　　イ．サウジアラビア

ウ．ベトナム　　エ．カナダ

問5　次のア～エの国の中で，年間漁獲量が最も少ない国を一つ選んで記号で答えなさい。なお，漁獲量には湖や河川《かせん》の漁獲量も含みます。

ア．フィリピン　　イ．タイ　　ウ．韓国　　エ．モンゴル

Ⅲ　世界の工業について，次の問いに答えなさい。

問6　日本は原料を輸入し，それらを用いて工業製品を輸出する貿易をおこなっていました。このような貿易は□□貿易といいます。空欄《くうらん》□□にあてはまる語句を漢字２字で答えなさい。

問7　次の表は1960年と2019年の日本における輸出品の上位５品目を示したものです。表中**F**，**G**にあてはまるものを，下のア～オからそれぞれ一つずつ選んで記号で答えなさい。

1960年	%
F	30.2
機械類	12.2
鉄鋼	9.6
船舶《せんぱく》	7.1
魚介類《ぎよかい》	4.3

2019年	%
機械類	36.8
G	20.3
鉄鋼	4.0
プラスチック	3.2
精密機械	2.9

矢野恒太記念会『日本国勢図会 2020/21』より作成

ア．繊維《せんい》品　　イ．自動車および自動車部品　　ウ．石油製品　　エ．木材　　オ．医薬品

3 次の会話は，長崎にあるＳ高校のＴ先生と，卒業生Ａさん・Ｂさんの間で交《か》わされたものです。この会話文を読んで，あとの問いに答えなさい。

Ａ・Ｂ：Ｔ先生，こんにちは。お久しぶりです。
Ｔ：あれ？　久しぶりだね。きょうはどうしたの？
Ａ：大学の夏休みを利用して，二人で旅行をしてきたので，その報告に来ました。
Ｔ：あいかわらず仲がいいんだね。それで，どこに行ってきたんだい？
Ｂ：二人で①イギリス，フランス，オランダ，ドイツを回ってきました。
Ｔ：それはよかったね。で，どういうことを感じたかな？
Ａ：新しい文化は，異文化との交流から生まれるということがわかった気がします。
Ｔ：日本の文化は，古代からずっとそうだよ。日本人の生活や精神性の基盤《きばん》にある②米づくりや仏教も中国大陸から伝えられたものだし，大和政権も中国や朝鮮からやってきた人びと，すなわち［　③　］の技術によって支えられていたわけだし。
Ｂ：日本からも中国のすすんだ制度や文化を学ぶため，遣隋使や遣唐使が派遣《はけん》されましたよね。
Ａ：でも，遣唐使が廃止《はいし》されると，わが国独自の［　④　］が栄えたのではなかったですか？
Ｔ：遣唐使は廃止ではなく，894年の派遣が中止されただけだよ。それに，独自というより，⑤それまで中国から伝えられていた文化が，日本人の好みに合わせてアレンジされながら成熟したものだと考えた方がいい。高校生のとき勉強しただろう？
Ｂ：そういえば，室町文化を授業で学んだとき，先生は「⑥いま日本の伝統文化と考えられているものの多くが，室町時代に生まれたものだ」とおっしゃっていました。
Ａ：先生の授業では，「文化的な交流が，友好的な外交の中でだけおこなわれるとは限らない」ということも教わりましたよね。⑦豊臣秀吉の朝鮮出兵の授業のときでした。
Ｔ：二人ともよく覚えているね。じゃあ，そのあと日朝関係を立て直すために努力をしたのは…。
Ａ・Ｂ：対馬藩の大名の宗《そう》氏です！
Ｔ：正解！　それ以後，朝鮮からは江戸幕府で新将軍が就任するたびに，［　⑧　］とよばれる使者が派遣されてくることになったわけだ。
Ａ：この朝鮮からの使者の立ち寄る場所には，⑨日本の学者や文化人が集まってさかんに交流がおこなわれたということでしたね。
Ｔ：そうなんだけど，忘れてはいけないのは，異文化との交流は海外とだけするものじゃないということだよ。「長崎遊学《ゆうがく》」という言葉があるぐらいで，江戸時代には，この長崎に⑩蘭学を学ぶため日本中から多くの人が集まった。毎日が異文化交流だったはずだよ。

問１　下線部①に関して，次の(1)～(3)に述べる日本の歴史上のできごとについて，文中のこの国を，イギリス，フランス，オランダ，ドイツの中から選んで答えなさい。ただし，あてはまる国がこの中にない場合は，解答欄《らん》に「×」と書きなさい。
(1)　16世紀中ごろ，鉄砲を所持していたこの国の人が種子島に流れ着いた。
(2)　17～19世紀の鎖国の時期にも，長崎の出島を通じてこの国と通商があった。
(3)　20世紀初めごろ，日本がロシアと戦争をするにあたりこの国と同盟を結んだ。

問２　下線部②について述べた文として正しいものを，次のア～カから**２つ**選んで記号で答えなさい。
ア．三内丸山遺跡《いせき》の調査では，日本で最も古い米づくりのようすが明らかにされた。
イ．集落には指導者が現れ，農作業や豊作を祈《いの》る祭りを指揮するようになった。
ウ．米づくりによって暮らしが安定したため，蓄《たくわ》えをめぐる争いは少なくなった。
エ．仏教を受け入れた象徴《しょうちょう》として，各地の豪族《ごうぞく》は前方後円墳をつくらせた。
オ．聖徳太子は仏教を国づくりに活《い》かすため，東大寺に大仏をつくるよう命じた。
カ．８世紀に日本へ渡《わた》った鑑真は，唐招提寺を開くなど仏教の発展に貢献《こうけん》した。

問３　空欄《くうらん》［　③　］にあてはまる語句を答えなさい。

問４　空欄［　④　］にあてはまる語句を漢字４字で答えなさい。

問５　下線部⑤に関して，平安時代の中ごろには文学にも新しい傾向《けいこう》が生み出されましたが，その要因を次のように説明しました。下線部⑤の内容をふまえつつ，空欄［　Ｘ　］に適切な説明を20字以内で書き，文を完成させなさい。

> 多くの女性が［　Ｘ　］を用いて，物語，日記，随筆《ずいひつ》を書き記した。

問６　下線部⑥について述べた次の文(1)～(3)が，正しければ「○」，誤っていれば「×」を解答欄に書きなさい。
(1)　歌舞伎《かぶき》は，将軍足利義満の保護を受けて発展した。
(2)　寝殿造の居室の様式は，現在の和室の原型となった。
(3)　豊かな商人や大名の中に，茶の湯や生《い》け花《ばな》を楽しむ人が現れた。

問７　下線部⑦に関して，秀吉の命令で朝鮮に出兵した九州の鍋島《なべしま》氏が朝鮮から技術者を連れて帰り，それ以後，現在の佐賀県で特産となった陶磁器《とうじき》を何といいますか，次の中から一つ選んで記号で答えなさい。
ア．有田《ありた》焼　　イ．備前《びぜん》焼　　ウ．萩《はぎ》焼　　エ．清水《きよみず》焼

問８　空欄［　⑧　］にあてはまる語句を答えなさい。

問９　下線部⑨に関して，朝鮮からの外交使節は，古代の中国で生まれた［　⑨　］という学問にくわしい人が多かったといいます。この学問は，上下関係を強調する側面があり，武士にとって大切だと考えられていたため，日本の学者たちは，朝鮮使節との交流を望みました。空欄［　⑨　］にあてはまる学問の名前を答えなさい。

問10　下線部⑩に関して，蘭学者の杉田玄白が，仲間とともに西洋医学書『ターヘル・アナトミア』を翻訳《ほんやく》して刊行した著書の名前を答えなさい。

4 S中学校1年生では，夏休みの自由研究で「私の出身地の歴史」を調べることにしました。次の文章**A～D**は，その発表の一部です。これらを読んで，下の問いに答えなさい。

A 私は神奈川県横須賀《よこすか》市の浦賀の出身です。私の出身地の歴史としては，ペリー来航の地であることが有名です。アメリカなどの要求を受けて日本は1854年に開国し，さらにその4年後には①アメリカなど5カ国との間に条約を結び，貿易を始めることに合意しました。

外国との貿易が始まると，多くの品物が輸出されたために国内では物価が上がり，町人や下級武士の生活は苦しくなり，人びとの幕府に対する不満が高まりました。そこに②長州藩や薩摩藩が中心となって新しい国づくりをすすめるために，幕府を倒《たお》そうとする運動を起こしました。このような動きの中で，幕府第15代将軍の［③］は政権を天皇に返上することを決めました。江戸幕府が倒れることに，開国は大きな影響《えいきょう》を与《あた》えたのです。

問1 下線部①について，次の(1)・(2)に答えなさい。

(1) このときに日米の間で結ばれた貿易に関する条約の名前を答えなさい。

(2) この条約に定められた貿易港として**誤っているもの**を，次の中から一つ選んで記号で答えなさい。

ア．神奈川(横浜)　イ．長崎　ウ．函館　エ．大阪

問2 下線部②に関して，長州藩と薩摩藩は秘密のうちに同盟を結び，ともに幕府を倒すことを目指しました。この同盟の仲立ちとなったといわれる土佐藩出身の人物は誰《だれ》ですか，次の中から一つ選んで記号で答えなさい。

ア．坂本龍馬　イ．勝海舟　ウ．木戸孝允　エ．大久保利通

問3 空欄《くうらん》［③］にあてはまる人名を答えなさい。

B 私は埼玉県の北西部にある秩父《ちちぶ》市の出身です。秩父の歴史はとても古くて，今から1万2千年前の土器や，それよりも前に使われていた石器も見つかっています。8世紀には大量の銅が採掘《さいくつ》されて朝廷に献上《けんじょう》され，朝廷はそれで貨幣《かへい》をつくり，④平城京をつくる経費にあてたそうです。

秩父では，江戸時代から明治時代にかけて，農民による大規模な武力闘争《とうそう》が何度も起こっています。とくに1884年には，農民3000人余りが借金や税金の免除《めんじょ》・減額を求めて業者や役所を襲《おそ》い，この地域一帯を占領《せんりょう》しました。⑤この事件は政府が派遣《はけん》した軍隊によって鎮《しず》められましたが，事件に加わった人の中には⑥自由民権の考え方をもっている人もいたようで，この時期で最大規模の民衆の蜂起《ほうき》となりました。

問4 下線部④について，平城京はどこにつくられましたか，現在の都道府県名で答えなさい。

問5 下線部⑤に関して，政府が徴兵令によって設立した軍隊は，明治時代のはじめごろに各地で起こった士族の武力反乱にも対処しています。これらの反乱のうち，鹿児島で西郷隆盛が中心となって起こしたものを何といいますか，答えなさい。

問6 下線部⑥について，1874年に議会を開設するよう求めた意見書を政府へ提出し，自由民権運動のきっかけをつくったのは誰ですか，次の中から一つ選んで記号で答えなさい。

ア．大隈重信　イ．福沢諭吉　ウ．渋沢栄一　エ．板垣退助

C 私が生まれ育ったのは「本州最南端《さいなんたん》の町」和歌山県東《ひがし》牟婁《むろ》郡串本《くしもと》町というところで，太平洋に面した自然の豊かな町です。しかし，このあたりは航海の難所として知られ，明治時代には2度の大きな海難事故がありました。

一度目は，⑦1886年，イギリス船ノルマントン号が沈没《ちんぼつ》した事故です。西洋人の船員は全員がボートで逃《のが》れて助かり，日本人の乗客は全員が水死しました。船長と船員の責任が問われましたが，⑧裁判では軽い罪にされただけでした。日本ではこの事件をきっかけに，条約改正を求める世論が高まっていきました。

二度目は，⑨1890年，トルコの軍艦《ぐんかん》エルトゥールル号が台風のために沈没した事故です。このときには，付近の人びとが遭難者《そうなんしゃ》の救助や手当てに力を尽《つ》くし，大いに感謝されたそうです。串本町にはこの事故の犠《ぎ》牲者《せいしゃ》の慰霊碑《いれいひ》があり，串本町とトルコとの交流は現在も続いています。

問7 下線部⑦に関して，この当時の日本では前年(1885年)に内閣制度が創設されたばかりで，事件には初代外務大臣の井上馨が対処しました。このことについて，次の(1)・(2)に答えなさい。

(1) この内閣の総理大臣(初代総理大臣)の人名を答えなさい。

(2) 井上外務大臣は，豪華《ごうか》な洋館に外国人をまねき，連日のように舞踏会《ぶとうかい》を開いて日本の近代化をアピールし，条約改正の交渉《こうしょう》を有利にすすめようとしました。この洋館の名前を答えなさい。

問8 下線部⑧のような「軽い罪」にされた理由を次のように説明しました。この文の空欄［X］にあてはまる語句を答えなさい。

> この当時はイギリスに［X］という権利が認められており，船長と乗組員はイギリス人の裁判官によりイギリスの法律にもとづいて裁判を受けたから。

問9 下線部⑨に関して，この当時の日本のようすについて述べた文として正しいものを，次の中から一つ選んで記号で答えなさい。

ア．全国水平社が設立され，差別に反対する人びとが運動を始めた。

イ．憲法に基《もと》づいた最初の選挙が実施《じっし》され，第1回の帝国議会が開かれた。

ウ．関東大震災《だいしんさい》が起こり，東京では復興に向けた新しい町づくりが始められた。

エ．米の値段が急激に上がったことにより，全国各地で米騒動が発生した。

D　私の出身地の福岡県北九州市は，「製鉄の町」として有名です。⑩日清戦争のあと，1901年に操業を開始した[⑪]の設立がその始まりです。20世紀後半の高度経済成長のときには，たくさんの高炉《こうろ》が稼働《かどう》して，日本の産業や経済の発達を支えました。

昭和のはじめごろ，北九州からは多くの人が満州に移住しました。⑫日本が中国への進出を強める中で，満州に大きな製鉄所が開かれることになり，技術者に対して満州への移住がすすめられたからです。私のひいおじいさんの一家も，満州へ移住しました。その後，1937年には日中戦争が起こり，さらに1941年には太平洋戦争が始まりました。ひいおじいさんは，混乱の中で日本に戻《もど》ってくるのは大変だったと話しています。

問10　下線部⑩について，次の(1)・(2)に答えなさい。

(1)　日清戦争の講和条約の名前を答えなさい。

(2)　(1)の内容に**含《ふく》まれないもの**を，次の中から一つ選んで記号で答えなさい。

ア．日本は台湾・遼東半島などを領土として譲《ゆず》り受ける。

イ．清国は多額の賠償金《ばいしょうきん》を日本へ支払《しはら》う。

ウ．日本は満州の鉄道に関する権利を獲得《かくとく》する。

エ．清国は朝鮮が独立国であることを認める。

問11　空欄《くうらん》[⑪]にあてはまる語句を答えなさい。

問12　下線部⑫について述べた次の文の空欄[X]・[Y]にあてはまる語句を答えなさい。

> 1931年，日本軍は南満州鉄道を爆破《ばくは》し，中国軍のしわざであるとして攻撃《こうげき》を始めました。この軍事衝《しょう》突《とつ》を[X]とよび，日本は満州を占領《せんりょう》しました。そして，1932年には中国から満州を切り離《はな》して独立させましたが，[Y]は満州の独立を認めなかったので，日本は[Y]を脱退《だったい》し，国際的な孤立《こりつ》を深めました。

5　次の文章を読んで，あとの問いに答えなさい。

太平洋戦争の終戦から75周年を迎《むか》えた2020年8月15日，東京でおこなわれた日本政府主催《しゅさい》の全国戦没者《せんぼつしゃ》追悼式《ついとうしき》には，①天皇陛下をはじめ，三権の長《ちょう》として②内閣総理大臣・③衆議院と参議院の各議長・[④]長官，戦没者遺族の方々が参列し，戦争の犠牲者《ぎせいしゃ》をいたみ，平和への祈《いの》りをささげました。

中でも，天皇陛下がお言葉の中で，平和を守ることへの強い願いに加えて，⑤新型コロナウイルス感染《かんせん》症《しょう》の感染拡大という状況《じょうきょう》を乗り越《こ》えていくことへの願いについても触《ふ》れられたことは，多くの国民の注目を集めました。

⑥1945年に終わった戦争は310万人以上の国民が命を落とすという，たいへん悲惨《ひさん》なものでした。終戦から今日までの75年間，日本は戦争に巻き込《こ》まれることなく平和で繁栄《はんえい》した社会を築き上げてきました。もうすぐ⑦中学生となる皆《みな》さんには，戦争にかかわる歴史と，これまでの日本国民の努力についてきちんと学んで，それらを皆さんの次の世代の人々に対してしっかりと伝えることが求められています。

問1　下線部①に関して，日本国憲法には，天皇がおこなう国事行為に対して助言と承認《しょうにん》をおこなうところはどこであると定められていますか，次の中から一つ選んで記号で答えなさい。

ア．衆議院　　イ．内閣　　ウ．参議院　　エ．宮内庁《くないちょう》

問2　下線部②について述べた文として**誤っているもの**を，次の中から一つ選んで記号で答えなさい。

ア．必ず国会議員でなければならない。　　イ．国会が指名する。

ウ．日本国憲法で任期が定められている。　　エ．天皇が任命する。

問3　下線部③に関して，日本国憲法において衆議院が参議院に優越《ゆうえつ》することが**認められていないもの**はどれですか，次の中から一つ選んで記号で答えなさい。

ア．憲法改正を発議すること　　イ．予算を議決すること

ウ．法律案を議決すること　　エ．条約を承認すること

問4　空欄[④]にあてはまる国の機関の名前を答えなさい。

問5　下線部⑤に関して，新型コロナウイルス感染症も含め，世界の医療《いりょう》や保健の問題に取り組む国際連合の専門機関はどれですか，次の中から一つ選んで記号で答えなさい。

ア．EU　　イ．UNESCO　　ウ．ASEAN　　エ．WHO

問6　下線部⑥に関して，次のA～Cのできごとを古い順に正しく並べたものを，下のア～カから一つ選んで記号で答えなさい。

A　長崎市へ原子爆弾《ばくだん》が投下された。

B　広島市へ原子爆弾が投下された。

C　沖縄戦が終結した。

ア．A→B→C　　イ．A→C→B　　ウ．B→A→C

エ．B→C→A　　オ．C→A→B　　カ．C→B→A

問7　下線部⑦に関して，皆さんは現在9年間の義務教育を受けています。義務教育とは日本国憲法において子どもに「教育を受けさせる義務」が示されていることから生まれた言葉です。日本国憲法ではこの他《ほか》に国民の義務が2つ示されています。その**2つ**をそれぞれ漢字2文字で答えなさい。

国語科（中）

国中令3

受験番号の欄《らん》は左端《ひだりはし》にあります。忘れないこと。

解答用紙

※150点満点

一　50点

問一	問二	問三	問四	問五	問六
a b c d e					

二　50点

問一	問二	問三	問四	問五	問六	問七
X Y						ア イ ウ エ

三　50点

問一	問二	問三	問四	問五	問六	問七
X Y	a b c	A B				

受験番号

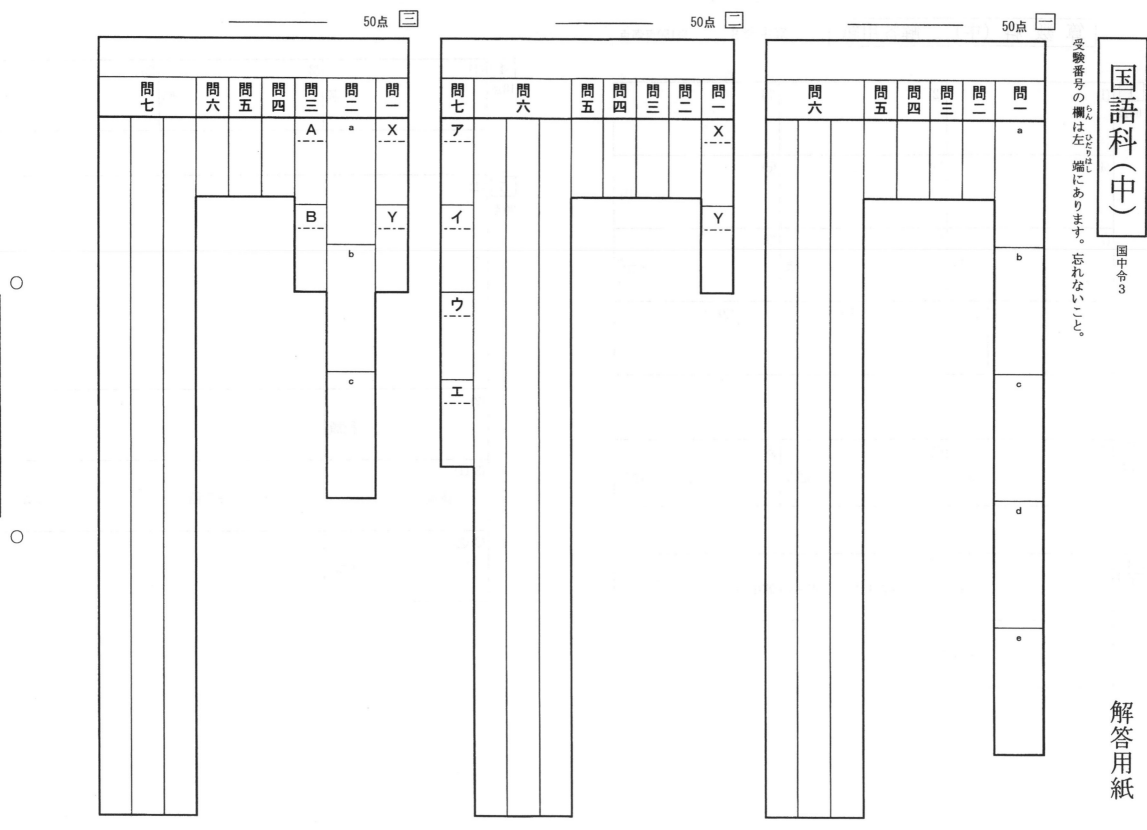

算数科（中）　解答用紙　　算中令3　※150点満点

受験番号

1 66点

(1)	(2)	(3)
(4)	(5)	(6) 円
(7) 円	(8) 度	(9) cm^2

(10) ア	(10) イ	(10) ウ	(10) エ

2 18点

(1) 通り	(2) 通り	(3) 通り

3 18点

(1) m	(2) (太郎さんの速さ):(次郎さんの速さ) = :
(3) 分後	

4 18点

(1) 個	(2) 個	(3) 回

5 30点

(1)	
(2) 種類	
(3) ① 体積 cm^3	表面積 cm^2
(3) ② cm^3	

理科(中)解答用紙

※100点満点

理中令3

受験番号

1

20点

(1)	(2)	(3)	(4)	(5)	(6)	(7)	(8)	(9)	(10)

2

19点

問1	(1)		(2)	
問2	(1)			
	(2)	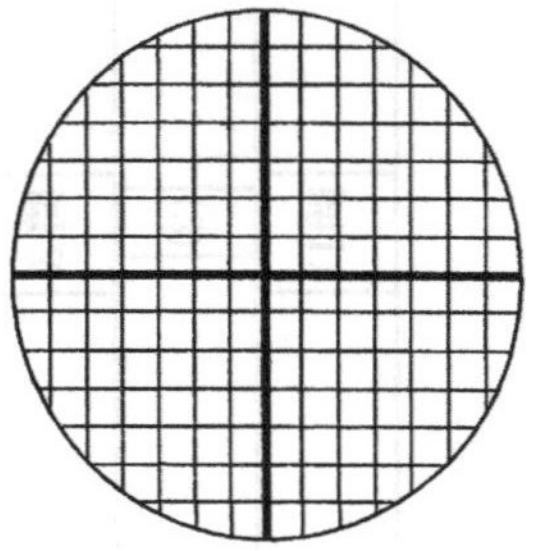		
問3	(1)		(2)	倍

3

19点

問1	①		②		③	
問2						
問3						
問4		問5				
問6	(1)		(2)			
問7		問8				

4

21点

問1	cm							
問2	(1)	①	a		(2)	②	b	
	(3)	③	c					
問3	①		②					
問4	cm							

5

21点

問1		問2					
問3	①		②		③		④
問4	→ →	問5					
問6	g						
問7							

社会科（中）　社中令3

受験番号	

解答用紙

※100点満点

1　25点

問1		問2		問3		問4		問5		
問6	(1)		(2)		(3)		問7		問8	
問9		問10		問11			問12			

2　18点

問1	東経　　　度	問2	月　　日　　時	問3		
問4	(1)		(2)		問5	
問6			問7	F		G

3　17点

問1	(1)		(2)		(3)		問2	
問3								
問4				問5	10	20		
問6	(1)		(2)		(3)		問7	
問8		問9		問10				

4　32点

問1	(1)		(2)		問2		問3
問4		問5		問6			
問7	(1)		(2)		問8		問9
問10	(1)		(2)		問11		
問12	X		Y				

5　8点

問1		問2		問3		問4	
問5		問6		問7		と	

① 国語科（中）

国中令5

（60分）

（注意）解答はすべて解答用紙に記入しなさい。

青雲中学校

一　次の各文の傍線部《ぼうせんぶ》のカタカナを漢字に直しなさい。

(1) ゾウキの移植手術。
(2) 本をカイランする。
(3) 百分の一のシュクズ。
(4) コクモツが実る。
(5) フンパツして取り組む。
(6) 使い捨てのフウチョウを見直す。
(7) ゴカイをまねく表現。
(8) ミンシュウの声を聞く。
(9) サクリャクをめぐらす。
(10) 物語をロウドクする。

二　次の文章を読んで、後の問いに答えなさい。

数十年まえには、経済が立ち上がった時代だったので、企業《きぎょう》が利益を上げることが最重視された。ここでは、集団の勝利のために献身《けんしん》する古来の人の本能が利用された。日本であれば、「企業戦士」といった言葉まで流行した。けっして悪い意味ではなかった。(注1)揶揄《やゆ》するのでもなく、むしろ個人を鼓舞《こぶ》するために謳《うた》われた。「二十四時間、戦えますか?」という宣伝を覚えている方も多いと思う。それが商品のイメージをアップさせるためのキャッチコピィだった時代が、つい最近のことなのだ。

ところが、個人が尊重される社会が作られようとしているのに、優遇《ゆうぐう》され豊かになっているのは企業だけではないか、という反発が生じ始める。A近年は、その修正が盛《さか》んに行われている最中だ。あらゆる(注2)ハラスメントを排除《はいじょ》しようとしているし、職場環境《かんきょう》も改善する規制が広がりつつある。がむしゃらに働いて富を得た人がいたかもしれない。ある幸運でのし上がった人もいるだろう。逆に、大勢は少しずつ搾取《さくしゅ》され、格差の問題がクローズアップされた。これを、税制や福祉《ふくし》などの制度によって改善していくのは、(注3)俯瞰《ふかん》すれば、均質化であり、整理・整頓《せいとん》とは逆の方向性といえるが、あまりにも急速な片づけに、人間がついていけないからである。

ネット社会があっという間に広がったのは、都市化よりも少しあとのことだ。大勢の人間が一気につながることが可能になった。世界中にいる人間は、自分の周囲よりもはるかに大勢であり、B劇的に視野が広がった感覚を人々に与《あた》えただろう。

インターネットの(注4)ストラクチャは、これまでの集中系ではなかった。人間が作ったもののほとんどは、樹木のように、幹があり枝があり、その末端《まったん》に葉がある、という集中系のシステムだったのだが、ネットは完全な分散系であり、社会の構造とも異なっている。

ただ、人間の頭の構造には、分散系が近いかもしれない。人間の頭脳は、図書館の分類のように整理はされていない。このような(注5)ランダムなアクセスを許すストラクチャは、コンピュータが登場するまでは、効率の問題から実現が不可能だったのだ。

インターネットが一般《いっぱん》に普及《ふきゅう》し始めたのは九〇年代初めであるが、このとき僕《ぼく》が感じたことは、「社会の秩序《ちつじょ》が乱れるだろうな」というものだった。C個人どうしが勝手につながることは、社会に存在するあらゆる枠組《わくぐ》みを破壊《はかい》する可能性がある。たとえば、国とか、地方とか、会社や集団、あらゆるフレームを、である。

それまでは、ある枠組みに属すれば、他の枠組みには属せない、という暗黙《あんもく》の了解《りょうかい》があった。これは「集中系」のストラクチャの基本だ。どこかの国の国民なら、ほかの国の国民ではない、という具合である。さらには、個人は、一つの職業に就《つ》き、一つの家に住む、という枠組みもあった。

今でも、個人の名前は一つだ。すなわち、個人は一人だと規定されている。だが、どうして一人でなければならないのか、別の一人を立ち上げ、別の仕事に就き、別の生活をすることはできないのか、という疑問を、今の若者なら持つのではないだろうか?

ネットでは、このような二重登録が簡単に実現する。個人が複数の(注6)アカウントを持つことができ、複数の人格を装《よそお》える。そこには、個人の可能性を広げる自由がある。むしろ、現実でそれが不可能なことが、いずれ不自然となりそうである。

一例として、図書館に並ぶ本の分類を思い浮《う》かべてみよう。図書館の蔵書には、分類コードなるものがあって、そのナンバーのシールが貼《は》られているはずだ。ある本は、どこか一つのジャンルに分類されなければならない。だが、複数のジャンルに跨《また》がるような本は、困ったことになる。どちらかへ入れなければならない。本を探すときには、そのジャンルの書棚《しょだな》へ行けば見つかるわけだが、このような(注7)クロスオーバな本は、見つからない可能性が高くなる。

今は、本をコンピュータで検索《けんさく》できるシステムが普及している。キーワードなどで探せば、どの書棚にあるかを教えてくれる。とても便利だが、これが可能になったのは、コンピュータが普及したからだ。それ以前は、どうしていたのだろう?

二つのジャンルに跨がる本がある場合、一方に本を置き、もう一方には、本のタイトルを記した箱を置いておけば良い。その箱に、本体はどこにあるかが示されている。コンピュータ上では、(注8)エイリアスというファイルがこれに当たる。

こういった話からわかるように、片づける、整理・整頓をする、という行為《こうい》には、Dデザインされた方針が前提となっている。ここが、ただゴミを排除し、汚《よご》れを取り除くだけの掃除《そうじ》とは異なっている点である。

社会がこのようにネット化し、多層化、複雑化してくると、当然ながら、人間関係もそれに応じたものにならざるをえないだろう。昔の人間関係は、今の人間関係とは違《ちが》っているはずだ。

昔の農村であれば、その村の一員として生きるしかない。家庭内の人間関係と、村の他者との人間関係の二層しかない、といえるかもしれない。この時代には、生きることは大部分が労働であり、働くことが生きることに直結していた。したがって、人間関係は仕事上の関係だった。誰《だれ》に従えば良いのか、誰に逆らってはいけないのか、という単純なルールを守っていれば良かった。これが、封建《ほうけん》社会の基本的なシステムである。

家庭内でも、こうあるべきだというルールが、だいたい決まっていた。それらに従うことが、生きる方法だった。上手《うま》く対応していれば、周囲からの協力や援助《えんじょ》が得られる。どのように生きようか、と考える必要はなく、Eどう生きるかが、ほとんど決まっていた時代だった。

現代人は、多くの自由を手に入れた。自分が好きなように生きることができる。そのかわり、どう生きるかを、自分で考えなければならない状況《じょうきょう》になった。

もちろん、考えられない人たちをサポートする人も大勢いる。世の中には、そういった世話を焼く人がいるものだが、最近では減っていることだろう。

僕が生きてきた期間だけでも、いろいろな変化があった。かつては、結婚《けっこん》をしないことは普通《ふつう》ではない選択《せんたく》だった。結婚しなければ一人前だと見なしてもらえなかった。だから、親戚《しんせき》や近所の人が、見合いの話を持ってきたし、もちろん親も熱心に相手を探しただろう。

今では、結婚しない人が非常に増えて、周囲からそういった圧力を受けないようになった（圧力をかけることが、違法《いほう》に近づいてさえいる）。

②

昔は、大勢が均一な生活をするようにデザインされた社会だったが、今はそうではない。ランダムになるような方向であり、これは分散系のネットの仕組みにも類似《るいじ》している。

個人の人間関係は、今後も限りなく多様化、多層化するはずである。その限界は、個人の頭がついていけるところだ、と思われる。認識《にんしき》できるうちは、自由に複雑化するはずである。人間の頭脳の限界以外には、これといった障害がないからだ。

この状況自体を、僕は「悪くない」と感じている。このようなランダムで複雑なストラクチャは、人工的ではなく、むしろ自然に似ている。自然の生態系は、人間の理解を超《こ》えるほど複雑で、あらゆるものがリンクし、しかもどこにもグループらしきものを形成しない。F一つのものが一箇所《かしょ》で増えることを、自然は嫌《きら》っているようにさえ見える。まるで、ランダムに広がるようデザインされたみたいだ。

（森博嗣『アンチ整理術』による）

（注）1　揶揄——人をからかうこと。　2　ハラスメント——嫌がらせ。　3　俯瞰——高い所から広く見わたすこと。
4　ストラクチャー——構造。　5　ランダム——何も考えないで、手当たりしだいにするようす。
6　アカウント——コンピューターやコンピューターネットワークなどを利用するための権限。　7　クロスオーバー——交差すること。
8　エイリアス——リンク機能だけをもつファイル。

問1　傍線部《ぼうせんぶ》**A**「近年は、その修正が盛んに行われている最中だ。」とありますが、これはどういうことですか。その説明として最も適当なものを、次の**ア～エ**のうちから一つ選び、記号で答えなさい。

ア　企業《きぎょう》が人の本能を利用している状況《じょうきょう》を、個人が企業に所属せず自由に働ける制度へと変更《へんこう》しているということ。

イ　企業が法律において優遇《ゆうぐう》されている状況を、個人が豊かになっていく仕組みへと整備していくということ。

ウ　企業が人々を働くだけ働かせている状況を、社会において個人も優遇して経済的に豊かにするということ。

エ　企業だけが豊かになっている状況を、企業においても個人が尊重されるように制度を整えているということ。

問2　傍線部**B**「劇的に視野が広がった感覚を人々に与えただろう」とありますが、それはなぜですか。その説明として最も適当なものを、次の**ア～エ**のうちから一つ選び、記号で答えなさい。

ア　インターネットは自分の周囲にいる人間以外ともつながることを可能にしたが、自分たちが生きている世界とは異なる世界が存在しているように見えたから。

イ　インターネットは大勢の人間と一気につながることを可能にしたが、人間の脳の構造と異なる思考法を用いながら日常生活を送らなければならなくなったから。

ウ　インターネットは多くの人間と一気につながることを可能にしたが、人間にとってはそれまで体験したことのない多くの人と一度に出会うことになったから。

エ　インターネットは自分の周囲にいない人間ともすぐにつながることを可能にしたが、世界中の人々と効率よく経済活動を行うことができることになったから。

問3　傍線部**C**「個人どうしが勝手につながることは、社会に存在するあらゆる枠組みを破壊する可能性がある。」とありますが、これはどういうことですか。その説明として最も適当なものを、次の**ア～エ**のうちから一つ選び、記号で答えなさい。

ア　これまでの社会では個人は一つの枠組みにしか属していなかったが、それに疑問を持った人がネットの中で複数の人格を作るかもしれないということ。

イ　これまでの社会では個人は一つの枠組みだけに属していたが、それに疑問を持った人がネットを通じてその枠組みを変える運動を行うかもしれないということ。

ウ　これまでの社会では個人は一人しかいないということが当然であるが、それに興味を持った人がネットの中で他の人に成りすますかもしれないということ。

エ　これまでの社会では個人は一つの所属から変わることはできなかったが、それに嫌気《いやけ》がさした人がネットの中で別の人格を作るかもしれないということ。

問4　傍線部**D**「デザインされた方針が前提となっている」とありますが、これはどういうことですか。その説明として最も適当なものを、次の**ア～エ**のうちから一つ選び、記号で答えなさい。

ア　人々が何かに対して興味を持つきっかけとなるように、一つ一つのものに特徴《とくちょう》となるワードをつけることであるということ。

イ　人々が探しているものをすぐに見つけられるように、一つ一つのものに分野で記号をつけて区別することであるということ。

ウ　人々が探しているものを見つけやすいように、一つ一つのものが保管されている場所を記録しておくことであるということ。

エ　人々が検索《けんさく》した時にその内容を理解しやすいように、それぞれのジャンルに則して単純な作品を作ることであるということ。

問5　傍線部**E**「どう生きるかが、ほとんど決まっていた時代だった」とありますが、これはどういうことですか。その説明として最も適当なものを、次の**ア～エ**のうちから一つ選び、記号で答えなさい。

ア　昔は生きることの大部分が労働であり、社会の制度も整っていなかった。したがって、自分の人生は全て親によって決められていたということ。

イ　昔は人間関係のほとんどが仕事上のもので、ルールも明白だった。だから、上手《うま》く対応すれば思い通りの人生を過ごすことができたということ。

ウ　昔はほとんどの時間を働いて過ごしていて、関係におけるルールも単純だった。だから、それらに従っておけば生きることができたということ。

エ　昔は仕事と家庭が一体であり、単純なルールしかなかった。したがって、それらのルールさえ守っておけば生きることができたということ。

問6　傍線部**F**「一つのものが一箇所で増えることを、自然は嫌っているようにさえ見える。」とありますが、これはどういうことですか。三行以内で説明しなさい。

三　次の文章を読んで、後の問いに答えなさい。

「いろいろある」

草児《そうじ》が繰《く》り返すと、男は食べ終えたうまい棒の袋《ふくろ》を細長く折って畳《たた》みはじめる。

「ところできみは、なんでいつも博物館にいるの？」

「だよね、いつもいるよね？」と質問を重ねる男は、草児がいつもいるとわかるほど頻繁《ひんぱん》に博物館を訪《おとず》れているのだ。

「恐竜《きょうりゅう》とかが、好きだから」

大人に好きなものについて訊《き》かれたら、かならずそう答えることにしている。嘘《うそ》ではないが、太古の生物の中でもとりわけ恐竜を好むわけではない。にもかかわらずそう言うのは「そのほうがわかりやすいだろう」と感じるからだ。そう答えると、大人は「ああ、男の子だもんね」と勝手に納得《なっとく》してくれる。

「あと、もっと前の時代のいろんな生きものにも、いっぱい、いっぱい興味がある」

他の大人の前では言わない続きが、するりと口から出た。

エディアカラ紀、海の中で、とつぜんさまざまなかたちの生物が出現しました。

体はやわらかく、目やあし、背骨はなく、獲物《えもの》をおそうこともありませんでした。

エディアカラ紀の生物には、食べたり食べられたりする関係はありませんでした。

図鑑《ずかん》を暗誦《あんしょう》した。

草児は、そういう時代のそういうものとして生まれたかった。同級生に百円をたかられたり、喋《しゃべ》っただけで(注1)奇異《きい》な目で見られたり、こっちはこっちでどう見られているか気にしたり、そんなんじゃなく、静かな海の底の砂の上で静かに生きているだけの生物として生まれたかった。

「行ってみたい？　エディアカラ紀」

唐突《とうとつ》な質問に、うまく答えられない。この男は「エディアカラ紀」を観光地の名かなにかだと思っているのではないか。

「Aタイムマシンがあればなー」

でも操縦できるかな。ハンドルを左右に切るような動作をしてみせる。

「バスなら運転できるんだけどね。おれむかし、バスの運転手だったから」

男の言う「むかし」がどれぐらい前の話なのか、草児にはわからない。わからないので、黙《だま》って頷《うなず》いた。むかしというからには今は運転手ではなく、なぜ運転手ではないのかという理由を、草児は訊《たず》ねない。男が「いろいろ」の詳細《しょうさい》を訊かなかったように。

男がまた、見えないハンドルをあやつる。

一瞬《いっしゅん》ほんとうにバスに乗っているような気がした。バスが、長い長い時空のトンネルをぬけて、しぶきを上げながら海に潜《もぐ》っていく。いくつもの水泡《すいほう》が、窓ガラスに不規則な丸い模様を走らせる。

視界が濃《こ》く、青く、染まっていく。

海の底から生えた巨大《きょだい》な葉っぱのようなカルニオディスクス。楕円形《だえんけい》にひろがるディッキンソニア。ゆったりとうごめく生きものたち。自分はそれらをいちいち指さし、男は薄《うす》く笑って応じるだろう。バスは音も立てずに進んでいく。砂についたタイヤの跡《あと》はやわらかいカーブを描《えが》き、その上を、図鑑には載《の》っていない小さな生きものが横断する。

そこまで想像して、でも、と呟《つぶや》いた。

「もし行けたとしても、戻《もど》ってこられるのかな？」

タイムマシンで白亜紀《はくあき》に行ってしまうアニメ映画を、母と一緒《いっしょ》に観《み》たことがある。その映画では、途中《とちゅう》でタイムマシンが恐竜に踏《ふ》み壊《こわ》されていた。その場面は強烈《きょうれつ》に覚えているのに、主人公が現代に戻ってきたのかどうかは覚えていない。

男が「さあ」と首を傾《かし》げる。さっきと同じ、他人事のような態度で。

「戻ってきたいの？」

Bそりゃあ、と言いかけて、自分でもよくわからなくなる。

「だって、えっと戻ってこなかったら、心配するだろうから」

草ちゃんがどこにでも行けるように、と母は言ってくれるが、タイムマシンで原生代に行って二度と帰ってこなかったら、きっと泣くだろう。

「そうか。だいじな人がいるんだね」

おれもだよ、と言いながら、男はゆっくりと、草児から視線を外した。

「タイムマシンには乗れないんだ。仕事をさぼって博物館で現実逃避《とうひ》するぐらいがセキノヤマなんだ、おれには」

「さぼってるの？」

男は答えなかった。意図的に無視しているとわかった。そのかわりのように「ねえ、だいじな人って、たまにやっかいだよね」と息を吐いた。

「なんで？」

「やっかいで、だいじだ」

空は藍色《あいいろ》の絵の具を足したように暗く、公園の木々は、ただの影《かげ》になっている。Cきみもう帰りな、とやっぱりへんな、すくなくとも草児にはへんだと感じられるアクセントで言い、男が立ち上がる。うまい棒のかけらのようなものが空中にふわりと舞《ま》い散《ち》った。

いつもと同じ朝が、今日もまた来る。

トースターに入れたパンを焦《こ》がしてしまって、家を出るのがすこし遅《おく》れた。教室に入って宿題を出し、椅子《いす》に腰《こし》を下ろすと同時に担任が教室に入ってきた。

あー！　誰《だれ》かが甲高《かんだか》い叫《さけ》び声《こえ》を上げる。担任はいつものジャージを穿《は》いていたが、上は黒いTシャツだった。恐竜の絵が描かれている。

「ティラノサウルス！」

誰かが指さす。せんせーなんで今日そんなかっこうしてんのー、と別の誰かが笑う。彼《かれ》らは先生たちの変化にやたら敏感《びんかん》で、髪《かみ》を切ったとか手をケガしたとか、そういったことにいちいち気づいて指摘《してき》せずにはいられないのだ。

「ちがう」

声を発したのが自分だと気づくのに、数秒を要した。みんながこちらを見ている。心の中で思ったことを、いつのまにか口に出していた。

担任から促《うなが》されて立ち上がる。椅子が動く音が、やけに大きく聞こえる。

「ちがう、というのはどういう意味かな？　宮本さん」

「……それはアロサウルスの絵だと思います」

「なるほど。どう違うか説明できる？」

「時代が違います。ティラノサウルスは白亜紀末に現れた恐竜で、アロサウルスは、ジュラ紀です」

すべて図鑑の受け売りだった。

「続けて」

「えっと、どちらも肉食ですが、ティラノサウルスよりアロサウルスの

④

ほうが頭が小さい、という特徴《とくちょう》があります」

ずっと喋らないようにしていた。笑われるのは無視されるよりずっとずっと嫌《いや》なことだった。おそるおそる目線だけ動かして教室を見まわしたが、D笑っている者はひとりもいなかった。何人かは驚《おどろ》いたような顔で、何人かは注意深く様子をうかがうように、草児を見ている。

「ありがとう。座《すわ》っていいよ。宮本さん、くわしいんだな。説明もわかりやすかったよ」

感心したような声を上げた担任につられたように、誰かが「へー」と声を漏《も》らすのが聞こえた。

「じゃあ、国語の教科書三十五ページ、みんな開いて」

なにごともなかったように、授業がはじまる。

国語の次は、体育の授業だった。体操服に着替《きか》えて体育館に向かう。体育館はいつも薄暗《うすぐら》く、壁《かべ》はひび割れ、床《ゆか》は傷だらけで冷たい。草児はここに来るたび、うっすらと暗い気持ちになる。

体育館シューズに履《は》き替《か》えていると、誰かが横に立った。草児より小《こ》柄《がら》な「誰か」はメガネを押《お》し上げる。

「恐竜、好きなの？」

「うん」

草児が頷くと、メガネも頷いた。

「ぼくも」

そこで交《か》わした言葉は、それだけだった。でも誰かと並んで立つ体育館の床は、ほんのすこしだけ、冷たさがましに感じられる。

すこしずつ、すこしずつ、画用紙に色鉛筆《いろえんぴつ》で色を重ねるように季節が変わっていって、草児が博物館に行く回数は減っていった。

体育館の靴箱《くつばこ》の前で声をかけてきた男子の名は、杉田《すぎた》くんという。杉田くんは塾《じゅく》とピアノ教室とスイミングに通っているから一緒に遊べるのは火曜日だけだ。そして、教室で話す相手は彼だけだ。それでももう、以前のように透明《とうめい》の板に隔《へだ》てられているという感じはしなくなった。完全に取っ払《ばら》われたわけではない。でも、E透明のビニールぐらいになった気がしている。その気になればいつだって自力でぶち破れそうな厚さに。

「外でごはん食べよう」

帰宅した母が、そんなことを言い出す。突然《とつぜん》なんなのと戸惑《とまど》う祖母の背中を押すようにして向かった先はファミリーレストランだった。草児がそこに行きたいとaせがんだからだ。

もっとぜいたくできるのに、と母は不満そうだったが、草児はぜいたくでなくてもよかった。ぜいたくとうれしいは、イコールではない。

体調不良が続いていた祖母も、今日はめずらしく調子が良いようで、うすく化粧《けしょう》をして、明るいオレンジ色のカーディガンを羽織っている。四人がけの席につき、メニューを広げた。

「急に外食なんて、どうしたの」

草児が気になっていたことを、祖母が訊ねてくれる。頬杖《ほおづえ》をついていた母が「パートのわたしにも賞与《しょうよ》が出たのよ」と言うなり、唇《くちびる》の両端《りょうたん》をにいっと持ち上げた。

「それはよかった」

祖母の真似《まね》をしてみた草児に向かって、母がやさしく目を細める。

賞与の金額の話から、コテイシサンゼイが、ガクシホケンがどうのこうのというつまらない話がはじまったので、草児はひとりドリンクバーにむかう。

グラスにコーラを注いで席に戻る途中で、あの男がいるのに気づいた。男は窓際《まどぎわ》の席にいた。ひとりではなかった。四人がけのテーブルに、誰かと横並びに座っている。

男の連れが男なのか女なのか、草児には判断できなかった。髪は背中に垂れるほど長く、着ている服は女もののようであるのに、顔や身体つきは男のようだ。

ふたりはただ隣《となり》に座っているだけで、触《ふ》れあっているわけではない。にもかかわらず、近かった。身体はたしかに離《はな》れているのに、ぴったりとくっついているように見える。

男の前には湯気の立つ鉄板がある。男は鉄板上のハンバーグをナイフですいと切って、口に運ぶなり「フーファ」というような声を上げた。ムササビの骨格を見上げておどろいていた時とまったく同じ、b間の抜けた声だった。

「あっつい」

「うん」

「でもうまい」

「ね」

男とその連れは視線を合わすことなく、短い言葉を交わす。声をかけようとした時、ふいに男が顔を上げた。挨拶《あいさつ》しようと上げた草児の手が、宙で止まる。

男の首がゆっくりと左右に動くのに気づいたから。

男の視線が鉄板にかがみこんでいる隣の人間に注がれたのち、草児の母と祖母がいる席に向いた。迷いなくそちらを向いたことで草児は、男がとっくに自分に気づいていたと知る。

もう一度男が首を横に振《ふ》った。口もとだけが微笑《ほほえ》んでいた。だからF草児も片手をゆっくりとおろして、自分の席に戻る。

男の隣にいる人間が男であるか女であるかは判断できないままだったが、そんなことは草児にとっては、どうでもいいことだった。あの人はきっと、男が鞄《かばん》にしのばせているお菓子《かし》のような存在なんだろうなと勝手に思った。というよりも、そうでありますように、と。

「いろいろある」世界から逃《に》げ出《だ》したくなった時の命綱《いのちづな》みたいな、「やっかいだけどだいじな人」とあの男が、ずっとずっと元気でありますようにと、名前も知らない彼らが幸せでありますようにと、神さまにお願いするように思った。

（寺地はるな『タイムマシンに乗れないぼくたち』文藝春秋刊による）

（注）　1　奇異――普通《ふつう》とは様子がかわっていること。

問1　二重傍線部《ぼうせんぶ》a、bの意味として最も適当なものを、次の各群の**ア**～**エ**のうちからそれぞれ一つずつ選び、記号で答えよ。

a「せがんだ」

- **ア**　自ら提案した
- **イ**　無理に頼《たの》んだ
- **ウ**　以前に言っていた
- **エ**　急に思いついた

b「間の抜けた」

- **ア**　調子がはずれた
- **イ**　心から喜んだ
- **ウ**　気持ちが入った
- **エ**　何度も繰《く》り返《かえ》された

⑤

問2　傍線部Ａ「タイムマシンがあればなー」とありますが、このときの草児の説明として最も適当なものを、次の**ア**～**エ**のうちから一つ選び、記号で答えなさい。

ア　普段《ふだん》他の人に話さないエディアカラ紀の生物たちの静かな生き方について話してみたら、男がその話題に興味を持ってくれたことがうれしく、さらにくわしく話したくなっている。

イ　本当はあまり興味を持っていないエディアカラ紀の生物たちの生態について図鑑《ずかん》のまま暗唱したら、男からその話題についてさらに聞かれて困ってしまい、子どもらしい返事になっている。

ウ　思わず自分が興味を持っているエディアカラ紀の生物たちの穏《おだ》やかな暮らしについて話してしまった中で、男からその話題についてさらに聞かれて戸惑《とまど》い、自分の気持ちのまま述べている。

エ　それまで大人に話したことがないエディアカラ紀の生物たちの自由な生き方への憧《あこが》れを話してしまった中で、男からその理由を聞かれて恥《は》ずかしくなり、必死に話題をそらそうとしている。

問3　傍線部Ｂ「そりゃあ、と言いかけて、自分でもよくわからなくなる。」とありますが、このときの草児の説明として最も適当なものを、次の**ア**～**エ**のうちから一つ選び、記号で答えなさい。

ア　男とタイムマシンに乗った後は現代に戻《もど》ってこられないかもしれないと話して、自分としてはかまわないと思っていたが、母にも確認《かくにん》しないといけないとも思っている。

イ　男にはタイムマシンに乗った後、現代まで運転する気がない様子だったので、自分も戻らない覚悟《かくご》をしたが、母が泣く姿を想像して戻らないといけないとも思っている。

ウ　男からタイムマシンに乗った後、現代に戻るつもりなのか聞かれて、自分としてはやはり現代の方が好きだが、自分が知らない所に行くことも大切だと思っている。

エ　男からタイムマシンに乗った後、現代に戻ってきたいのかと尋《たず》ねられて、自分としてはそこまで戻りたいわけではないが、母を悲しませてはいけないとも思っている。

問4　傍線部Ｃ「きみもう帰りな」とありますが、このときの男の説明として最も適当なものを、次の**ア**～**エ**のうちから一つ選び、記号で答えなさい。

ア　草児にだいじな人がいることがわかって、だいじな人から心配されるような時間になったので、草児はその人と過ごす時間を大切にした方がいいと考えている。

イ　草児にだいじな人がいることがわかって、だいじな人も草児のことを待っていると思ったので、自分のだいじな人については話すのをやめておこうと考えている。

ウ　草児にだいじな人がいることがわかったが、だいじな人について考えたことがなかったようなので、その人がやっかいでしかないことに気づいてほしいと考えている。

エ　草児にはだいじな人がいるが、だいじな人のことを大切にしていないようだったので、草児がやりたいことをやる前にその人と向きあった方がいいと考えている。

問5　傍線部Ｄ「笑っている者はひとりもいなかった」とありますが、それはなぜですか。その説明として最も適当なものを、次の**ア**～**エ**のうちから一つ選び、記号で答えなさい。

ア　笑っている者たちは先生のＴシャツに注目して質問をしていたが、ずっと喋《しゃべ》らなかった草児までも会話に入ってきたことで、クラスが仲良くなれた気がしてとてもうれしかったから。

イ　笑っている者たちは先生のＴシャツが格好良いと思って質問していたが、どんなやつかよくわからない草児が先生の代わりにその恐竜《きょうりゅう》について説明するのを見てその賢《かしこ》さに驚《おどろ》いたから。

ウ　笑っている者たちは先生に対して普段《ふだん》と同じように指摘《してき》してその反応を楽しんでいたが、いつも喋らない草児がそのやりとりをさえぎってきたのですっかり面白《おもしろ》くなくなったから。

エ　笑っている者たちは先生のＴシャツを見て思ったままに騒《さわ》いでいたが、普段喋らない草児が今日は先生に促《うなが》されながら恐竜についてくわしく説明している姿を見て驚いたから。

問6　傍線部Ｅ「透明のビニールぐらいになった気がしている」とありますが、このときの草児の説明として最も適当なものを、次の**ア**～**エ**のうちから一つ選び、記号で答えなさい。

ア　杉田くんも恐竜が好きだとわかって定期的に彼《かれ》と話すようになったことでそれまで博物館に行くしかなかったのが今は身近な所で恐竜について学べ、さらに興味を深めている。

イ　杉田くんから声をかけられて話すようになったことで周りの人に対する抵抗《ていこう》感が弱まって、自分がその気になりさえすれば他の人と関わっていくことができると自信がついている。

ウ　杉田くんが教室でみんなに注目されて暗い気持ちになっている自分を気づかってくれたことで心が開かれて、彼になら自分の方から話しかけられるぐらいの度胸がついている。

エ　杉田くんが自分に声をかけてくれたことでそれまで周りの人から感じていた自分への冷たさがましになって、今では気のむくままに日々を過ごすことができるようになっている。

問7　傍線部Ｆ「草児も片手をゆっくりとおろして、自分の席に戻る」とありますが、それはなぜですか。二行以内で説明しなさい。

四　次の文章を読んで、後の問いに答えなさい。

太平洋戦争の末期、東京はアメリカの戦闘機《せんとうき》B29による空襲《くうしゅう》で人の住める場所ではなくなりました。愛知県に疎開《そかい》しましたが、その時送れる荷物は(注1)柳行李《やなぎごうり》一個でしたから、身の周りのものだけしかありません。そんな苦労をして送った夏用の白いワンピースが、お洗濯《せんたく》をして干している間に盗《ぬす》まれてしまったのでした。しばらくして、それを着てお父さんに連れられて歩いている女の子を見かけましたが、「私のよ」とはどうしても言えませんでした。お習字の時に墨《すみ》を飛ばして裾《すそ》近くにつくってしまった小さな黒いしみがありましたから、私の洋服に違《ちが》いないとはわかったのですが。その後、母が普段《ふだん》着の(注2)銘仙《めいせん》の着物をほどいて私と妹につくってくれた紫色《むらさきいろ》のワンピースが気に入り、今度は盗まれないようにと大事にしました。ホームスパン、つまり手織りのゴツゴツした布がやっと手に入って冬服ができ……という具合に、今もその頃《ころ》着ていた洋服の一つ一つを思い出せます。A母の苦労がわかっていますから、数少ない洋服を大事にしました。

私が子どもを育てた時は、幸い日本もかなり豊かになり、デパートへ行けば可愛《かわい》らしい子ども服が並ぶようになっていました。でも、心のどこかに母が自分の着物でつくってくれた洋服の思い出が残っていたのでしょう。自分のスカートをほどいて子どもたちの洋服をつくりました。娘《むすめ》には水玉や花柄《はながら》の生地《きじ》を選び、息子《むすこ》のズボンはしっかりした生地でと。本格的に洋裁を勉強したわけではありませんが、当時は家庭用雑誌に型紙がついていましたので、それを使って幼稚園《ようちえん》までの普段着は手づくりでした。B楽しかったですね。こんな形で親から子へ何かが伝わっていくのが、暮らしというものなのではないでしょうか。

今は、欲《ほ》しいものが何でも手に入ります。街を歩けば魅力的《みりょくてき》な洋服がたくさん並んでいますので、「どうしても欲しい」とまで行かず、「あらいいわね」程度で手を出し、クローゼットがいっぱいになってさあどうしようとなる時代です。私は何もない時代を知っていますのでぜいたくは苦手ですが、それでもそろそろ整理をしなければいけないなあという程度の洋服は並んでいます。

戦争によってすべてを失い、子どもの洋服を手に入れるのにも苦労する時代がよいはずはありません。でも「工夫《くふう》してつくろうよ、それが面倒《めんどう》くさかったら、それはたいして欲しくないんだよ」という言葉がよく理解できるのは悪くないと思いますね。

Cちょうどよい加減の生活ができるとよいのですけれど、人間は自分をコントロールするのがあまり上手じゃないのかもしれません。自然を壊《こわ》して、異常気象を起こしてまで、豊かさや便利さを求めてしまったことからもそれはわかります。でも、このままではいけません。

(注3)倉本《くらもと》さんは、次の世代である純《じゅん》と蛍《ほたる》が、五郎《ごろう》さんの思いをどう受け継《つ》いでくれるかと問いながら、ドラマを通して私たちの世代がやらなければならないことをきちんと示して下さっています。老いの役割の一つに、自分の体験を次の世代に伝え、それを前向きに生かしてもらえるようにすることがある、ということですね。

富良野に暮らすようになって生きるために一番大切なものは水とわかった若者のことを書いている時、頭をよぎったのがアフガニスタンで凶弾《きょうだん》に倒《たお》れたお医者様の中村哲《てつ》さんのことです。アフガニスタンの人々のために身を粉にして活動をしていらした方がなぜこのような形でいのちを失わなければならないのだろう。この報道に接した時は、人間って何なんだと思い、口惜《くちお》しく、また悲しくなりました。人間は困った存在で、誰《だれ》しも清く正しくとだけ生きていけるものではないことはわかっています。でも、これほど実直な気持ちで皆《みな》の幸せを願い行動している人が、現在を生きる人々すべてにとってどれだけ大切な存在かということは、どんな立場の人にもわかるはずです。それがわからない人を生み出す社会はどこか間違《まちが》っています。みんなで直していかなければなりません。

中村哲医師への思いはいくら語っても語りきれないものがありますが、ここでの課題は水でした。中村医師は最初はアフガニスタン難民のための医療《いりょう》チームをつくり、山中の無医地区で診療《しんりょう》をしようと思って現地に入ったのです。一九八四年にペシャワールへ入り、一九八九年からアフガニスタン国内へ活動を広げられました。ところが、診療を続けている中で、アフガニスタン東部での大干ばつに出会い、医療も大事だけれど、Dもっと根っこのところに水があるとその重要性を実感されました。生きるために不可欠なのは水であり、それが得られる状態をつくることが基本だと考えたのです。そこで、一六〇〇本もの井戸を掘《ほ》り、また大がかりな（二五・五キロ）用水路づくりという医師にとっては専門外の知識や技術を必要とする難事業に挑戦《ちょうせん》なさいました。詳細《しょうさい》は是非《ぜひ》御著書《ごちょしょ》をお読み下さい。中村先生のお人柄《ひとがら》と実行力に、こういう生き方ができたらすばらしいなと羨《うらや》ましくもなってきます（著書例『わたしは「セロ弾《ひ》きのゴーシュ」』NHK出版）。いままで土埃《つちぼこり》の中で体を洗ったこともないという人々が暮らすところに水が出るようになった時、真っ先に来たのが牛と馬と子どもだったそうです。素直《すなお》な気持ちで動く牛と馬と子どもが大喜び。なんとも楽しいですね。それを見て大人たちももちろんやってきます。こうして体を水で洗うようになったら子どもたちの病気が目に見えて減ったとあり、なんてすばらしいことをなさったのだろうと改めて尊敬の念が湧《わ》いてきました。

「男も、女も、子どもも、動物も、昆虫《こんちゅう》も、鳥も、みんな喜んだと思いますね。やっぱり命というのはですね、水が元手なんだなあと、わたしはつくづく思いましたですね」

⑦

すてきですね、この言葉。長い長い御苦労《ごくろう》の末にみんなが喜ぶ姿を見た時の喜びはどれほどのものだったでしょう。その後で「E一つの奇跡《きせき》を見るような思いがしました」ともおっしゃっています。

（中村桂子『老いを愛づる　生命誌からのメッセージ』による）

（注）　1　柳行李——柳《やなぎ》をあんで作った、物を入れるもの。　2　銘仙——平織りの絹織物の一種。
3　倉本さん——倉本聰《そう》。日本の脚本家《きゃくほんか》・劇作家・演出家（一九三五—）。ドラマ『北の国から』では黒板五郎と、彼《かれ》の子どもである純と蛍の成長が描《えが》かれている。

問1　傍線部《ぼうせんぶ》**A**「母の苦労がわかっていますから、数少ない洋服を大事にしました。」とありますが、これはどういうことですか。その説明として最も適当なものを、次の**ア～エ**のうちから一つ選び、記号で答えなさい。

ア　当時は生活が苦しかったので、筆者も着ていた服を盗《ぬす》まれたことがあったが、母からひどく叱《しか》られながらも自分の普段着《ふだんぎ》をほどいて仕立ててくれて愛情を感じたということ。

イ　当時は物が豊かでなかったので、筆者が着ていた服は母が着ていた服や苦労して手に入れた布を使って作られたものであり、一つ一つの思いを受けて着ていたということ。

ウ　当時は物が手に入りづらかったので、筆者が着ていた服は母や知らない人が着ていたものを自分に与《あた》えたものであり、一つ一つのものを最後まで大切にしていたということ。

エ　当時は家が貧しかったので、筆者が着ていた服はずっと同じものであったが、新しいものを仕立てるときは豪華《ごうか》にしてくれていて、一つ一つが自慢《じまん》のものだったということ。

問2　傍線部**B**「楽しかったですね。」とありますが、それはなぜですか。その説明として最も適当なものを、次の**ア～エ**のうちから一つ選び、記号で答えなさい。

ア　「私」が親になった時には日本にも物があふれていたが、自分のスカートから子どもたちの服をつくっていると、子どもに尽《つ》くしていることに充実《じゅうじつ》感を覚えたから。

イ　「私」が親になった時には日本も復興していたが、自分たちの暮らしは貧しくて、自分のスカートから子どもたちの洋服をつくっていると母のことを思い出したから。

ウ　「私」が親になった時には多くの人がデパートで服を買っていたが、自分は自分の服から子どもたちの服をつくっていて、それがデパートの服に見劣《みおと》りしなかったから。

エ　「私」が親になった時には日本もかなり豊かになっていたが、自分の服を子どもたちのために作り直していると、親として子どもに思いを伝えているように感じたから。

問3　傍線部**C**「ちょうどよい加減の生活」とあるが、これはどういうことですか。その説明として最も適当なものを、次の**ア～エ**のうちから一つ選び、記号で答えなさい。

ア　欲《ほ》しいものが何でも手に入る時代において、自分が欲しいものは自分で工夫《くふう》してつくるようにし、自分が理想とする物に囲まれて暮らすこと。

イ　欲しいものが何でも手に入る時代において、「あらいいわね」と思う程度のものだけを購入《こうにゅう》するようにし、身の回りを整理して暮らすこと。

ウ　欲しいものが何でも手に入る時代において、自分が本当に欲しいものであるかを考え、自分にとって必要なものだけをそろえて暮らすこと。

エ　欲しいものが何でも手に入る時代において、何もなかった時代のことを考え、人間が生きていくために最低限必要なものだけで暮らすこと。

問4　傍線部**D**「もっと根っこのところに水があるとその重要性を実感されました」とありますが、これはどういうことですか。その説明として最も適当なものを、次の**ア～エ**のうちから一つ選び、記号で答えなさい。

ア　人々が生きていくために必要なのはまず水であり、水が得られる状態をつくってこそ適切な医療《いりょう》を行うことができると考えたということ。

イ　人々が生きていくために水はなくてはならないものであり、水を得ることができれば人々の暮らしを救うことができると考えたということ。

ウ　人々が争いを続けているのは水が十分にないからであり、水が得られる状況《じょうきょう》になれば人々の暮らしは平和になっていくと考えたということ。

エ　人間の生命活動には水が不可欠であり、水が得られる環境《かんきょう》を作るために必要な知識や技術を人々に教えなければならないと考えたということ。

問5　傍線部**E**「一つの奇跡を見るような思いがしました」とありますが、これはどういうことですか。二行以内で説明しなさい。

算数科（中）

算中令5　(60分)

（注意）　円周率は3.14を使い，解答はすべて解答用紙に記入しなさい。

1 次の各問いに答えなさい。

(1) 次の式で x にあてはまる数を求めなさい。

$1.2 : 5.3 = 6 : x$

(2) $4.8\times13+48\times2.7-0.48\times400$ を計算しなさい。

(3) $\left(1-\frac{3}{7}\right)\times\frac{7}{6}\div\frac{5}{21}+\frac{7}{15}$ を計算しなさい。

(4) $\left(\frac{1}{2}-\square\right)\times\frac{3}{4}+\frac{1}{12}\div0.25=\frac{7}{12}$ となるとき，$\square$ にあてはまる数を求めなさい。

(5) $\frac{4}{5}$ より大きく $\frac{6}{7}$ より小さい数を考えます。分母が19である分数の分子として考えられる整数を求めなさい。

(6) 10円硬貨《こうか》，50円硬貨，100円硬貨がそれぞれたくさんあります。このとき，3種類の硬貨を使って合計250円にする方法は，何通りありますか。ただし，使わない硬貨の種類があってもよいものとします。

(7) 3％の食塩水50gと8％の食塩水50gを混ぜ合わせてできた食塩水があります。この食塩水から20gを捨て，そのあと水を20g加えました。このとき，何％の食塩水ができますか。

(8) 右の図のように合同な直角三角形を重ねたとき，しゃ線部分の面積を求めなさい。

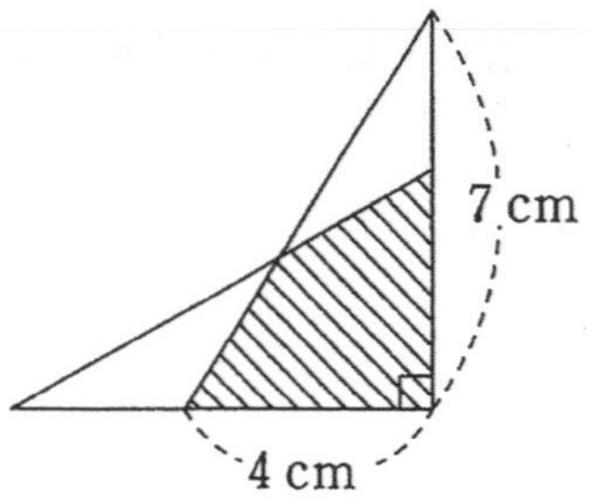

(9) 右の図のように面積が48 cm^2 の正六角形に対角線が3本引いてあります。
このとき，しゃ線部分の面積を求めなさい。

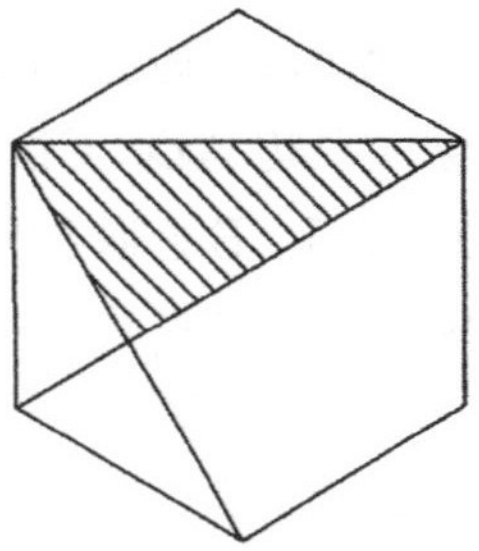

(10) 図1の長方形があります。このとき，図2のようにこの長方形を2つ使ってできた図形について考えます。この図形を直線①をじくとして一回転させてできる立体の体積を求めなさい。

［図1］

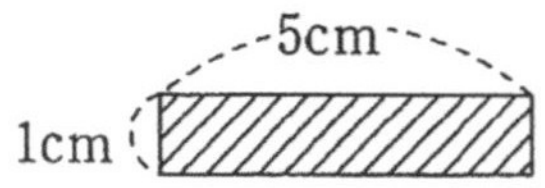

［図2］

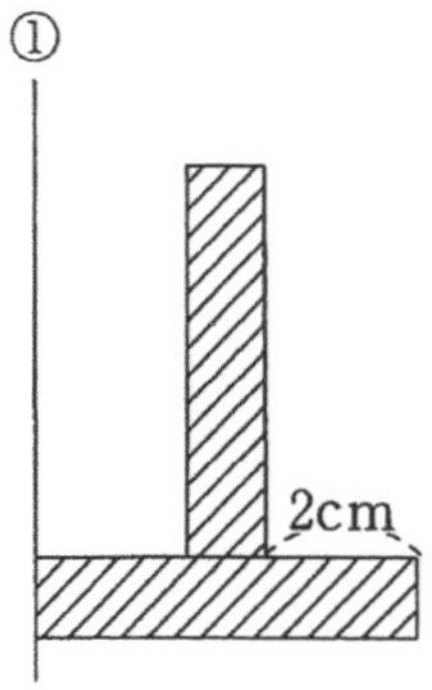

② 算中令5

2 小学校で一郎さん，次郎さん，三郎さんの3人がA地点からスタートし，B地点にゴールするマラソン大会に出場しました。3人は同時にスタートし，それぞれ一定の速さで走るものとします。

一郎さんがゴールしたとき，次郎さんはB地点まで240 mの地点，三郎さんはB地点まで600 mの地点にいました。その後，次郎さんがゴールしたとき，三郎さんはB地点まで450 mの地点にいました。

このとき，以下の速さの比を求めなさい。ただし，比は簡単にして答えなさい。

(1)　次郎さんと三郎さんの速さの比

(2)　一郎さんと次郎さんの速さの比

3 右のような一辺が6 cmの立方体があります。点I，Jはそれぞれ辺AD，CDの真ん中の点です。

3点I，J，Eを通る平面でこの立方体を切るとき，次の各問いに答えなさい。

(1)　切り口の図形の辺をすべて解答らんの展開図にかきなさい。

(2)　切断された2つの立体のうち，点Dを含む立体の体積を求めなさい。

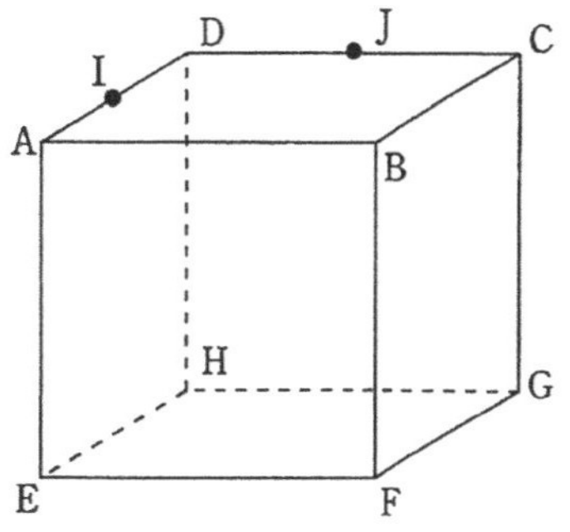

4 次のように，1から始まる整数の列があります。

1，2，3，4，5，6，7,…

いま，それぞれの数をある数で割った余りの列を考えます。

例えば，5で割った余りの列は次のようになります。

1，2，3，4，0，1，2,…

このとき，次の各問いに答えなさい。

(1)　7で割った余りの列の左から52番目の数を求めなさい。

(2)　3で割った余りの列と7で割った余りの列について，左から数えて□番目が同じ数になります。□に入る数は1から2023までに何個あるか求めなさい。

5 図のように，36 個の点がたてと横に 1 cm ごとに並んでいます。

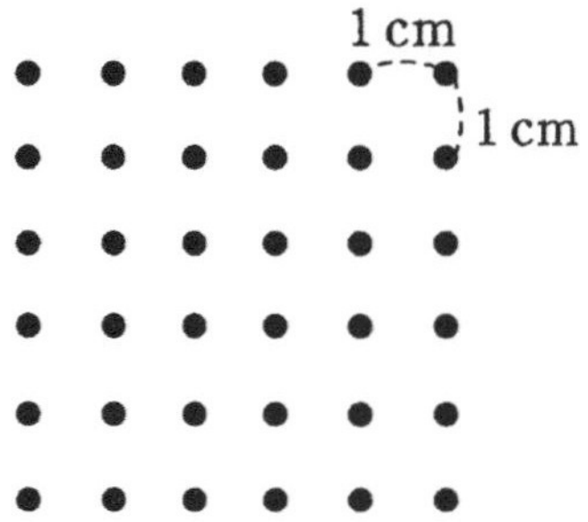

太郎さん(T)と花子さん(H)は二人で話し合いながら，点をつないでいろいろな図形をつくります。

① 次の図のように，辺 AB を定めた状態から，二等辺三角形をつくります。

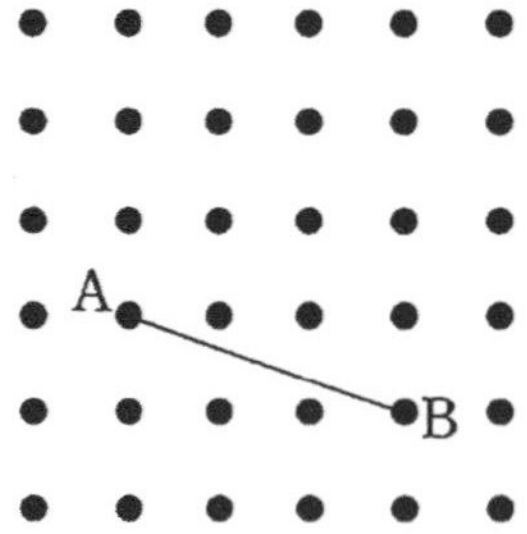

T 「辺 AB を二等辺三角形の底辺とすると，もう一つの点は（ (ア) ）個選べるね。」

H 「辺 AB を同じ長さの二辺の一つと考えると，もう一つの点は（ (イ) ）個選べるよ。」

T 「じゃあ，このとき二等辺三角形は合わせて（　　　）個できるね。」

② 次の正方形の面積を 2 倍にした面積の正方形をつくります。

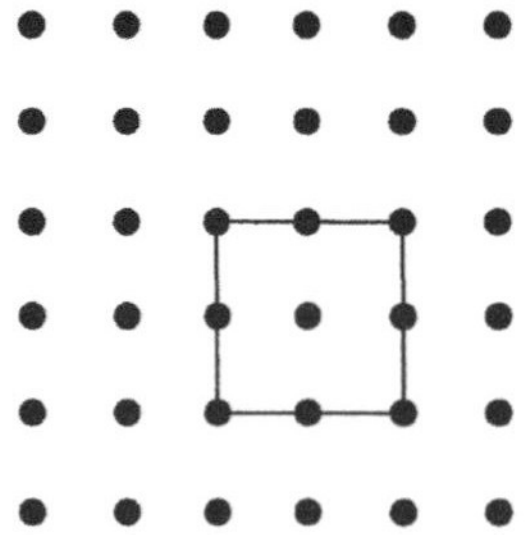

H 「この正方形の面積は（　　　）だから，面積（　　　）の正方形をつくればいいんじゃない。」

T 「でも，正方形の一辺の長さを考えると，そうなるのはなさそうだよ。」

H 「それじゃ，面積を（　　　）だけ増やせばいいので，図の正方形を 4 つの同じ三角形に分けて，正方形の外側にくっつけたらどうかな。」

T 「そうだね・・・。ほんとだ。面積が 2 倍の正方形(ウ)ができた。」

③ 面積が $10\,\mathrm{cm}^2$ となる四角形をつくります。

T 「四角形というと，正方形，長方形，台形などいろいろあるね。」

H 「そうだね。まず，正方形から考えてみようか。」

T 「さっきと同じで，面積が $4\,\mathrm{cm}^2$ の正方形の周りに同じ三角形を 4 つくっつければいいんじゃない。」

H 「そうすると，三角形の面積を（　　　）にすればいいのだから・・・。」

「あっ，正方形(エ)ができた。」

T 「次は長方形だね。（　　　）×（　　　）にすればいいのだから，簡単だね。」

H 「台形はどうかな。面積の公式は（　　　　　　　　）だから，高さを 4 cm とすると・・・。」

T 「上底と下底の長さの組み合わせは（　　　(オ)　　　）があるね。」

H 「次は一辺の長さが同じ三角形を 2 つくっつけることで，いろいろな四角形をつくってみようか。」

T 「三角形の一番長い辺を底辺 5 cm として，2 つの三角形の底辺をくっつけると考えれば高さが（　　　）となるような点を 2 つとるので ・・ あっ，長方形(カ)ができた。」

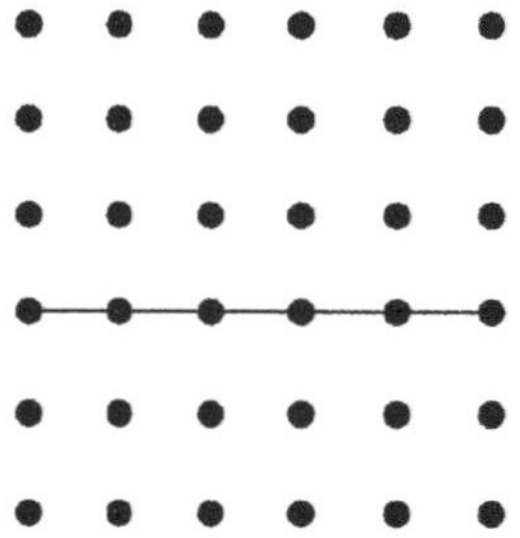

H 「おもしろいね。他にもいろいろ考えてみよう。」

このとき，次の各問いに答えなさい。ただし，指定された以外の空らんは答えなくてよい。

(1) ①の(ア),(イ)にあてはまる数を答えなさい。

(2) ②の正方形(ウ)の図をかきなさい。

(3) ③の正方形(エ)の図を 1 つだけかきなさい。

(4) ③の(オ)にあてはまる長さの組み合わせをすべて答えなさい。

(5) ③の長方形(カ)の図を 1 つだけかきなさい。

理科(中)

理中令5　(40分)

(注意)　解答はすべて解答用紙に記入しなさい。

1

次の(1)～(10)の問いについて，それぞれの選択肢《せんたくし》の中から適当なものを1つずつ選んで，記号で答えなさい。

(1) ヒトにおいて，消化された栄養分を吸収する器官として適当なものはどれですか。

ア　胃　　イ　大腸　　ウ　食道　　エ　肝臓　　オ　小腸

(2) ろ過の仕方を正しく表しているのはどれですか。ただし，ろうと台は省略《りゃく》しています。

ア　　イ　　ウ　　エ

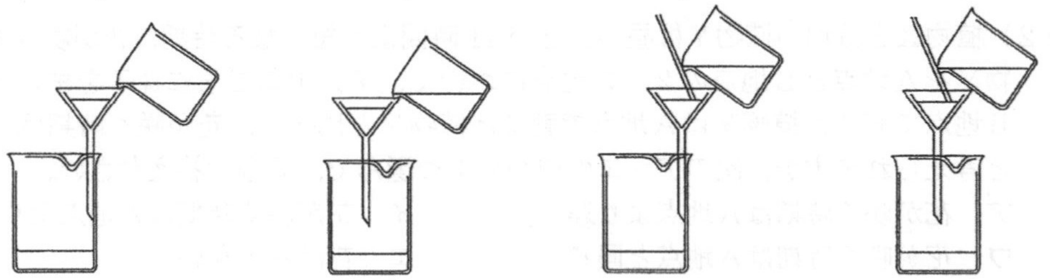

(3) 台風について述べた次の文章中の空欄《らん》（　①　）～（　③　）に入る方角を正しく組み合わせたものはどれですか。

台風は日本のはるか南の海上で発生し，勢力を強めながら（　①　）や（　②　）の方へ進みます。日本列島に近づいてくると，進む向きを（②）や（　③　）の方に変えることが多いです。台風が（②）へ進んでいるときは，台風の（③）側の方が強い風がふきます。

	①	②	③
ア	東	西	北
イ	東	北	西
ウ	西	東	北
エ	西	北	東
オ	北	東	西
カ	北	西	東

(4) 水中の小さな生物をけんび鏡を使って観察したところ，生物が視野の左上にありました。この生物を視野の中央に動かしたい場合，プレパラートをどの方向に動かせばよいですか。

ア　左上　　イ　左下　　ウ　右上　　エ　右下

(5) 図のように，大きな筒の中に，長さの異なる3本の火のついたろうそくA，B，Cを立て，この筒の中へ二酸化炭素をゆっくり入れていきました。ろうそくの火が消える順に正しく並べたものはどれですか。

ア　A-B-C　　イ　A-C-B　　ウ　B-A-C
エ　B-C-A　　オ　C-A-B　　カ　C-B-A

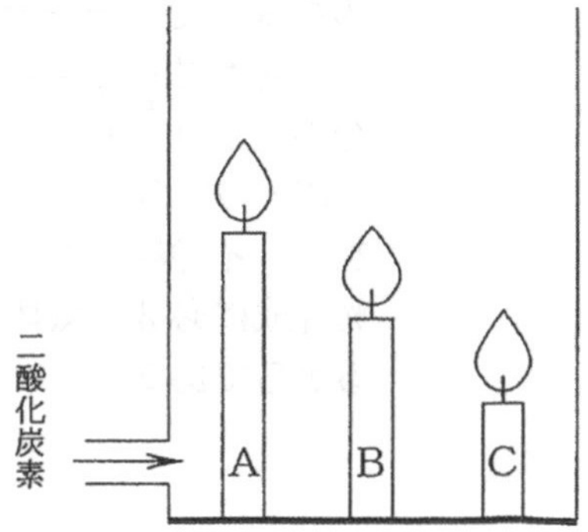

(6) 糸で輪をつくり，等しい間隔《かく》に6個の紙コップをつないで糸電話を作りました。図のように，糸がピンと張った状態にして，さくらさんが1つの紙コップから話しかけたら，残りのどの紙コップでもさくらさんの話し声がはっきり聞こえました。この糸電話で，図中のA点を指で強くはさんだとき，さくらさんの話し声が最も小さく聞こえるのはどの紙コップですか。

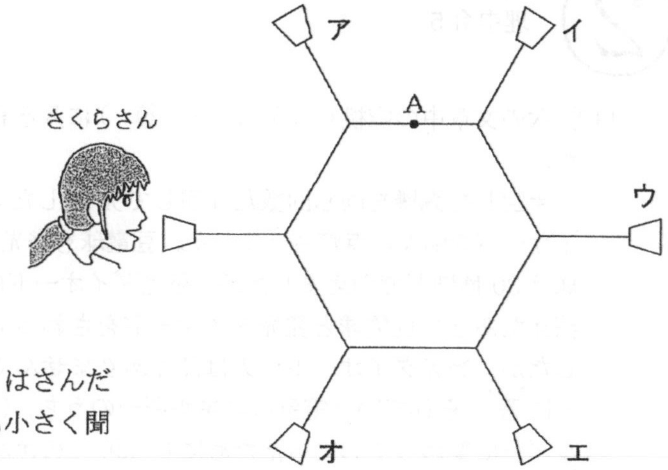

(7) 2つのふりこAとふりこBがあります。ふりこBの，おもりの重さ，糸の長さ，ふれの角度のうちの1つだけをAと変えて，ふりこが1往復する時間を6回ずつ調べ，結果を表す点を重ならないように打ちました。縦のじくは1往復する時間を表しています。正しい測定結果の組み合わせはどれですか。

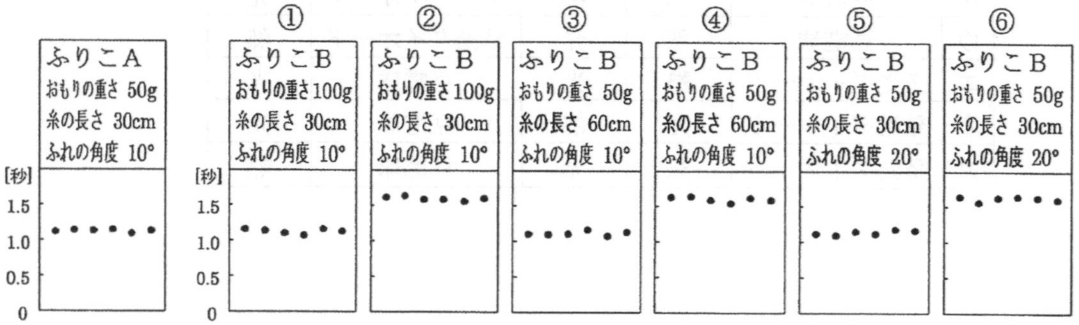

ア　①③⑥　　イ　①④⑤　　ウ　①④⑥　　エ　②③⑤
オ　②③⑥　　カ　②④⑥

(8) 不完全変態（卵→幼虫→成虫の順に育つもの）する昆虫を正しく組み合わせたものはどれですか。

a　カブトムシ　　b　モンシロチョウ　　c　バッタ　　d　セミ　　e　ミツバチ

ア　a，b　　イ　a，c　　ウ　b，e　　エ　c，d　　オ　d，e

(9) 次の文章中の空欄（　①　）～（　③　）に入る語を正しく組み合わせたものはどれですか。

川が曲がって流れているところでは，（　①　）側の方が（　②　）側より流れが速い。そのため（　③　）のはたらきは（①）側の方がさかんである。

	①	②	③		①	②	③
ア	内	外	しん食	ウ	外	内	しん食
イ	内	外	たい積	エ	外	内	たい積

(10) 次の文章中の空欄(　①　)～(　⑤　)に入る語を正しく組み合わせたものはどれですか。

手回し発電機を同じ回数だけ回して充電《じゅうでん》したコンデンサーを用いて，豆電球と発光ダイオードを別々に点灯させました。豆電球も発光ダイオードも同じ明るさで点灯し，豆電球は30秒ほどで消えましたが，発光ダイオードは5分以上たってから消えました。光が消えたあとの豆電球と発光ダイオードをさわってみたら，豆電球の方は熱くなっていましたが，発光ダイオードの方は熱くありませんでした。これは，充電されたコンデンサーに蓄《たくわ》えられていた電気のエネルギーのうち，(　①　)の場合は多くが(　②　)のエネルギーに変わってしまったために(　③　)のエネルギーに変わった電気エネルギーが少なくなり，(　④　)の場合はほとんどが(　⑤　)のエネルギーに変わったためだと考えられます。

	①	②	③	④	⑤
ア	豆電球	熱	光	発光ダイオード	光
イ	豆電球	光	熱	発光ダイオード	光
ウ	豆電球	熱	光	発光ダイオード	熱
エ	発光ダイオード	熱	光	豆電球	光
オ	発光ダイオード	光	熱	豆電球	光
カ	発光ダイオード	熱	光	豆電球	熱

2

次の[Ⅰ]，[Ⅱ]の文章を読んで，後の問いに答えなさい。

[Ⅰ] 多くの植物はそれぞれ決まった季節に花を咲《さ》かせます。このような植物は季節の変化を昼の長さや夜の長さの変化としてとらえています。例えば，春に花が咲く植物の多くは昼の長さが一定以上の時間になると花が咲きます。また，夏から秋に花が咲く植物の多くは昼の長さが一定以下の時間になると花が咲きます。

問1　春に花が咲く植物として**適当ではないもの**を次の**ア**～**エ**の中から1つ選んで，記号で答えなさい。

ア　ハルジオン　　**イ**　シロツメクサ　　**ウ**　ツユクサ　　**エ**　タンポポ

問2　右の図はA地点とB地点における1日の昼の長さを示したものです。これについて，次の(1)，(2)に答えなさい。

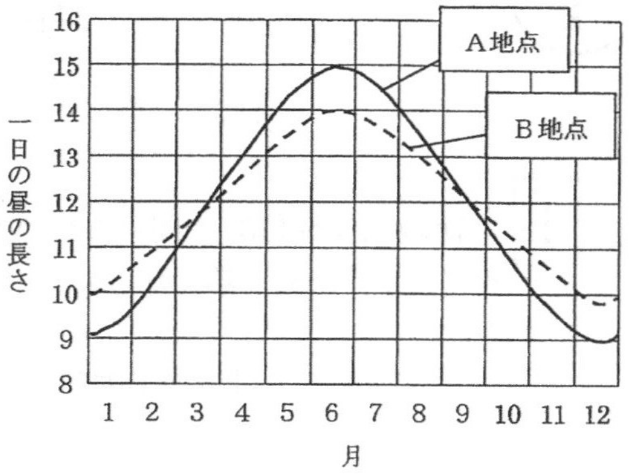

(1) ある植物Xは昼の長さが一定以上になると花が咲きます。植物XはA地点で4月中旬《ちゅうじゅん》ごろに花が咲きます。この植物は1日の昼の長さが何時間以上になると花が咲きますか。次の**ア**～**オ**の中から1つ選んで，記号で答えなさい。

ア　11時間　　**イ**　12時間
ウ　13時間　　**エ**　14時間　　**オ**　15時間

(2) 植物Xとは別の植物Yは昼の長さが11時間より短くなる時期に花が咲きます。植物YをA地点とB地点の2つの地点において，7月中旬ごろに種子をまいたとき，B地点で育てた植物YはA地点で育てた植物Yと比べて，花が咲く時期はどうなると考えられますか。次の**ア**～**エ**の中から1つ選んで，記号で答えなさい。

ア　花が咲く時期はA地点より遅い。　　**イ**　花が咲く時期はA地点より早い。
ウ　花が咲く時期はA地点と同じ。　　**エ**　花は咲かない。

[Ⅱ] 植物は葉に日光が当たると光合成という反応によって養分を作り出すことができます。しかし，植物は環境によって，葉に日光が十分に当たっていても光合成をさかんに行わなくなることがあり，この現象を「昼寝現象」とよびます。

問3　葉に日光がじゅうぶんに当たっていない状態で育てた植物の特ちょうとして，**適当ではないもの**を次の**ア**～**エ**の中から1つ選んで，記号で答えなさい。

ア　日光にじゅうぶんに当てて育てた植物よりも植物全体が小さくなっている。
イ　日光にじゅうぶんに当てて育てた植物よりも葉の大きさが小さくなっている。
ウ　日光にじゅうぶんに当てて育てた植物よりも葉の緑色がこくなっている。
エ　日光にじゅうぶんに当てて育てた植物よりも茎が細くなっている。

問4　「昼寝現象」が起こる理由について説明した次の文章中の空欄(　a　)，(　b　)に適語を答えなさい。また，{　①　}～{　④　}は**ア**，**イ**の中からそれぞれ適切なものを選んで，記号で答えなさい。

日光がじゅうぶんに当たっていて，気温が高く乾燥《かんそう》していると，根から吸収する水分の量より気孔《きこう》(葉の表面にある小さな穴)から(　a　)により失われる水分の量が{①：**ア** 多　　**イ** 少な}くなる。このため，植物にふくまれる水分の量が{②：**ア** 増加　　**イ** 減少}し，それを防ごうとして気孔が{③：**ア** 開く　　**イ** 閉じる}。すると，光合成に必要な気体である(　b　)の入ってくる量が{④：**ア** 増加　　**イ** 減少}するからである。

3 次の［Ⅰ］，［Ⅱ］の文章を読んで，後の問いに答えなさい。

［Ⅰ］ある日の夕方，Aさんが空を見上げると，1西の空に細い月が見えました。夜寝る前にもう一度見ようと思って外に出てみると，月は見えませんでした。2その5日後の夕方に空を見ると，月の形も見える位置も変わっていました。この日も夜寝る前にもう一度見てみると，3夕方とは違う場所に月が見えました。

月の見え方に興味をもったAさんは，Bさんに協力してもらって次のような実験を行いました。

〔実験〕図のように，太陽に見立てたライトを点灯《とう》し，部屋を暗くして，月に見立てたボールをもったBさんが観測者Aさんのまわりを歩く。

〔結果〕ボールにライトが当たっている部分が月の満ち欠けと同じような形に見えた。

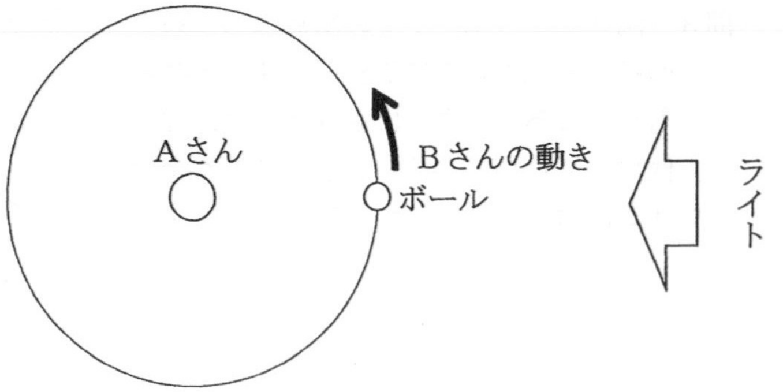

問1　この実験で，次の(1)，(2)について調べたいときに行う方法として適当なものを，下のア～エの中からそれぞれ1つずつ選んで，記号で答えなさい。

（1）太陽が沈《しず》むときの月の位置と見え方の変化

（2）1日のうちの月の見える位置の変化

ア　Aさんは一定方向を向いて動かず，Bさんが矢印の方向に動く。
イ　Bさんは動かず，Aさんが反時計回りに回転する。
ウ　Aさんは時計回りに回転し，Bさんは矢印の方向に動く。
エ　Aさんは反時計回りに回転し，Bさんは矢印の方向に動く。

問2　下線部1について，このときの月と同じような形に見えるのは，ボールがどの位置にきたときですか。右のア～クの中から最も適当なものを1つ選んで，記号で答えなさい。

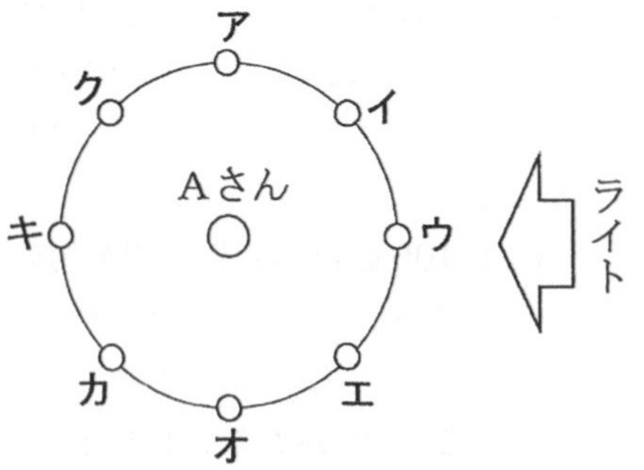

問3　下線部2について，次の（1）～（3）に答えなさい。

（1）このときの月と同じような形に見えるのは，ボールがどの位置にきたときですか。問2のア～クの中から最も適当なものを1つ選んで，記号で答えなさい。

（2）このとき，月はどの位置に見えましたか。最も適当なものを次のア～カの中から1つ選んで，記号で答えなさい。

ア　東の空の低いところ　　**イ**　東の空の高いところ
ウ　南の空の低いところ　　**エ**　南の空の高いところ
オ　西の空の低いところ　　**カ**　西の空の高いところ

（3）このとき見えた月として最も適当なものを次のア～オの中から1つ選んで，記号で答えなさい。

ア　新月　　**イ**　三日月　　**ウ**　上弦《げん》の月　　**エ**　下弦の月　　**オ**　満月

問4　下線部3について，夕方見たときと比べて夜寝る前に見た月の位置はどのように変化していましたか。最も適当なものを次のア～カの中から1つ選んで，記号で答えなさい。

ア　東に移動し，より高い位置に見えた。　**イ**　東に移動し，より低い位置に見えた。
ウ　南に移動し，より高い位置に見えた。　**エ**　南に移動し，より低い位置に見えた。
オ　西に移動し，より高い位置に見えた。　**カ**　西に移動し，より低い位置に見えた。

問5　月の表面にはまるいくぼみがたくさんあります。このくぼみの名称を答えなさい。

［Ⅱ］夜空には月のように太陽の光によって輝いているものだけではなく，太陽のように自ら輝いている星がたくさんあります。昔の人はそのうちの明るい星を結んで星座をつくりました。

問6　星座も月と同じように1日のうちで見える位置が変わります。星座と月の位置の変化について説明した文として適当なものを次のア～カの中から1つ選んで，記号で答えなさい。

ア　ある時刻に南中した月と星座は，その後同じ方向に同じくらいの速さで移動する。
イ　ある時刻に南中した月と星座は，その後同じ方向に移動するが，月の方が移動する速さが2倍速い。
ウ　ある時刻に南中した月と星座は，その後同じ方向に移動するが，星座の方が移動する速さが2倍速い。
エ　ある時刻に南中した月と星座は，その後逆方向に同じくらいの速さで移動する。
オ　ある時刻に南中した月と星座は，その後逆方向に移動するが，月の方が移動する速さが2倍速い。
カ　ある時刻に南中した月と星座は，その後逆方向に移動するが，星座の方が移動する速さが2倍速い。

問7　星座は季節によっても見える位置や時刻が異なります。日本で観測する場合において，8月の午後8時の空で**見ることができない**星座を次のア～カの中からすべて選んで，記号で答えなさい。

ア　ふたご座　　**イ**　さそり座　　**ウ**　はくちょう座
エ　オリオン座　　**オ**　おうし座　　**カ**　おおぐま座（北斗七星）

4 〔実験1〕，〔実験2〕について，後の問いに答えなさい。

〔実験1〕軽くじょうぶで曲がらない材質の棒を使い，右図のような網《あみ》型てんびんを作成しました。ABGFのような最も小さい四角形はすべて正方形です。A～O点にはそれぞれ糸を1本だけつなぐことができ，右図ではH点につり糸をつけて網型てんびんを静止させています。A～O点には糸で50ｇか100ｇのおもりのどちらかを1個ずつしかつるすことができません。また，つり糸をつけたH点にもおもりをつるすことができません。

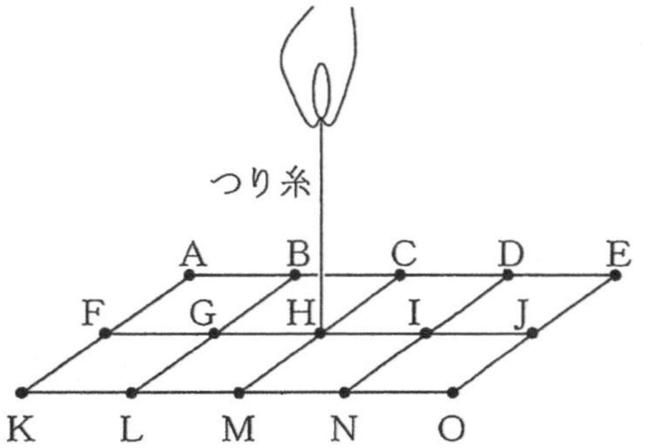

問1　図1のようにB点とL点に50ｇのおもりをつるし，さらにおもりをつるして網型てんびんを水平につり合わせます。次の(1)～(3)に答えなさい。

(1) 50ｇのおもりを2個用いる場合，どの点につるせばよいですか。ただし，答えは3通りありますが，そのうちの1通りだけ答えなさい。

(2) 100ｇのおもりを1個用いる場合，どの点につるせばよいですか。

(3) 50ｇのおもりを1個用いる場合，どの点につるせばよいですか。

図1

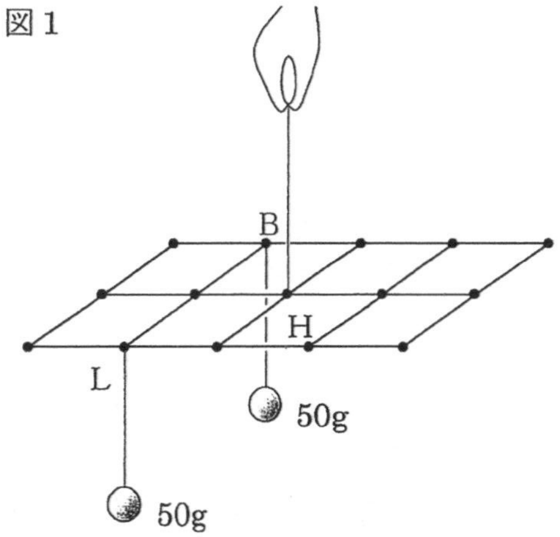

問2　図2のようにG点に100ｇ，K点に50ｇのおもりをつるし，さらに50ｇのおもりを2個用いて網型てんびんを水平につり合わせるには，どの点につるせばよいですか。

図2

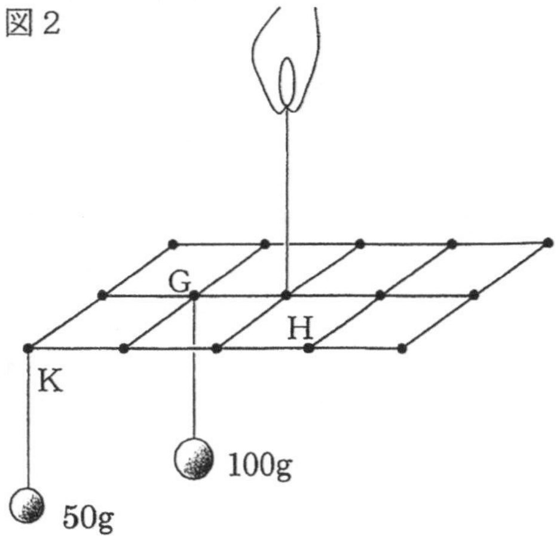

〔実験2〕右図のような実験1の2倍の大きさの網型てんびんを作成しました。これも，最も小さい四角形はすべて正方形です。実験1の網型てんびんと同様に，A～Y点には糸を1本ずつしかつなげません。また，つり糸をつける点にもおもりをつるすことはできません。

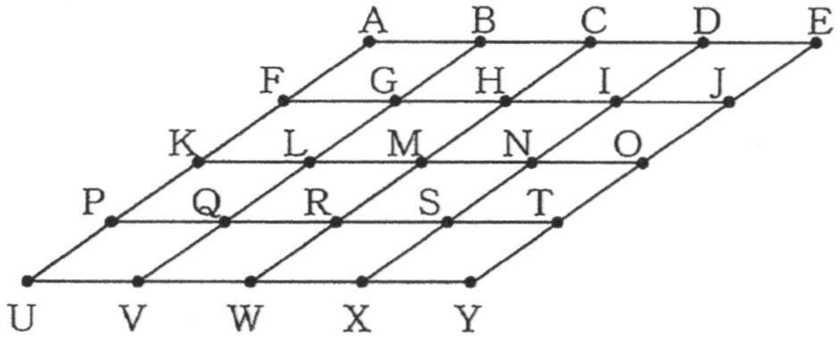

問3　図3のように，中央のM点につり糸をつけ，K点とQ点にそれぞれ100ｇのおもりをつるし，さらに50ｇのおもりを3個用いて網型てんびんを水平につり合わせるには，どの点につるせばよいですか。

図3

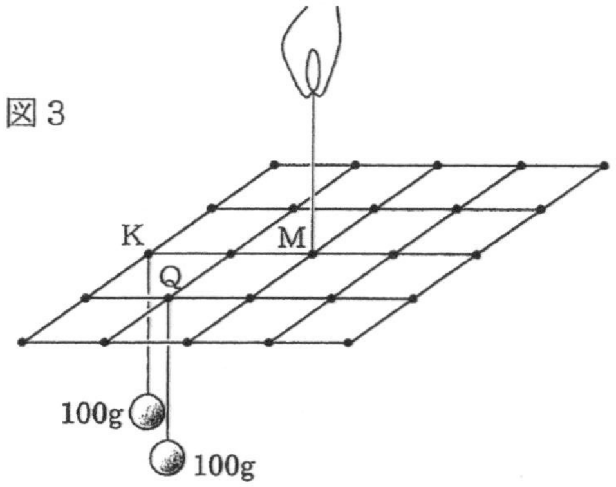

問4　図4のように，J点，K点，Y点に50ｇ，V点に100ｇのおもりをつるしました。つり糸をどの点につけてつるすと網型てんびんは水平につり合いますか。ただし，網型てんびん自体の重さは考えません。

図4

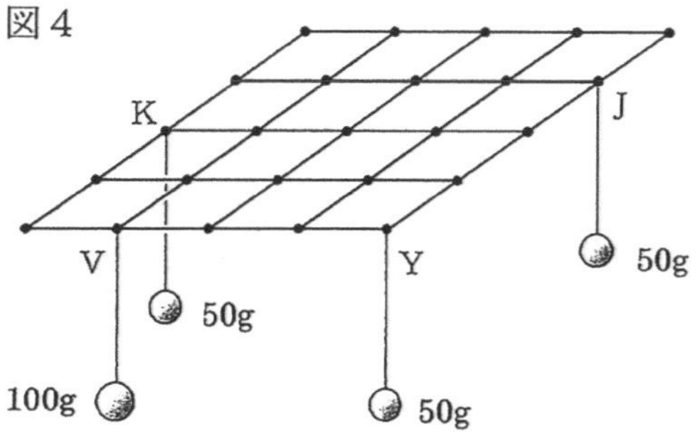

問5　図5のように，つり糸をM点にもどし，E点に50ｇ，R点に100ｇのおもりをつるしました。次の(1)，(2)に答えなさい。

(1) 100ｇのおもり1個を用いて網型てんびんを水平につり合わせるには，どの点につるせばよいですか。

(2) 50ｇのおもり2個を用いて水平につり合わせるつるし方は何通りありますか。

図5

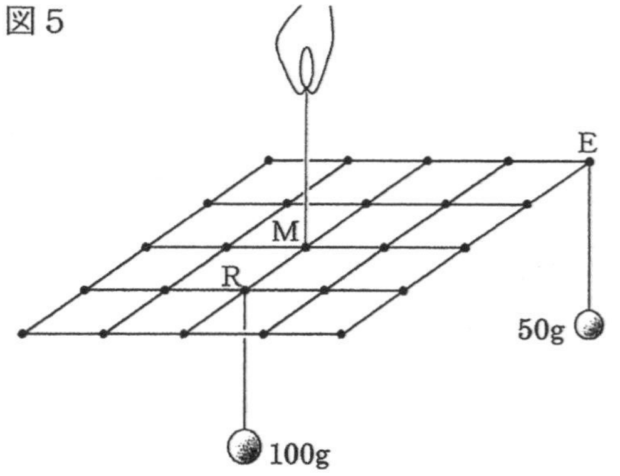

5 次の文章を読んで，後の問いに答えなさい。

発泡《はっぽう》入浴剤《ざい》（お湯に入れると泡《あわ》が出る固形の入浴剤）には，クエン酸と重曹《じゅうそう》という物質が含まれているものがあります。粉末状のクエン酸と重曹を使って，次の実験１～３を行いました。

〔実験１〕 クエン酸と重曹をそれぞれ水に溶《と》かして水溶《よう》液を作った。それぞれの水溶液を青色リトマス紙と赤色リトマス紙につけたところ，クエン酸の水溶液は青色リトマス紙を赤色に，重曹の水溶液は赤色リトマス紙を青色に変えた。

〔実験２〕 クエン酸を溶かした水溶液に重曹を加えると気体が発生した。この気体を容器に集め，そこに石灰水を加えてよく振ったところ，石灰水は白く濁《にご》った。

〔実験３〕 ６つのビーカーに水を100ｇずつ入れ，クエン酸を3.5ｇずつ加えて水溶液を作った。それぞれのビーカーに，1.0ｇ，2.0ｇ，3.0ｇ，4.0ｇ，5.0ｇ，6.0ｇの重曹を加えて気体を発生させ，その後の水溶液のおもさを調べた。表は，その結果をまとめたものである。

表

クエン酸の水溶液のおもさ〔ｇ〕	103.5	103.5	103.5	103.5	103.5	103.5
加えた重曹のおもさ〔ｇ〕	1.0	2.0	3.0	4.0	5.0	6.0
クエン酸の水溶液と重曹の合計〔ｇ〕	104.5	105.5	106.5	107.5	108.5	109.5
気体が発生した後の水溶液のおもさ〔ｇ〕	104.0	104.5	105.0	105.5	106.1	107.1

問１ 実験１に関して，次の（１），（２）に答えなさい。

（１）クエン酸の水溶液と重曹の水溶液は，それぞれ何性を示しますか。

（２）クエン酸の水溶液と重曹の水溶液にそれぞれ緑色のＢＴＢ溶液を加えると，何色に変わりますか。

問２ 実験２について，次の（１），（２）に答えなさい。

（１）発生した気体の名称を答えなさい。

（２）発生した気体について述べたものを次の**ア**～**カ**の中からすべて選んで，記号で答えなさい。

ア ものを燃やすはたらきがある。
イ 鼻をさすようなにおいがする。
ウ 空気中の約80％を占める気体である。
エ 地球温暖化の原因と言われている。
オ 木や紙を燃やすと発生する。
カ 塩酸にアルミニウムを加えると発生する。

問３ 実験３に関して，次の（１）～（４）に答えなさい。ただし，割り切れないときは小数第２位を四捨五入して小数第１位まで答えなさい。また，発生した気体は水に溶けないものとします。

（１）1.0ｇの重曹をビーカーに加えたときに発生した気体は何ｇですか。

（２）実験３で用いたクエン酸水溶液と同じ水溶液に2.6ｇの重曹を加えたとき，発生する気体は何ｇになりますか。

（３）ビーカー中の水溶液に含まれるクエン酸がすべて重曹と反応したとき，発生する気体は何ｇですか。

（４）3.5ｇのクエン酸とちょうど反応する重曹のおもさは何ｇですか。

社会科（中）

社中令5　(40分)

（注意）　解答はすべて解答用紙に記入しなさい。

1　次の**A**県～**D**県について説明した文章を読んで，あとの問いに答えなさい。

A県　都道府県別の①工業製品の出荷額《しゅっかがく》が最も高く，②県庁所在地の人口は日本の市として3番目に多いため，工業・③情報などにおいて地方の中核《ちゅうかく》となっています。

B県　日本の県の中で最も面積が広く，④漁業がさかんです。2011年の東日本大震災によって大きな被《ひ》害《がい》を受けたため，現在も復興が進められています。

C県　特産品の塩・砂糖・綿が「讃岐三白《さぬきさんぱく》」とよばれていましたが，すべておとろえました。⑤県と本州を結ぶ連絡路《れんらくろ》が開通し，人の行き来が増えました。

D県　たびたび噴火《ふんか》する⑥火山の影響《えいきょう》によって土壌《どじょう》が稲作に適さないため，⑦畜産が重要な産業となっています。県内を終点とする⑧新幹線路線は，観光客の呼《よ》び込《こ》みや利便性の向上に役立っています。

問1　下線部①について，次のグラフは，**A**県・千葉県・石川県・大阪府の工業出荷額の製造品別割合を示したものであり，ア～エはこの４府県のいずれかがあてはまります。**A**県にあてはまるものを一つ選んで記号で答えなさい。

	食料品	化学	石油製品	鉄鋼	機械類	輸送用機械	その他
ア	12.5%	17.9%	23.8%	18.4%	9.3%	0.9%	17.2%
イ	3.5%	2.7%	1.5%	8.5%	12.2%	55.3%	16.3%
ウ	5.8%	6.1%	0.2%	6.9%	48.8%	5.8%	26.4%
エ	7.4%	10.7%	8.7%	17.9%	19.0%	8.6%	27.7%

「機械類」の中に「輸送用機械」は含《ふく》めない。二宮書店『データブック オブ・ザ・ワールド 2022年版』より作成

問2　下線部②について，**A**県の県庁所在地より人口が多い市を，次の中から**2つ**選んで記号で答えなさい。

ア．大阪市　　イ．さいたま市　　ウ．札幌市　　エ．福岡市　　オ．横浜市

問3　下線部③に関して，新聞やテレビで情報を受け取るときや，インターネットで情報を発信するときの行動として最も適当なものを，次の中から一つ選んで記号で答えなさい。

ア．テレビで「この商品を食べると長生きできる」と特集されていたので，すぐに買いに行った。

イ．政府の政策に対する世間の反応を知りたかったので，複数の新聞を読み比べた。

ウ．友人と一緒《いっしょ》に写った写真を，「仲のよい友人だから」という理由で友人の許可なくSNSに載《の》せた。

エ．友人がSNSで「動物園から猛獣《もうじゅう》が逃《に》げた」と投稿《とうこう》したのをみたので，すぐに他の人に知らせた。

問4　下線部④に関して，次の(1)・(2)に答えなさい。

(1)　**B**県について述べた文章中の下線部**ア**～**エ**のうち，**誤っているもの**を一つ選んで記号で答えなさい。

B県の沖合には，**ア**暖流の日本海流・寒流の千島海流が合流する潮目があるため，魚が集まりやすくなっています。また，海岸沿いには，**イ**単調な海岸線が特徴《とくちょう》である**ウ**リアス海岸があるため，**エ**魚介類《ぎょかいるい》の養殖場《ようしょくじょう》がみられます。

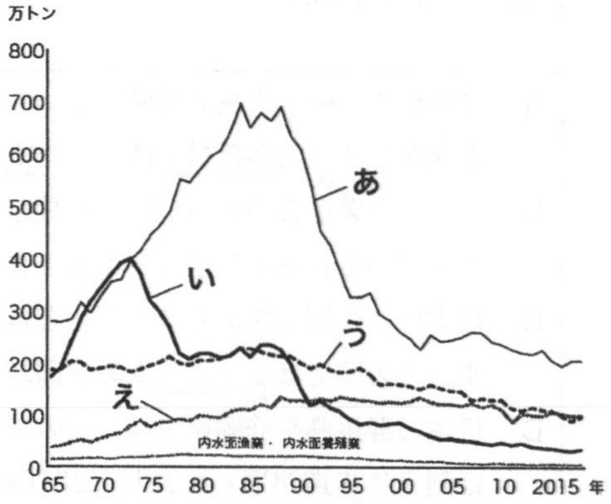

水産庁『海面漁業生産統計調査』より作成

(2)　右の図は，日本の漁業部門別生産量の推移であり，グラフ**あ**～**え**は沖合漁業・遠洋漁業・沿岸漁業・海面養殖業のいずれかを示しています。**い**のグラフが1970年代に生産量を大きく落としている理由として正しいものを，次の中から一つ選んで記号で答えなさい。

ア．プランクトンが大量に発生し，魚の数が減少したから。

イ．船を動かす燃料代が大きく上がり，利益を出しづらくなったから。

ウ．海水温の変化によって海流の向きが変わり，魚の生息地が変わったから。

エ．沿岸地域の埋《う》め立てや開発が進み，海の環境が悪化したから。

問5　下線部⑤について，**C**県と本州を結ぶ連絡路として正しいものを，次の中から一つ選んで記号で答えなさい。

ア．明石海峡《かいきょう》大橋　　イ．青函《せいかん》トンネル　　ウ．瀬戸内しまなみ海道　　エ．瀬戸大橋

問6　下線部⑥に関して，次のア～エの文は，すべて日本にある火山について説明したものです。このうち，**D**県の火山について述べたものを一つ選んで記号で答えなさい。

ア．江戸時代の噴火では火山灰が日光をさえぎり，天明のききんが発生した。

イ．大正時代にはげしい噴火が起こった結果，火山島と付近の半島がつながった。

ウ．1991年に発生した火砕流《かさいりゅう》では，消防団や報道関係者など多くの人が亡《な》くなった。

エ．2014年に噴火を起こし，噴石《ふんせき》などによって多くの登山客が亡くなった。

問7　下線部⑦に関して，次の表は，肉牛・乳牛・豚《ぶた》・ブロイラーの飼育頭数の上位５道県と飼育頭数を示したものであり，ア～エはこの４つのいずれかがあてはまります。豚にあてはまるものを一つ選んで記号で答えなさい。なお，表中の**D**は左の**D**県と同一です。

ア

北海道	83
栃木	5
熊本	4
岩手	4
群馬	3

イ

北海道	54
D	35
宮崎	25
熊本	14
岩手	9

ウ

D	123
宮崎	80
北海道	73
群馬	64
千葉	62

エ

宮崎	2801
D	2709
岩手	2260
青森	709
北海道	509

単位は万頭・万羽。矢野恒太記念会『日本国勢図会 2022/23』より作成

問8　下線部⑧に関して，新函館《はこだて》北斗《ほくと》駅から**D**県にある新幹線の終着駅まで新幹線に乗った際，通過することがない場所を，次の中から一つ選んで記号で答えなさい。すべて通過する場合は「オ」と答えなさい。ただし，現在開通している新幹線のみに乗車し，一度通過した路線を折り返さないものとします。

ア．濃尾平野　　イ．京都盆地　　ウ．津軽海峡　　エ．信濃川

2　次の文章は，日本と関係の深い５つの国**A**～**E**について説明したものです。これに関するあとの問いに答えなさい。

A　日本から自動車や電気機械などが多く輸出されており，日本の輸出相手国第２位の国です。広い国土を活《い》かして①大型機械を使った農業がおこなわれています。

B　日本の企業《きぎょう》がこの国の市場に多数進出し，日本との貿易もさかんです。日本とは古くから交流があり，この国からお茶や漢字などさまざまなものが伝わりました。

C　日本はこの国から最も多く石油を輸入しており，日本の企業が海水を淡水《たんすい》にする工場をつくっています。この国では②イスラム教が国教となっており，聖地メッカには多くの人が訪《おとず》れます。

D　日本の群馬県や静岡県では，この国から来たたくさんの人が工場労働者として働いています。この国は国土に赤道が通っており，2016年にリオデジャネイロでオリンピックが開催《かいさい》され，多くの国や地域の人が参加しました。

E　日本は③この国から鉄鉱石や石炭，牛肉などさまざまなものを輸入しています。この国は日本とは季節が逆で，温和な気候であるため，日本からも多くの人が旅行や語学研修に訪れています。

問１　次の表中Ⅰ～Ⅴは，**A**～**E**の国の面積，人口，おもな言語を示したものです。次の(1)・(2)に答えなさい。

	Ⅰ	Ⅱ	Ⅲ	Ⅳ	Ⅴ
面積(万㎢)	983.4	769.2	960.0	220.7	851.6
人口(万人)	33,100	2,550	143,932	3,481	21,256
おもな言語	あ	あ	い	う	え

二宮書店『データブック オブ・ザ・ワールド2022年版』より作成

(1)　表中Ⅰ，Ⅱ，Ⅳにあてはまる国を，上の文章**A**～**E**よりそれぞれ一つずつ選んで記号で答えなさい。

(2)　表中の あ ～ え にあてはまる言語を，次のア～カからそれぞれ一つずつ選んで記号で答えなさい。

ア．アラビア語　　イ．英語　　ウ．韓国語
エ．スペイン語　　オ．中国語　　カ．ポルトガル語

問２　下線部①に関して，次の表は**A**国で生産の多い農産物である小麦，とうもろこし，大豆について，生産の多い上位５か国とその割合を示したものです。**お**～**き**はこの３つのいずれかがあてはまります。**お**にあてはまるものを，下のア～ウから一つ選んで記号で答えなさい。なお，表中の**A**～**E**は左の**A**～**E**の国と同一です。

	お	%
1	B	17.4
2	インド	13.5
3	ロシア	9.7
4	A	6.8
5	フランス	5.3

	か	%
1	A	30.2
2	B	22.7
3	D	8.8
4	アルゼンチン	5.0
5	ウクライナ	3.1

	き	%
1	D	34.2
2	A	29.0
3	アルゼンチン	16.6
4	B	4.7
5	インド	4.0

二宮書店『データブック オブ・ザ・ワールド2022年版』より作成

ア．小麦　　イ．とうもろこし　　ウ．大豆

問３　下線部②について述べた文として**適当ではないもの**を，次の中から一つ選んで記号で答えなさい。

ア．毎日祈《いの》りの時間になると，モスクという礼拝所で聖典が読み上げられる。
イ．牛を神聖視しており，牛肉を食することは禁じられている。
ウ．ラマダーンとよばれる月に，日中食べ物を口にしない断食《だんじき》の義務がある。
エ．男女が同席することや女性の行動を制限している国もある。

問４　下線部③に関して，次の表は鉄鉱石，石炭，牛肉における日本のおもな輸入先上位５か国とその割合を示したものであり，**く**～**こ**はこの３つのいずれかがあてはまります。正しく組み合わせたものを，下のア～カから一つ選んで記号で答えなさい。なお，表中の**A**～**E**は左の**A**～**E**の国と同一です。

	く	%
1	E	45.4
2	A	42.2
3	カナダ	5.0
4	ニュージーランド	3.8
5	メキシコ	1.9

	け	%
1	E	60.2
2	インドネシア	13.3
3	ロシア	11.4
4	カナダ	6.7
5	A	6.4

	こ	%
1	E	52.2
2	D	29.6
3	カナダ	7.2
4	南アフリカ	3.6
5	インド	2.0

二宮書店『データブック オブ・ザ・ワールド2022年版』より作成

ア．**く**－鉄鉱石　**け**－石炭　**こ**－牛肉　　イ．**く**－鉄鉱石　**け**－牛肉　**こ**－石炭
ウ．**く**－石炭　**け**－鉄鉱石　**こ**－牛肉　　エ．**く**－石炭　**け**－牛肉　**こ**－鉄鉱石
オ．**く**－牛肉　**け**－石炭　**こ**－鉄鉱石　　カ．**く**－牛肉　**け**－鉄鉱石　**こ**－石炭

3 長崎県の文化財について述べた次の**A～C**の文章を読んで，あとの問いに答えなさい。

A 南島原市の「原山支石墓群《はらやましせきぼぐん》」は縄文時代終わりごろの墓地で，籾《もみ》が付いた跡《あと》のある土器が見つかりました。これは，①日本列島へ稲作技術が伝わったことと関係があると考えられています。

対馬市の「金田城跡《かねだじょうあと》」は，②天智天皇６年(西暦《せいれき》667年)につくられた城で，国の特別史跡《しせき》に指定されています。同じく対馬市にある「矢立山古墳群《やたてやまこふんぐん》」も同じころにつくられました。この城と③古墳には，朝鮮半島との深い関係があると考えられています。壱岐市には「壱岐国分寺跡《いきこくぶんじあと》」があります。国分寺とは，④奈良時代に聖武天皇が仏教の力で社会の不安をしずめて国を治めようとして，国ごとに建てることを命じた寺院です。

問１ 下線部①に関して，原山支石墓群と同じ縄文時代終わりごろに稲作が始まっていたことが確認《かくにん》された遺跡《いせき》が福岡県にあります。その遺跡を次の中から一つ選んで記号で答えなさい。

ア．三内丸山遺跡　イ．吉野ケ里遺跡　ウ．板付遺跡　エ．大森貝塚

問２ 下線部②の人物に最も関係の深い文を，次の中から一つ選んで記号で答えなさい。

ア．冠位十二階を定めた。　イ．蘇我《そが》氏をたおして大化改新を始めた。

ウ．平城京をつくった。　エ．観阿弥を保護して能をさかんにした。

問３ 下線部③について述べた文として**誤っているもの**を，次の中から一つ選んで記号で答えなさい。

ア．３世紀から７世紀にかけてつくられた，大王《おおきみ》や豪族の墓である。

イ．さまざまな形のものがあり，九州地方から東北地方まで各地につくられた。

ウ．大阪府の仁徳天皇陵《りょう》古墳(大仙《だいせん》古墳)は，日本最大の古墳である。

エ．つくられた当時は，表面にたくさんの土偶《どぐう》が並んでいたと考えられている。

問４ 下線部④の時代の人々の生活について述べた文として正しいものを，次の中から一つ選んで記号で答えなさい。

ア．米がたくさんとれるようになったため，１日３回食事する習慣が広まった。

イ．租・調・庸《よう》といった税を納めたほか，都や九州を守る兵士の役を務めさせられた。

ウ．田植えのときには，豊作を祈《いの》って笛や太鼓《たいこ》にあわせておどる田楽がおこなわれた。

エ．年貢《ねんぐ》を確実に納めるため，五人組というしくみをつくらされた。

B 対馬市と壱岐市には，⑤元軍の襲来《しゅうらい》(元寇《げんこう》)にかかわる史跡があります。対馬では宗氏《そうし》の一族が奮戦《ふんせん》しましたが，大きな被害《ひがい》を受けました。宗氏は，⑥室町時代には日本と朝鮮との貿易を管理するようになりました。

平戸市と五島市には，六角形の井戸《いど》が残っています。いずれも室町時代後期に貿易などで活躍《かつやく》した王直《おうちょく》という中国人にかかわるものと考えられています。1543年に種子島に鉄砲を伝えたポルトガル人が乗っていたのも王直の船だったといわれています。鉄砲はその後各地でつくられるようになり，織田信長は大量の鉄砲を用いて［ ⑦ ］の戦いで武田軍に勝利し，⑧天下統一に大きく前進しました。

問５ 下線部⑤に対する守りを九州の御家人《ごけにん》たちに命じた，鎌倉幕府の執権の名前を答えなさい。

問６ 下線部⑥の時代の文化について述べた文として正しいものを，次の中から一つ選んで記号で答えなさい。

ア．書院造の部屋や枯山水《かれさんすい》の庭園がつくられるようになった。

イ．端午《たんご》の節句や七夕まつりなどの年中行事がさかんにおこなわれるようになった。

ウ．漢字をもとにしてかな文字がつくられた。

エ．人形浄瑠璃や歌舞伎が人々の人気を集めた。

問７ 空欄《くうらん》［ ⑦ ］にあてはまる地名を答えなさい。

問８ 下線部⑧に関して，豊臣秀吉がおこなったことを次の中から一つ選んで記号で答えなさい。

ア．御成敗式目を定めた。　イ．大名たちに参勤交代を命じた。

ウ．明との貿易を始めた。　エ．検地や刀狩をおこなった。

C 南島原市の「原城跡《はらじょうあと》」は島原・天草一揆《いっき》で一揆勢が立てこもった城跡です。この事件後，江戸幕府はキリスト教のとりしまりをさらに強めるとともに，⑨鎖国とよばれる政策をつくりあげました。長崎市の「シーボルト宅跡」は，出島オランダ商館員であったシーボルトが開いた鳴滝塾《なるたきじゆく》の跡です。ここで医学などを学んだ人たちによって⑩蘭学がさかんになりました。長崎市には，「魚見岳台場跡《うおみだけだいばあと》」や「四郎ケ島台場跡《しろうがしまだいばあと》」などの「長崎台場跡《ながさきだいばあと》」もあります。江戸時代後半には大きなききんが何度か起こり，物価も大きく上がって，農村では百姓一揆，都市では［ ⑪ ］が各地で起こるようになりました。一方，⑫対外的には外国船が日本に接近し，乱暴をはたらくという事件もいくつか起こり，世の中の不安感が高まっていました。「長崎台場跡」はこのような外国船の接近に対する備えとしてつくられました。

問９ 下線部⑨について，鎖国とはどのような政策ですか。次の４つの語句をすべて用いて50字以内で説明しなさい。

オランダ	中国	長崎	ポルトガル

問10 下線部⑩に関して，江戸時代の学問の発展について述べた文として**誤っているもの**を，次の中から一つ選んで記号で答えなさい。

ア．杉田玄白や前野良沢らは，オランダ語の医学書を翻訳《ほんやく》して『解体新書』を出版した。

イ．伊能忠敬は全国の海岸を測量して，ほぼ正確な日本地図をつくった。

ウ．日本古来の考え方を明らかにしようとする国学が広まった。

エ．学問は武士のあいだで広まり，町人や百姓のための教育機関はまだつくられなかった。

問11 空欄［ ⑪ ］にあてはまる語句を答えなさい。

問12 下線部⑫に関連して，わが国の対外関係に関する次のX～Zの文を時期の早い順に並べたものとして正しいものを，下のア～カから一つ選んで記号で答えなさい。

X　小野妹子らが使者として中国に送られた。

Y　中国から鑑真というすぐれた僧《そう》を招いた。

Z　東南アジアの各地に日本町がつくられた。

ア．X→Y→Z　イ．X→Z→Y　ウ．Y→X→Z

エ．Y→Z→X　オ．Z→X→Y　カ．Z→Y→X

4 S中学校の２年生は，歴史の学習の一環《いっかん》として歴史上の人物のカードづくりにとりくんでいます。このことについて，次の**A**～**D**に答えなさい。

A 次のカードはA先生が見本としてつくったカードです。このように，カードの表《おもて》には，名前・生まれた年と死亡した年・出身・身分・職業など，裏《うら》にはその人物の主な経歴や業績が簡単にまとめてあります。このカードについて，下の問いに答えなさい。

(表《おもて》)

西郷隆盛
1828年～1877年
薩摩《さつま》出身
薩摩藩士《はんし》～政府役人

(裏《うら》)

1860年代，30歳《さい》代後半で薩摩藩のリーダーとなる。薩長同盟《さつちょうどうめい》の成立後は，倒幕《とうばく》の中心の一人として活躍《かつやく》した。明治維新後，新政府の役人にまねかれるが，政府内部の対立により1873年に辞職して郷里に帰る。1877年政府への反乱を起こし敗北した。

問１ 西郷隆盛が政府首脳を務めているとき，旧大名の政治権力はすべて廃止《はいし》され，地方政治をつかさどるために政府の役人が各地に派遣《はけん》されることになりました。この制度改革を何といいますか，漢字４字で答えなさい。

問２ 西郷隆盛が政府に対して起こした反乱について述べた文として正しいものを，次の中から**２つ**選んで記号で答えなさい。

ア．西郷が率いたのは，政府が年貢《ねんぐ》を引き上げたことに不満をもつ農民であった。
イ．西郷が率いたのは，身分制の廃止によって特権を奪《うば》われたかつての武士であった。
ウ．西郷軍を破ったのは，政府の依頼《いらい》を受けたイギリスの軍であった。
エ．西郷軍を破ったのは，徴兵制により集められた農民中心の軍であった。

B 次のカード(1)～(3)は，Bさんが「日露戦争に関係の深い人物」をテーマとしてつくったカードの裏面《うらめん》を並べたものです。これらについて，下の問いに答えなさい。

(1)

1884年(29歳)より外交官。1901年，1908年の２度，外務大臣に就任する。１度目は日露戦争関係の外交に力をつくし，２度目のときはアメリカとの通商条約改正を実現した。

(2)

海軍軍人として，1871年(23歳)イギリスに留学する。日清・日露戦争で活躍し，とくに日露戦争では連合艦隊《かんたい》司令長官としてロシアのバルチック艦隊を打ち破った。

(3)

20歳ぐらいより歌人として活躍していたが，1904年(26歳)，日露戦争の戦場にある弟の無事を祈《いの》る歌「君死にたまうことなかれ」を発表し，大きな反響《はんきょう》をよんだ。

問３ カード(1)～(3)の表《おもて》に書かれている名前としてふさわしいものを，次のア～カから一つずつ選び，記号で答えなさい。

ア．平塚らいてう　　イ．東郷平八郎　　ウ．小村寿太郎　　エ．大塩平八郎
オ．与謝野晶子　　カ．陸奥宗光

問４ カード(1)の人物が実現したアメリカとの新しい通商条約が，それまでの通商条約と異なる点を次の文のようにまとめました。文中の空欄《くうらん》 X にあてはまる語句を答えなさい。

日本の X を確立させたこと。

問５ 日露戦争について述べた文として正しいものを，次の中から一つ選んで記号で答えなさい。

ア．日本はロシアとの戦争に先がけて，イギリスとの同盟を結んだ。
イ．日本が韓国を併合《へいごう》して植民地にしたことが，日露の対立の原因となった。
ウ．反戦の意見を述べた人は，治安維持法によってとりしまりを受けた。
エ．ロシアから獲得《かくとく》した賠償金《ばいしょうきん》は，日本の経済・産業の発展の要因になった。

C 次のカード(4)～(6)は，Cさんが「明治から昭和にかけて世界的業績を残した日本人科学者」をテーマにつくったカードの表面《おもてめん》を並べたものです。これらについて，下の問いに答えなさい。

(4)

北里柴三郎
1852年～1931年
肥後出身
細菌《さいきん》学者・医師

(5)

野口英世
1876年～1928年
福島県出身
細菌学者・医師

(6)

湯川秀樹
1907年～1981年
東京出身
物理学者

問６ カード(4)～(6)の裏面《うらめん》に書かれている内容の組み合わせとして正しいものを，次の中から一つ選んで記号で答えなさい。

ア．(4) 破傷風の治療法《ちりょうほう》の研究　(5) 黄熱病の研究　(6) 中間子理論の研究
イ．(4) 破傷風の治療法の研究　(5) 黄熱病の研究　(6) ｉＰＳ細胞《さいぼう》の研究
ウ．(4) 黄熱病の研究　(5) 破傷風の治療法の研究　(6) 中間子理論の研究
エ．(4) 黄熱病の研究　(5) 破傷風の治療法の研究　(6) ｉＰＳ細胞の研究

問７ 湯川秀樹は，1947年に日本人として初めてのノーベル賞を受賞します。このころの日本のようすを述べた文として**誤っているもの**を，次の中から一つ選んで記号で答えなさい。

ア．太平洋戦争に敗れた日本は，連合国軍の占領《せんりょう》を受けていた。
イ．生活に必要な物資が不足し，栄養失調に苦しむ人もあった。
ウ．大日本帝国憲法にかわり，日本国憲法が施行《しこう》された。
エ．日米安全保障条約が結ばれ，アメリカ軍が日本に駐留《ちゅうりゅう》した。

⑤ 社中令5

D　Dさんは「昭和の内閣総理大臣」をテーマにしてカードをつくりました。次のカードは，そのうちの１枚です。このカードについて，下の問いに答えなさい。

（表《おもて》）

池田勇人
1899年～1965年
広島県出身
政府役人～政治家

（裏《うら》）

政府の役人を長く勤めたが，太平洋戦争後，政治家となった。1960年に内閣総理大臣に就任し，「国民所得倍増計画」を打ち出して産業・経済の発展をはかり，［ X ］を加速させた。在任中に東京オリンピックが開かれる。

問８　カードの裏《うら》の文中の空欄《くうらん》［ X ］にあてはまる語句を，漢字６字で答えなさい。

問９　Dさんがつくったカードを，内閣総理大臣に就任した順に並べた場合，「池田勇人」の次にくるカードはどれですか。次の中から一つ選んで記号で答えなさい。

ア．（表《おもて》）吉田《よしだ》茂《しげる》　（裏《うら》）サンフランシスコ平和条約に調印し，日本は独立を回復する。
イ．（表）佐藤栄作《さとうえいさく》　（裏）公害対策基本法を制定する。沖縄の日本復帰を実現する。
ウ．（表）中《なか》曽《そ》根《ね》康弘《やすひろ》　（裏）国鉄の民営化など，行財政改革に努める。
エ．（表）竹下登《たけしたのぼる》　（裏）はじめて消費税を導入する。昭和から平成に元号が変わる。

5　小学校６年生のＦさんは，毎日寝《ね》る前に簡単な日記をつけることにしています。次の**Ａ～Ｅ**の文章は，いずれもＦさんが2022年に書いた日記の一部です。これを読んであとの問いに答えなさい。

Ａ　2022年２月24日（木）

今日はとても悲しいニュースを見ました。今月に入ってから，毎日のようにテレビでロシアが［ ① ］を攻撃《こうげき》するかもしれないというニュースが流れていましたが，まさか本当にその通りのことが起こるなんて！ちょっと前までは，②オリンピックの楽しい話題がたくさんニュースになっていたのに…。

Ｂ　2022年３月11日（金）

今日は先生が東日本大震災の話をたくさん聞かせてくれました。そして犠牲《ぎせい》となられた方々のことを思いながら黙祷《もくとう》をしました。先生の話では，2011年の３月11日の午後に起きた地震と，その後に発生した巨大《きょだい》な［ ③ ］が主な原因となって，約１万９千人の方々が亡《な》くなり，④原子力発電所の事故も起きたということでした。地震やその他の自然災害についても，もっと知りたいと思いました。

Ｃ　2022年５月３日（火）

今日は憲法記念日でした。おじいちゃんが，憲法というのは国のしくみを決めているきまりだと教えてくれました。そして，日本の憲法には「国民主権」・「［ ⑤ ］」・「⑥基本的人権の尊重」という三つの大切な原則があって，他には⑦国会・内閣・裁判所などのきまりも書かれているとも教えてくれました。言葉がむずかしくてよくわからないことがたくさんあったけど，これから勉強していこうと思いました。

Ｄ　2022年９月25日（日）

今日は国連総会で「ＳＤＧｓ（持続可能な開発目標）」として，大きく［ ⑧ ］の目標が定められてから７年目の記念日だと，先日学校で先生が教えてくれました。ＳＤＧｓについてちょっと調べてみたら，自分にもできそうなものがあったので，がんばってみようかなという気持ちになりました。それから，今日の新聞を見ると，⑨ＷＨＯ，ＵＮＥＳＣＯ，ＥＵ，ＮＡＴＯということばを見つけました。それらのことばの意味も調べてみようと思いました。

Ｅ　2022年11月12日（土）

今日は塾《じゅく》に行くために乗ったバスの中で，とても気持ちのいいおこないを見ました。それはバスに乗ってきた人に，近くの座席に座《すわ》っていた中学生がすぐに席を譲《ゆず》ったことです。乗ってきた人はお年寄りではなかったけど，さっきの中学生は，⑩その人が持っていたバッグにつけてあったマークを見て，すぐに座席を譲ったことがわかりました。私もその中学生のようなすてきな行動ができる人になりたいと思いました。

そういえば今日は，⑪青色の円の中に白色で四つ葉を描《えが》いたマークをつけた車も見かけました。このマークの意味も調べてみようと思いました。

問1　空欄《くうらん》［①］にあてはまる国の名前を答えなさい。

問2　下線部②について，この日記が書かれた２月におこなわれたオリンピックを開催《かいさい》した都市はどこか答えなさい。

問3　空欄［③］にあてはまる語句を答えなさい。

問4　下線部④について述べた文として正しいものを，次の中から一つ選んで記号で答えなさい。

ア．これは，世界で初めて起こった原子力発電所の事故であった。
イ．現在でも，この事故の影響《えいきょう》により人が住むことができない地域が残っている。
ウ．日本では，この事故が起こったときから現在まで，すべての原子力発電所が停止している。
エ．この事故を起こしたすべての原子炉《げんしろ》の修理は，すでに終わっている。

問5　空欄［⑤］にあてはまる語句を答えなさい。

問6　下線部⑥に関して，次の文章は，基本的人権が関係する裁判の判決文をまとめたものです。この文章から読みとれることがらとして適当なものを，下のア～エから一つ選んで記号で答えなさい。

医薬品のインターネット販売《はんばい》を禁止する厚生《こうせい》労働省の命令は，薬事法という法律に基《もと》づいて出されたものである。国会では医薬品をインターネット販売することの安全性を心配する意見も出たが，薬事法にはこれを禁止するような条文は盛《も》り込《こ》まれなかった。憲法にある「職業選択《せんたく》の自由」には商業活動などの自由も含《ふく》まれると考えられており，薬事法で禁止されていないことがらを厚生労働省の命令で禁止することはできない。　（2013年 最高裁判所判決文をもとに作成）

ア．基本的人権の中には，お金をかせぐことなどの経済活動に関する自由も含まれる。
イ．憲法に規定されている基本的人権は，無制限に認められなければならない。
ウ．この判決は，薬事法が基本的人権を侵害《しんがい》していると判断された違憲《いけん》判決である。
エ．この判決により，医薬品をインターネットで販売することは不可能になった。

問7　下線部⑦について述べた文として正しいものを，次の中から一つ選んで記号で答えなさい。

ア．参議院議員の任期は６年であるが，３年ごとに参議院議員を選ぶ選挙がおこなわれている。
イ．内閣が予算を作成して国会に提出する際には，必ず先に参議院に提出される。
ウ．内閣総理大臣は，国会議員の中から選ばれ，国会の議決によって国会が任命する。
エ．すべての裁判所の裁判官は，国民によって審査《しんさ》を受けることになっている。

問8　空欄［⑧］にあてはまる数字を，次の中から一つ選んで記号で答えなさい。

ア．５　　イ．１１　　ウ．１７　　エ．２３

問9　下線部⑨について，アルファベットでの略称《りゃくしょう》を日本語での名称《めいしょう》に直したものとして**誤っているもの**を，次の中から一つ選んで記号で答えなさい。

ア．WHO … 世界貿易機関　　イ．UNESCO … 国連教育科学文化機関
ウ．EU … ヨーロッパ連合　　エ．NATO … 北大西洋条約機構

問10　右の図は，下線部⑩のマークを示しています。このマークの意味を答えなさい。

問11　下線部⑪について，このマークは右の図のようになっています。このマークの説明として正しいものを，次の中から一つ選んで記号で答えなさい。

ア．高齢者《こうれいしゃ》が運転している。
イ．子どもが乗っている。
ウ．運転免許《めんきょ》を取ったばかりの人が運転している。
エ．身体障がい者が運転している。

国語科（中）解答用紙

※150点満点

国中令5

受験番号の欄《らん》は左《ひだり》端《はし》にあります。記入を忘れないこと。

一　10点

(1)	(2)	(3)	(4)	(5)

(6)	(7)	(8)	(9)	(10)

二　50点

問1	問2	問3	問4	問5	問6

三　50点

問1	問2	問3	問4	問5	問6	問7
a b						

四　40点

問1	問2	問3	問4	問5

受験番号

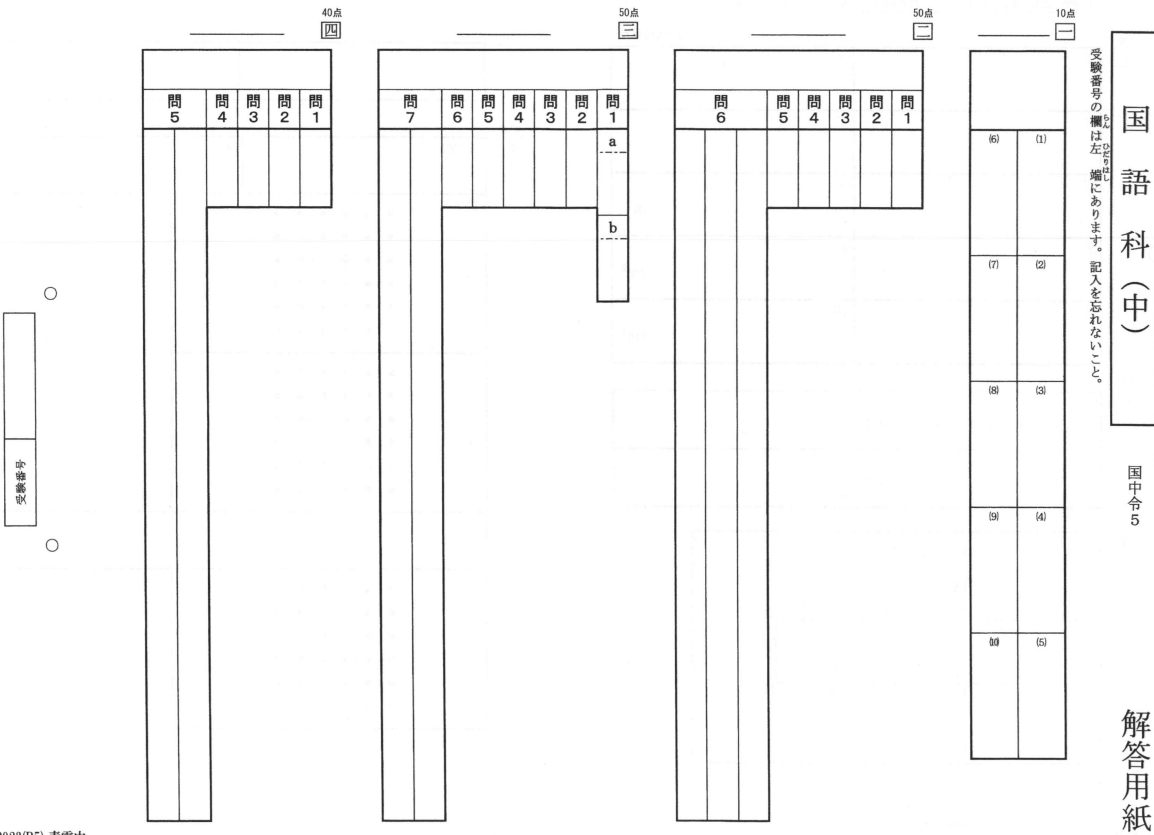

算数科（中）　解答用紙

算中令５

※150点満点

受験番号

1　70点

(1)	(2)
(3)	(4)
(5)	(6)　通り
(7)　%	(8)　cm^2
(9)　cm^2	(10)　cm^3

2　15点

(1)

（次郎さんの速さ）:（三郎さんの速さ）＝

(2)

（一郎さんの速さ）:（次郎さんの速さ）＝

3　13点

(1)

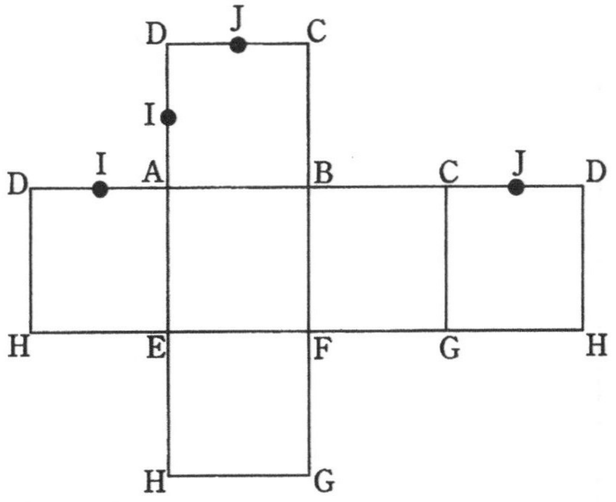

(2)　cm^3

4　15点

(1)	(2)　個

5　37点

(1)（ア）	（イ）

(2)

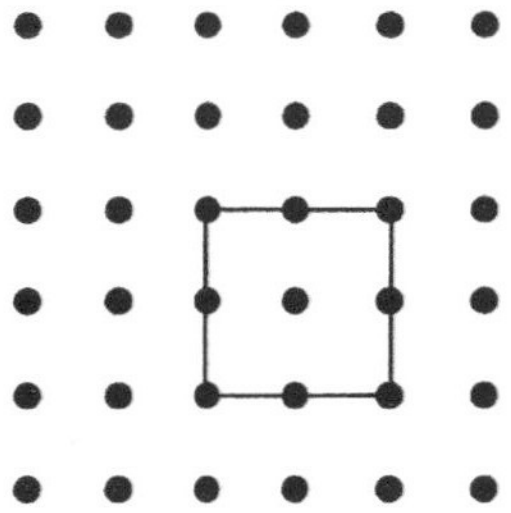

(3)

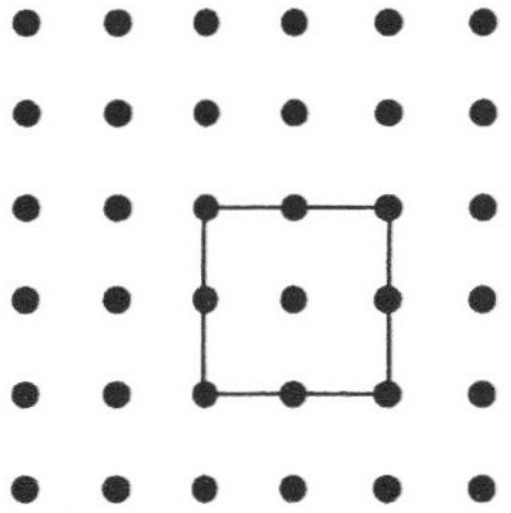

(4)

(5)

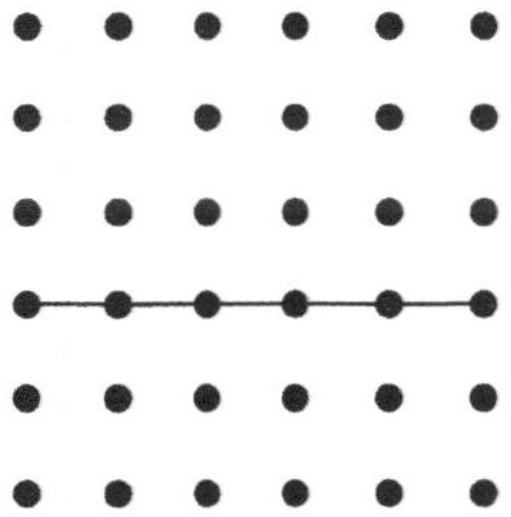

理科(中)解答用紙

理中令５

※100点満点

1 20点

(1)	(2)	(3)	(4)	(5)	(6)	(7)	(8)	(9)	(10)

2 19点

問１		問２	(1)		(2)	
問３						

問４	a				b			
	①		②		③		④	

受験番号

3 20点

問１	(1)		(2)		問２	
問３	(1)		(2)		(3)	
問４		問５				
問６		問７				

4 21点

問１	(1)	と		
	(2)		(3)	
問２	と			
問３	と　　と			

問４		問５	(1)		(2)	通り

5 20点

問１	(1)	クエン酸	性		
		重曹	性		
	(2)	クエン酸	色	重曹	色
問２	(1)		(2)		
問３	(1)	g	(2)	g	
	(3)	g	(4)	g	

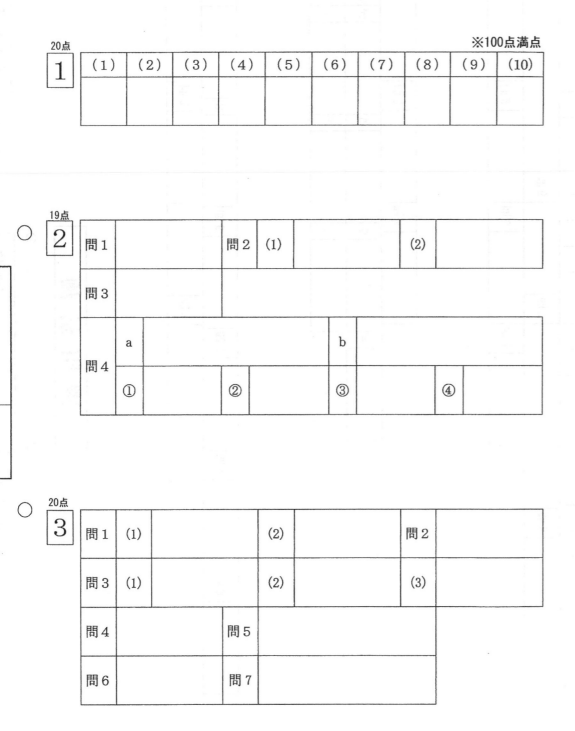

社会科（中）　社中令5

受験番号	

※100点満点

解答用紙

20点
1

問1　問2　問3

問4 (1)　(2)　問5　問6　問7　問8

20点
2

問1 (1) I　II　IV

(2) あ　い　う　え

問2　問3　問4

26点
3

問1　問2　問3　問4

問5　問6　問7　問8

問9　10　20　30　40　50

問10　問11　問12

22点
4

問1　問2

問3 (1)　(2)　(3)　問4　問5

問6　問7　問8　問9

12点
5

問1　問2　問3　問4

問5　問6　問7　問8　問9

問10　問11

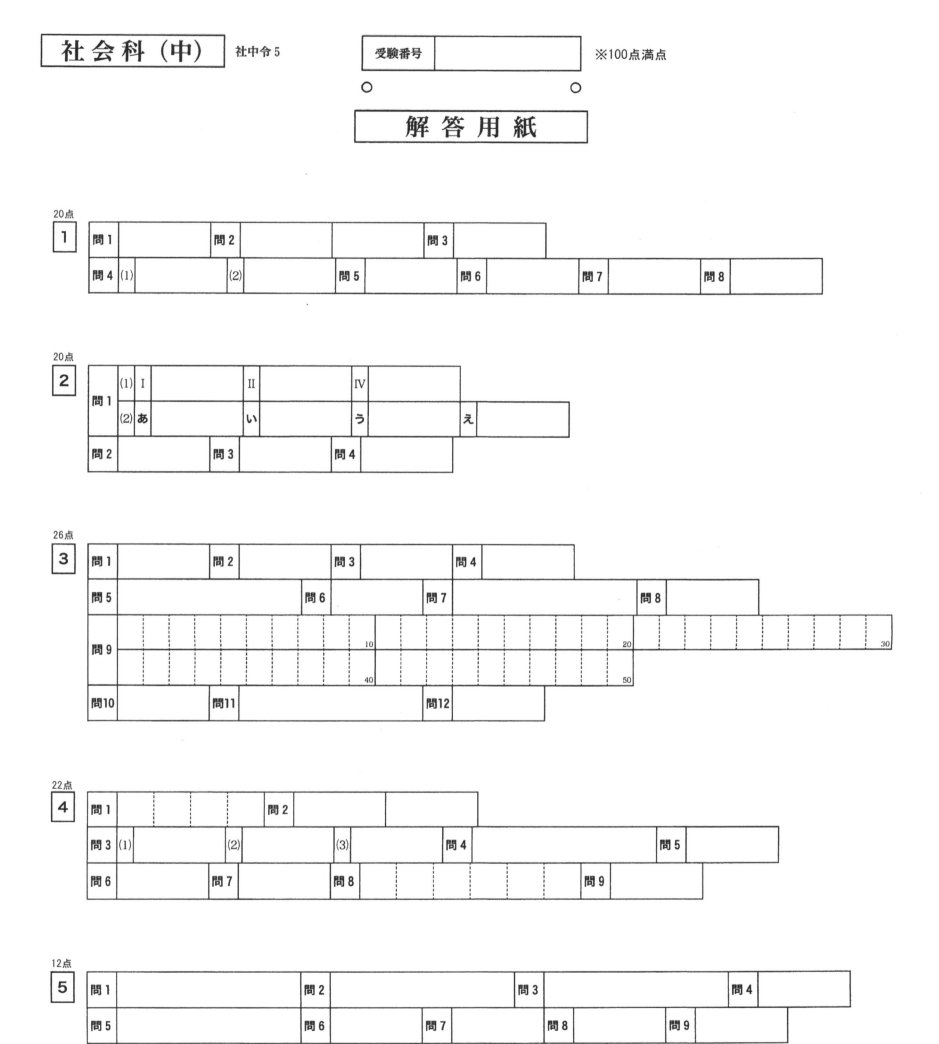

① 国語科（中）

国中令6

（60分）

（注意）解答はすべて解答用紙に記入しなさい。

青雲中学校

一 次の各文の傍線部《ぼうせんぶ》のカタカナを漢字に直しなさい。

(1) 夏休みにキョウリへ帰る。　(2) 親にコウコウする。　(3) ヨクアサは大雪だった。　(4) ゼンアクの判断がつかない。
(5) カーニバルのカソウ行列が通る。　(6) 旅行のヒヨウをためる。　(7) 連絡をミツにする。　(8) 夏はエイセイに気をつける。
(9) 別のブショに異動になる。　(10) 税金をノウニュウする。

二 次の(1)～(5)の慣用句の【　】にあてはまる語を漢字一字で答えなさい。

(1) 【　】の祭り。　(2) 青菜に【　】。　(3) 【　】の足を踏む。　(4) 顔から【　】が出る。　(5) 肩の【　】が下りる。

三 次の文章を読んで、後の問いに答えなさい。

人類史の視点から新たに見出された、我々の意外な側面がある。それは私が「ヒト多様性の（注1）パラドックス」と呼ぶもので、これを次に説明する。

世界中の現代人を見渡せば、皮膚《ひふ》の色から顔つきから髪質《かみしつ》から体型まで、その多様性に驚《おどろ》かされる。あまりに違《ちが》うので、現代人は単一種ではありえないという議論も過去にあった（これは現在、明確に否定されている）。人間の言語、文化、宗教、生活習慣、社会制度などの多様性も著《いちじる》しいものがある。ところがAそうした集団間の違いとは裏腹に、現代人同士の遺伝的多様性は大きくないことがわかってきた。

遺伝的多様性とは、平たくいえば個人間のDNA（ゲノム）の相違《そうい》のことだが、たとえば日本人とアフリカ人とヨーロッパの人びとのあいだでのDNA配列の違いは、チンパンジーの個体間に見られる遺伝的多様性より、はるかに小さいのである。チンパンジーの個体同士は人間のように著しい見かけ上の多様性を示さない。そうであれば種内の遺伝的多様性も低そうだが、Bそこは（注2）ホモ・サピエンスと逆転している。同じことは、ゴリラでもオランウータンでも認められた。つまり我々の遺伝子上の多様性は、見かけの印象から受けるほどに大きくない。これはどういうことか？

現代人の見かけの多様性は、一部の遺伝子が変異して生じたもので、他の大部分の遺伝子はさして多様化していない、という見通しである。皮膚の色や体型は、日光の照射量や気候の寒暖の影響《えいきょう》を強く受けるらしい。そのような土地の環境《かんきょう》への適応進化が、とくに外見に関わる遺伝子の違いを生み出した。その裏で、他の遺伝子はさして変わっていない。その間接的証拠《しょうこ》として、だからこそ、C人間同士は互《たが》いの価値を認め合えるのである。

アフリカの草原の壮大《そうだい》さ、地中海の美しさ、日本食の素晴《すば》らしさなどを、我々人間は価値を共有できるが、他の動物たちとはできない。それは人間に共通の認知基盤《にんちきばん》があるからで、それが損《そこ》なわれるほどに我々は多様化していないのである。

なぜそうなったかは明らかだ。ホモ・サピエンスは比較的《ひかくてき》最近の過去にアフリカで進化した。その集団の一部が世界へ拡散したことによって、現在のような、どこへ行ってもホモ・サピエンスに出会う地球に変わったのだが、散らばった集団はその土地土地の環境に適合するよう、あるいは偶然《ぐうぜん》の変異で、一部の身体形質を変化させた。それらの違いは外見上目立つし、さらに言語の違いが意思疎通《そつう》を阻《はば》むので、我々はともすると人間同士の相違《そうい》を非常に大きいと思い込んでしまう。しかし実際のところはそうではなく、D見かけの印象ほど人間同士は違わない——これは人類学の偉大《いだい》な発見の一つであろう。

私は前職の国立科学博物館に勤務していたとき、「3万年前の航海　徹底《てってい》再現プロジェクト（2016―2019）」という一大企画を実施《じっし》したことがある。後期旧石器時代（約五万～一万年前）にアフリカから世界へ広がったホモ・サピエンスの拡散の波が三万八千年前頃《ごろ》に日本列島へ到達《とうたつ》したのだが、そのとき彼《かれ》ら彼女《かのじょ》らは、海を越《こ》えてきたことがわかっている。そこでその航海がいかなるものであったかを体験的に示すため、琉球《りゅうきゅう》列島を舞台《ぶたい》に選び、台湾《たいわん》から与那国島《よなぐにじま》まで二〇〇㎞以上の航路を丸木舟《まるきぶね》で渡った。

なぜそんなことをしたのかとよく問われるが、それはE旧石器時代の祖先たちへの誤解を正すことが、人類学者としての私の使命だと感じたからである。技術的に劣《おと》り物質的豊かさもなかった旧石器時代の祖先たちを、現代の我々は往々にして低くみる。しかし舟《ふね》といえばせいぜい丸木舟（あるいはさらに原始的な筏《いかだ》）しかなかった三万年以上前に、彼ら彼女らは沖縄諸島にまで到達《とうたつ》していた。各種検証を行なったが、これは偶然《ぐうぜん》の漂流《ひょうりゅう》の結果とはとうてい考えられない。

しかもこの海域の一部では、目標の島が見えないほど海が広く（地球が丸いため）、秒速一～二m・幅一〇〇㎞で流れる黒潮という世界最大の海流が介在《かいざい》している。そんな海を、まだ帆《ほ》を使いこなす知識もなく小さな漕《こ》ぎ舟しかなかった当時に、祖先たちは越えた。それは人間として凄《すご》いことではないだろうか——このプロジェクトを体験したメンバー、講演や書籍《しょせき》や記録映画でそれを知った方々は、異口同音にそう言ってくれる。

これはほんの一例にすぎないが、人類史の視点でホモ・サピエンスが辿《たど》ってきた歴史を知れば、F人間に対する見方が変わる。人間の価値は、決して物質的豊かさや経済力だけで測れるものではない。そのことを実感するうえで、祖先たちの本当の姿を理解すること、彼ら彼女らの挑戦《ちょうせん》の歴史の積み重ねのうえにいまの自分たちがいると理解することは、大いに役立つと、私は思う。

（海部陽介「なぜ人類は『わかり合える』のか」（Ｖｏｉｃｅ2022年12月号）ＰＨＰ研究所による）

（注）1　パラドックス——一見、つじつまの合わないことのようでいて、実はよく合っていること。ここではヒトが多様であるように見えて、実はさほど変わらないこと。

2　ホモ・サピエンス——人間の学名。ヒト。

②

問1　傍線部《ぼうせんぶ》A「そうした集団間の違い」とありますが、これはどういうことですか。その説明として最も適当なものを、次のア～エのうちから一つ選び、記号で答えなさい。

ア　現代人は世界中を飛び回ってさまざまな文化と触《ふ》れ合った結果、彼《かれ》らが暮らす社会の制度も変化し、複雑化しているということ。

イ　現代人は共同体ごとに外見の細かいところで違《ちが》っている点があり、彼らの祖先も別のものであって、多種多様であるということ。

ウ　現代人は共同体ごとに見た目の細部まで異なるところがあり、彼らがつくり出した仕組みも違っていて、多様であるということ。

エ　現代人はこれまで集団ごとに異なる歴史を歩んでいった結果、彼らの見た目や生活様式も異なってきて、多様であるということ。

問2　傍線部B「そこはホモ・サピエンスと逆転している」とありますが、これはどういうことですか。その説明として最も適当なものを、次のア～エのうちから一つ選び、記号で答えなさい。

ア　チンパンジーは見た目では多様性を示さないが、ホモ・サピエンスに影響《えいきょう》を与《あた》えているということ。

イ　チンパンジーはゴリラやオランウータンと同じ見かけだが、種内の遺伝的多様性は高いということ。

ウ　チンパンジーは見かけの印象から多様なことがわかるが、それは遺伝的多様性が原因だということ。

エ　チンパンジーは見た目の違いがほとんどないのだが、種内の遺伝子上での違いは大きいということ。

問3　傍線部C「人間同士は互いの価値を認め合えるのである」とありますが、それはなぜですか。その説明として最も適当なものを、次のア～エのうちから一つ選び、記号で答えなさい。

ア　現代人が感じている多様性は住んでいる環境《かんきょう》に応じて外見に関わる遺伝子が変異して生じたものであり、その他の遺伝子はホモ・サピエンスからさして変わっていないから。

イ　現代人の多様性は住んでいる場所の気候によって生じた遺伝子の変化であり、人びとはその裏で他の遺伝子も変わっていることを理解していて多様性を尊重しているから。

ウ　現代人の見た目の違いは個々人の多様な生活様式のために体つきが変わってしまっただけであり、種としての遺伝子は何も変わっておらず、人類はみんな同じであるから。

エ　現代人で生じている多様性は気候の影響を受けた遺伝子の変化によるものであり、その間接的証拠《しょうこ》として人びとは皮膚《ひふ》の色や体型が違うことを気にしていないから。

問4　傍線部D「見かけの印象ほど人間同士は違わない」とありますが、これはどういうことですか。その説明として最も適当なものを、次のア～エのうちから一つ選び、記号で答えなさい。

ア　人間はアフリカで進化したものの一部が世界へ拡散しただけで、人間同士の相違《そうい》は小さく、共通の精神的拠《よ》り所《どころ》があるということ。

イ　人間はアフリカで進化したものが世界中へ移動しただけで、人間同士の違いは小さく、物事の認知《にんち》の仕組みは共通しているということ。

ウ　人間はアフリカで進化したものの一部が世界へ拡散しただけであって、人間同士に相違はないが、各々《おのおの》の価値観を持っているということ。

エ　人間はアフリカで進化したものから、さらに一部が進化して世界へ拡散したもので、他の動物たちにはできないことができるということ。

問5　傍線部E「旧石器時代の祖先たちへの誤解を正す」とありますが、これはどういうことですか。その説明として最も適当なものを、次のア～エのうちから一つ選び、記号で答えなさい。

ア　旧石器時代の祖先たちは現代の我々からすれば技術的にも物質的にも劣《おと》っているように思われるが、彼らは目標の島が見えない広い海を渡《わた》ることで豊かな暮らしを手に入れたということ。

イ　旧石器時代の祖先たちは現代の我々から見ればいかなる人物かわからない存在であるが、彼らは目標の島が見えない広い海と海流の中を渡れるほどの優《すぐ》れた能力があったということ。

ウ　旧石器時代の祖先たちは現代の我々からすればまだまだ未熟な社会だと低く見てしまうが、彼らが海流を利用して広い海を渡る方法を考えたことで現代の科学の基礎《きそ》が築かれたということ。

エ　旧石器時代の祖先たちは現代の我々から見れば技術的にも物質的にも見下してしまうが、彼らは目印が見えにくい海を海流に流されずに自分たちの力で渡れるほど優れていたということ。

問6　傍線部F「人間に対する見方が変わる」とありますが、これはどういうことですか。二行以内で説明しなさい。

四　次の文章は、関口尚《ひさし》「虹の音色が聞こえたら」の一節です。浅倉眠人《あさくらみんと》はクリス先生のお別れ会で、遠山《とおやま》さくら子と星野《ほしの》竜征《りゅうせい》とともに楽器を演奏することになった。さくら子は小学生のときに演奏会で大失敗をし、人前で弾くのが怖くなっている。三人で夜に集まって練習していた中で、さくら子が犬の前では緊張しないことがわかり、結果的にたくさんの場数を踏むことができた。以下はそれに続く場面です。これを読んで、後の問いに答えなさい。

「それでは二組の浅倉眠人君、遠山さくら子さん、三組の星野竜征君による演奏です。どうぞ」
眠人は立ったまま(注1)三線《さんしん》を構え、さくら子は用意されたパイプ椅子《いす》に座《すわ》って三味線《しゃみせん》を構えた。竜征が太鼓《たいこ》のバチを打ちつけて、ドラマーがカウントを取るみたいにかけ声を発した。
「あワン、ワン、ワンワンワンワン」
「ちょっと待って。それじゃ演奏を始められないじゃん」
第一音を鳴らす前に眠人が突《つ》っこみを入れてストップをかける。聞く態勢となっていた生徒たちがずっこけた。竜征が不服そうに抗議《こうぎ》してくる。
「なんで止めるんだよ」
「そこは普通《ふつう》、あワン、ツー、ワンツースリーフォーでしょう」
「いいんだよ、おれたちは犬のバンド、ハッピードッグスなんだから。おれは犬、おまえも犬。だからカウントはワンワンワンでいいんだってば」
Aあほなことを言い出したぞ。そう思いつつも悪ふざけを試みる竜征は好きだ。小学生のころの自由奔放《じゆうほんぽう》な竜征が帰ってきたみたいでいい。
「ハッピードッグスってなんだよ」
聞き返してはみるけれど、竜征からは演奏前にアドリブのおふざけを入れると前もって聞かされていた。「ただ演奏したって面白《おもしろ》くないだろう?」だそうだ。クリス先生のお別れ会ということで沈《しず》んだムードで進行していたのに、その空気をいっきにぶち壊《こわ》しにかかるつもりらしい。
「おれたちは犬なんだよ。これから犬の犬による犬のための音楽をやるんだ。おれは犬のジョン。おまえの名前は」
竜征がバチで眠人を指差してくる。
「じゃあ、ポール」と犬っぽい名前をひねり出す。
「おまえは」と今度はさくら子をバチで差した。
「チェリーかな」
頰《ほお》を赤く染めながらさくら子が答えた。
緊張《きんちょう》がほぐれてきて、パイプ椅子に座る生徒の顔がよく見えるようになってきた。つまらなそうにしているのはだいたい田中のグループに属している連中だ。そうしたやつらが目に留《と》まるとちょっと傷つく。でもどんな余興が始まるのかと好奇心《こうきしん》に満ちた瞳《ひとみ》をしている生徒のほうが圧倒的《あっとうてき》に多かった。
教員席で中腰《ちゅうごし》になったり座ったりしているのは担任の小倉先生だ。眠人たちがなにかやらかしそうではらはらしているのだろう。けれど知ったこっちゃない。B送られる側のクリス先生が、誰《だれ》よりも楽しそうに眠人たちを見ていた。今日、クリス先生が着ているTシャツには「一期《いちご》一会《いちえ》」と書かれている。今日のお別れ会のために手に入れたものらしい。
「楽しむ準備はできてるか!」
竜征が壇上《だんじょう》からロックスターのように叫《さけ》ぶ。「イエーイ」とまばらな声が返ってきた。
「クリス先生とのお別れは寂《さび》しいけど、楽しく送り出そうぜ」
「イエーイ」
さきほどよりは返事の声は増えている。
「ワンワン、ワワワワ、ワワワワン!」
突然《とつぜん》、竜征が(注2)コール・アンド・レスポンスのかけ声を犬語に切り換《か》えた。それが面白かったらしい。「ワンワン、ワワワワ、ワワワワン!」とたくさんのレスポンスがあった。
「ワーン、ワワワン、ウォーン!」
「ワーン、ワワワン、ウォーン!」
C気づけばほとんどの生徒が声を上げている。調子に乗ってのばか騒《さわ》ぎはみんな好きなのだ。眠人もさくら子も笑いながらいっしょになって犬語で叫んだ。そして叫びながら竜征がなぜ犬語にしたのかその狙《ねら》いに気づく。演奏を聞く生徒たちを犬にしてしまいたかったのだろう、犬相手の演奏なら緊張しないさくら子のために。
「会場が温まってきたな。準備はいいか」
竜征が確認《かくにん》してくる。眠人は「オーケー」と応じた。さくら子は大きくうなずいた。本番前は「緊張する、緊張する」ともらしていたけれど、以前のように演奏中に硬直《こうちょく》することはもうないだろう。公園の(注3)東屋《あずまや》ではどれだけ人が集まろうとも無難に弾《ひ》いている。緊張をうまく楽しめるようになったみたいだ。
万が一ってこともあるので、眠人は小声でさくら子に尋《たず》ねた。
「大丈夫《だいじょうぶ》?」
「うん、大丈夫。眠人君と竜征君といっしょだからね。蛍《ほたる》をいっしょに見たわたしたちなら絶対にいい演奏になるよ」
さくら子の言葉は自信にあふれていた。竜征が太鼓のバチを打ち合わせ、カウント出しをする。
「あワン、ワン、ワンワンワンワン!」
いままでで一番テンポの速い(注4)『じんじん』となった。でも練習を積み重ねてきたおかげで問題はない。さくら子も大きなバチを見事に操《あやつ》り、細やかな音をなめらかに紡《つむ》ぎ出していく。三人で手をつないで蛍を眺《なが》めた夜が、演奏にいい影響《えいきょう》を与《あた》えているようだ。あの夜の無邪気《むじゃき》さが演奏に宿っていた。
竜征もさくら子も歌詞を覚えたので三人で歌う。さくら子は一オクターブ上だ。歌い手が増えると、お祭りのお囃子《はやし》のような華《はな》やかさとにぎやかさが生まれてくる。速弾きのせいで高揚《こうよう》感とうねりも生まれる。気づけば笑顔《えがお》で歌い、三線を弾いていた。竜征もさくら子も笑っている。こんな楽しい演奏は初めてだ。
蛍を観賞したあの夜、さくら子を家まで送った。さくら子はひとりで帰れると主張したけれど、ひとりで帰すのは気が引けた。眠人と竜征は自転車のふたり乗りをして、さくら子の自転車と並走《へいそう》して送り届けた。その帰り道、眠人は荷台に跨《また》がった状態でペダルを漕《こ》ぐ竜征に言ってみた。
「さくら子と手をつないでやるなんて竜征にしては珍《めずら》しかったじゃん」
竜征がためらうことなくさくら子の手を取ったのが、意外で引っかかっていた。
「そうだな。珍しいかもな」
挑発的《ちょうはつてき》な言い方をしたのに竜征の答えは素直《すなお》だった。
「どうしたんだよ。らしくないな」
しばらく黙々《もくもく》と漕いだあと竜征は答えた。
「おれさ、人を信じるのって苦手なんだよ。特に女子は駄目《だめ》。うちの母

ちゃんを見てるせいだってわかってる。だから信じて裏切られるくらいなら、最初から信じないほうがいいなって思ってるし、こっちから嫌《きら》ってるってアピールしたほうが楽だと思ってた」

　ゆるやかなのぼりに差しかかった。竜征は立ち漕ぎとなる。体を左右に振《ふ》り、息を切らし、途《と》切《ぎ》れ途切れに言った。

「けど、さくら子なら、信じてもいいかなって思ったんだ。男子とか女子とか、関係なく、さくら子なら。おまえもそうだろう?」

　眠人が他人の肌《はだ》に触《ふ》れたがらないことを竜征も知っている。でも眠人はさくら子と手をつないだ。手をつないでも平気だった。D彼女《かのじょ》は特別だと思った。そのことを言っているのだろう。

「さくら子は言ってたよね。ぼくたちといっしょにいると奇跡《きせき》みたいなことが起こるって。でもさくら子もそうだよね」

　肌に触れてもぞぞぞっとこない子。竜征に心境の変化をもたらした子。さくら子だってじゅうぶんに奇跡を起こしてみせた。

「すげえなあ、さくら子」

　竜征がぐっとペダルを踏《ふ》みこみながら叫んだ。眠人も負けずに叫んだ。

「すごいよ、さくら子」

　演奏はあっという間に終わった。拍手《はくしゅ》喝采の中、眠人と竜征は手を振りながら舞台《ぶたい》の袖《そで》へはけた。入れ替《か》わりに二面の箏《こと》が壇上に運ばれ、さくら子が座っていたパイプ椅子が片づけられる。

　さくら子の二重奏のパートナーである藤池《ふじいけ》が、上手から緊張の面持《おもも》ちで入ってきた。ふたりは正座をして箏を弾くという。用意された座布団《ざぶとん》にふたりが座ると、体育館内の空気がお祭り騒ぎから厳《おごそ》かなものに変わった。ふたりの緊張感が伝わったみたいだ。

　箏を弾くさくら子を初めて見る。箏での演奏もうまくいきますように。過去の失敗の記憶《きおく》を断《た》ち切れますように。舞台袖から祈《いの》るような気持ちで見守った。

　体育館が水を打ったように静まり返ったところで、さくら子と藤池はその最初の一音を奏《かな》でた。あれこれ心配していたけれど無用だったようだ。さくら子は落ち着いた様子で弾いている。三線に慣れた眠人にしてみれば、絃《げん》が十三本もある箏を間違《まちが》えずに弾けるさくら子には感心しかない。

　次第《しだい》に曲が速くなっていく。指先に白い象牙《ぞうげ》製の箏爪《ことづめ》をはめたさくら子は、ためらうことなくその細い指先を走らせる。可憐《かれん》な音が次から次へと生み出され、体育館を満たしていく。彼女の右手があまりにも速く、正確無比に動くものだから、右手が独立した生き物のように見えた。Eその生き物は軽《かろ》やかに楽しそうに舞《ま》っていた。

　演奏が終わり、盛大《せいだい》な拍手が起こる。尊敬の念が込《こ》められた拍手だ。さくら子と藤池が照れくさそうに立ち上がり、深々と頭を下げた。夢中で演奏をしていたためか、さくら子の頰は紅潮していた。

　感激したらしいクリス先生が壇上へ駆《か》け上がり、眠人と竜征も舞台袖から引っ張り出された。聞いていたお別れ会の段取りと違《ちが》う。けれどクリス先生が演奏への礼を述べてくれるので恐縮《きょうしゅく》して聞いた。

　お返しの言葉を述べるためにさくら子は前に出され、マイクを渡《わた》された。クリス先生の直々のご指名だ。二組のクラスメイトたちがざわつく。急に言葉を求められたら泣き出すに決まっている。みんなそう考えたのだろう。

　客席を見たら田中は身を乗り出して薄笑《うすわら》いを浮《う》かべていた。あいつはきっと期待している。さくら子が言葉に詰《つ》まって泣き出すのを。眠人や竜征とつるむからいやな思いをするんだぜ、なんて嫌味《いやみ》を言うのを楽しみにして。

　しかしマイクを握《にぎ》ったさくら子は、堂々とした様子で背の高いクリス先生を見上げた。英語を教えてくれた礼を述べ、彼女の両親が営む蕎麦《そば》懐石《かいせき》の店へ通ってくれた礼も述べる。お別れ会で演奏する機会をもらえたことへの感謝も伝えた。口調はなめらかで、生徒たちから拍手が起きる。

「それでね、クリス先生。今日のために練習をしてたら、日本の慣用句でちょっと違うんじゃないかって気づく言葉があったんですよね」

「どの言葉? ぜひ教えてほしいです」

　四文字熟語や慣用句が好きなクリス先生が前のめりで質問する。

「朱《しゅ》に交われば赤くなるって言いますよね。交わる友達や仲間によって、人はいいようにも悪いようにも影響を受けるって。わたしは悪いほうの意味で言われたんです、赤く染まるなよって。だけど違いました。泣き虫で空っぽで真っ白だったわたしは、赤ではないきれいな色に染めてもらったんです」

「それってどんな色かな」

　クリス先生が興味津々《きょうみしんしん》で尋ね、さくら子は微笑《ほほえ》んだ。

「ピンク色です。F赤と白が交わったらピンク色になりました。それってわたしの名前にふさわしいきれいな桜色でした」

「なるほど勉強になりました」

　教師であるクリス先生がかしこまって頭を下げたので、どっと笑いが起きた。

（注）1 三線――三本の弦からなる、沖縄の弦楽器《げんがっき》。　2 コール・アンド・レスポンス――呼びかけと応答。

3 東屋――柱だけで壁がなく、屋根は軒《のき》までの小屋。　4 『じんじん』――沖縄の童歌《わらべうた》。

問1 傍線部《ぼうせんぶ》A「あほなことを言い出したぞ。」とありますが、このときの眠人《みんと》の心情として最も適当なものを、次の**ア**～**エ**のうちから一つ選び、記号で答えなさい。

ア 演奏を始めるにあたって竜征《りゅうせい》が犬の鳴き声のようなかけ声を発して会場の生徒たちを和《なご》ませていて、常にみんなに気を遣《つか》っている竜征に尊敬の気持ちを抱《いだ》いていた。

イ 演奏を始めるにあたって竜征が発したかけ声が犬の鳴き声のようになっていて気が抜《ぬ》けてしまったが、好きにふざける竜征の姿を見て懐《なつ》かしさを感じ、うれしくなっていた。

ウ 演奏を始めるにあたって竜征が普通《ふつう》ではないかけ声をしたので演奏しようとしていたのを止めてしまったが、竜征から犬のバンドを意識したものだと説明されて感心していた。

エ 演奏を始めるにあたって竜征がなかなかカウントしなかったことに思わず突《つ》っ込《こ》みを入れてしまったが、悪ふざけをする竜征の姿を見ることができて微笑《ほほえ》ましくなっていた。

⑤

問2 傍線部B「送られる側のクリス先生が、誰よりも楽しそうに眠人たちを見ていた。」とありますが、このときのクリス先生の説明として最も適当なものを、次の**ア**〜**エ**のうちから一つ選び、記号で答えなさい。

ア 自分のお別れ会でみんながしんみりとした中でも、眠人たちがその空気をいっきにぶち壊《こわ》そうとしているのを見て、子どもたちの明るさに別れがさらに惜《お》しく感じられていた。

イ 自分のお別れ会でつまらなそうにしている生徒がいたが、眠人たちがその人たちを楽しませようとしてくれているのを見て、素敵《すてき》な生徒たちと出会えたことに改めて喜んでいた。

ウ 自分のお別れ会でみんなの気持ちが沈《しず》んでいた中、眠人たちがその雰囲気《ふんいき》をぶち壊して楽しませようとしているのを見て、なにかやらかしてしまうのではないかと緊張《きんちょう》していた。

エ 自分のお別れ会でみんなが悲しそうな雰囲気だった中、眠人たちがその場を思いきって盛り上げているのを見て、生徒たちとの出会いが素晴《すば》らしいものだったと実感していた。

問3 傍線部C「気づけばほとんどの生徒が声を上げている。」とありますが、それはなぜですか。その説明として最も適当なものを、次の**ア**〜**エ**のうちから一つ選び、記号で答えなさい。

ア 生徒たちは堂々とした竜征のかけ声によって反応しだし、その面白《おもしろ》さに興味が出てきた結果、今からどのような楽しい余興が始まるのだろうかと眠人たちを待《ま》ち焦《こ》がれたから。

イ 生徒たちは竜征のかけ声によって声を出し始めて、そのかけ合いから自分の気持ちをさらけ出した結果、犬語とともにクリス先生との別れを惜しむ気持ちが溢《あふ》れてきたから。

ウ 生徒たちは竜征がクリス先生に対してこれまでの感謝の気持ちを述べる姿を見て共感していった結果、次はどのような面白い展開になるかと好《こう》奇《き》心《しん》が満ちてきて待ち遠しくなったから。

エ 生徒たちは竜征が叫ぶ姿を見て格好良く思い、多くの人が彼らを慕《した》って調子を合わせていた結果、訳もわからず犬語を叫び出している自分たちに気づいたことでやけになったから。

問4 傍線部D「彼女は特別だと思った。」とありますが、これはどういうことですか。その説明として最も適当なものを、次の**ア**〜**エ**のうちから一つ選び、記号で答えなさい。

ア 竜征も眠人も他の人たちに対しては恐《おそ》れを抱いて戦々恐々《せんせんきょうきょう》たる気持ちだったが、さくら子の存在に特別なものを感じていて、二人が苦手としたことを克服《こくふく》できたということ。

イ 竜征も眠人も他の人たちに対しては叫び声を上げ反対を訴《うった》える気持ちだったが、さくら子の存在にこれまで感じたことのない不思議な感覚を覚えて気持ちが落ち着いたということ。

ウ 竜征も眠人も他の人たちに対しては冷めてしまったような気持ちだったが、さくら子に他の人にはない親近感を感じていて、二人の心境に変化をもたらしたということ。

エ 竜征も眠人も他の人たちに対してはいやでいやでしょうがない気持ちであったが、さくら子が奇跡《きせき》のように演奏が上達したことに感心して、二人の見方が変化したということ。

問5 傍線部E「その生き物は軽やかに楽しそうに舞っていた。」とありますが、この説明として最も適当なものを、次の**ア**〜**エ**のうちから一つ選び、記号で答えなさい。

ア さくら子が落ち着いた様子で間違《まちが》えることなく箏《こと》を弾《ひ》いている姿にみんなが圧倒《あっとう》され、やわらかい音が箏から弾き出されていって体育館中が緊迫《きんぱく》していたということ。

イ さくら子が正確に箏を弾いて、その弾《はず》むような音色にみんなが聞き入っていて、次から次へと箏から弾き出されていく美しい音が体育館中に広がっていたということ。

ウ さくら子が厳《おごそ》かな雰囲気で緊張しながら箏を弾いているのをみんな気がかりに見ていたが、次第《しだい》に可憐《かれん》な音が広がったことでようやく安心できたということ。

エ さくら子が静まり返った雰囲気の中で間違えずに弾いていることにみんなが感心していて、可憐な音が箏から聞こえる様子を体育館中が面白がっていたということ。

問6 傍線部F「赤と白が交わったらピンク色になりました。」とありますが、これはどういうことですか。空欄《くうらん》Ⅰ、Ⅱにあてはまる語句を答えなさい。ただし、Ⅰは本文中から十字以上十五字以内で抜《ぬ》き出し、Ⅱは二十五字以上三十字以内で書きなさい。

自分はもともと［ Ⅰ ］であったが、竜征や眠人のおかげで、［ Ⅱ ］ようになったということ。

五　次の文章を読んで、後の問いに答えなさい。

中学二年生のとき、もう学校にいくのはよそうと決めた。自分のいるべき場所ではないとつねづね感じていたからだ。でも、じゃあどうするのかというところで悩《なや》むことになり、仕方がないのでリビングの長椅子《ながいす》に寝転《ねころ》がって、すごい、何もしてない人間がいる、と自分観察をしてみたりした。両親は今日もそれぞれの仕事へ、兄は高校へと出かけていった。同級生のみんなも、今頃《いまごろ》教室で勉強しているだろう。私だけがこんなに何もしていない。宙ぶらりんだ。私だけが――

学校が居場所でないからといって、家が居場所というわけでもなかったのだ。それに気付いた途端《とたん》、すごい、という他人事めいた感心が、どうしよう、という焦《あせ》りに変わった。これからどうして生きていこう？　とはいえ、心底からの焦りではなかった。今後どうすればいいのかは確かにわかっていなかったが、何かはある、必ずある、その確信だけはなぜだかあったのだ。

だからAひとまず「やるべきこと」は横に置き、「やりたいこと」に着手することにした。これまで過ごしてきた生活軸《じく》からは外れたこと。通学という常識を退けた今だからこそできること。それこそが私の「やりたいこと」で、具体的には二つ、ためしてみたい案があった。

そのうちの一つを実践《じっせん》すべく、私は本棚《ほんだな》の前へ行った。何冊か吟味《ぎんみ》して、最終的に『長くつ下のピッピ』を選ぶ。それは九歳《さい》の誕生日に母から贈《おく》られた本で、おおいに気に入って読んだものの、中学二年のそのときにはもう「小さい子の本」という印象になっていた。しかし、声に出して読み上げるべき言葉を探していた目に――それこそが第一のやりたいことだった――これはと思う台詞《せりふ》が飛び込んできたのだ。

私はいくらか古くなった『長くつ下のピッピ』を手に、さっきまで寝転がっていた長椅子の上に立った。そして破天荒《はてんこう》な主人公ピッピになりきり、こう言った。

「まあ、どうなることかしら？　わたし、そわそわしちまう！」

なんという台詞……。一人きりとはいえBじゅうぶんすぎる気恥《きは》ずかしさと、それ以上の満足が私を包んだ。「わたし、そわそわしちまう」だなんて、普段《ふだん》の生活ではまず言わない。聞くこともない。本の中にしか存在しない、偽物じみたフレーズだ。しかし、その偽物らしさなくしてピッピがこれほど本物の命を得ることができたとも思えなかった。

長椅子をステージがわりに、私はピッピの風変わりで楽しい台詞を次々と読み上げた。ピッピを演じることで偽物の言葉を本物の世界にぶちまけ、やがてすべてが現実になっていくのを見るのは、実に痛快だった。

そしてもう一つの「やりたいこと」、それは、午前中からプレイステーションのスイッチをオンにすることだった。ビデオゲームはファミコン時代から大好きだったが、それらは同時に「親から禁止されがちなもの」でもあった。また「ゲームをする習慣のない友人からはなぜか見くびられがちなもの」でもあった。実際、何度悔《く》やしい思いをしただろう。本を読んでいても何も言われないのに、ゲームをしているとそろそろやめろと言われるのだ。この映画の（注1）サントラがいいから今度ＣＤ貸すねと言う友人に、今やってるゲームのサントラもすごくいいんだよと話すと、「（笑）」みたいな（注2）ニュアンスであしらわれるのだ。でもC当時の私にはその無理解をどうすることもできなかった。（注3）フィクションを愛する人間として、私がどれほどゲームとプレイヤーの関係に真理と憧《あこが》れを感じているか――正直なところそれは映画と観客、小説と読者の関係よりずっと強く私の心をとらえていたのだが――勇気と言葉の持ち合わせがなく、すねたように一人陰気《いんき》にプレイし続けることしかできずにいた。

そういうわけで、長椅子の上でピッピを演じたのとは別の日、私は家族が仕事や学校へ出かけていくが早いか自分の部屋からプレイステーションを持ち出し、リビングのテレビに『ファイナルファンタジー７』（以下『ＦＦ７』）の世界をでかでかと映し出した。自室の小さなテレビではなく、家族みんなで観《み》るための大きなテレビで異世界を旅するのは、「わたし、そわそわしちまう！」と声を張り上げるのと同じくらい興奮することだった。二つの世界が衝突《しょうとつ》し、混ざり合い、一つの現実になっていくのを感じるのは。

ピッピを演じることも、平日の午前中からリビングで『ＦＦ７』をプレイすることも、私なりの反抗《はんこう》だったのだと今は思う。自分の居場所がないことへの――どこかには必ずあるはずなのに、今すぐには迎え入れてもらえないことへの――抗議《こうぎ》。

Dでも、甘《あま》かった。本やゲームを自分の都合のいいように利用しようとしたって、そうはいかない、なぜならそれらは道具のように扱《あつか》えるほど小さなものではないからだ。それどころか、そこにはすべてがある。空、海、大地、そして本物の人間たちが。つまり喜びと悲しみ、希望と絶望、苦悩《くのう》、葛藤《かっとう》、矛盾《むじゅん》にエゴが。『ＦＦ７』の登場人物たちが最終決戦を前にして戦う理由を自問しだしたとき、私はそのことに気付かされた。自分たちはいったい何のために戦うのか？　世界のため。この星を救うため。じゅうぶんすぎる理由に思えたが、主人公のクラウドは仲間たちにこう問いかけ始めたのだ。

「でも、本当は、本当はどうなんだろう？」

世界のためというのは聞こえのいい建前で、実際は利己的な理由があるんじゃないか。少なくとも、自分にとってこれは個人的な戦いだ。みんなも心の奥底《おくそこ》にある本音と向き合ってほしい。その上で戦うべきかどうかを決めてほしい――クラウドの言葉を受け、私は涙《なみだ》が止まらなくなってしまった。彼《かれ》の正直さが衝撃《しょうげき》だったのだ。そんなふうに自分の弱さや身勝手さを認め、さらには仲間たちの「本当」まで尊重しようとするゲームの主人公を初めて見た。同時に、自分が恥ずかしくもあった。そのことにこれほど驚《おどろ》き、感動するということは、私もどこかでゲームを見くびっていたということにほかならないから。

物語は終盤《しゅうばん》だったが、E私はようやくクラウドという人と出会えた気がした。

（古谷田奈月「『本当』の松明をかかげて」『図書２０２３年１月号』岩波書店による）

（注）　１　サントラ――サウンドトラックの略。音楽・音声を録音したもの。
　　　２　ニュアンス――微妙《びみょう》な感じ。
　　　３　フィクション――創作。

問1 傍線部《ぼうせんぶ》A「ひとまず『やるべきこと』は横に置き、『やりたいこと』に着手することにした」とありますが、それはなぜですか。その説明として最も適当なものを、次の**ア**～**エ**のうちから一つ選び、記号で答えなさい。

ア 自分の居場所がないことに焦《あせ》り始めたが、今のような生き方をすることが自分にとっては幸せなのだと確信していたから。

イ 自分の居場所を探そうとして焦りながらも、自分の生き方に関してはそのうち見つかるだろうと楽観的な心境だったから。

ウ 自分の居場所がないことにすごいと感心していて、こうしてても自分の生き方は決まるだろうと簡単に考えていたから。

エ 自分の居場所を探さなければと焦りながら、今後の生き方はわからず、どうしようもないと投げやりな心境になったから。

問2 傍線部B「じゅうぶんすぎる気恥ずかしさと、それ以上の満足が私を包んだ」とありますが、これはどういうことですか。その説明として最も適当なものを、次の**ア**～**エ**のうちから一つ選び、記号で答えなさい。

ア 筆者はピッピの台詞《せりふ》を読み上げると、フレーズとしては恥《は》ずかしいものだが、ピッピを演じることで実際の言葉として聞こえ、自分という存在に自信がついたということ。

イ 筆者はピッピの台詞を読み上げると、フレーズとしては偽物《にせもの》のように感じられるが、ピッピを演じることで堂々と発することができて、自分の演技力に驚《おどろ》いたということ。

ウ 筆者はピッピの台詞を読み上げると、フレーズとしては現実味がないものだが、ピッピのつもりになると現実の言葉として感じられることがとても愉快《ゆかい》だったということ。

エ 筆者はピッピの台詞を読み上げると、フレーズとしてはかっこよく見えるが、ピッピというキャラクターを思い浮《う》かべて実際に声に出すとおもしろく聞こえたということ。

問3 傍線部C「当時の私にはその無理解をどうすることもできなかった」とありますが、これはどういうことですか。その説明として最も適当なものを、次の**ア**～**エ**のうちから一つ選び、記号で答えなさい。

ア 筆者はこれまでビデオゲームの世界に真理と憧《あこが》れを見いだしていたが、ビデオゲームに対して批判的な考えの人に言い返す勇気も言葉も持っていなかったということ。

イ 筆者はこれまでビデオゲームの世界にこそ真理と憧れを感じていたが、ビデオゲームを見下す人に対しては誘《さそ》って一緒《いっしょ》に楽しむ勇気と言葉がなかったということ。

ウ 筆者はこれまでビデオゲームの内容こそ真理であって憧れを抱《いだ》いていたが、ビデオゲームを禁止されるうちに自分も批判的な考えを持つようになったということ。

エ 筆者はこれまでビデオゲームを何気なくやっていたが、ビデオゲームをする習慣がない人や理解のない人からあしらわれる内に反抗心《はんこうしん》がたまっていったということ。

問4 傍線部D「でも、甘かった。」とありますが、そのように述べるのはなぜですか。その説明として最も適当なものを、次の**ア**～**エ**のうちから一つ選び、記号で答えなさい。

ア 筆者は自分の家でピッピを演じたり、『FF7』をプレイしたりすれば自分は今すぐに迎《むか》え入れてもらえると考えていたが、現状の悩《なや》みが多くてのめり込《こ》むことができなかったから。

イ 筆者は自分の家でピッピを演じたり、『FF7』をプレイしたりすることでみんなが自分のことを理解してくれると思っていたが、そこにはさまざまな問題が存在していたから。

ウ 筆者は自分の家でピッピを演じたり、『FF7』をプレイしたりすることで自分の居場所が見つかるのではないかと思っていたが、その世界は圧倒《あっとう》されるほど大きなものであったから。

エ 筆者は自分の家でピッピを演じたり、『FF7』をプレイしたりすることでみんなから迎え入れてもらえると思っていたが、その世界は現実離《ばな》れしすぎて実感がわかなかったから。

問5 傍線部E「私はようやくクラウドという人と出会えた気がした」とありますが、これはどういうことですか。その説明として、次の文の空欄《くうらん》Ⅰ、Ⅱに当てはまる語句を、それぞれ本文中から抜《ぬ》き出しなさい。ただし、Ⅰは十字以内、Ⅱは三十五字以上四十字以内とする。

私は自分のことを［　Ⅰ　］人間だと落ち込《こ》んでいたが、クラウドは［　Ⅱ　］ことに、心動かされたということ。

① 算数科（中） 算中令6 (60分)

（注意） 円周率は3.14を使い，解答はすべて解答用紙に記入しなさい。

1 次の各問いに答えなさい。

(1) $1\frac{1}{3}\times0.875+4\frac{2}{3}\div1\frac{3}{5}$ を計算しなさい。

(2) $67\times68\times69\times\left(\frac{68}{67}-\frac{70}{69}\right)$ を計算しなさい。

(3) $38-3\times\left(21-8\div\square\right)=11$ のとき，$\square$ に入る数を求めなさい。

(4) 午前1時7分の190分前は午後何時何分ですか。

(5) $\frac{1}{37}$ を小数で表したときの小数第2024位の数字は何ですか。

(6) $24000\ \mathrm{mL}+800\ \mathrm{dL}+0.2\ \mathrm{kL}=\square\ \mathrm{m}^3$ のとき，$\square$ に入る数を求めなさい。

(7) 1000 mのランニングコースを高橋さんと佐藤さんはそれぞれ一定の速さで走りました。佐藤さんは高橋さんがスタートしてから40秒後にスタートして毎分300 mで走ったところ，途中で高橋さんを追い抜き，ゴールしました。佐藤さんがゴールしてから1分後に高橋さんがゴールしたとき，高橋さんが走った速さを求めなさい。

(8) 1組41人，2組38人，3組36人があるテストを受けました。1組の平均点は2組の平均点より2点高く，3組の平均点は2組の平均点より1点低くなりました。3つの組の全体の平均点は3組の平均点より何点高いですか。

(9) 右図の△ABCは，AB=10 cm，CA＝CBの直角二等辺三角形です。このとき，点Cを中心とするおうぎ形CDEと△ABCで囲まれたしゃ線部分の面積を求めなさい。

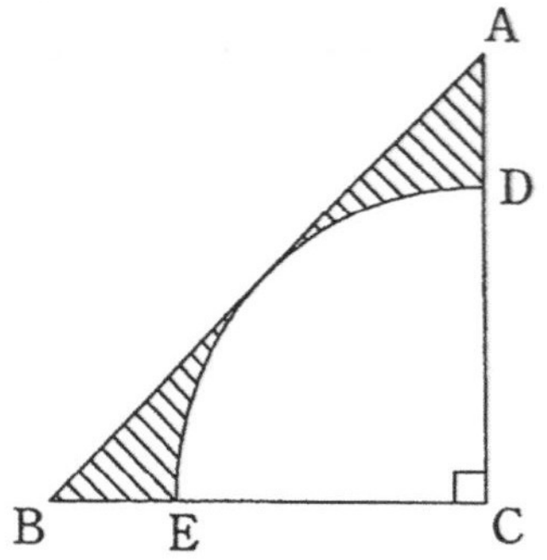

(10) 底面が一辺10 cmの正方形で厚さが1.7 mmの厚紙があります。この厚紙を右図のように時計回りに45°回転させながら崩さないように重ねていきます。高さが24.31 cmになるとき，できる立体の体積を求めなさい。

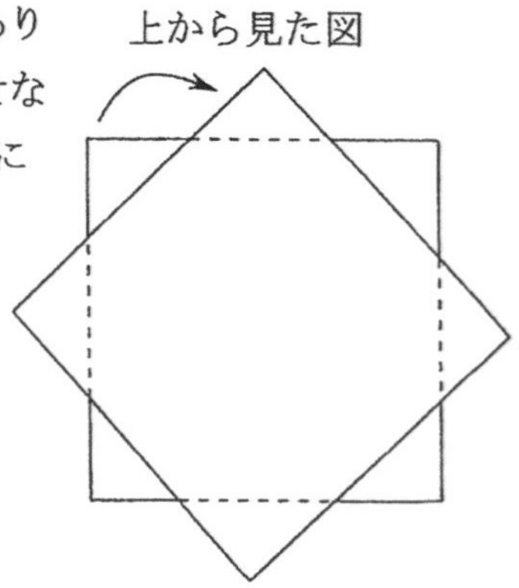

2 原価が1本850円のペンを90本仕入れ，原価の6割の利益を見込んで定価を決めて販売しました。次の各問いに答えなさい。

(1) ペン1本の定価はいくらですか。

(2) 何本以上売れると利益を得ることができますか。

(3) 定価で何本か販売しましたが，途中から定価の2割引きで販売したところ，90本すべて売り切ることができ，利益は25500円になりました。定価で販売したペンは何本ですか。

3 右の数表には，1から1600までの1600個の数がある法則で並んでいます。この数表の第1行について，次の各問いに答えなさい。

	第1列	第2列	第3列	第4列	第5列	・
第1行	1	2	5	10	17	・
第2行	4	3	6	11	18	・
第3行	9	8	7	12	19	・
第4行	16	15	14	13	20	・
第5行	25	24	23	22	21	・
・	・	・	・	・	・	・

(1) 第9列の数を求めなさい。

(2) 362は第何列の数か求めなさい。

(3) 横並び3個の数を足したところ，答えが1880になりました。この3個の数のうち，最も小さい数は第何列の数か求めなさい。

4 現在使われている硬貨の重さは以下の表のようになっています。次の各問いに答えなさい。

硬貨	1円玉	5円玉	10円玉	50円玉	100円玉	500円玉
重さ(g)	1.0	3.75	4.5	4.0	4.8	7.0

(1) 5円玉 ア 枚の重さと10円玉 イ 枚の重さを測ったところ，同じ重さになりました。 ア ， イ にあてはまる数で最も小さいものを答えなさい。

(2) 花子さんの財布の中には10円玉と100円玉が何枚か入っていました。この財布の中の硬貨の重さを測ったところ，ちょうど60 gでした。財布の中にはいくら入っていましたか。

(3) 花子さんは100 gの貯金箱に1日1枚ずつ50円玉，100円玉，500円玉のいずれかを入れていくことにしました。20日目の硬貨を入れた後にいくら貯金箱に入っているか気になりましたが，貯金箱が開けられませんでした。そこで貯金箱の重さを測ったところ，198.6 gでした。20日間でいくら入れましたか。

5 底面が正方形である直方体の容器に水が図1のように，ある深さまで入っています。この容器に，底面が一辺6 cmの正方形で高さが容器と同じである直方体の棒を，底面が容器の底と平行になるように容器の底から8 cmのところまで入れたとき，水面は容器の深さの$\frac{8}{9}$のところまできました。（図2）

さらに棒を容器の底につくまで入れていくと，水が48 cm^{3}こぼれました。（図3）

最後に棒を引きぬくと，水面は容器の深さの$\frac{3}{4}$のところまできました。（図4）

図1～図4は容器の側面から見た図です。次の各問いに答えなさい。

(1) 容器の底面積は何cm^{2}ですか。

(2) 容器の容積は何cm^{3}ですか。

(3) 初めの状態（図1）では，容器に何cmの深さまで水が入っていましたか。

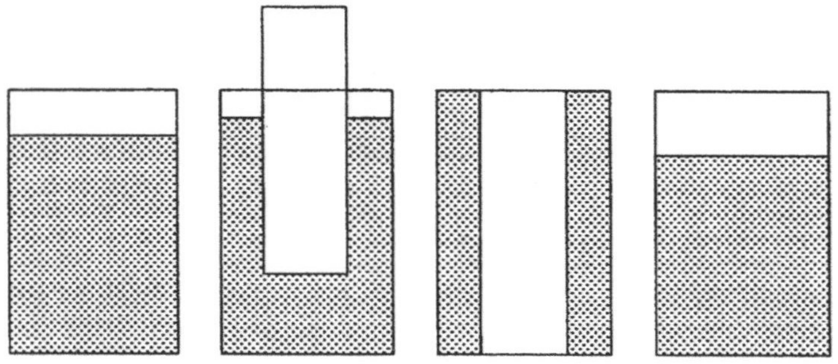

図1　図2　図3　図4

(4) この容器に水をいっぱいに入れ，右図のように，底面の正方形を水平な机の上にのせます。そして，辺ABを机の面につけたまま，容器をゆっくりとかたむけていき，水が1080 cm^{3}こぼれたところでかたむけるのを止めます。このとき，辺CEで水にふれている部分の長さは何cmですか。

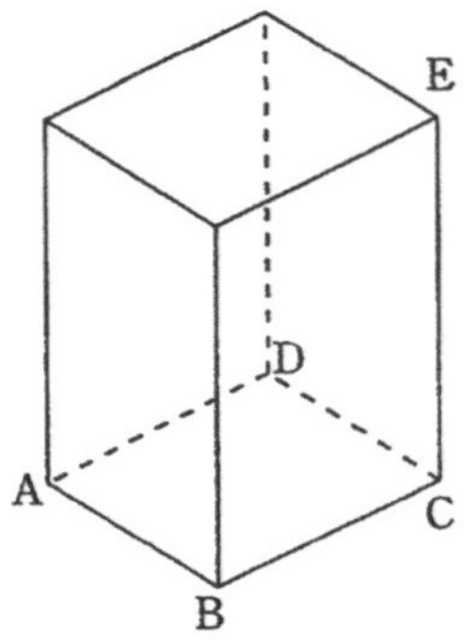

理科(中)

理中令6　(40分)

（注意）　解答はすべて解答用紙に記入しなさい。
計算問題において，答えが割り切れない場合は，四捨五入して指示された位まで答えなさい。
例：「小数第１位まで答えなさい」の場合，小数第２位を四捨五入する。

1　次の（1）～（10）の問いについて，それぞれの選択肢《し》の中から適当なものを１つずつ選んで，記号で答えなさい。

（1）秋になると葉を落とす植物を正しく組み合わせたものはどれですか。

ア　スギ・サクラ　　イ　サクラ・イチョウ　　ウ　イチョウ・ツバキ
エ　ツバキ・スギ

（2）50 mA，500 mA および５A の３種類の －端子《マイナスたんし》をもつ電流計があります。この電流計について述べた次の文章中の空欄《らん》（　①　）～（　③　）に入る語や値を正しく組み合わせたものはどれですか。

電流計の＋《プラス》端子には乾《かん》電池の＋極側につながっている導線を，電流計の－端子には乾電池の－極側につながっている導線を，測りたい回路に（　①　）につなぎます。最初は，最も大きい電流が測れる（　②　）の－端子につなぎます。50 mA の－端子につないでいるとき，図の電流の大きさは（　③　）A です。

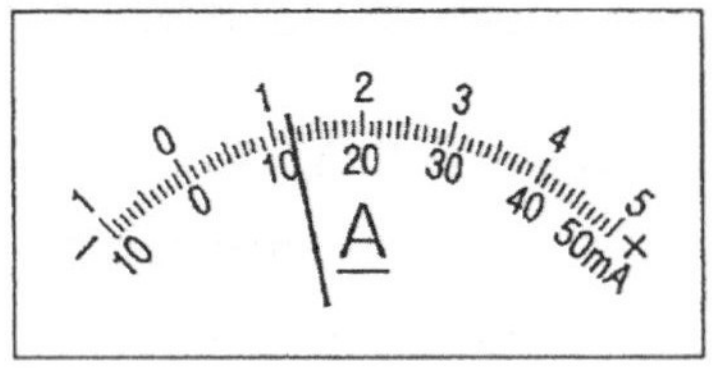

	①	②	③		①	②	③
ア	直列	500 mA	0.12	エ	並列	500 mA	0.12
イ	直列	5 A	0.12	オ	並列	5 A	0.12
ウ	直列	5 A	0.012	カ	並列	5 A	0.012

（3）やかんでお湯をわかしているとき，湯気が見られます。湯気について正しく述べたものはどれですか。

ア　水蒸《じょう》気が冷やされて，液体の水になったもの
イ　水蒸気が熱《ねっ》せられて，液体の水になったもの
ウ　液体の水が冷やされて，水蒸気になったもの
エ　液体の水が熱せられて，水蒸気になったもの

（4）ヒトの消化・吸収に関わる臓器の中で，消化管にふくまれないものはどれですか。

ア　食道　　イ　胃　　ウ　肝臓　　エ　小腸　　オ　大腸

（5）図は，ある時刻に北の空を観察したときの星座Aの位置を示しています。２時間後に星座Aが観察される位置はどれですか。

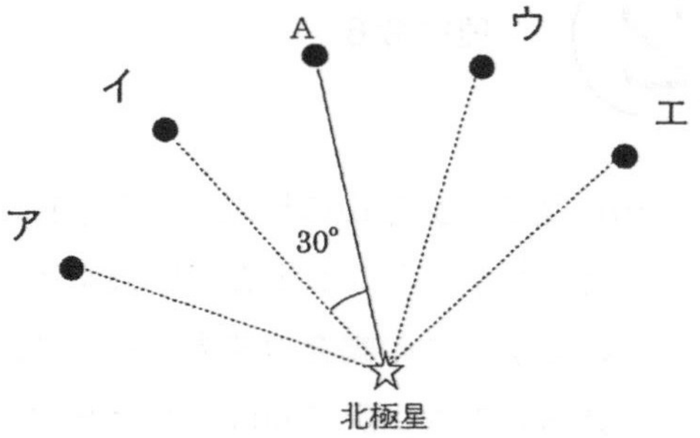

（6）次の文章中の空欄（　①　）～（　③　）に入る語を正しく組み合わせたものはどれですか。

川の曲がっているところでは，流れる水の速さは，（　①　）の方が速い。このため，川の（ ① ）では（　②　）のはたらきが強く，川の曲がり方はしだいに（　③　）なる。

	①	②	③		①	②	③
ア	内側	たい積	大きく	オ	外側	たい積	大きく
イ	内側	たい積	小さく	カ	外側	たい積	小さく
ウ	内側	しん食	大きく	キ	外側	しん食	大きく
エ	内側	しん食	小さく	ク	外側	しん食	小さく

（7）工場や自動車などから出された気体が，雨にとけて酸性雨となることがあります。酸性雨の原因となる気体はどれですか。

ア　一酸化炭素　　イ　二酸化炭素　　ウ　酸素　　エ　アンモニア
オ　二酸化ちっ素

（8）雄花《おばな》と雌花《めばな》を別々につける植物を正しく組み合わせたものはどれですか。

ア　ヘチマ・カボチャ　　イ　カボチャ・チューリップ
ウ　ヒマワリ・アサガオ　　エ　アサガオ・ヘチマ

（9）図のように，糸の長さと糸を傾《かたむ》ける角度を変えて，おもりを使って太鼓《こ》をたたく実験をしました。おもりが太鼓にあたるまでの時間が長く，太鼓の音が大きく鳴るのはどれですか。

	ア	イ	ウ	エ
糸の長さ〔cm〕	40	40	50	50
糸を傾ける角度〔°〕	10	20	10	20

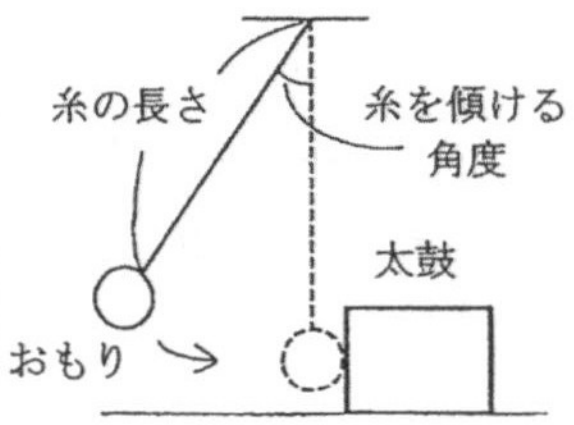

(10) 図は，ある山の地点A（標高 150 m）で行ったボーリング調査の結果を示したものです。この調査の結果から，地点Aで見られた火山灰の層は，地点B（標高 170 m）ではどの深さにあると考えられますか。ただし，調査によって地点A，Bの火山灰が同じであることと，すべての層は水平にたい積していることがわかっています。

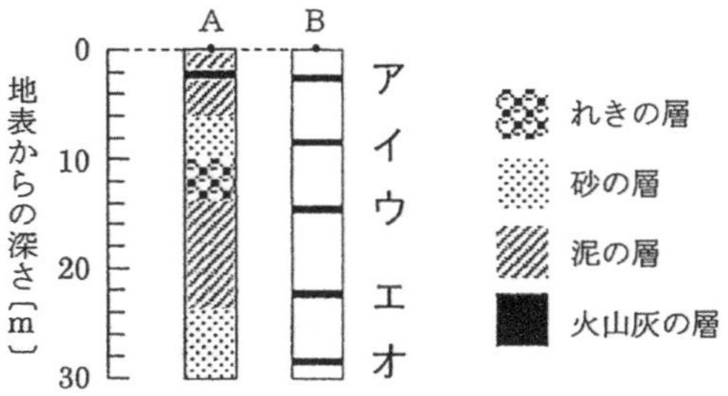

2 次の文章を読んで，後の問いに答えなさい。

図は，８つの生物A～Hをそれぞれの特徴《ちょう》をもとに分けたものです。A～Hは，ミジンコ，ミドリムシ，モンシロチョウ，カブトムシ，アキアカネ，ショウリョウバッタ，オカダンゴムシ，ジョロウグモのいずれかです。なお，Gはジョロウグモです。

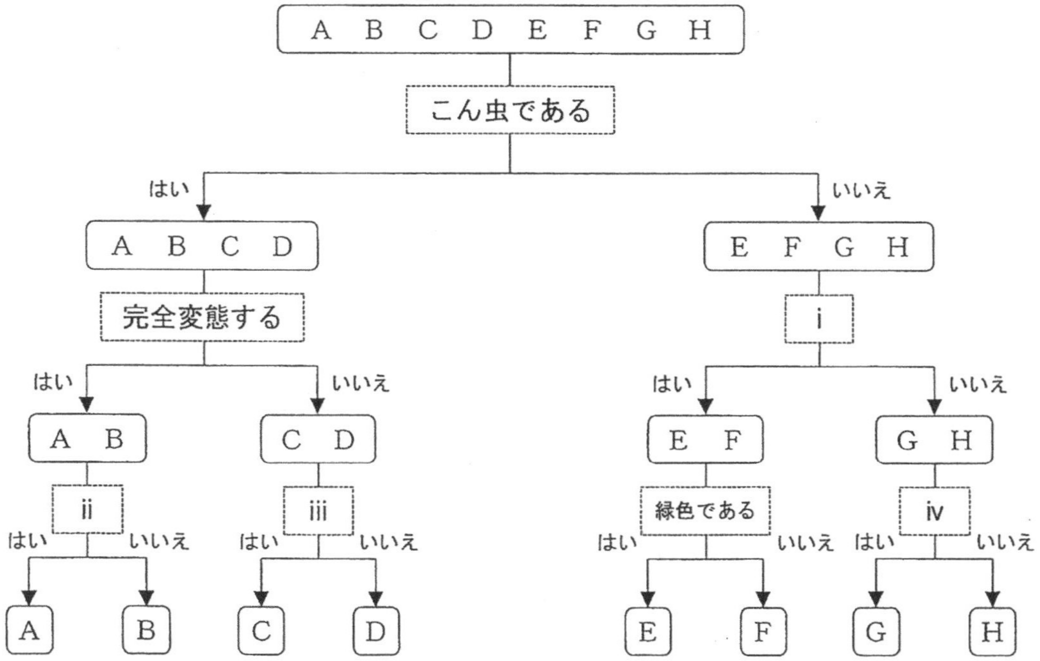

問１　こん虫のからだのつくりについて正しく述べた文を次のア～エの中から１つ選んで，記号で答えなさい。

ア　頭胸部・腹部の２つに分かれていて，あしは頭胸部から出ている。
イ　頭胸部・腹部の２つに分かれていて，あしは腹部から出ている。
ウ　頭部・胸部・腹部の３つに分かれていて，あしは胸部から出ている。
エ　頭部・胸部・腹部の３つに分かれていて，あしは腹部から出ている。

問２　これらの８つの生物のうち，枯《か》れ葉や石の下でよく見つかる生物を１つ選んで，生物名で答えなさい。

問３　図のⅰ～ⅳに入る特徴として最も適当なものを次のア～カの中からそれぞれ１つずつ選んで，記号で答えなさい。

ア　陸上で生活している　　イ　水中で生活している
ウ　幼虫が水中で生活している　　エ　幼虫が土中で生活している
オ　あしが６本である　　カ　あしが８本である

問４　図のA，D，E，Hにあてはまる生物として適当なものを次のア～キの中からそれぞれ１つずつ選んで，記号で答えなさい。

ア　ミジンコ　　イ　ミドリムシ　　ウ　モンシロチョウ
エ　カブトムシ　　オ　アキアカネ　　カ　ショウリョウバッタ
キ　オカダンゴムシ

3 次の文章を読んで，後の問いに答えなさい。

ビーカーに水 50 mL を入れ，図1のように 60℃にあたためながらミョウバン 5.0 g を加えてかき混ぜ，ミョウバンがとけるか調べました。全部とけていたら，さらにミョウバン 5.0 g を加えてかき混ぜました。数回くり返したところで$_1$とけ残りが出たので，その後はミョウバンを加えませんでした。そのとけ残りを取りのぞくために，温度を変えずにろ過しました。さらに，ろ液の入ったビーカーを図2のように氷水で 0℃に冷やし，そのままにしておくと$_2$ビーカーの底にミョウバンがたまっていました。

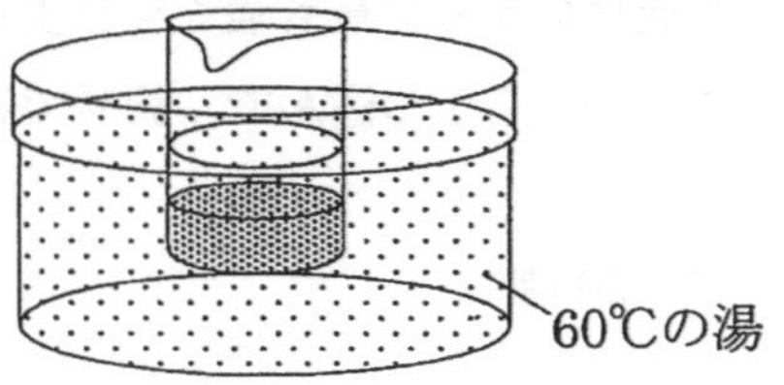

図1

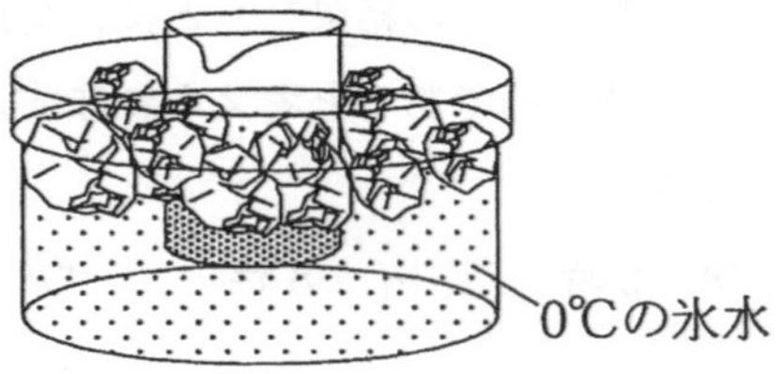

図2

表1は，ミョウバンが水 50 mL にとける最大の量〔g〕と水の温度との関係を調べてまとめたものです。

表1

温度	0℃	20℃	40℃	60℃
ミョウバンの量	2.9 g	5.6 g	11.9 g	28.7 g

問1　ミョウバンは水にとけると見えなくなりました。このように，水にものがとけてできたとうめいな液体のことを何というか答えなさい。

問2　下線部1について，次の（1），（2）に答えなさい。

（1）とけ残りが生じているときの液体のこさはどのようになっていますか。最も適当なものを次のア～エの中から1つ選んで，記号で答えなさい。

ア　上の方がこくなっている。　　イ　下の方がこくなっている。

ウ　とけ残りに近い部分がこくなっている。　　エ　こさは全体的に変わらない。

（2）とけ残ったミョウバンは何 g ですか。小数第1位まで答えなさい。

問3　下線部2について，ビーカーの底にたまっていたミョウバンは何 g ですか。最も適当なものを次のア～エの中から1つ選んで，記号で答えなさい。

ア　25.8 g　　イ　27.1 g　　ウ　28.7 g　　エ　30.0 g

問4　ミョウバンと食塩では同じ温度でも，同じ量の水にとける量が異なります。表2は，食塩が水 50 mL にとける最大の量〔g〕と水の温度との関係を調べてまとめたものです。以下の（1）～（3）に答えなさい。

表2

温度	20℃	40℃	60℃
食塩の量	18.0 g	18.2 g	18.5 g

（1）同じ量〔g〕の食塩とミョウバンを混ぜた粉末があります。この粉末をすべて 20℃の水に入れて，かき混ぜました。このとき，食塩とミョウバンのどちらもとけ残りがありました。この液体の上ずみ液をとり，自然に蒸発させると結しょうができました。この結しょうについて正しく述べたものを次のア～オの中から1つ選んで，記号で答えなさい。ただし，食塩とミョウバンを一緒に水にとかしてもそれぞれのとけ方は変化しないものとします。

ア　食塩だけが出てきた。

イ　ミョウバンだけが出てきた。

ウ　どちらも出てきたが，食塩の方が多い。

エ　どちらも出てきたが，ミョウバンの方が多い。

オ　食塩とミョウバンが同じ量出てきた。

（2）ミョウバン 25.0 g と食塩 25.0 g を混ぜた粉末があります。この粉末を 60℃の水 100 mL にとかしました。次のア～ウの中からミョウバンのみを最も多く取り出せる方法を1つ選んで，記号で答えなさい。

ア　水を蒸発させずに，20℃にする。

イ　水を 25 mL 蒸発させ，20℃にする。

ウ　水を 50 mL 蒸発させ，20℃にする。

（3）（2）のときミョウバンは何 g 取り出すことができますか。小数第1位まで答えなさい。

4 次の文章を読んで，後の問いに答えなさい。

地形が複雑で標高が高い山では，1天気の特徴が平地とは異なる。山登りをしている途中で天気が急変することがあるが，主な原因は山の高いところで2雲が急にできることであり，図1のように，山のふもとは晴れているにもかかわらず山頂付近には雲がかかっていることがある。

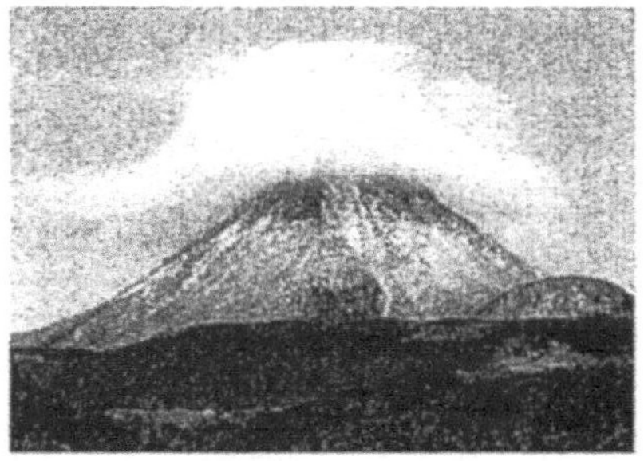

図1

雲は，空気中にふくまれた水蒸気からできる。空気は絶えず動いており，3水蒸気をふくんだ空気が山にぶつかると，空気は山の斜《しゃ》面に沿って上昇する。山の高いところは平地と比べて空気がうすく，上昇した空気は体積が大きくなり，温度が下がる。空気の上昇が続いて温度が下がり続けると，4空気中にふくみきれなくなった水蒸気が細かい水てきになる。この水てきが空気中の小さなちりに付着すると目に見えるようになり，これを雲とよぶ。

問1　下線部1に関して，次の（1），（2）に答えなさい。

（1）空全体を 10 として，雲の量が6のときの天気を答えなさい。

（2）日本列島付近の天気の変化について述べた次の文中の空欄（　①　），（　②　）に入る方位を，東西南北の中から1つずつ選んで答えなさい。

天気はおおよそ（　①　）から（　②　）へ変化していく。

問2　下線部2について，空の低いところから高いところまで縦《たて》に長くのびており，短い時間に強い雨や雷をもたらすことがある別名「かみなり雲」や「入道雲」などともよばれる雲を何といいますか。

問3　下線部3の原因の一つとして，山に向かって海から風が吹き込むことが考えられます。これを確かめるためにおこなった次の実験について，後の（1）～（4）に答えなさい。

〔実験1〕　晴れた日の昼間に，容器に入れた同じ温度の水と砂を外でしばらく放置しておくと，砂の方が水よりも高温になっていた。続けて夜通し外で放置していると，砂の方が水よりも低温になっていた。

〔実験2〕　実験1と同様に容器に入れた同じ温度の水と砂を用意し，図2のようにそれぞれを電灯の光で熱し，線香の煙の動きを観察した。しばらくすると，線香の煙は図2の矢印（⇦）の向きに動いた。

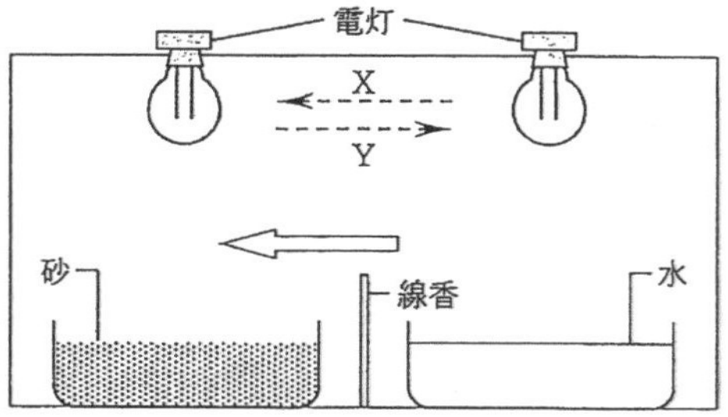

図2

（1）実験1の結果からわかることとして最も適当なものを次のア～エの中から1つ選んで，記号で答えなさい。

ア　砂は水よりもあたたまりやすく冷めやすい。

イ　砂は水よりもあたたまりやすく冷めにくい。

ウ　砂は水よりもあたたまりにくく冷めやすい。

エ　砂は水よりもあたたまりにくく冷めにくい。

（2）実験2であたためられた後の水面付近の空気は，砂の表面付近の空気と比べて軽いですか，重いですか。

（3）図2の容器内の上部で，煙は矢印X，Yのどちらに動くと考えられますか。

（4）実験1，2の結果をもとに，海岸付近で海から陸に向かって最も強く風が吹くのは何時ごろであると考えられますか。次のア～エの中から1つ選んで，記号で答えなさい。

ア　2時　　イ　8時　　ウ　14時　　エ　20時

問4　下線部4に関して，山のふもとから山頂まで空気が上昇し，山頂から空気がふもとまで下降したときに空気の温度がどうなるかを考えます。図3のように，A地点から水蒸気をふくむ空気が上昇すると，途中で雲が生じます。雲が生じてから山頂に達するまでは雨を降らせた後，山の斜面にそってB地点まで下降します。これについて，下の（1），（2）に答えなさい。ただし，空気の温度は標高が 100 m 変わるごとに，雲ができていないときは1℃，雲ができているときは 0.5℃変わるものとします。また，A地点，B地点とも標高は0mとします。

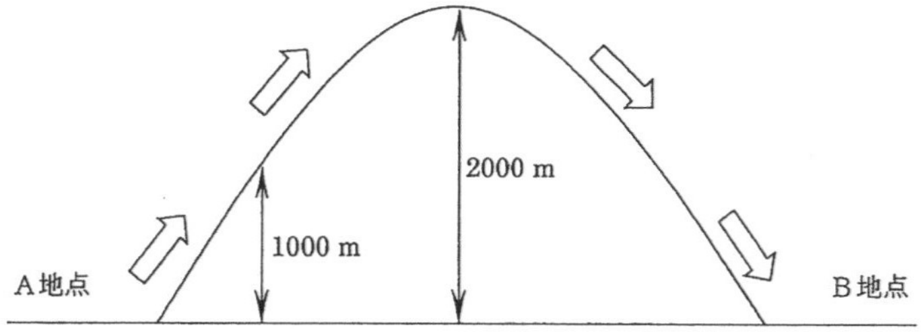

図3

（1）A地点で 32℃であった空気が上昇し，標高 1000 m まで上昇したときに雲ができ始めました。空気が山頂まで上昇すると，空気は何℃になりますか。

（2）空気が山頂からB地点まで下降すると，空気は何℃になりますか。ただし，山頂からB地点まで下降する間，雲はできていないものとします。

5　次の文章を読んで，後の問いに答えなさい。ただし，答えが割り切れないときは，小数第２位まで答えなさい。

右図のように，厚さが一様な直角三角形の板ＡＢＣがあります。ＡＢの長さは 45 cm で，ＡＢ上に等間隔《かく》の位置Ｄ，Ｆを，またＡＣ上に等間隔の位置Ｅ，Ｇをとります。板はＤＥ，ＦＧの面で自由に切り離《はな》したり，取り付けたりすることができます。図１～図４のようにばねを使って板をつり下げる実験をしました。実験に使ったばねはすべて重さが無視でき，同じものであるとします。ばねが元の長さから何 cm 伸《の》びるかは，ばねにかかる重さに比例することがわかっています。また，板を１本のばねで持ち上げると，ばねの延長線上にその板の重さが集中していると考えられる点（重心）があります。

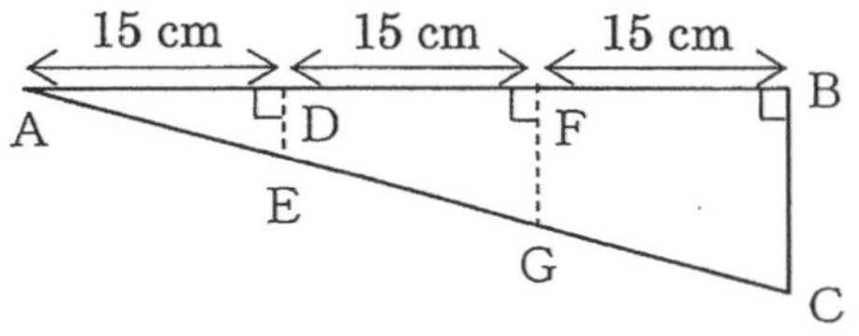

問１　図１ａのようにＦにばねをつけて板ＡＢＣを持ち上げると，板ＡＢＣはＡＢが地面に平行になるようにつりあいました。また，図１ｂのように板ＡＢＣをＡＢが地面に平行になるように２本のばねを使って持ち上げたところ，ばね３の伸びはばね２の伸びの２倍になりました。ばね１の伸びはばね２の伸びの何倍ですか。

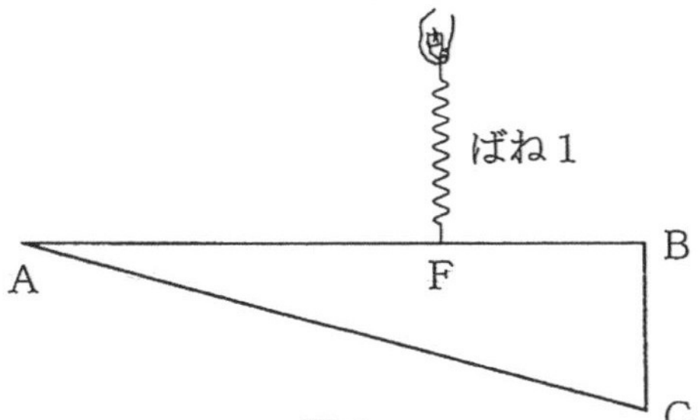

図１ａ

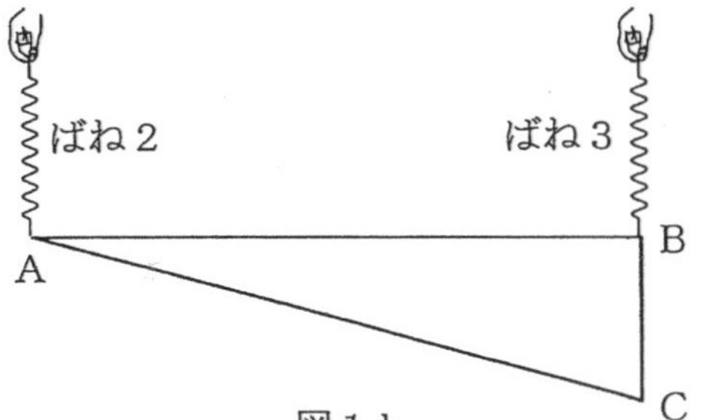

図１ｂ

問２　図２のように板ＡＦＧにばね４をつけて持ち上げると，板ＡＦＧはＡＦが地面に平行になるようにつりあいました。次の（1），（2）に答えなさい。

（1）ばね１の伸びはばね４の伸びの何倍ですか。

（2）ばね４はＡから何 cm のところにつければよいですか。

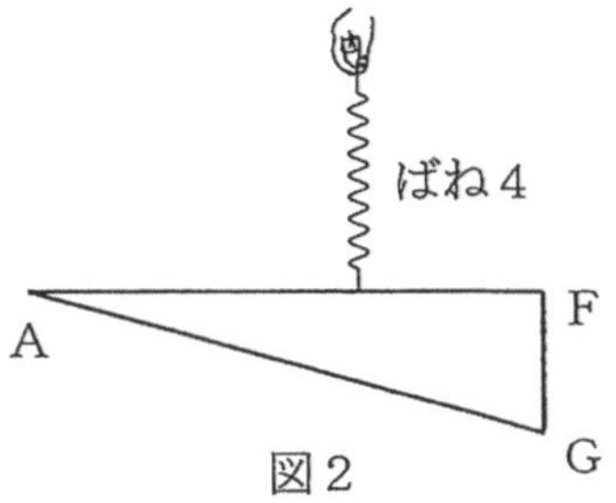

図２

問３　図３のように板ＤＢＣＥにばね５をつけて持ち上げると，板ＤＢＣＥはＤＢが地面に平行になるようにつりあいました。次の（1），（2）に答えなさい。

（1）板ＤＢＣＥの重さは板ＡＤＥの重さの何倍ですか。

（2）ばね５はＤから何 cm のところにつければよいですか。

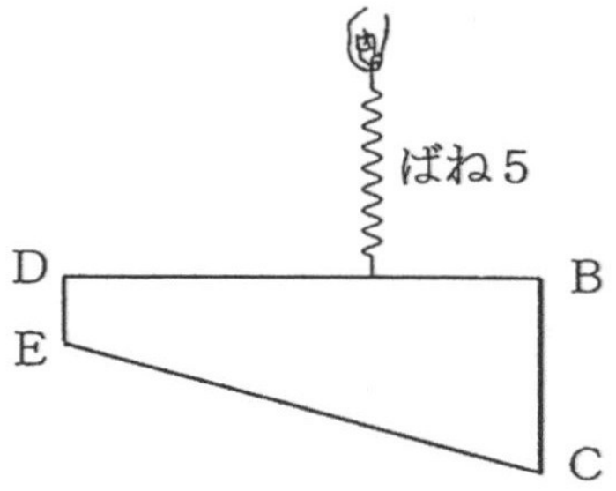

図３

問４　図４のように板ＦＢＣＧのＧに，板ＡＤＥをＡＤが地面に平行になるようにばね６をつけ，板ＦＢＣＧにばね７をつけて持ち上げると，板ＦＢＣＧはＦＢが地面に平行になるようにつりあいました。次の（1），（2）に答えなさい。

（1）板ＦＢＣＧの重さは板ＡＤＥの重さの何倍ですか。

（2）ばね７はＦから何 cm のところにつければよいですか。

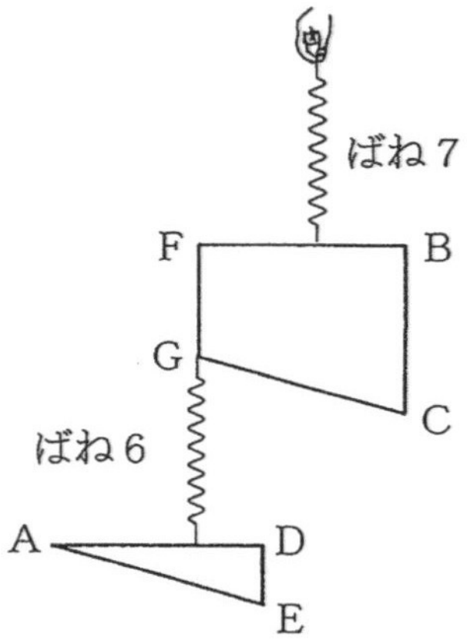

図４

①

社会科（中）

社中令6　(40分)

（注意）　解答はすべて解答用紙に記入しなさい。

1　2023年5月，第49回主要国首脳会議（Ｇ７サミット）が日本のある都市で開かれました。このサミットに関する**地図Ａ**と，**文章Ｂ**について，下の問いに答えなさい。

地図Ａ　地図中の「**あ**」～「**き**」はＧ７のメンバーを，「**さ**」～「**す**」は議長国の日本が昨年のサミットに招待した国の一部を示しています。

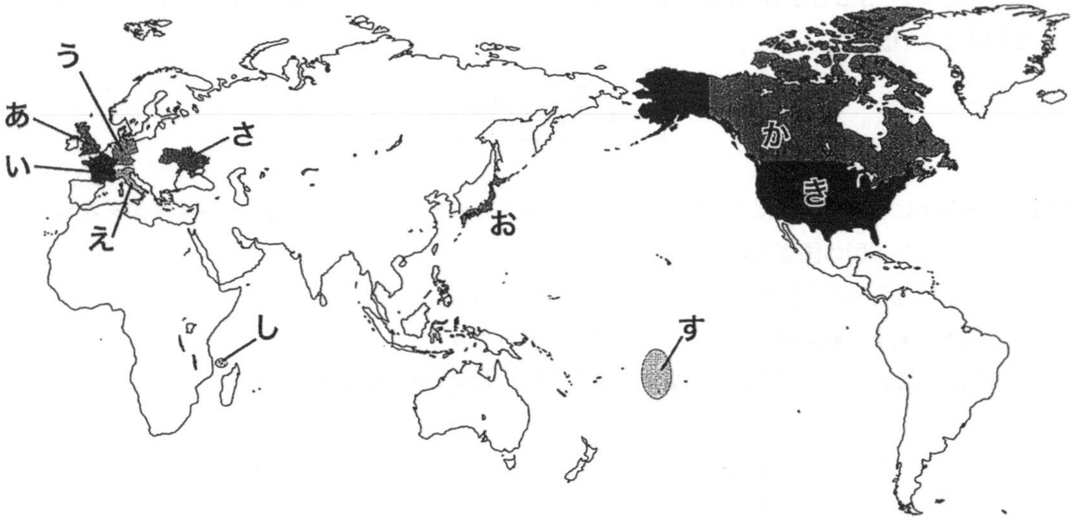

問１　次の⑴・⑵に答えなさい。

⑴　第１回サミットは，1975年，開催《かいさいこく》国の首都パリ近郊《きんこう》のランブイエで開かれました。第１回サミットの開催国を，地図中の「**あ**」～「**き**」から一つ選んで記号で答えなさい。

⑵　⑴で答えた国の国旗は三色からなりますが，この国の国旗に**使われていない色**を，次のア～エから一つ選んで記号で答えなさい。

ア．青　　イ．緑　　ウ．赤　　エ．白

問２　昨年の首脳会議では，日本が議長国であったことから，日本がＧ７のメンバー以外の招待国を決めました。次の表は，これらの招待国のうち，インド・オーストラリア・ブラジル・ベトナムの４か国について，日本への輸出品目の上位とその割合を示したものです。このうちオーストラリアにあてはまるものを，表中のア～エから一つ選んで記号で答えなさい。

	１位	２位	３位	４位	５位
ア	石炭　32.3	液化天然ガス　26.9	鉄鉱石　19.1	銅鉱　4.5	牛肉　2.9
イ	鉄鉱石　51.4	鶏肉(けいにく)　8.2	とうもろこし　6.8	有機化合物　5.3	コーヒー豆　4.1
ウ	有機化合物　15.2	揮発油(きはつゆ)　11.1	電気機器　8.5	一般機械　6.9	えび　5.9
エ	電気機器　27.9	衣類　15.8	一般機械　6.6	はき物　4.5	魚介類(ぎょかいるい)　4.2

単位は%，二宮書店『データブック オブ・ザ・ワールド 2023』より作成

問３　次の表は，Ｇ７のメンバーの食糧《しょくりょう》自給率を比較《ひかく》したものです。表中の**Ｘ**～**Ｚ**は魚介類《ぎょかいるい》・肉類・豆類のいずれかを示しています。これらの品目の組み合わせとして正しいものを，下のア～カから一つ選んで記号で答えなさい。

	穀類	Ｘ	Ｙ	野菜類	Ｚ
日本	28	53	55	80	8
フランス	176	103	29	72	77
ドイツ	101	122	27	42	11
イタリア	63	74	17	149	43
イギリス	82	77	65	43	45
アメリカ	128	114	65	86	191
カナダ	197	136	92	59	337

重量ベース，単位は%，二宮書店『データブック オブ・ザ・ワールド 2023』より作成

ア．**Ｘ**：魚介類　**Ｙ**：肉類　**Ｚ**：豆類　　イ．**Ｘ**：魚介類　**Ｙ**：豆類　**Ｚ**：肉類
ウ．**Ｘ**：肉類　**Ｙ**：魚介類　**Ｚ**：豆類　　エ．**Ｘ**：肉類　**Ｙ**：豆類　**Ｚ**：魚介類
オ．**Ｘ**：豆類　**Ｙ**：魚介類　**Ｚ**：肉類　　カ．**Ｘ**：豆類　**Ｙ**：肉類　**Ｚ**：魚介類

問４　次の文章は，地図中の「**さ**」の国について説明したものです。これについて，下の⑴・⑵に答えなさい。

日本時間2022年２月24日正午ごろ，この国に隣《とな》り合っている大国ロシアに攻《せ》め込《こ》まれ，戦争状態におちいりました。Ｇ７の各国は，この国に対してロシアからの攻撃《こうげき》に負けないように軍事的に助け，ロシアに対しては貿易とお金のやり取りを止め，経済的に孤立《こりつ》させて攻撃をやめさせようとしています。

⑴　地図中の「**さ**」の国名を答えなさい。

⑵　ロシアがこの国に攻撃をはじめた日本時間２月24日正午ごろは，現地時間では何月何日の何時ごろになりますか。この国の時刻が東経30度の標準時を使用していること，経度の差が15度で１時間の時差があることを参考にして答えなさい。ただし，解答には「午前」または「午後」を記すこと。

問５　地図中の「**し**」は，コモロという国で，アフリカ連合（ＡＵ）の議長国としてサミットに招かれました。アフリカ州について述べた文として正しいものを，次のア～エから一つ選んで記号で答えなさい。

ア．日本に植民地支配を受けた国がある。

イ．アフリカ大陸北部には熱帯雨林が広がり，赤道付近では砂漠化《さばくか》が進行している。

ウ．南アフリカ共和国には，ピラミッドやスフィンクスなどの古代文明の遺跡《いせき》がある。

エ．世界最長の川であるナイル川が流れている。

問６　地図中の「**す**」は，クック諸島という国で，太平洋諸島フォーラム（ＰＩＦ）の議長国としてサミットに招かれました。ＰＩＦの加盟国の中には，ツバルなど，海面の上昇《じょうしょう》によって国土が海にしずむ可能性がある島国もあります。そのような状況《じょうきょう》を引き起こしている地球全体におよぶ現象を，解答欄《かいとうらん》の書き出しに続けて答えなさい。

文章B

第49回主要国首脳会議（G７サミット）は，５月19～21日の日程で，日本の［X］市において開かれました。この会議は1975年からほぼ毎年開かれており，昨年の会議には，**地図A**の「**あ**」～「**き**」の国，ⓐアメリカ，イギリス，フランス，ドイツ，イタリア，カナダ，日本の７か国，および，ヨーロッパ連合（ＥＵ）の首脳が参加しています。さらに，７か国と深い協力関係にあるⓑいくつかの国の首脳やⓒ国際連合の事務総長なども，この会議に関連した話し合いに招かれました。

この会議に参加する国は，自由，民主主義，人権などに対して同じ考え方や価値観を共有しており，国際社会のさまざまな重要な課題に対してお互《たが》いに協力しながら対応することになっています。

さらに，昨年はこの会議に関連して，財務・科学技術・教育・保健・ⓓジェンダー平等・貿易・ⓔ気候変動や地球の環境《かんきょう》問題などに関係する15の国際会議が日本各地で開かれました。

太平洋戦争の敗戦を経験した日本は，ⓕ日本国憲法のもとで平和が守られ，大きく発展してきました。国際社会においても大きな存在感をもつ国となり，主要国首脳会議には第１回から参加しています。

21世紀に入り，ⓖ中国やインドなどの「新興国」が経済的に大きく成長しています。これからの日本は，経済活動の面だけではなく，国際社会の変化にうまく対応しながら，人権の尊重，民主主義の発展，ⓗ少子高齢化《こうれいか》への対応，文化の発展などという面でも国際社会に貢献《こうけん》できる国になることが求められています。

問７　空欄《くうらん》［X］にあてはまる都市名を答えなさい。

問８　下線部ⓐに関して，昨年のサミットに参加したアメリカ大統領を，次のア～オの中から一つ選んで記号で答えなさい。

ア．ドナルド・トランプ　イ．エマニュエル・マクロン　ウ．ジョー・バイデン
エ．バラク・オバマ　オ．アントニオ・グテーレス

問９　下線部ⓑに関して，次の文章は，Ｇ７のメンバー以外の招待国の一つについて説明したものです。この説明にあてはまる国名を答えなさい。

> 歴史的に日本とのつながりが強く，この国独自の料理やチョゴリなどの伝統衣装は，日本でもよく知られている。近年では音楽やテレビドラマなどのエンターテインメントが，日本でも人気を集めており，日本との観光客の往《ゆ》き来《き》も多い。

問10　下線部ⓒについて述べた文として**誤っているもの**を，次のア～エから一つ選んで記号で答えなさい。

ア．国際連合の本部は，アメリカのニューヨーク市にある。
イ．日本は，太平洋戦争敗戦と同じ年に，国際連合に加盟した。
ウ．世界保健機関や国連教育科学文化機関（ユネスコ）などの専門機関をそなえている。
エ．紛争《ふんそう》の解決のほか，経済協力や文化の相互《そうご》理解の推進にもつとめている。

問11　下線部ⓓに関して，ジェンダー平等の考え方に最もよく合っているものを，次のア～エから一つ選んで記号で答えなさい。

ア．「女らしく」「男らしく」という表現を使わないようにする。
イ．公共の場所にあるトイレは，男女関係なく使えるようにする。
ウ．家庭の中の仕事は，男性と女性で役割を分ける。
エ．入学試験などのときに，男性と女性で合格点を別に設定する。

問12　下線部ⓔに関して，地球環境を守るために世界中で「ＳＤＧｓ」を達成するためのとりくみがおこなわれています。「ＳＤＧｓ」は日本語でどのように表されますか。次の空欄［Y］にあてはまる漢字４字を答えなさい。

［Y］な開発目標

問13　下線部ⓕについて述べた文として正しいものを，次のア～エから一つ選んで記号で答えなさい。

ア．天皇は日本国の国家元首であると定めている。
イ．自衛隊は日本国を防衛する組織であると定めている。
ウ．基本的人権の範囲《はんい》は法律によって決めると定めている。
エ．国の予算については衆議院が参議院よりも先に審議《しんぎ》すると定めている。

問14　下線部ⓖに関して，中華人民共和国とインドについて述べた文として正しいものを，次のア～エから一つ選んで記号で答えなさい。

ア．中華人民共和国では，国家主席が国民の直接選挙で選ばれる。
イ．中華人民共和国のＧＤＰ（国内総生産）の総額は，日本よりも多い。
ウ．インドには，現在100万人を超《こ》える日系人が暮らしている。
エ．インドには，イスラム教の聖地メッカがある。

問15　下線部ⓗに関して，日本の少子高齢化について述べた文として**誤っているもの**を，次のア～エから一つ選んで記号で答えなさい。

ア．少子化対策として，小中学生の医療費《いりょうひ》を無償《むしょう》にしている市町村がある。
イ．少子化がすすむ中で，統合されたり廃校《はいこう》となったりした学校が増えている。
ウ．高齢化がすすむ中で，定年を迎《むか》えた社員を再雇用する企業《きぎょう》が増えている。
エ．高齢化がすすむ中で，国民年金の支給開始年齢《ねんれい》が引き下げられている。

③ 社中令6

2　S中学校1年生の太郎さんは，お父さんと二人で，地元の博物館で開催《かいさい》された「発掘《はっくつ》された日本列島」展を見学に行きました。次の会話文**A**・**B**はそのときのものです。これらの会話文を読んで，下の問いに答えなさい。

A

父　：千葉県船橋市の「取掛西遺跡《とりかけにしいせき》」からは，①縄文時代の集落の跡《あと》とともに，多くの貝塚が発見されているね。土器もたくさん発掘され，展示されているよ。

太郎：貝塚というのは…？

父　：当時の人びとが，ゴミ捨て場や共同墓地として使用した場所だね。貝塚が何層にもわたって発見されているということは，定住生活が始まったことを意味しているんだよ。次に，福岡県筑前町《ちくぜんまち》の東小田《ひがしおだ》峯《みね》遺跡だけど，これは②弥生時代の遺跡だね。博多湾《はかたわん》から40㎞ぐらい離《はな》れた内陸にある遺跡で，甕《かめ》棺墓《かんぼ》から剣《けん》や鏡が見つかっているよ。鏡の枚数が少ないことから，支配する地域が小さいクニの首長の墓と考えられているのだそうだ。

太郎：もしかすると，このクニも女王卑弥呼のいた［　③　］の支配下に入っていたのかもしれないね。

父　：熊本県玉名市の両迫間《りょうはざま》日《ひ》渡《わたし》遺跡は，古墳時代に農耕のお祈《いの》りをしたところで，こういうのを「祭祀遺《さいしい》跡《せき》」というんだよ。この遺跡からは，④大和《ヤマト》政権がつくりだした祭祀の道具と同じものが出土していて，大和《ヤマト》政権の支配力が熊本あたりにまで及《およ》んでいた証拠《しょうこ》のひとつだと考えられているんだ。

太郎：古墳時代には，いろいろな古墳がつくられたと学校で習ったよ。なかでも，前方後円墳が有名だね。

父　：青森県八戸市の鹿島沢古墳群《かしまざわこふんぐん》は，⑤7世紀後半から8世紀のはじめごろにかけてつくられたもので，古墳としては最も末期のものだろう。4m～10mの円墳《えんぷん》が多数あり，武具や馬具，珍《めず》しい太刀《たち》が出土し展示されているね。

問1　下線部①に関して，青森県青森市にあり，クリの木を栽培《さいばい》した跡，多くの土器や石器，大型の掘立《ほったて》柱《ばしら》の建物などが発見された遺跡の名前を答えなさい。

問2　下線部②について述べた文として**誤っているもの**を，次のア～エから一つ選んで記号で答えなさい。

ア．大陸から青銅器や鉄器が伝わった。

イ．米づくりが始まったことで，狩《か》りや漁・採集はおこなわれなくなった。

ウ．人々はたて穴住居に住み，高床倉庫に収穫《しゅうかく》した稲《いね》などを蓄《たくわ》えた。

エ．集落の周りに濠《ほり》をめぐらせた環濠《かんごう》集落もつくられるようになった。

問3　空欄《くうらん》［　③　］にあてはまる語句を答えなさい。

問4　下線部④に関して，大和《ヤマト》政権の首長は何とよばれますか。ひらがな4字で答えなさい。

問5　下線部⑤に関して，7世紀後半から8世紀のはじめごろ(651年～710年)のできごととして正しいものを，次のア～エから一つ選んで記号で答えなさい。

ア．聖徳太子が中国にならった国づくりを目指し，政治改革にとりくんだ。

イ．日本ではじめて，中国にならった本格的な都として平安京がつくられた。

ウ．律令がつくられ，国を治めるための根幹となる法律が整えられた。

エ．渡来人がはじめて来日し，土器づくりや機織《はたお》りなどの新技術をもたらした。

B

父　：静岡県静岡市の尾羽廃寺跡《おばねはいじあと》は，7世紀から12世紀ごろにかけて営まれたお寺の跡だね。このお寺は当時の地方の役所の隣《となり》にあったようで，この遺跡からは，［　⑥　］や，お寺の屋根瓦《やねがわら》が発掘されているよ。役所の倉の跡も発見されていて，炭化米も見つかっているんだよ。

太郎：倉といえば，⑦東大寺の正倉院を授業で習ったよ。

父　：正倉院は奈良時代を代表する建物だね。京都府井手町《いでちょう》にある栢ノ木《かやのき》遺跡は，奈良時代から平安時代にかけての遺跡だよ。この時代に活躍《かつやく》した橘《たちばな》氏の先祖の供養《くよう》と一族の発展を祈るお寺の近くから塔《とう》の跡が見つかったんだ。橘氏は「⑧源平藤橘《げんぺいとうきつ》」とよばれる平安時代の有力な貴族のうちの一つだね。

太郎：立派な屋根瓦が展示してあるんだね。

父　：和歌山県新宮《しんぐう》市の新宮下本町《しもほんまち》遺跡は，平安末期，⑨鎌倉時代，室町時代に栄えた港町の跡なんだよ。ここからは多くの地下倉庫が発見されているよ。また中国製の陶磁器《とうじき》や備前焼《びぜんやき》，瀬戸焼《せとやき》なども発掘され展示されているね。

太郎：室町時代から安土桃山時代にかけては，⑩博多や堺《さかい》が港町としてとくに発展したと授業で習ったよ。それ以外にも，いろんな港町があったんだね。

問6　空欄［　⑥　］にあてはまる語句を，次の2点を参考にして答えなさい。

- ・紙が貴重であったために，役所での命令や事務連絡《れんらく》などを書きとめる道具として使われた。
- ・中央と地方の間では，税の内容や数量を記録して送るための荷札として使われた。

問7　下線部⑦に関して，東大寺と正倉院について述べた文として**誤っているもの**を，次のア～エから一つ選んで記号で答えなさい。

ア．東大寺は，各国につくられた国分寺の中心である。

イ．東大寺には，聖武天皇の命令により大仏が造営された。

ウ．正倉院には，西アジアなどから伝えられた宝物も収められている。

エ．正倉院は，寝殿造とよばれる新しい様式でつくられた。

問8　下線部⑧に関して，このうち「藤」とは藤原氏のことです。藤原氏について次の(1)～(3)に答えなさい。

(1)　藤原氏は7世紀中ごろに活躍した中臣鎌足の子孫です。鎌足は中大兄皇子とともに蘇我氏を倒《たお》し，天皇を中心とする国づくりを始めました。この政治改革を何といいますか，5字で答えなさい。

(2)　天皇の臣下であった藤原氏はどのようにして朝廷で権力をもつようになりましたか。「きさき」という語句を用いて30字以内で説明しなさい。

(3)　11世紀前半，藤原道長が大きな権力をもっていたころ，『源氏物語』が貴族たちの間で人気を集めました。この物語の作者の名前を答えなさい。

問9　下線部⑨について述べた文として正しいものを，次のア～エから一つ選んで記号で答えなさい。

ア．武士の裁判の基準として，「御成敗式目」がつくられた。

イ．源頼朝は，中国(明)との国交を開いて貿易を始めた。

ウ．源氏の将軍がとだえたあとは，北条氏が将軍の地位を引《ひ》き継《つ》いだ。

エ．北条時宗は，朝廷が幕府を倒すために起こした乱をしずめた。

④ 社中令6

問10　下線部⑩に関して，博多《はかた》と堺《さかい》について述べた次の文ａ・ｂについて，文の内容が正しい場合は○を，誤っている場合は×を解答欄《かいとうらん》に書きなさい。

ａ　博多は，15世紀以降は南蛮《なんばん》貿易の拠点《きょてん》として栄え，日本で初めて鉄砲《てっぽう》やキリスト教が伝えられた町である。

ｂ　堺には16世紀に裕福《ゆうふく》な商人が現れ，水墨画を大成した雪舟や，茶人の千利休はこれらの商人の保護のもとで活躍《かつやく》した。

3　次の年表を参考にして，下の問いに答えなさい。

1603年	徳川家康が征夷大将軍となり江戸に幕府を開く。
	A
1651年	江戸幕府第３代将軍の徳川家光が死去する。
	B
1764～1798年	松阪《まつさか》の医師で国学者の［①］が『古事記伝』を著《あらわ》す。……………………　＜X＞
	C
1853～1854年	ペリーが来航して日本に開国を求め，日米和親条約が結ばれる。
	D
1868年	「江戸」が「東京」に改められ，元号が「明治」となる。
	E
1889年	［②］が完成して日本はアジアで初めての立憲国家となる。
1894～1905年	日本は日清戦争・日露戦争に勝利する。……………………………………＜Y＞
	F
1941～1945年	太平洋戦争。日本は1945年に［③］を受け入れ無条件降伏《こうふく》する。…＜Z＞

問１　年表中の空欄《くうらん》［①］～［③］にあてはまる人名や語句を答えなさい。

問２　年表中のＡ～Ｆの期間に関して，次の(A)～(F)に答えなさい。

(A)　Ａの期間のできごとに**あてはまらないもの**を，次のア～エから一つ選んで記号で答えなさい。

ア．幕府によりキリスト教の信仰《しんこう》が禁止され，外国との貿易も制限された。

イ．大阪では，大塩平八郎が幕府に対する反乱を起こした。

ウ．徳川家康の霊《れい》を祀《まつ》るために，日光東照宮がつくられた。

エ．徳川家光が武家諸法度を改め，参勤交代の決まりを整えた。

(B)　Ｂの期間の社会のようすについて述べた文として正しいものを，次のア～エから一つ選んで記号で答えなさい。

ア．農地面積の拡大と農具や肥料の改良によって，農業生産力が大きく向上した。

イ．交通が発達して各地の物産が江戸に集中し，江戸は「天下の台所」とよばれた。

ウ．大阪では歌舞伎が町人の人気を集め，観阿弥・世阿弥が役者として活躍した。

エ．ききんがたびたび発生し，農村では打ちこわしによって名主《なぬし》の家がおそわれた。

(C)　次の(1)・(2)は，いずれもＣの期間中に活躍した人物の業績について述べたものです。(1)・(2)にあてはまる人物の名前をそれぞれ答えなさい。

(1)　正確な地図をつくるため日本各地を測量して歩いた。

(2)　浮世絵版画の「東海道五十三次」を完成させた。

(D)　Ｄの期間のできごとや，社会のようすについて述べた文として**誤っているもの**を，次のア～エから一つ選んで記号で答えなさい。

ア．貿易が始まった影響《えいきょう》で，ものの値段が上がり，幕府に対する不満が高まった。

イ．外国を追放しようという運動が起こり，薩摩や長州は外国の艦隊《かんたい》や軍隊と戦った。

ウ．薩摩と長州は勝海舟の仲介《ちゅうかい》で軍事的な約束を交《か》わし，ともに幕府の打倒《だとう》を目指した。

エ．江戸幕府の第15代将軍徳川慶喜は，天皇に政権の返上を申し入れた。

(E)　次のａ～ｃは，いずれもＥの期間のできごとです。これらを年代の古い順に正しく並べたものを，下のア～カから一つ選んで記号で答えなさい。

ａ　廃藩置県　　ｂ　自由党の結成　　ｃ　西南戦争

ア．ａ→ｂ→ｃ　　イ．ａ→ｃ→ｂ　　ウ．ｂ→ａ→ｃ

エ．ｂ→ｃ→ａ　　オ．ｃ→ａ→ｂ　　カ．ｃ→ｂ→ａ

(F)　Ｆの期間の中には，大正時代(1912～1926年)が含《ふく》まれます。大正時代のできごととして正しいものを，次のア～エから一つ選んで記号で答えなさい。

ア．鉄道の開業や，ガス灯の登場，太陽暦の採用など文明開化の風潮がすすんだ。

イ．満州の日本軍が中国軍を攻撃《こうげき》したことをめぐり，日本は国際連盟を脱退《だったい》した。

ウ．普通選挙法が成立し，20歳以上の全国民が衆議院議員選挙の選挙権を得た。

エ．女性の地位向上をめざす新婦人協会や，部落差別の解消をめざす全国水平社が設立された。

⑤ 社中令6

問3 年表中の**X～Z**のできごとに関して，次の(X)～(Z)に答えなさい。

(X) 『古事記伝』が書かれたのと同じころ，杉田玄白と前野良沢は，医学書『ターヘル＝アナトミア』を翻訳《ほんやく》して，正確な解剖《かいぼう》医学書を著《あらわ》しています。この解剖医学書の書名を答えなさい。

(Y) 日清・日露戦争について述べた次の文a・bについて，文の内容が正しい場合は○を，誤っている場合は×を解答欄《かいとうらん》に書きなさい。

a 日清戦争では，日本は清国の領土の一部と賠償金《ばいしょうきん》を獲得《かくとく》したが，ロシアなどの圧力に屈《くつ》してリャオトン半島を清国に返還《へんかん》した。

b 日露戦争では，日本はロシアから南満州の鉄道の経営権と賠償金を獲得するとともに，ロシアの承諾《しょうだく》を得て朝鮮を植民地とした。

(Z) 太平洋戦争について述べた文として正しいものを，次のア～エから一つ選んで記号で答えなさい。

ア．ノルマントン号事件により，国民のイギリスに対する危機感が高まった。

イ．日本海海戦では，東郷平八郎率いる連合艦隊《かんたい》が勝利した。

ウ．空襲《くうしゅう》が激しくなり，学童の集団疎開《そかい》がおこなわれた。

エ．この戦争中に石油の価格が上がり，石油危機となった。

4 次の地図に関して，下の問いに答えなさい。

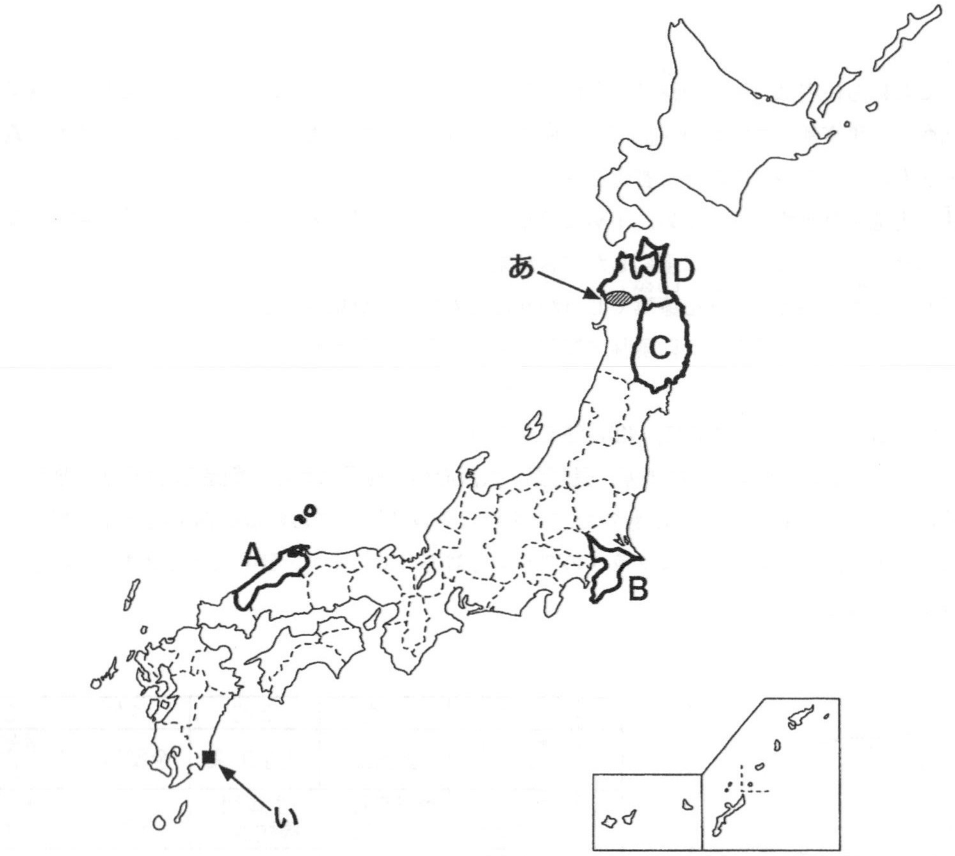

問1 地図中の**あ**に示した白神山地は，人の手がほとんど入っていない原生的なブナ林が分布し，人類共通の遺産として保全するために日本で初めて世界自然遺産に登録されました。現在，白神山地以外に世界自然遺産に登録されている場所として**誤っているもの**を，次のア～オから一つ選んで記号で答えなさい。

ア．小笠原諸島　　イ．四万十川　　ウ．知床　　エ．屋久島

オ．奄美大島《あまみおおしま》，徳之島，沖縄島北部および西表島《いりおもてじま》

問2 次の**図1**は，地図中の**い**の範囲《はんい》を拡大したものです。また，**図2**は**図1**中の「防災施設《しせつ》」を写真に撮《と》ったものです。この施設はどのような災害を想定したものか，答えなさい。

図1

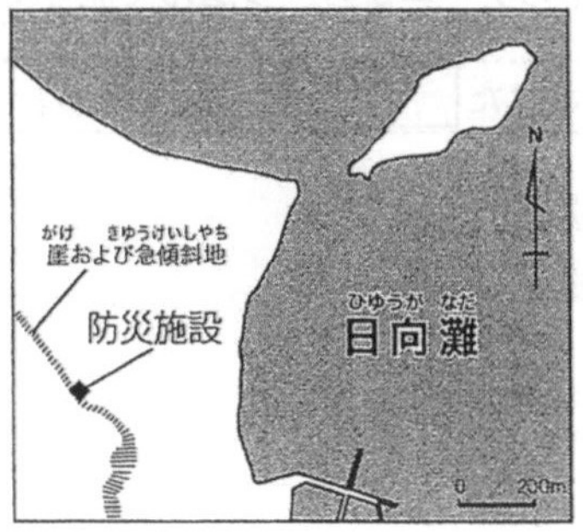

図2

⑥

問3　日本における住宅は，地域の特徴《とくちょう》に合わせたつくりになっています。次のア～エの文は，**A**県，および，北海道，東京都，沖縄県の４都道県の住宅の特徴について説明したものです。このうち，**A**県にあてはまるものを，ア～エの記号で答えなさい。

ア．狭《せま》い土地を有効活用するため，１階に車庫，２～３階に居住スペースという構成の住居が見られる。
イ．断熱材を厚く入れ，窓を二重にした住居が見られる。
ウ．周囲を石垣《いしがき》で囲われ，瓦《かわら》を漆喰《しっくい》でしっかりと固めた家屋が見られる。
エ．マツの木などで構成された防風林で周囲を囲んだ家屋が見られる。

問4　地図中の**B**県について，次の(1)・(2)に答えなさい。

(1)　次のグラフは，**B**県，および，群馬県，長野県，大阪府の４府県における製造品出荷額《しゅっかがく》の推移について，1980年を100とした指数で示したものです。また，表は４府県における業種別製造品出荷額上位５つを示したもので，表中のア～エはグラフのア～エと対応しています。**B**県にあてはまるものを，ア～エの記号で答えなさい。

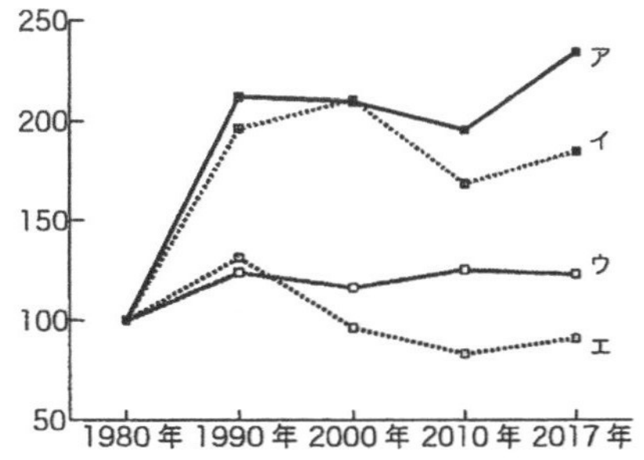

	1位	2位	3位	4位	5位
ア	輸送用機械	食料品	化学工業	金属製品	電気機械器具
イ	情報通信機械器具	電子部品・デバイス	生産用機械器具	食料品	輸送用機械
ウ	石油製品・石炭製品	化学工業	鉄鋼業	食料品	金属製品
エ	金属製品	生産用機械器具	鉄鋼業	石油製品・石炭製品	電気機械器具

矢野恒太記念会『数字で見る日本の100年第7版』および 二宮書店『データブック オブ・ザ・ワールド 2023』より作成

(2)　**B**県が属する工業地帯あるいは工業地域の名前を漢字６字で答えなさい。

問5　次の文は，地図中の**C**県の海岸線の特徴《とくちょう》について説明したものです。文中の空欄《くうらん》 X ・ Y にあてはまる語句の組み合わせとして正しいものを，下のア～エから一つ選んで記号で答えなさい。

陸地に対して海面が X して形成された Y な海岸線である。

ア．**X**―低下　**Y**―単調　　イ．**X**―低下　**Y**―複雑
ウ．**X**―上昇《じょうしょう》　**Y**―単調　　エ．**X**―上昇　**Y**―複雑

問6　地図中の**B**県と**D**県は大根の生産がさかんです。下の**図３**は大根の生産量上位15道県の生産量を示した地図です。また**図４**は，東京中央卸売《おろしうり》市場《しじょう》における産地別の大根の出荷量《しゅっかりょう》の割合を月別に示したものです。**D**県で大根の生産がさかんな理由を，**図３**・**図４**を参考にして30字以内で答えなさい。

図３

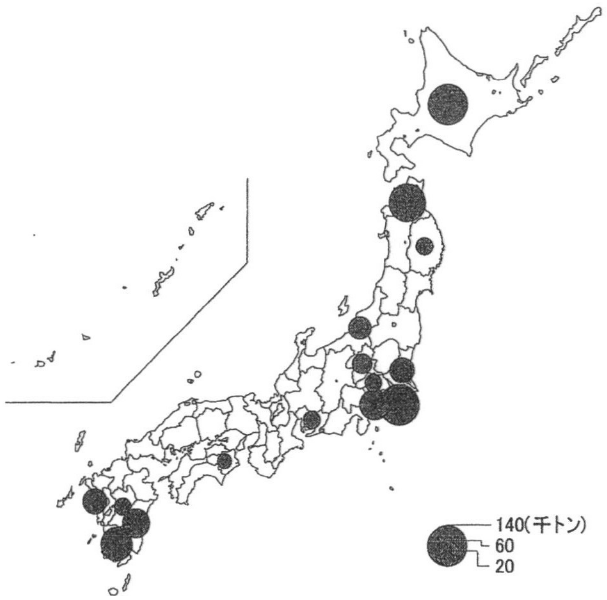

二宮書店『データブック オブ・ザ・ワールド 2023』より作成

図４

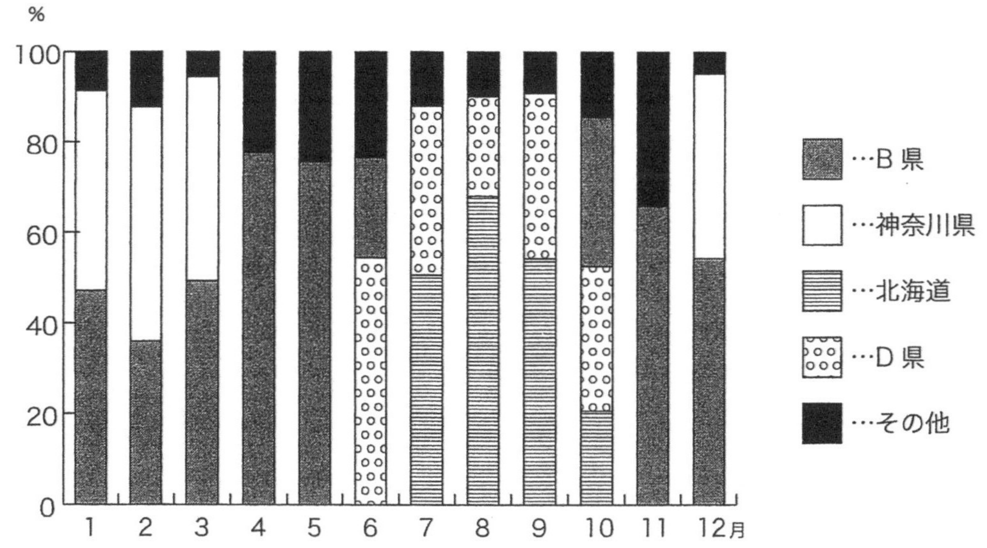

東京都『令和４年東京中央卸売市場統計年報』より作成

解答用紙

国語科（中）

受験番号の欄《らん》は左《ひだり》端《はし》にあります。記入を忘れないこと。

国中令6

※150点満点

一 10点

(1) (2) (3) (4) (5) (6) (7) (8) (9) (10)

二 10点

(1) (2) (3) (4) (5)

三 50点

問1 問2 問3 問4 問5 問6

四 40点

問1 問2 問3 問4 問5 問6 I 問6 II

五 40点

問1 問2 問3 問4 問5 I 問5 II

受験番号

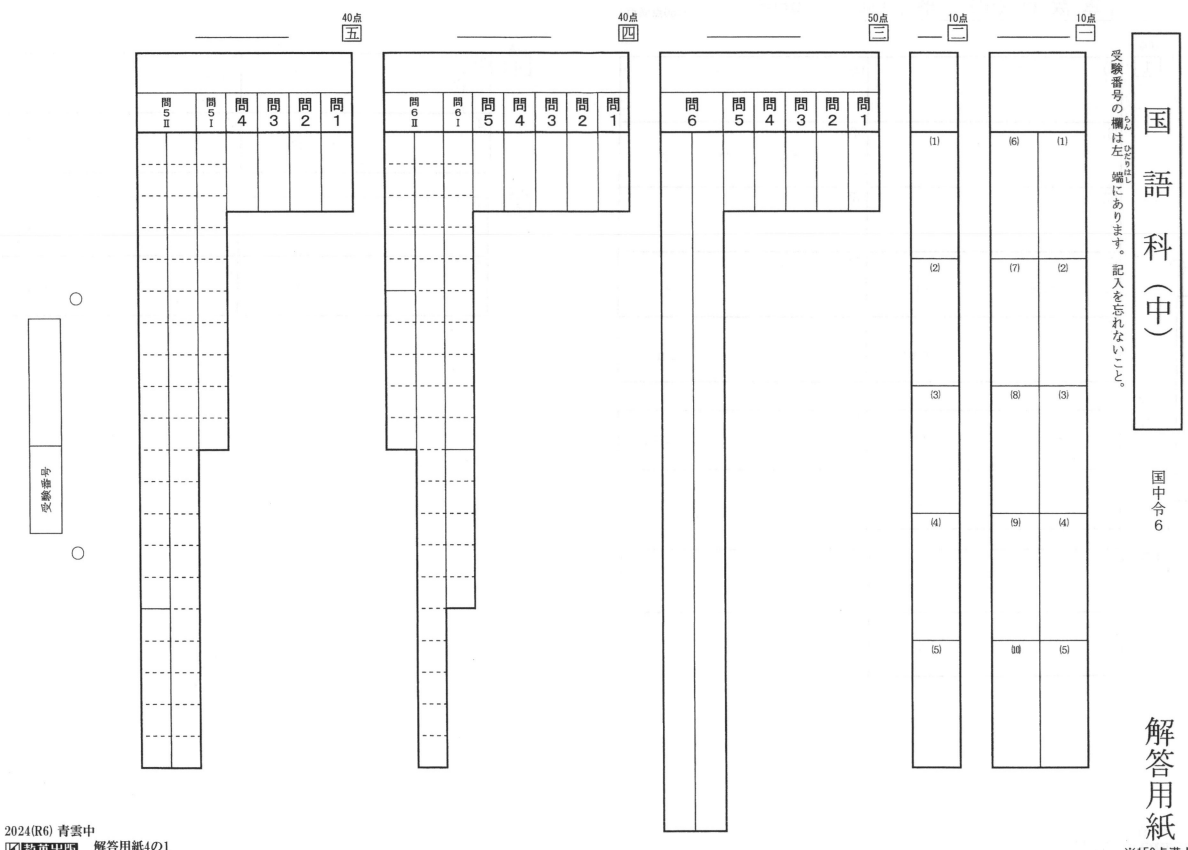

算数科（中）　解答用紙

算中令6

※150点満点

受験番号

80点

1

(1)	(2)
(3)	(4) 午後　　時　　分
(5)	(6)
(7) 分速　　m	(8) 　　点
(9) 　　cm^2	(10) 　　cm^3

15点

2

(1) 　　円	(2) 　　本以上
(3) 　　本	

15点

3

(1)	(2) 第　　列
(3) 第　　列	

20点

4

(1)	ア	イ
(2) 　　円		(3) 　　円

20点

5

(1) 　　cm^2	(2) 　　cm^3
(3) 　　cm	(4) 　　cm

理科（中）解答用紙

理中令6

※100点満点

受験番号

20点

1

(1)	(2)	(3)	(4)	(5)	(6)	(7)	(8)	(9)	(10)

20点

2

問1		問2					
問3	i		ii		iii		iv
問4	A		D		E		H

20点

3

問1							
問2	(1)		(2)	g	問3		
問4	(1)		(2)		(3)	g	

20点

4

問1	(1)		(2)	①		②	
問2							
問3	(1)		(2)	い	(3)		
	(4)						
問4	(1)	℃	(2)	℃			

20点

5

問1	倍			
問2	(1)	倍	(2)	cm
問3	(1)	倍	(2)	cm
問4	(1)	倍	(2)	cm

社会科（中）

社中令６

受験番号

※100点満点

解答用紙

34点
1

問１ (1)　(2)　問２　問３

問４ (1)　(2)　月　日　時ごろ

問５　問６ 地球の

問７　問８　問９　問10

問11　問12　問13　問14　問15

25点
2

問１　問２

問３　問４　問５

問６　問７

問８ (1)　(2) 10 20 30　(3)

問９　問10 a　b

26点
3

問１ ①　②　③

問２ (A)　(B)　(C)(1)　(2)　(D)　(E)　(F)

問３ (X)　(Y) a　b　(Z)

15点
4

問１　問２

問３　問４ (1)　(2)　問５

問６ 10 20 30

福岡県

①[国立] 福岡教育大学附属中学校（福岡·小倉·久留米）
②[県立] 育徳館中学校
門司学園中学校
宗像中学校
嘉穂高等学校附属中学校
輝翔館中等教育学校
③西南学院中学校
④上智福岡中学校
⑤福岡女学院中学校
⑥福岡雙葉中学校
⑦照曜館中学校
⑧筑紫女学園中学校
⑨敬愛中学校
⑩久留米大学附設中学校
⑪飯塚日新館中学校
⑫明治学園中学校
⑬小倉日新館中学校
⑭久留米信愛中学校
⑮中村学園女子中学校
⑯福岡大学附属大濠中学校
⑰筑陽学園中学校
⑱九州国際大学付属中学校
⑲博多女子中学校
⑳東福岡自彊館中学校
㉑八女学院中学校

佐賀県

①[県立] 香楠中学校
致遠館中学校
唐津東中学校
武雄青陵中学校
②弘学館中学校
③東明館中学校
④佐賀清和中学校
⑤成穎中学校
⑥早稲田佐賀中学校

長崎県

①[県立] 長崎東中学校
佐世保北中学校
諫早高等学校附属中学校
②青雲中学校
③長崎南山中学校
④長崎日本大学中学校
⑤海星中学校

熊本県

①[県立] 玉名高等学校附属中学校
宇土中学校
八代中学校
②真和中学校
③九州学院中学校
④ルーテル学院中学校
⑤熊本信愛女学院中学校
⑥熊本マリスト学園中学校
⑦熊本学園大学付属中学校

大分県

①[県立] 大分豊府中学校
②岩田中学校

宮崎県

①[県立] 五ヶ瀬中等教育学校
②[県立] 宮崎西高等学校附属中学校
都城泉ヶ丘高等学校附属中学校
③宮崎日本大学中学校
④日向学院中学校
⑤宮崎第一中学校

鹿児島県

①[県立] 楠隼中学校
②[市立] 鹿児島玉龍中学校
③鹿児島修学館中学校
④ラ・サール中学校
⑤志學館中等部

沖縄県

①[県立] 与勝緑が丘中学校
開邦中学校
球陽中学校
名護高等学校附属桜中学校

もっと過去問シリーズ

北海道

北嶺中学校
7年分(算数・理科・社会)

静岡県

静岡大学教育学部附属中学校
(静岡·島田·浜松)
10年分(算数)

愛知県

愛知淑徳中学校
7年分(算数・理科・社会)
東海中学校
7年分(算数・理科・社会)
南山中学校男子部
7年分(算数・理科・社会)
南山中学校女子部
7年分(算数・理科・社会)
滝中学校
7年分(算数・理科・社会)
名古屋中学校
7年分(算数・理科・社会)

岡山県

岡山白陵中学校
7年分(算数・理科)

広島県

広島大学附属中学校
7年分(算数・理科・社会)
広島大学附属福山中学校
7年分(算数・理科・社会)
広島学院中学校
7年分(算数・理科・社会)
広島女学院中学校
7年分(算数・理科・社会)
修道中学校
7年分(算数・理科・社会)
ノートルダム清心中学校
7年分(算数・理科・社会)

愛媛県

愛光中学校
7年分(算数・理科・社会)

福岡県

福岡教育大学附属中学校
(福岡·小倉·久留米)
7年分(算数・理科・社会)
西南学院中学校
7年分(算数・理科・社会)
久留米大学附設中学校
7年分(算数・理科・社会)
福岡大学附属大濠中学校
7年分(算数・理科・社会)

佐賀県

早稲田佐賀中学校
7年分(算数・理科・社会)

長崎県

青雲中学校
7年分(算数・理科・社会)

鹿児島県

ラ·サール中学校
7年分(算数・理科・社会)

※もっと過去問シリーズは国語の収録はありません。

教英出版
〒422-8054
静岡県静岡市駿河区南安倍3丁目12－28
TEL 054-288-2131
FAX 054-288-2133
詳しくは教英出版で検索
教英出版 検索
URL https://kyoei-syuppan.net/

④[府立]富田林中学校
⑤[府立]咲くやこの花中学校
⑥[府立]水都国際中学校
⑦清風中学校
⑧高槻中学校(A日程)
⑨高槻中学校(B日程)
⑩明星中学校
⑪大阪女学院中学校
⑫大谷中学校
⑬四天王寺中学校
⑭帝塚山学院中学校
⑮大阪国際中学校
⑯大阪桐蔭中学校
⑰開明中学校
⑱関西大学第一中学校
⑲近畿大学附属中学校
⑳金蘭千里中学校
㉑金光八尾中学校
㉒清風南海中学校
㉓帝塚山学院泉ヶ丘中学校
㉔同志社香里中学校
㉕初芝立命館中学校
㉖関西大学中等部
㉗大阪星光学院中学校

兵庫県

①[国立]神戸大学附属中等教育学校
②[県立]兵庫県立大学附属中学校
③雲雀丘学園中学校
④関西学院中学部
⑤神戸女学院中学部
⑥甲陽学院中学校
⑦甲南中学校
⑧甲南女子中学校
⑨灘中学校
⑩親和中学校
⑪神戸海星女子学院中学校
⑫滝川中学校
⑬啓明学院中学校
⑭三田学園中学校
⑮淳心学院中学校
⑯仁川学院中学校
⑰六甲学院中学校
⑱須磨学園中学校(第1回入試)
⑲須磨学園中学校(第2回入試)
⑳須磨学園中学校(第3回入試)
㉑白陵中学校
㉒夙川中学校

奈良県

①[国立]奈良女子大学附属中等教育学校
②[国立]奈良教育大学附属中学校
③[県立]
　国際中学校
　青翔中学校
④[市立]一条高等学校附属中学校
⑤帝塚山中学校
⑥東大寺学園中学校
⑦奈良学園中学校
⑧西大和学園中学校

和歌山県

①[県立]
　古佐田丘中学校
　向陽中学校
　桐蔭中学校
　日高高等学校附属中学校
　田辺中学校
②智辯学園和歌山中学校
③近畿大学附属和歌山中学校
④開智中学校

岡山県

①[県立]岡山操山中学校
②[県立]倉敷天城中学校
③[県立]岡山大安寺中等教育学校
④[県立]津山中学校
⑤岡山中学校
⑥清心中学校
⑦岡山白陵中学校
⑧金光学園中学校
⑨就実中学校
⑩岡山理科大学附属中学校
⑪山陽学園中学校

広島県

①[国立]広島大学附属中学校
②[国立]広島大学附属福山中学校
③[県立]広島中学校
④[県立]三次中学校
⑤[県立]広島叡智学園中学校
⑥[市立]広島中等教育学校
⑦[市立]福山中学校
⑧広島学院中学校
⑨広島女学院中学校
⑩修道中学校
⑪崇徳中学校
⑫比治山女子中学校
⑬福山暁の星女子中学校
⑭安田女子中学校
⑮広島なぎさ中学校
⑯広島城北中学校
⑰近畿大学附属広島中学校福山校
⑱盈進中学校
⑲如水館中学校
⑳ノートルダム清心中学校
㉑銀河学院中学校
㉒近畿大学附属広島中学校東広島校
㉓AICJ中学校
㉔広島国際学院中学校
㉕広島修道大学ひろしま協創中学校

山口県

①[県立]
　下関中等教育学校
　高森みどり中学校
②野田学園中学校

徳島県

①[県立]
　富岡東中学校
　川島中学校
　城ノ内中等教育学校
②徳島文理中学校

香川県

①大手前丸亀中学校
②香川誠陵中学校

愛媛県

①[県立]
　今治東中等教育学校
　松山西中等教育学校
②愛光中学校
③済美平成中等教育学校
④新田青雲中等教育学校

高知県

①[県立]
　安芸中学校
　高知国際中学校
　中村中学校

神奈川県

① [県立] 相模原中等教育学校
平塚中等教育学校
② [市立]南高等学校附属中学校
③ [市立]横浜サイエンスフロンティア高等学校附属中学校
④ [市立]川崎高等学校附属中学校
✿⑤聖光学院中学校
✿⑥浅野中学校
⑦洗足学園中学校
⑧法政大学第二中学校
⑨逗子開成中学校（1次）
⑩逗子開成中学校（2・3次）
⑪神奈川大学附属中学校（第1回）
⑫神奈川大学附属中学校（第2・3回）
⑬栄光学園中学校
⑭フェリス女学院中学校

新潟県

① [県立] 村上中等教育学校
柏崎翔洋中等教育学校
燕中等教育学校
津南中等教育学校
直江津中等教育学校
佐渡中等教育学校
② [市立]高志中等教育学校
③新潟第一中学校
④新潟明訓中学校

石川県

① [県立]金沢錦丘中学校
②星稜中学校

福井県

① [県立]高志中学校

山梨県

①山梨英和中学校
②山梨学院中学校
③駿台甲府中学校

長野県

① [県立] 屋代高等学校附属中学校
諏訪清陵高等学校附属中学校
② [市立]長野中学校

岐阜県

①岐阜東中学校
②鶯谷中学校
③岐阜聖徳学園大学附属中学校

静岡県

① [国立] 静岡大学教育学部附属中学校（静岡・島田・浜松）
② [県立]清水南高等学校中等部
[県立]浜松西高等学校中等部
[市立]沼津高等学校中等部
③不二聖心女子学院中学校
④日本大学三島中学校
⑤加藤学園暁秀中学校
⑥星陵中学校
⑦東海大学付属静岡翔洋高等学校中等部
⑧静岡サレジオ中学校
⑨静岡英和女学院中学校
⑩静岡雙葉中学校
⑪静岡聖光学院中学校
⑫静岡学園中学校
⑬静岡大成中学校
⑭城南静岡中学校
⑮静岡北中学校
⑯常葉大学附属常葉中学校
常葉大学附属橘中学校
常葉大学附属菊川中学校
⑰藤枝明誠中学校
⑱浜松開誠館中学校
⑲静岡県西遠女子学園中学校
⑳浜松日体中学校
㉑浜松学芸中学校

愛知県

① [国立]愛知教育大学附属名古屋中学校
②愛知淑徳中学校
③名古屋経済大学市邨中学校
名古屋経済大学高蔵中学校
④金城学院中学校
⑤椙山女学園中学校
⑥東海中学校
⑦南山中学校男子部
⑧南山中学校女子部
⑨聖霊中学校
⑩滝中学校
⑪名古屋中学校
⑫大成中学校
⑬愛知中学校
⑭星城中学校
⑮名古屋葵大学中学校（名古屋女子大学中学校）
⑯愛知工業大学名電中学校
⑰海陽中等教育学校（特別給費生）
⑱海陽中等教育学校（I・II）
⑲中部大学春日丘中学校
新刊⑳名古屋国際中学校

三重県

① [国立]三重大学教育学部附属中学校
②暁中学校
③海星中学校
④四日市メリノール学院中学校
⑤高田中学校
⑥セントヨゼフ女子学園中学校
⑦三重中学校
⑧皇學館中学校
⑨鈴鹿中等教育学校
⑩津田学園中学校

滋賀県

① [国立]滋賀大学教育学部附属中学校
② [県立] 河瀬中学校
守山中学校
水口東中学校

京都府

① [国立]京都教育大学附属桃山中学校
② [府立]洛北高等学校附属中学校
③ [府立]園部高等学校附属中学校
④ [府立]福知山高等学校附属中学校
⑤ [府立]南陽高等学校附属中学校
⑥ [市立]西京高等学校附属中学校
⑦同志社中学校
⑧洛星中学校
⑨洛南高等学校附属中学校
⑩立命館中学校
⑪同志社国際中学校
⑫同志社女子中学校（前期日程）
⑬同志社女子中学校（後期日程）

大阪府

① [国立]大阪教育大学附属天王寺中学校
② [国立]大阪教育大学附属平野中学校
③ [国立]大阪教育大学附属池田中学校

教英出版　2025年春受験用　中学入試問題集

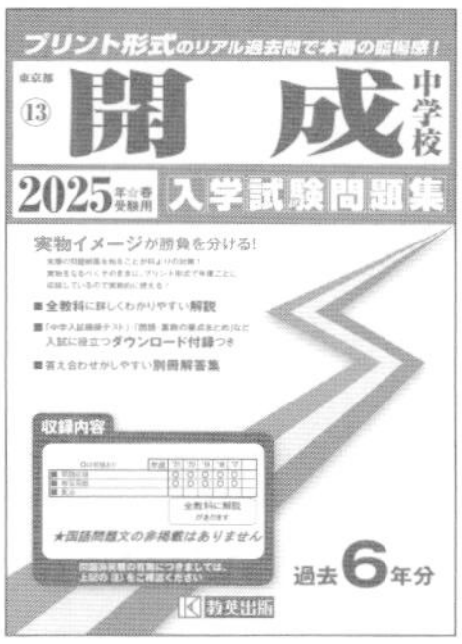

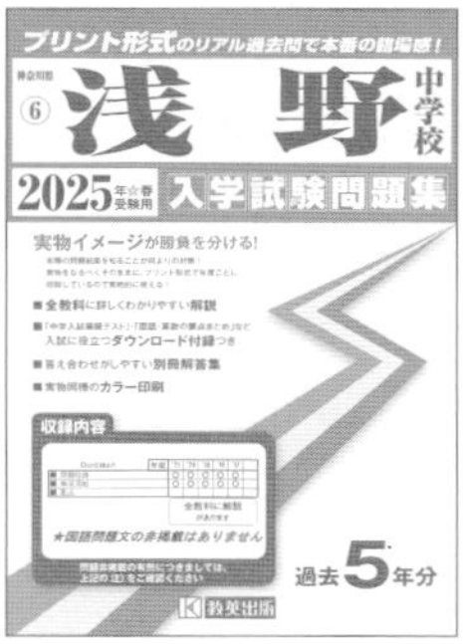

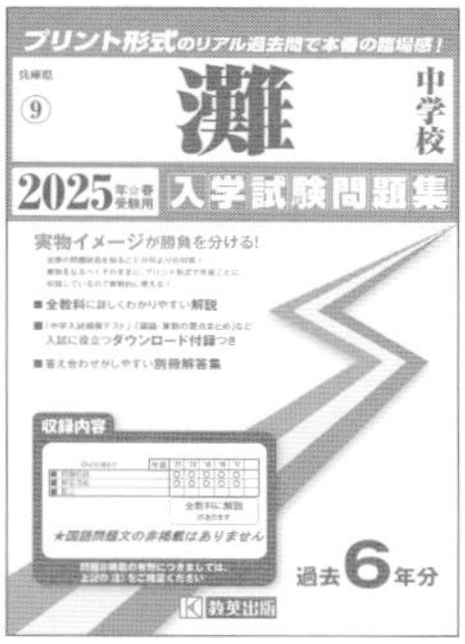

学校別問題集

✿はカラー問題対応

北海道

①[市立]札幌開成中等教育学校
②藤女子中学校
③北嶺中学校
④北星学園女子中学校
⑤札幌大谷中学校
⑥札幌光星中学校
⑦立命館慶祥中学校
⑧函館ラ・サール中学校

青森県

①[県立]三本木高等学校附属中学校

岩手県

①[県立]一関第一高等学校附属中学校

宮城県

①[県立]宮城県古川黎明中学校
②[県立]宮城県仙台二華中学校
③[市立]仙台青陵中等教育学校
④東北学院中学校
⑤仙台白百合学園中学校
⑥聖ウルスラ学院英智中学校
⑦宮城学院中学校
⑧秀光中学校
⑨古川学園中学校

秋田県

①[県立]
大館国際情報学院中学校
秋田南高等学校中等部
横手清陵学院中学校

山形県

①[県立]
東桜学館中学校
致道館中学校

福島県

①[県立]
会津学鳳中学校
ふたば未来学園中学校

茨城県

①[県立]
日立第一高等学校附属中学校
太田第一高等学校附属中学校
水戸第一高等学校附属中学校
鉾田第一高等学校附属中学校
鹿島高等学校附属中学校
土浦第一高等学校附属中学校
竜ヶ崎第一高等学校附属中学校
下館第一高等学校附属中学校
下妻第一高等学校附属中学校
水海道第一高等学校附属中学校
勝田中等教育学校
並木中等教育学校
古河中等教育学校

栃木県

①[県立]
宇都宮東高等学校附属中学校
佐野高等学校附属中学校
矢板東高等学校附属中学校

群馬県

①
[県立]中央中等教育学校
[市立]四ツ葉学園中等教育学校
[市立]太田中学校

埼玉県

①[県立]伊奈学園中学校
②[市立]浦和中学校
③[市立]大宮国際中等教育学校
④[市立]川口市立高等学校附属中学校

千葉県

①[県立]
千葉中学校
東葛飾中学校
②[市立]稲毛国際中等教育学校

東京都

①[国立]筑波大学附属駒場中学校
②[都立]白鷗高等学校附属中学校
③[都立]桜修館中等教育学校
④[都立]小石川中等教育学校
⑤[都立]両国高等学校附属中学校
⑥[都立]立川国際中等教育学校
⑦[都立]武蔵高等学校附属中学校
⑧[都立]大泉高等学校附属中学校
⑨[都立]富士高等学校附属中学校
⑩[都立]三鷹中等教育学校
⑪[都立]南多摩中等教育学校
⑫[区立]九段中等教育学校
⑬開成中学校
⑭麻布中学校
⑮桜蔭中学校
⑯女子学院中学校
✿⑰豊島岡女子学園中学校
⑱東京都市大学等々力中学校
⑲世田谷学園中学校
✿⑳広尾学園中学校(第2回)
✿㉑広尾学園中学校(医進・サイエンス回)
㉒渋谷教育学園渋谷中学校(第1回)
㉓渋谷教育学園渋谷中学校(第2回)
㉔東京農業大学第一高等学校中等部(2月1日 午後)
㉕東京農業大学第一高等学校中等部(2月2日 午後)

■ ご使用にあたってのお願い・ご注意

（1）問題文等の非掲載

著作権上の都合により，問題文や図表などの一部を掲載できない場合があります。

誠に申し訳ございませんが，ご了承くださいますようお願いいたします。

（2）過去問における時事性

過去問題集は，学習指導要領の改訂や社会状況の変化，新たな発見などにより，現在とは異なる表記や解説になっている場合があります。過去問の特性上，出題当時のままで出版していますので，あらかじめご了承ください。

（3）配点

学校等から配点が公表されている場合は，記載しています。公表されていない場合は，記載していません。

独自の予想配点は，出題者の意図と異なる場合があり，お客様が学習するうえで誤った判断をしてしまう恐れがあるため記載していません。

（4）無断複製等の禁止

購入された個人のお客様が，ご家庭でご自身またはご家族の学習のためにコピーをすることは可能ですが，それ以外の目的でコピー，スキャン，転載（ブログ，ＳＮＳなどでの公開を含みます）などをすることは法律により禁止されています。学校や学習塾などで，児童生徒のためにコピーをして使用することも法律により禁止されています。

ご不明な点や，違法な疑いのある行為を確認された場合は，弊社までご連絡ください。

（5）けがに注意

この問題集は針を外して使用します。針を外すときは，けがをしないように注意してください。また，表紙カバーや問題用紙の端で手指を傷つけないように十分注意してください。

（6）正誤

制作には万全を期しておりますが，万が一誤りなどがございましたら，弊社までご連絡ください。

なお，誤りが判明した場合は，弊社ウェブサイトの「ご購入者様のページ」に掲載しておりますので，そちらもご確認ください。

■ お問い合わせ

解答例，解説，印刷，製本など，問題集発行におけるすべての責任は弊社にあります。

ご不明な点がございましたら，弊社ウェブサイトの「お問い合わせ」フォームよりご連絡ください。迅速に対応いたしますが，営業日の都合で回答に数日を要する場合があります。

ご入力いただいたメールアドレス宛に自動返信メールをお送りしています。自動返信メールが届かない場合は，「よくある質問」の「メールの問い合わせに対し返信がありません。」の項目をご確認ください。

また弊社営業日（平日）は，午前９時から午後５時まで，電話でのお問い合わせも受け付けています。

2025春

株式会社教英出版
〒422-8054　静岡県静岡市駿河区南安倍３丁目 12-28
TEL　054-288-2131　　FAX　054-288-2133
URL　https://kyoei-syuppan.net/
MAIL siteform@kyoei-syuppan.net

教英出版